木簡과 文字 연구

16

| 한국목간학회 엮음 |

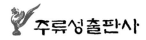
주류성출판사

개석

지석

高乙德 墓誌銘

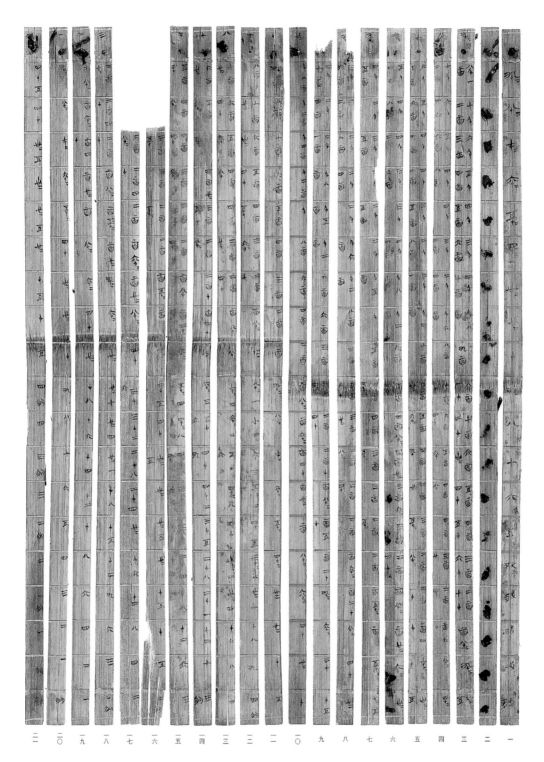

二　一〇　九　八　七　六　五　四　三　二　二　〇　九　八　七　六　五　四　三　二　一

清華大學藏戰國簡『算表』

중국출토 부호목간

八三六

七九〇七

七八八九

二七四六　二七五一

八二六〇

平城宮跡 6

平城京跡 11

平城京跡 14

藤原宮跡 20

平城宮 · 平城京 출토 구구단 목간

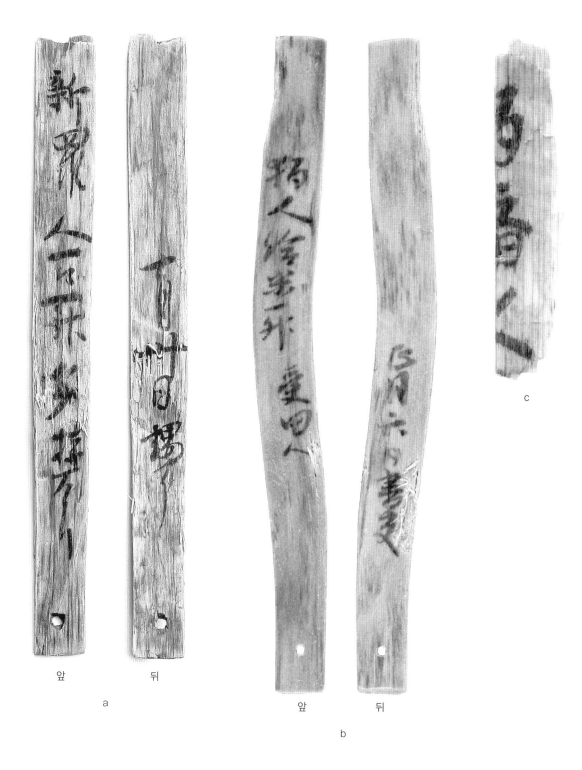

앞   뒤

a

앞   뒤

b

c

新羅-日本관계와 관련된 출토 문자자료 1

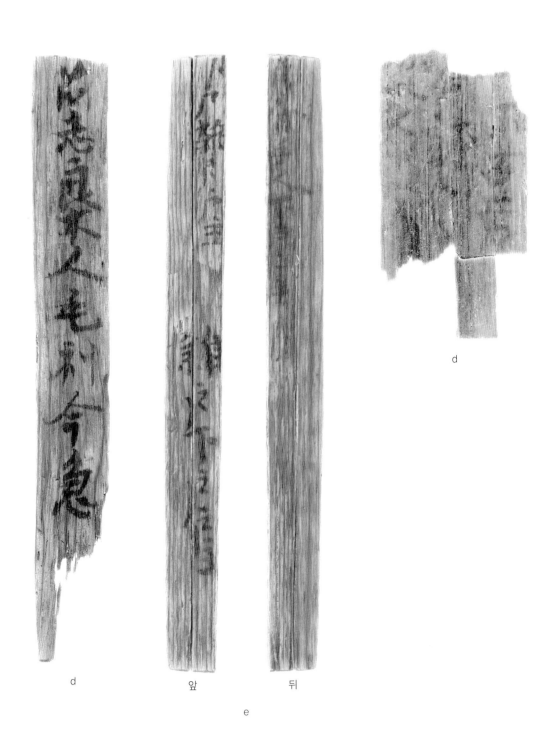

d

앞   뒤

e

d

新羅-日本관계와 관련된 출토 문자자료 2

平安京跡 右京 六條 三坊 六町의 우물에서 출토된 인형
京都市考古資料館 特別展示 古代の祭祀
2011년 8월 4일 촬영 김수진

木簡과 文字

第17號

| 차 례 |

논/문

百濟의 '九九段' 木簡과 術數學

윤선태[*]

〈국문초록〉

泗沘 시기 백제 지배층들의 사상적 기반과 학문적 저변은 상당히 넓었다. 당시 백제 지배층들은 유학이나 불교뿐만 아니라 陰陽五行, 曆法, 醫藥, 占卜, 觀相 등 '術數學'의 여러 학문분야에 큰 관심을 갖고 있었다. 최근 발굴사례가 증가하고 있는 백제의 木簡에도 약간이지만 술수학과 관련된 몇몇의 자료들이 보고되어 연구가 진행되고 있다. 본고는 이러한 목간들의 내용과 기존 연구 성과들을 비교 검토하여 백제의 算學 및 醫藥의 일측면을 보완해보았다.

우선 부여 쌍북리에서 백제의 '九九段' 목간이 발굴되었다. 이 목간은 형태와 서식으로 볼 때, 각 단을 횡선으로 명확히 구분하고 시각화하여 각 단의 공식을 찾기 쉽도록 배열할 목적에서 애초 '직각삼각형'의 형태로 고안한 '구구단 公式表'라고 명명할 수 있다. 말단의 관료도 구구단을 외우고 있었지만 셈법에 틀림이 없도록 만전을 기하기 위해 검산과정에서 이 공식표를 이용했던 것으로 추정된다.

'九九術'은 단순하지만 사람들은 그 數에 내재된 법칙성과 정연한 논리 구조를 자각하고 감탄하게 된다. 이로 인해 '구구술'은 오랜 세월동안 數術을 대표하는 상징성을 지녔다. 따라서 구구단을 직각삼각형에 담으려고 한 발상은 『周髀算經』에 3:4:5의 직각삼각형을 우주의 완전체로 이해하고 있었던 점과 관련이 있었다고 생각된다. 백제에서는 이미 한성시대부터 중국의 술수학을 통해 음양, 5행, 10간, 12지, 64괘가 만들어내는 우주, 자연, 인간에 구현된 數의 상징성과 규칙성을 깊게 받아들였다. 백제에서는 우주

---

* 동국대학교 서울캠퍼스, 사범대학 역사교육과 교수

의 중심을 상징하는 5나 6, 또는 그 둘이 병칭되는 사례가 많이 확인된다. 또 백제의 핵심관부인 22部司가 왕실이 관할하는 內官 12개 관청과 중앙행정을 담당하는 外官 10개의 관청으로 구성된 것도 바로 天數 12와 人數 10의 상징성을 政治에 적용한 것이라 생각된다.

한편 능산리사지에서 출토된 '支藥兒食米記'목간도 그간 백제의 醫藥과 관련하여 큰 주목을 받았다. 이 '支藥兒食米記'를 '藥兒에게 食米를 支給한 記錄'으로 해석하고, 백제의 藥兒를 唐의 '藥童'이나 古代日本의 '藥生'과 같은 관인으로 이해하는 견해가 기존에 제기되었다. 이 약아나 약생은 약재를 일정한 크기로 자르거나 빻고 채질해서 調劑할 준비를 했던 의약전문 관인이었다. 그런데 백제의 藥兒 또는 支藥兒는 지급된 食米의 양으로 볼 때 인원이 22명 이상이었다는 점에서, 율령관인이었던 약아나 약생과는 다른 존재였다고 생각된다. 고대일본의 경우 藥生 밑에 말단의 사역인인 '客作兒'나 '嘗藥小兒' 등이 확인되는데, 백제의 약아 또는 지약아는 이들과 그 성격이 유사한 존재가 아닌가 생각된다. 또 작명방식도 이들과 유사한 '支藥兒'로 보인다.

'支藥兒食米記'목간의 출토지는 지방에서 都城으로 들어오는 입구, 도성의 경계지점에 해당된다. 이 유적에서 출토된 '男根形' 목간이나 '水'字가 여러 개 連書되어 大祓 의식 때 '洗淨'의 의미로 만든 주술목간 등으로 볼 때, 이곳은 주기적으로 災厄을 막기 위해 祭祀가 벌어졌던 非日常的 공간이었음을 알 수 있다. 이곳에 陵寺가 완공된 이후에는 사찰이 그러한 의식들을 일부를 주관하였던 것으로 짐작된다.

'지약아목간'의 내용으로 볼 때, 능사에는 능사가 완공되기 전부터 都城人이나 지방관(道使), 지방인(彈耶方) 등 도성을 출입하는 이들을 치료하기 위한 시설이 설치되어 있었던 것으로 생각된다. 이 치료소는 고려의 '東西大悲院'이나 고대일본의 '施藥院'처럼, 大慈大悲의 뜻을 담아 사찰이 완공된 뒤에도 부속시설로 기능하였던 것으로 짐작된다. 이러한 치료시설에는 藥園이 할당되었고, 이에는 약을 재배하는 藥戶를 비롯해 藥材를 능사로 운반하는 支藥兒와 같은 말단의 사역인들이 예속되어 있었다고 생각된다. 이는 백제와 왕릉을 수호하는 능사가 도성의 경계 지점이라는 비일상적 제의공간을 활용해 도성을 출입하는 관인과 인민에게 施惠를 베푸는 권력 장치로 기능하였음을 의미한다.

한편 부여 관북리 蓮池에서 출토된 나무로 만든 팔과 다리는 어깨와 고관절 부위에 연결용 구멍이 두개 있는 나무인형의 부속품으로 추정된다. 이 목제의 팔과 다리는 일본에서 소위 '마리오네트(mario-nette)式 人形'으로 부르는 '詛呪'와 '呪禁'의 치료용으로도 사용했던 인형의 부속품이 아닌가 생각된다. 주금의식에는 고대일본이나 고려의 사례로 볼 때, 인형을 '結縛'하는 의식이 행해졌는데 그때 주술성을 높이기 위해 실제와 방불하도록 손과 발이 움직일 수 있는 인형을 제작하였다. 또 고대일본의 발굴사례로 보면 결박된 팔이 빠진 채로 발견된 인형도 있어서 관북리 연지의 팔과 다리는 그러한 방식으로 인형에서 분리된 부속품일 가능성이 있다.

▶ 핵심어: 百濟, 術數學, 木簡, 九九段, 算學, 醫藥, 呪禁,

I. 머리말

『周書』 백제전에 잘 나타나 있지만,[1] 사비시기 백제 지배층들의 사상적 기반과 학문적 저변은 상당히 넓었다. 당시 백제 지배층들은 유학이나 불교뿐만 아니라 陰陽五行, 曆法, 醫藥, 卜筮, 占相 등 '術數學'의 여러 분야에 큰 관심을 갖고 있었다. 술수학은 '數術學'이라고도 하며, 우주·자연·인체 등에 나타나는 법칙성을 탐구하는 학문들을 총칭한 것이다. 술수는 권모와 책략 등의 의미로도 사용되지만 무병장수와 미래예측이라는 인간의 염원을 담아 오랜 세월 발전해온 학문분야이다.[2]

백제 지식인들이 술수학에 밝았던 학문적 성향은 비유왕이 450년 宋에 『易林』과 『式占』 등의 책들을 요청한 사실로 볼 때, 이미 한성기에서부터 그 연원을 찾을 수 있다.[3] 또 백제 멸망 이후 일본 열도로 망명해간 백제의 지배층들이 유학은 물론 병법, 법률, 의학, 음양술 등 매우 다양한 분야에서 그들이 가진 학문적 능력으로 발탁되고 두각을 나타내었던 점으로 볼 때,[4] 7세기 무렵에는 백제 지식인들의 술수학에 대한 造詣도 상당히 깊었던 것 같다.

따라서 백제 지배층이나 지식인들의 지적 체계나 인식의 기초를 제대로 이해하기 위해서는 유학이나 불교뿐만 아니라, 그것들과 연관되면서도 독립적으로 발전했던 易學이나 天文學, 醫學, 數學 등 백제의 術數學 전반을 폭넓게 검토하고 정리할 필요가 있다. 백제의 술수학은 관련 자료가 부족함에도 불구하고 그간 많은 연구가 이루어졌다. 이에 관한 기존의 연구 성과를 一瞥해보면 다음과 같다.

첫째, 「陳法子墓誌銘」을 통해 적어도 웅진·사비기에는 太學이 설치되어 있었고, 그 행정수반을 '太學正'이라고 하였음을 알 수 있게 되었다.[5] 무령왕은 태학에 五經博士를 두고 유학중흥을 통해 백제 왕권을 다시 일으켜 세우려 하였다. 이를 계승한 성왕은 梁에 毛詩博士나 講禮博士를 요청하거나 백제의 여러 전문 박사들을 新羅와 倭에 제공하여, 문화교류를 통한 국제적 협력체제를 구축하였다.[6] 백제의 태학에서는 중국이나 신라의 國學, 고대일본의 大學 등과 마찬가지로 오경박사 외에 '算博士'를 두어 算學에 능통한 인재도 양성하였다. 數가 가진 규칙성은 天人相應을 설명하는 천문과 역법의 근간이었을 뿐만 아니라, 세금과 延人員의 계산, 예산 결산의 회계를 위한 실용적인 목적에서도 관료에게는 꼭 필요한 기본적

---

1) 『周書』 권49, 백제전. "俗重騎射 兼愛墳史 其秀異者 頗解屬文 又解陰陽五行 用宋元嘉曆 以建寅月爲歲首亦解醫藥卜筮占相之術"
2) 술수학 또는 수술학은 漢代 劉歆이 『七略』에서 數術略, 方技略으로 분류하면서 체계화되었다. 이후 술수학은 天文, 曆譜, 五行 등 협의의 술수 영역에 醫藥, 遁甲, 房中 등 매우 다양한 方技, 方術까지도 포괄하는 광의적인 의미로 사용되었다. 결국 술수학은 천체운행과 자연변화의 규율을 살펴 人事를 해석하고 미래의 길흉을 판단하는 天文, 易學에서부터 인간의 생명연장, 치병 등에 관한 醫學까지도 포함하는 매우 포괄적인 학문이라고 말할 수 있다(장인성, 2001, 『백제의 종교와 사회』, 서경, pp.93~95; 최진묵, 2002, 『한대 數術學 연구』, 서울대 동양사학과 박사학위논문, pp.1~3).
3) 이 사실은 고구려나 신라와 크게 대비되는 면이다. 아마도 낙랑 대방군계의 지식인이 대거 백제로 유입되어 한성백제의 국가체제나 학문발전에 크게 이바지하였기 때문이 아닌가 생각된다.
4) 『日本書紀』, 天智天皇 10년 정월.
5) 김영관, 2014, 「百濟遺民陳法子墓誌銘研究」, 『百濟文化』 50.
6) 양기석, 2014, 「百濟 박사제도의 운용과 변천」, 『百濟文化』 49.

인 소양이었다. 數學이 중국에서 일찍부터 6藝의 하나로 자리 잡은 것도 이 때문이다.[7]

둘째, 『易林』과 『式占』의 수용, 그리고 式盤과 유사한 무령왕묘지의 방위표시 등으로 볼 때, 백제에서는 음양, 5행, 10간, 12지, 64괘가 만들어내는 우주에 구현된 數의 상징성과 규칙성에 대한 관념과 인식이 발달하였음을 알 수 있다. 이는 算學, 天文, 曆法 등의 학문과 밀접히 연관되어 있다. 백제는 日官部 내에 日官 및 曆博士 등을 두어 천문을 정확히 읽고 예측하는 관련 인재를 양성하였는데, 그 수준이 상당한 경지에 이르렀다. 이는 일본 측에서 백제에 易學, 醫藥 및 曆法에 조예가 깊은 전문가와 曆本과 藥物을 요청한 사실을 통해 잘 알 수 있다.[8] 한편 『周書』를 보면 백제에서는 "宋의 元嘉曆을 수용해 사용한다."고 되어 있고, 또 『隋書』에도 여전히 원가력을 사용한다고 되어 있다. 「무령왕릉묘지」를 통해 6세기 초반까지는 원가력을 사용한 사실이 확인되었다.[9]

셋째, 백제는 의약을 관장하는 국가기구의 명칭이 '藥部'이며 더욱이 '採藥師' 등의 존재가 일찍부터 확인되어, 本草學이 특히 발달하였던 것으로 추측되고 있다.[10] 백제의 약부 하에는 醫博士, 採藥師, 呪噤博士 등을 두었고, 이들은 각각 의학, 약학, 주금학 분야의 학생들을 교육 양성하였다.[11] 백제는 중국의 선진 의학을 체계적으로 수용하였을 뿐만 아니라 최신 의학정보에도 밝았다.[12] 백제의 약부는 內官, 즉 왕실이 관할하였다. 이는 당시 백제 왕권이 의약을 독점적으로 장악하고, 이를 관인과 인민에게 施惠를 베푸는 권력 장치로 활용하였음을 의미한다. 이는 신라, 고대일본에서도 마찬가지였다.

백제의 의학을 비롯한 술수학은 크게 보면 국가기구 내에 조직된 博士制가 그 학문적 발전을 추동하였지만, 그 외에도 觀勒의 사례처럼 佛敎界의 學僧이나 醫僧, 그리고 吉大尙·吉宜의 예처럼 귀족가의 家學으로도 계승 발전되었다. 이러한 현상은 백제의 지배층과 지식인, 그리고 종교계 전반이 술수학에 깊이 傾倒되어 있었던 상황과 연관된다. 藥部나 寺刹, 그리고 貴族家에서는 중국의 의학에 기초하면서도 독자적인 처방을 발전시켰다.[13] 808년에 勅撰된 일본의 『大同類聚方』에 전하는 백제 관련 처방전들은 이점을

---

7) 朴賢淑, 2014, 「백제 太學의 설립과 정비 과정」, 『歷史敎育』 132.

8) 장인성, 2001, 앞의 책, pp.83~100.

9) 大谷光男, 1973, 「百濟 武寧王·同王妃의 墓誌에 보이는 曆法에 대하여」, 『고고미술』 119; 이은성, 1984, 「무령왕릉의 지석과 원가력법」, 『동방학지』 43; 1985, 「역법의 원리분석」, 정음사.
   다만 「무령왕릉묘지」의 月朔干支와 日干支는 大明曆에도 동일한 것으로 확인되기 때문에, 추후 백제의 朔閏 자료가 새롭게 발굴되면 실제의 상황은 어떠하였는지, 『隋書』의 기록처럼 줄곧 원가력을 사용하였는지 등에 대한 재검토가 필요하다(김일권, 2007, 「백제의 曆法制度와 干支曆日 문제 고찰」, 『백제문화사대계』 11).

10) 김두종, 1981, 『한국의학사』, 탐구당; 장인성, 2001, 앞의 책, pp.132~135.

11) 장인성, 2009, 「고대 일본에 전파된 백제 도교」, 『한국고대사연구』 55; 2010, 「백제의 의약과 도교문화」, 『백제연구』 52.

12) 의자왕이 자신의 병을 치료하기 위해 唐나라에 醫官 張元昌의 초빙을 특별히 요청하였던 사실로 볼 때, 당시 백제에서는 당나라 의관들의 전문분야에 대한 정보를 갖고 있었음을 알 수 있다(박준형·서영교, 2014, 「『文館詞林』에 보이는 蔣元昌과 蔣氏家門 醫官」, 『역사학보』 222).

13) 길기태, 2006, 「주금사와 약사신앙」, 『백제 사비시대의 불교신앙연구』, 서경; 이현숙, 2007, 「백제의 의학과 복서」, 『백제문화사대계』 11, pp.434~455.

잘 보여주고 있다.[14]

백제의 술수학 관련 자료가 매우 零細함에도 불구하고, 기존의 연구에서 대략적이나마 백제의 술수학 전반을 체계화할 수 있었던 것은 백제가 중국 남조나 고대일본과 문화교류를 하는 가운데 '博士'를 초빙하거나 전문가를 파견한 사실 등 백제의 교육시스템에 대한 자료가 비교적 잘 남아있었기 때문이었다. 그러나 이러한 영세한 자료로는 관련 연구의 진전을 기대하기가 매우 어렵다. 앞으로 이 분야 연구의 발전을 위해서는 자료의 추가적인 발굴이 그 무엇보다도 절실한 상황이다. 이러한 점에서 최근 그 출토사례가 증가하고 있는 '木簡'은 매우 주목되는 자료이다. 백제의 首都 사비도성이 자리했던 충남 부여에는 백제시대의 유구들이 지하에 고스란히 남아있어 앞으로 백제목간의 출토점수는 비약적으로 증가할 가능성이 매우 크다. 목간자료는 當代의 구체적인 사실을 담고 있기 때문에, 이를 활용해 기존 문헌자료와의 연계 검토를 진행한다면 기존 연구의 한계와 공백을 메우고 보완할 수 있다고 생각된다.

이미 본고의 주제와 관련된 술수학에 대해서도 약간이지만 몇몇의 목간 자료들이 보고되어 연구가 진행되고 있다. 우선 능산리사지에서 출토된 '支藥兒食米記'가 기록된 四面木簡이나 쌍북리에서 출토된 '五石'의 附札은 백제의 醫藥과 관련하여 크게 주목받고 있다.[15] 또 '六部五方'이 기록된 능산리목간을 통해 백제 술수학의 발달과 5와 6에 관한 數觀念의 수용이 검토되었다.[16] 더욱이 최근에는 '九九段'이 기록된 목간이 부여 쌍북리에서 출토되어 백제의 算學과 數體系에 대한 기초 자료가 확보되는 큰 수확이 있었다.[17]

본고는 이러한 목간들의 내용과 기존의 연구 성과들을 비교 검토하여 백제의 算學 및 醫藥에 관한 一側面을 보완해보려고 한다. 또 기존 연구에서 누락한 '呪禁' 관련 고고자료도 재검토하여 보았다. 우선 2장에서는 최근에 보고된 부여 쌍북리 출토 '구구단' 목간부터 소개하고자 한다. 이를 통해 백제의 九九述과 數觀念의 수용양상을 다루어보려고 한다. 3장에서는 '지약아' 목간을 통해 이 목간의 작성주체와 목간 출토지의 성격을 재검토해보려고 한다. 이어 그간 주목하지 않았던 관북리의 蓮池에서 출토된 목제 나무인형의 부속품을 백제 의약의 한 분야였던 '呪禁'과 관련된 자료로 새롭게 정리해보았다. 諸賢의 叱正을 바란다.

---

14) 박준형·여인석, 2015, 「『大同類聚方』 典藥寮本과 고대 한반도 관련 처방」, 『목간과 문자』 15, p.242.

15) 윤선태, 2007, 『목간이 들려주는 백제이야기』, 주류성; 이용현, 2007, 「목간」, 『백제문화사대계연구총서』 12; 李炳鎬, 2008, 「扶餘 陵山里 出土 木簡의 性格」, 『목간과 문자』 창간호; 노중국, 2009, 「백제 의·약 기술의 발전과 사찰의 의료활동」, 『물질문화와 농민의 삶』, 태학사; 장인성, 2010, 앞의 논문; 김영심, 2011, 「백제문화의 도교적 요소」, 『한국고대사연구』 64.

16) 김영심, 2009, 「扶餘 陵山里 출토 '六ㅏ五方' 목간과 백제의 術數學」, 『목간과 문자』 3.

17) 정훈진, 2016, 「부여 쌍북리 백제유적 출토 목간의 성격」, 『목간과 문자』 16.

II. ‘九九段’ 목간과 數觀念의 受容

한국문화재재단이 2011년에 쌍북리 328-2번지 유적에서 실시한 발굴조사에서 목간 3점이 출토되었다. 목간A는 시굴조사과정에서, 목간B는 수혈2호에서, 목간C는 구상유구1호에서 발굴되었다. 이 목간에 대해서는 2013년도에 발간된 소규모 발굴조사 보고서에 수록되었는데,[18] 묵서 판독상에 많은 오류가 확인된다. 이후 한국목간학회에서 개최한 출토목간의 사례발표[19] 및 토론과정에서 목간C가 ‘구구단’을 기록한 목간이라는 새로운 문제제기가 있었다. 이에 목간C에 대한 한국문화재재단 주관의 검증회의가 열렸고,[20] 이 회의에서 해당 목간이 구구단 공식을 규칙적으로 적은 구구단 목간임이 분명하며 한반도 최초의 출토 사례임을 확정하였다. 함께 출토된 목간 A와 B는 부찰인데, 판독불능의 글자들이 있어 그 용도를 판단하기 어렵다.[21]

쌍북리 328-2번지 유적(그림 1)의 성격은 정확히 알기 어렵지만, 이 유적 주변 지역에서 최근 백제목간이 집중적으로 출토되고 있다. 이 쌍북리 지역은 부소산성, 청산성, 금성산 등 주변이 산지로 둘러싸여 있어 山澗水가 이곳으로 모여들어 백마강으로 흘러들어간다. 이 일대에는 ‘月含池’ 등 저수지도 확인되며 현재도 低

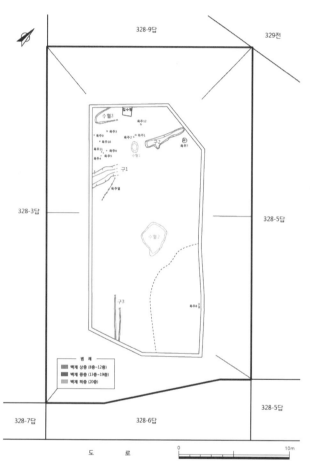

(그림 1) 쌍북리 328-2번지 유적 유구배치도

---

18) 한국문화재보호재단, 2013, 『2011년도 소규모 발굴조사 보고서IV-3. 부여 쌍북리 328-2번지 유적』.

19) 정훈진, 「부여 쌍북리 국비조사 유적 출토 목간 사례」, 한국목간학회 제23회 정기발표회(2016).

20) 2016년 1월 21일 쌍북리 328-2번지의 구상유구 1호에서 출토된 목간의 내용이 구구단을 적은 목간이 맞는지의 여부를 공식적으로 검증하는 회의였으며, 학계의 관련 전문가들로 구성되었다.

21) 구구단 목간 관련 설명과 그림들은 모두 정훈진, 2016 앞의 논문에서 인용하거나 일부 변형한 것이다. 목간에 관한 사진과 적외선사진을 제공해주신 정훈진 선생님께 이 자리를 빌어 감사드린다.

(그림 2) 백제시대 목간출토 중요유적 위치도

濕地가 형성되어 주로 논으로 경작되고 있다(그림 2). 이처럼 쌍북리 지역은 목간이 잘 보존될 수 있는 조건을 갖추고 있어, 현재까지 8개 유적에서 상당수의 목간이 발굴되었고(표 1), 앞으로도 더욱 많은 목간의 발굴이 기대되는 지역 중의 하나이다.

이 지역에서 출토된 목간들은 대체로 그 내용이 국가행정과 관련된 문서나 부찰들이라 점에서, 이 일대는 백마강의 수운을 이용할 수 있는 이점으로 인해, 부소산성을 둘러싸며 闕外各司나 官營의 창고와 공방, 그리고 그 관리시설이 밀집되어 있었던 곳으로 추정된다. '구구단' 목간 등이 출토된 유적도 쌍북리의 다른 목간 출토유적들과 마찬가지로 관영시설이 있었던 곳이며, 구구단 목간 역시 官人이 사용하기 위해 만들었던 것으로 짐작된다. 구구단 목간은 한 면에서만 묵서가 확인되었다. 판독 가능한 묵서의 글자는 전체 103자이다(그림 3). 현존 목간의 크기는 30.1×5.5×1.4㎝이며, 재질은 소나무이다. 판재의 표면은 아주 매끄럽게 다듬었다. 또 폭이 좁아지는 하단의 꼭지점으로 내려갈수록 더욱 두께를 얇게 손질하여 그립(grip) 감이 좋도록 다듬었다. 하단을 이렇게 가공한 것은 손잡이 역할을 염두에 둔 것이라 생각된다(그림 4).

(그림 3) 구구단 목간

(표 1) 백제시대 목간 출토 유적과 출토 점수(2016년 현재)

扶餘 官北里	1983~2003	6~7세기	10	南朝尺. 木製人形.
扶餘 宮南池	1995~2001	7세기	3	戶籍拔萃
扶餘 陵山里寺址	2000~2002	6세기	153(?)	削屑(125점)
扶餘 雙北里 102	1998	7세기	2	唐尺.
扶餘 雙北里 현내들	2007		9	丁. 奈率. 德率
扶餘 雙北里 280-5	2008	7세기	3	佐官貸食記. 題籤軸.外椋卩
扶餘 雙北里 173-8	2009~2010	7세기	4	五石. 斤兩. 丁
扶餘 雙北里 뒷개	2010		2	
扶餘 雙北里 328-2	2011		3	九九段
扶餘 雙北里 184-11	2012	7세기	2	
扶餘 雙北里 201-4	2012		2	丁
扶餘 舊衙里 319	2010	6~7세기	9	
錦山 栢嶺山城	2004		1	
羅州 伏岩里	2006~2008	7세기	13	戶籍拔萃
전체 출토 점수			216	

(그림 4) 구구단 목간의 형태

구구단은 9단부터 2단까지 기록되어 있으며, 각 단 사이에는 횡선을 한 줄씩 그어 구획하였다. 9단을 가장 상단에 배치하였으며, 아래쪽으로 갈수록 하위 단들을 순서대로 기록하였다. 각 단이 시작하는 첫 행에서 동일한 숫자의 중복을 피하기 위해 반복부호(:)를 사용하였다. 예를 들어 '九 : 八十一'이나, '八 : 六十四'의 방식으로 기록하였다. 20은 卄, 30은 卅, 40은 卌 등으로 표기하였다. 한편 발굴측에서는 2단의 횡선 아래에도 판독은 불분명하나 1행이 더 기록되어 있었던 것으로 보고 있으나,[22] 적외선사진으로 볼 때 2단과 그 아래의 짧은 횡선만 보이며, 그 횡선 아래에는 묵흔이 전혀 확인되지 않는다.

한편 구구단 목간의 현존 평면 형태는 칼(刀)의 身部와 유사하나, 횡선을 그어 각 단을 의도적으로 구분하고 있고 전체 구구단 공식을 고려할 때, 이미 발굴측에서 추정한 바와 같이 원래 모습은 〈그림 5〉와 같은 '직각삼각형' 형태였다고 생각된다. 현재 목간에서 9단 및 8단은 총 4행까지, 예를 들어

---

22) 정훈진, 2016, 앞의 논문, p.229.

'[五]八卅'만 남아 있지만, 그 좌편의 5행(四八卅二) 이하 공식도 분명 기록되어 있었다고 생각되며, 다만 그 부분은 이 목간이 폐기되는 과정에서 결실된 것이 아닌가 판단된다. 또 온전히 남아있는 4단 이하의 각 단이 '二四[八]', '[二]三六', '二[二]四'로 끝난 것으로 볼 때 각 단의 마지막 공식들도 모두 二로 시작되는 셈법에서 그쳤다고 생각된다. 즉 9단은 '二九十八'로, 8단은 '二八十六' 등이 마지막 행이었고, '一九九'나 '一八八'의 공식 등은 애초 기록되지 않았던 것으로 추정된다.

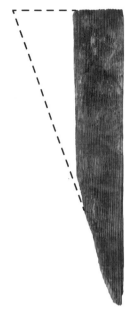

(그림 5) 구구단 목간의 복원

이러한 형태의 구구단 목간은 필자가 과문한 탓인지는 몰라도 현재 중국과 일본에서는 그 유사한 사례가 발굴된 바가 없다. 기발굴된 중국이나 일본의 구구단 목간들은 상단에서 하단으로 단을 내려가며 기록한 사례는 있지만, 그 경우라도 백제의 구구단 목간처럼 9단 및 8단 등을 구분해서 각 단을 하나의 단에 완결해서 쓴 경우는 없다. 모두 9단과 8단을 구분하지 않고 이어서 썼다. 이 경우 목간의 형태는 세장방형이 된다.

백제 구구단 목간은 직각삼각형 형태로 제작된 것에서 이미 그 목적성을 분명히 알 수 있다. 이 구구단 목간은 형태나 서식으로 볼 때, 구구단을 단순히 적거나 외우기 위해 서사한 것이 아니다. 오히려 구구단의 각 단을 횡선으로 명확히 구분하고 시각화하여 각 단의 공식을 찾기 쉽도록 배열할 목적에서 애초 직각삼각형의 형태로 고안한 '구구단 公式表'라고 명명할 수 있다. 正倉院文書로 잘 알 수 있지만, 고대의 말단 관료들은 늘 예산을 정확히 계산하여 신청하고 이를 결산하는 일이 일상사였다. 예산 및 결산에 하자가 없도록 하기 위해서는 셈법에 틀림이 없어야 한다. 애초 예산의 초고 작성에는 구구단을 외운 대로 계산해 기록했다고 하더라도 재차 검산하는 과정에서는 확신을 기하기 위해 이러한 구구단 공식표를 이용했을 수도 있겠다. 백제에서 이러한 기능적인 구구단 목간이 제작되었다는 것은 算學이 상당히 실용성을 띤 일종의 기술로 인식되고 있었음을 말해주고 있다. 또 이미 산학이나 수관념이 일상의 생활 전반에 익숙하게 자리 잡고 있었다고 생각된다.

'九九術'은 오랜 세월동안 數術을 대표하는 상징성을 지녔다. 九九術은 단순하면서도 數에 내재된 법칙성과 정연한 논리 구조를 자각하게 한다. 이로 인해 구구술을 수용한 백제인들은 필연적으로 그것을 우주, 자연, 인간의 질서로 확대 연관 지어 설명해온 중국의 數觀念이나 인식체계와 만나고 그것을 탐구할 수밖에 없다. 구구단을 '직각삼각형'에 담으려고 한 발상도『周髀算經』에 3:4:5의 직각삼각형을 우주의 완전체로 이해하고 있었던 점과 관련이 있었다고 생각된다.[23] 백제에서 450년에 宋에 『易林』과 『式占』을 요

23) 경북대학교 사학과 BK21 플러스 글로컬 역사문화 전문인력 양성사업단과 한국목간학회가 공동주최한 "고대세계의 문자자료와 문자문화" 국제학술대회(2016.11.17.~18.)에서 필자의 백제 구구단 목간에 관한 발표문에 대해, 서울대 인문학연구원의 최진묵 교수께서 구구단을 직각삼각형에 담은 것의 의의에 대해『周髀算經』의 관련 내용을 지적해주셨다. 이 자리를 빌어 감사드린다.

청한 사실이나 式盤과 유사한 「무령왕묘지」의 방위표시 등으로 볼 때,[24] 백제에서는 이미 한성시대부터 중국의 술수학을 받아들였고, 음양, 5행, 10간, 12지, 64괘가 만들어내는 우주, 자연, 인간에 구현된 數의 상징성과 규칙성을 이해하고 정치나 인간사에 적용하였다.[25] 즉 구구술은 그 자체의 수용으로 끝나는 것이 아니라, 구구술에 대한 인식 저변에는 이미 만물과 수의 상관성, 천지 우주 질서와 수의 관계성에 대한 관념이 자라나게 된다.

고대일본의 사례지만, 新潟縣 新潟市 大澤谷內 유적 출토 구구단목간은 九九術과 함께 중국의 數觀念도 수용되었음을 잘 보여주고 있다.[26] 이 유적은 7세기 후반에서 8세기 초의 시기로 이해되고 있으며, 구구단 목간은 유적 조사구인 남부에서 검출되었던 하천유적에서 1점이 출토되었다. 하천유적에서는 이 외에 제사에 이용되었던 목제품 등이 다수 출토되어 물가에서 행해졌던 제사의 모습도 엿볼 수 있다. 출토되었던 목간의 판독문은 다음과 같다.

七九六十三	四三六	一九々々	六八卅八	一八□
八九七十二	七九四七	二九四八	七八七十六	二八□
九々八十一	六九七十四	三九二十四	八々六十四	三八□□

(209)㎜×35㎜×4㎜ 019型式

이 목간은 상단 및 좌우 양변은 원형이지만, 하단은 파손되어 있다. 각 단에 3행, 전체 다섯 개의 단에 걸쳐서 구구단을 기록하고 있다. 첫 번째 단 좌행의 「九々八十一」에서 오른쪽으로 써나가, 5단째 우행의 「一八□」까지 9단과 8단의 구구단를 기록하고 있다.

그런데 일본측의 보고자에 의하면, 구구단의 冒頭부분에는 계산의 잘못이 전혀 보이지 않는 것에 비해, 중간부분과 후반부분으로 갈수록 명확하게 잘못된 계산이 여기저기서 보여, 예를 들면 두 번째 단 좌행의 「六九」가 「七十四」(정답은 「54」)로 되어 있거나, 3행째 좌행의 「三九」가 「二十四」(정답은 「27」)로 되어 있는데, 그 이유로 우선 이 목간이 실용적인 목적이 아니고, 제사 등의 특별한 사정에 따라 쓰여 졌을 가능성이 있는 것과 관계되며, 중간부분 이후의 계산이 틀렸다 해도 문제가 되지 않았던 상황, 즉 冒頭부분만을 정확하게 암송할 수 있기만 한다면, 구구단을 지식으로서 습득하고 있었던 것으로 나타내 보일 수 있다고 생각한 것은 아닐까 고대 지방호족들의 지식 수용의 실태와 심상적 측면에서 설명하고 있다.

그러나 필자는 이 구구단목간을 기록한 사람이 구구단 전체를 외우지 못하였다고 본 견해에 동의하지 않는다. 보고자는 '六九'七'十四', '七'九四七로 판독하고 구구산을 정확히 외우지 못한 결과라고 이해하였

---

24) 『易林』은 五行, 干支 등의 수를 배합해서 점을 치는 방법이었고, 式占도 式盤을 이용해서 점을 치는 방법이었다(장인성, 2001, 앞의 책, pp.93~94).

25) 장인성, 위의 책, pp.95~100.

26) 이하 新潟縣 新潟市 大澤谷內 유적 출토 구구단목간에 대한 발굴측의 판독과 보고는 三上喜孝, 2011, 「일본 출토 고대목간 −근년(2008~2011) 출토목간−」, 『목간과 문자』 7에 의거하였다.

다. 그러나 이는 잘못된 추론이다. '七'九四七의 맨 앞 7은 원래 5가 와야 되는데 7로 되어 있다. 이건 외우는 과정에서의 착오가 분명 아니다. 書寫하면서 6 다음은 5라는 건 실수할 수가 없다. 이건 외우지 않아도 쓸 수 있는 것이다. 결국 六九'七'十四도 7을 5로 바꾸면 계산이 맞고, '七'九四七도 5*9면 47, 이것도 역시 45를 피해서 47로 적은 셈이 된다. 물론 十이 생략되었지만 그 아래 四三六도 9단의 순서상 四〈九〉三〈十〉六을 의도적으로 줄여 쓴 것이라고 생각된다. 필자가 이런 추론을 하게 된 것은 8단에도 七八'七'十六의 7이 5로 바뀌면 7*8=56이 되어 꼭 들어맞기 때문이다. 즉 이 구구단 목간을 기록한 사람은 五를 일부러 의도적으로 七로 기록하였음을 분명히 확인할 수 있다. 마치 구구단 속에 자신만의 퍼즐을 집어넣은 것처럼 새로운 구구단을 제시하고 있는 셈이다. 또 이 목간의 기록자는 이렇게 구구단이 의도적으로 조작되었다는 것을 읽는 사람이 느낄 수 있도록 조작이 시작되는 두 번째 단에서 十을 거듭 생략했다. 즉 구구단을 잘못 외운 지진아의 노트가 아니라 특별한 목적의식을 갖고 시각적으로 기록한 것이라고 생각된다. 물론 필자의 추론에도 문제가 없지는 않다. 3*9와 2*9의 계산이 틀렸다. 그러나 높은 단수는 모두 맞는데, 3*9와 2*9 이하만 틀린다는 게 뭔가 어색하다. 더욱이 보고자가 3*8로 판독한 부분도 자세히 보면 원래는 三이 아니라 五를 먼저 쓰려고 했던 게 역력하다. 8단의 순서상으로도 6*8 다음이어서 5가 와야 될 자리다. 五로 쓰려다가 三으로 만들려고 한 느낌이 든다. 결국 이 목간에서는 五로 시작되는 공식이나 답 속에 五가 나오는 것들은 하나의 예외 없이 모두 七로 적거나, 아예 五가 올 자리를 건너뛰었다.

이는 기록자가 의도적으로 '五'라는 수가 거듭나오는 것을 피한 것이라 생각된다. 그렇다면 이 목간의 기록자는 왜 5가 거듭 기록되는 것을 피했던 것일까? 보고자도 설명했지만, 이 목간의 묵서는 일반적인 서사방향과 다르다. 일반적이라

(그림 6) 日本 新寫縣 大澤谷 구구단 목간

면 우행에서 좌로 서사해야 되는데, 이 목간은 좌행에서 우로 써나갔다. 이는 주술목간에서 많이 확인되는 것으로 글자를 아예 顚倒시키는 것도 이에 포함되지만 讀者가 인간이 아닌 경우에 흔히 사용되는 방법이다. 따라서 보고자가 이 목간을 제사 등의 특별한 사정에 따라 만든 것이라고 본 것에 필자 역시 적극 찬동한다. 그런데 이 목간이 출토된 곳은 7세기 후반에서 8세기 초의 하천유적이며, 이곳에서는 이 목간 외에도 제사에 이용되었던 목제품 등이 다수 출토되었다. 이 구구단 목간 역시 "물가에서 행해졌던 제사"에 사용되었다고 생각된다. 결국 이 목간은 하천변의 제사에서 사용된 주술적 기원을 담고 있으며, 그 내용은 5가 겹쳐지는 것을 피하려고 한 것이라고 추론할 수 있다. 이 두 가지 조건을 만족하는 것으로는 5월5일의 '端午' 의식밖에 없다.

중국에서 홀수가 겹친 重數日은 크게 중시되어 節日로 지켜지는 경우가 대부분이다. 1월1일은 元旦, 3월3일은 潑水節, 5월5일은 단오, 7월7일은 칠석, 9월9일은 중양절이다. 그런데 이런 중수절일은 吉日이

면서 동시에 생활상에서 '避凶求吉'의 일자로의 성격이 강하다는 것이 일반적인 인식이다. 특히 3월3일과 5월5일은 東流水에 모든 더러움을 씻고 災厄을 떨어내는 머리를 감고 목욕을 하는 날이다. 또 5월5일은 팔에 오색실을 두르고 辟兵과 귀신을 몰아내 질병을 예방하는 날이었다. 5월은 악월이나 흉월로 인식되어 각종 금기가 붙여졌다.[27] 漢代에는 5월5일에 태어난 아들은 父에게, 딸은 母에게 해를 끼친다는 속설이 널리 유행했다. 5월5일 단오절은 다른 중수절일과 달리 흉일의 의미가 매우 강했다. 그 연원은 전국시대 인물인 孟嘗君이 5월5일에 태어나서 죽을 위기에 처해진 이야기에서 찾을 수 있으며, 漢代의 인물인 王鳳(?~B.C.22) 역시 5월5일생이었는데, 맹상군의 고사로 오히려 되살아난 경우에 해당된다. 이는 전국시대 이래 이러한 풍습이 상당히 오랫동안 실재하였음을 분명히 말해준다.[28] 한국 고대사회에도 5월5일에 태어난 아이를 거두지 않는 '不擧子' 禁忌가 수용되었다. 바로 弓裔가 5월5일생이어서 죽을 위기에 처했다가 눈을 하나 잃고 구사일생한 이야기가 『三國史記』에 전한다. 고대일본에도 단오절일과 함께 五의 重數가 상징하는 수관념이 수용되었음을 위 목간을 통해 분명히 알 수 있다.

앞서 검토한 백제의 구구단 목간은 '구구단 공식표'로 활용되었던 매우 기능적인 목간이었다. 이는 당시 백제 지식인들이 중국의 산학에 익숙해 있었음을 의미한다. 백제 관인이 구구술을 우주의 완전체인 직각삼각형에 담으려한 것도 중국에서 발달했던 수의 상징성과 수관념[29]이 백제인의 일상 생활 전반과 의식의 저변에 깊숙이 자리 잡고 있었음을 방증한다.

이미 지적되었지만, 백제에서는 중국의 술수학을 받아들여 5와 6이나, 또는 그 수들이 병칭되는 사례가 많이 확인된다.[30] 수는 중심을 표현하는 데 유용한 체계이다. 오행설에서 5는 사실 만물을 포괄하는 상징성을 지닌 중심수 개념이다. 3이 공간배치상 양극의 중심이라면 5는 사방의 중심이다. 3,5,9는 중심의 수이고 2,4,8은 주변의 수이다. 자연수상에서 중심적인 위치만을 고려한다면 숫자 6도 5 못지않은 중심적인 성질을 갖고 있다. 홀수의 중심수는 5이고, 짝수의 중심수는 6이다.

이러한 점에서 백제의 핵심관부인 22部司가 왕실이 관할하는 內官 12개 관청과 중앙행정을 담당하는 外官 10개의 관청으로 구성된 것도 주목된다. 숫자상 주기개념이 가장 명확히 드러나는 것은 10과 12였다. "一은 日을 주관하고, 日數는 10이다. 日은 인간을 주관하므로 10개월만에 태어나는 것이다."[31]라는 『淮南子』의 언급에서 잘 드러나지만, 10은 인간의 생활주기로 등장하여 人數로 선택되었다. 이에 비해 숫자 12는 천체상의 주기성이 비교적 명확하다. 숫자 12는 1년이라는 순환주기를 뛰어넘어 12년이라는 태세기년법(세성기년법), 그리고 12시간제, 12地支의 성립으로 나타났다. 더욱이 天圓(3)과 地方(4)의 곱에 의해 파생되는 숫자여서 天의 大數로 인식되었고, 우주 구조 속에서 운동과 변화를 상징하는 의미를 지니게 되었다. 백제의 핵심관부인 22部司가 왕실이 관할하는 內官 12개 관청과 중앙행정을 담당하는 外官

---

27) 최진묵, 2002, 앞의 논문, pp.190~192.

28) 張寅成, 2000, 『中國古代禁忌』, 稻鄕出版社, 臺北, pp.23~26.

29) 이하 중국의 수관념, 천지 우주 질서와 數의 구도에 대해서는 최진묵, 2002, 앞의 논문, pp.157~204을 참고하였다.

30) 김영심, 2009, 앞의 논문.

31) 『淮南子』권4, 地形訓, "一主日 日數十 日主人 人故十月而生"

10개의 관청으로 구성된 것도 바로 天數 12와 人數 10의 상징성을 政治에 적용한 것이 아닌가 생각된다. 결국 백제 역시 중국처럼 권력과 결합해 중심이라는 개념 속에 다양한 수계통을 통일화시켜 만물을 일원적으로 파악하려고 하였다.

III. '支藥兒' 목간과 呪禁用 人形

'支藥兒' 목간은 부여 능산리 유적에 대한 발굴과정에서 출토된 목간들 중의 하나이다. 이 유적은 泗沘羅城과 능산리 고분군 사이의 계단식 전답으로 조성된 산정골에 위치해 있다. 산정골의 정면인 남쪽은 국도 4호선과 이어지며, 서쪽으로는 東羅城의 동문지, 동쪽으로는 능산리 고분군의 능선이 자연 경계를 이룬다. 1985년 능산리 고분군 서편 일대에 백제고분 모형관을 짓기 위한 배수로 공사가 이루어지던 도중 여러 점의 연화문 와당이 신고되면서 백제시대 건물유적의 존재 가능성이 알려지게 되었다. 이에 1992년부터 2009년까지 11차례 조사가 이루어졌다.

1993년 2차 조사를 통해 공방지 I 에서 유명한 금동대향로(국보 제287호)가 출토되었고, 1995년 4차 조사 중에는 목탑지 심초석 상면에서 창왕명석조사리감(국보 제288호)이 출토되어 많은 관심을 받은 바 있다. 이 유적은 능산리 고분군으로부터 불과 100m 떨어진 지점에 위치해 있다는 점에서, 왕릉을 수호하고 그곳에 묻힌 백제왕들의 追福을 기원하는 陵寺였을 것이라는 추정이 일찍부터 제기되었다. 동명왕릉과 관련된 고구려의 追福 사찰인 定陵寺의 존재가 그 방증으로 여겨졌다.[32] 한편 6·7차 발굴조사 과정에서는 서배수로 인접구역에 노출된 V자형 남북방향 溝(초기 배수로)의 내부와 제5배수시설에서 20여 점의 백제 목간이 출토되었다.[33] 이 목간에 대한 검토를 통해 능산리 유적의 성격에 대한 논의가 심화되었다.

목간들이 출토된 장소가 층위상 서배수로 아래로 흘러가는 수로이며, 능산리 사원보다 앞선 시기의 유구일 가능성이 높다는 점이 알려지면서, 567년 목탑 건립 이전 유적의 성격에 관심이 몰렸다. 필자는 우선 이곳이 도성의 입구로써 '境界' 지점이라는 점에 주목하였다. 道祖神 제사와 관련된 남근형 목간이나 '水'字를 連書한 大祓의 세정식에 사용되었던 목간[34] 등에 의거하여 이곳이 비일상적인 의례가 열린 공간이었음을 강조하였다. 또 당시까지는 이 유적의 서편 일대가 제대로 발굴이 끝나지 않은 상황이었는데, 이 유적 서편으로 S형태의 마치 옹성문처럼 생긴 나성 구간이 이어진다는 점에 주목하여 '지약아' 목간에 함께 기록되어 있는 지방관과 지방인들의 명단을 羅城의 禁衛와 관련하여 작성한 것으로 추정하였다.[35]

이에 대해 목간의 출토 정황에 대한 세밀한 분석에 기초한 반론이 제기되었다. 중문지 남서쪽의 초기

---

32) 國立扶餘博物館·扶餘郡, 2000, 『陵寺-扶餘陵山里寺址發掘調査進展報告書』, p.2.

33) 朴仲煥, 2002, 「扶餘 陵山里 發掘 木簡 豫報」, 『한국고대사연구』 28, p.212.

34) 이 목간에 대해 고대일본의 大祓儀式에 사용된 人形이나 齋宮과의 유사성을 지적하면서, 물에 관련된 祓禊행사에 사용되었을 수 있다고 본 견해가 주목된다(方国花, 2010, 「부여 능산리 출토 299번 목간」, 『목간과 문자』 6).

35) 윤선태, 2007, 『목간이 들려주는 백제이야기』, 주류성.

자연배수로뿐 아니라 동남쪽의 초기 자연배수로와 그보다 시기가 늦은 제2석축 배수시설에서도 목간이 출토되었으므로, 목간의 성격은 나성과 연관되기보다 능산리사지 가람중심부의 정비 과정과 연관지어야 한다는 반론이었다. 결국 능산리 유적 출토 목간들은 554년 성왕의 죽음으로부터 567년 창왕명석조사리감 매입 사이의 어느 시기에 사용·폐기된 것이며, 그 기재 내용이 불교나 제사 관련, 물품의 생산지나 물품의 이동, 장부 등을 망라하고 있으므로, 나성이나 나성문의 출입과 관련시켜 보기는 어렵다고 하였다.[36]

한편 567년 이전 능산리 유적의 초기 시설을 聖王과 연결 짓기에는 증거가 부족하며, 초기 시설과 관련된 것으로 추정한 목간들의 내용 또한 성왕의 추복 시설이었다는 추정을 뒷받침하지 않는다는 주장도 제기되었다. 실제로 이 목간들과 동반출토된 유물들은 우물·연못 등 水邊祭祀의 흔적으로 자주 확인되는 것들이며,[37] 先王을 祭神으로 하는 祠廟祭祀에 사용하였다고 보기는 어렵다. 우물이나 연못 등 수변공간은 땅과 물이 만나는 곳으로서, 교차로나 시장의 경우와 더불어 '境界'로 인식되는 대표적인 공간이다. 결국 능산리 유적은 사비 도성과 외부의 경계인 동시에 땅과 물의 경계로서, 경계 제사의 祭場이 되기에 충분한 조건을 갖추고 있다고 할 수 있다. 羅城과 고분군이 능산리 유적에 인접하여 있는 것 또한, 이들이 모두 사비도성의 경계에 위치해야할 시설임을 감안하면 자연스러운 현상이라 하겠다. 목간의 내용 및 함께 출토된 유물의 성격을 감안할 때, 능산리사지 유적의 초기시설은 경계 제사의 祭場이었을 가능성이 높으며, 567년 이후 이곳에 사원이 건립되면서, 이러한 경계제사의 기능 중 일부는 사원의 승려들이 담당하였을 것으로 추정된다.[38]

한편 능산리사지 유적 서편 S자형의 나성 구간에 대한 발굴조사가 이루어졌고, 그곳에는 나성의 성벽 외에는 다른 유구가 확인되지 않았다는 점에서 필자가 과거 '지약아' 목간을 나성의 금위와 관련해서 본 것은 잘못 판단한 것이 분명하다. 그러나 이 유적의 목간들이 능사와 관련된 것이라고 하여도, 목간의 내용과 성격은 목간 출토지가 도성의 '경계' 지점에 위치한 비일상적 의례의 공간이었다는 점에 여전히 유념하면서 풀어나가야 한다고 생각된다. '지약아' 목간 역시 마찬가지라고 할 수 있다.

'支藥兒' 사면목간

(1면) 支藥兒食米記 初日食四斗　 二日食米四斗小升一　三日食米四斗 ×
(2면) 五日食米三斗大升 六日食三斗大二 七日食三斗大升二 九日食米四斗大 ×
(3면) /食/△道使△次如逢/小/吏[39]猪[40]耳其身者如黑也 道使復後　彌耶方 牟氏／牟△[41]　△[42]耶 ×
(4면) ×　又十二石又十二石又十二石十二石又十二石又十二石又十二石

---

36) 李炳鎬, 2008, 「扶餘 陵山里 出土 木簡의 性格」, 『목간과 문자』 創刊號.

37) 이재환, 2011, 「傳仁容寺址 출토 '龍王' 목간과 우물·연못에서의 제사의식」, 『목간과 문자』 7.

38) 이상 능산리사지 유적과 출토목간에 대한 연구사 정리는 이재환, 2014, 「扶餘 陵山里寺址 유적 출토 목간 및 삭설」, 『목간과 문자』 12에 의거하여 개술하였다.

이 목간은 내용상 '제1~2면', '제3면', '제4면'으로 각각 나누어지며, 이 중 '제1~2면'은 「支藥兒食米記」이며, '제3면'은 이와는 성격을 달리하는 또 다른 기록이라고 생각된다. '제3면'이 지약아식민기보다 먼저 기록되었을 가능성도 있으나 두 기록 사이의 순서는 확정하기 어렵다. 그러나 두 기록이 한 사람에 의해 작성된 것은 분명하다. 한편 '제4면'은 나머지 1~3면과 서사방향이 반대로 되어 있고, '又十二石'이라는 간단한 문구가 계속적으로 반복되고 있다는 점에서, 이 목간을 폐기하기 전에 적은 습서라고 생각된다.

이 목간에는 기존의 문헌자료에서는 전혀 찾아볼 수 없었던, '支藥兒'나, 大升 小升의 도량형제 등 매우 독특한 내용들이 기록되어 있기 때문에, 지금까지 많은 주목을 받았다. 필자는 '支藥兒食米記'를 '지약아에게 식미를 지급한 기록'이라고 해석하였고, 이 백제의 '지약아'를 고대일본의 『延喜式』에 '嘗藥小兒', [43) '客作兒', 44) '造酒兒' 45) 등 接尾語로 '兒'가 붙는 국가의 여러 잡무를 수행했던, 최말단의 사역인들과 유사한 國役者에 해당된다고 보았다.

고대일본의 이 사역인들은 律令의 職員令에 포함되어 있지 않다는 점에서 官人이라고 할 수 없

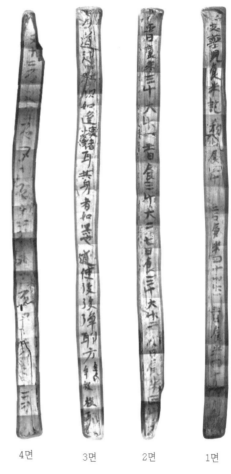

4면　　3면　　2면　　1면

(그림 7) '지약아' 사면목간

다. 백제의 '지약아' 역시 그 이름으로 볼 때, '약재를 지급하는 일을 담당했던 사역인'이라고 추정되며, 이 '지약아'들은 도성 바깥의 藥園에서 약재를 공급하는 일을 담당하였던 것이 아닌가 짐작하였다. 물론 현

---

39) '小吏'는 목간에서 두 글자가 아니라 좌우로 붙여 한 글자처럼 되어있다. 이에 대해 小와 또 이 면의 첫 글자인 食은 원래 있었던 글자를 삭도로 깎아내고 남은 묵흔으로 보는 견해가 제기되었다(이병호, 2008, 앞의 논문). 필자 역시에 이에 동의한다.

40) '猪'는 목간 자체에는 '豕+者'로 묵서되어 있지만, 猪와 동일한 의미의 글자라고 생각된다.

41) 細字로 표현한 '牟氏'와 '牟△'는 行을 분할해서 쓴 割註形式으로 기록되어 있다. △는 글자가 또렷하지만, 木변인지 示변인지 판단이 어렵다.

42) 역시 글자는 또렷하지만, 판단이 어렵다. 혹 '祕'가 아닌가 모르겠다.

43) 『延喜式』卷5, 神祇 5, 齋宮

44) 위의 책, 卷6, 神祇 6, 齋院司

45) 위의 책, 卷7, 神祇 7, 踐祚大嘗祭

재 이와 관련된 백제측 자료는 남아있지 않지만, 백제의 '醫博士'나 '採藥師'를 倭國이 요청하였고,[46] 백제 망명 지식인들이나 그 후예들이 일본의 呪噤博士職을 이어갔다는 점에서, 백제의 藥部 구성체계가 고대 일본의 典藥寮 구성체계에 큰 영향력을 끼쳤다고 생각된다.[47]

이러한 점에서 지약아의 역할을 이해하기 위해 고대일본의 약재공급시스템을 비교 활용하는 것도 무의미한 것은 아니라고 생각된다. 고대일본의 경우, 飛鳥의 園池 유구에서 약재 관련 목간이 출토되었는데, 이는 7세기 후반 궁전에 부속되었던 원지에서 약재를 재배하고 있었음을 알려준다고 한다.[48] 또한 藤原宮 유적에서는 지방에서 중앙으로 약재를 공납할 때 사용했던 꼬리표목간도 많이 발견되었다.[49] 백제에서도 도성 바깥 인근의 藥田에서 재배된 약재가 채약, 건조되어 도성으로 공급되었거나, 아니면 아예 지방에서 중앙으로 약재가 공납되었을 가능성이 있다. 백제 역시 도성 인근의 약전과 수요처를 연결하여 약재 공급을 담당했던 사역인이 있었고, 이들이 바로 '지약아'가 아닌 생각된다.

그런데 최근 이 '支藥兒食米記'를 '藥兒에게 食米를 支給한 記錄'으로 해석하고, 백제의 藥兒를 唐의 尙藥局의 '藥童'이나 古代日本의 內藥司의 '藥生'과 같은 관인으로 이해하는 견해가 제기되었다.[50] 이들은 약재를 일정한 크기로 자르거나 빻고 채질해서 調劑할 준비를 했던 의약전문 관인이었다. 백제의 (支)藥兒를 전문 관인으로 볼 수 없는 것은 그 인원이 매우 많다는 데 있다. 당의 약동은 30인, 고대일본의 약생은 10인이었다. 그런데 약부 소속도 아니고 능사 건립이전의 초기시설이나 능사 예하의 (支)藥兒임이 분명한데, 지급된 食米의 양으로 보면 지약아의 인원은 22명을 넘는다.[51] 이는 당의 약동이나 고대일본의 약생의 규모와 비교할 때 과도한 것이 틀림없다.

오히려 (支)藥兒는 그 인원의 규모로 볼 때 고대일본의 典藥寮 하에 예속되어 있었던 '藥戶'들과 비교되는 존재라고 생각된다. 전약료에는 약호 75호가 예속되어 있었는데, 1년마다 47丁이 番役을 섰다.[52] 이 경우 사역인들이었던 '客作兒'나 '舂藥小兒'들의 명명법처럼 백제 역시 '支藥兒'가 공식명칭이었을 가능성도 충분하다.[53] 「佐官貸食記」("佐官의 貸食 기록")이라는 또 다른 백제의 문서명칭과 비교하더라도 支를 구태여 동사로 해석할 이유가 없으며 "지약아의 식미 기록"이라 해석할 때, 오히려 佐官貸食記와 서로 통한다.

---

46) 『日本書紀』 欽明天皇 15년 2월

47) 장인성, 2009, 「고대 일본에 전파된 백제 도교」, 『한국고대사연구』 55; 2010, 「백제의 의약과 도교문화」, 『백제연구』 52.

48) 鶴見泰壽, 2001, 「飛鳥の木簡」, 『テーマ'日中の考古學'』 奈良縣立橿原考古學研究所, pp.25~29.

49) 橋本義則, 1989, 「1988年出土の木簡, 奈良·藤原京跡」, 『木簡研究』 11, pp.30~35.

50) 이용현, 2007, 「목간」, 『백제문화사대계연구총서』 12; 노중국, 2009, 「백제 의·약 기술의 발전과 사찰의 의료활동」, 『물질문화와 농민의 삶』, 태학사; 장인성, 2010, 앞의 논문

51) 윤선태, 2007 앞의 책; 이병호, 2008, 앞의 논문; 노중국, 2009, 앞의 논문.

52) 『律令』, 岩波書店, p.525.

53) 한편 고대일본에서 '兒'를 사역인 명칭의 접미어로 사용하였던 것도 혹 백제유민들에 의해 고대일본으로 전달되었을 가능성이 있다고 생각된다. 후술하는 백제의 藥部가 고대일본의 典藥寮에 미친 영향력과 지약아라는 명명법 등과 관련하여 유념할 필요가 있다고 생각된다.

한편 지약아 목간에는 道使, 吏를 한 그룹으로 묶고 이들의 신체가 검다는 설명이 부가되어 있고, 이어 또 도사와 탄야방의 지방인을 묶어서 뭐라고 기술한 3면이 있다. 이에 대해 이들은 능사 건립을 위해 동원되었고, 지약아라는 관청에서 이들에게 매일의 식미를 지급하였는데, 수령한 사람들을 잘 알지 못해 신체적 특징을 적어놓았다고 본 견해가 있다.[54] 그러나 각각 이름이 있는데 신체적 특징을 적는 것도 문제이지만, 이들이 그룹으로 묶여져 있다는 점에 주목해야 한다. 개별화되어 있다면 단순한 신체적 특징이라고 말할 수 있지만, 이는 위의 지약아와 연관지어 볼 때 병증일 가능성이 크다.

'支藥兒食米記'목간의 출토지는 지방에서 都城으로 들어오는 입구, 도성의 경계지점에 해당된다. 함께 출토된 '男根形' 목간이나 水가 여러 개 連書된 大祓의 洗淨式用 목간 등으로 볼 때, 이곳은 주기적으로 災厄을 막기 위해 祭祀가 벌어졌던 非日常的 공간이었다. 이곳에 陵寺가 완공된 이후에는 사찰이 그러한 의식들을 주관하였을 것으로 짐작된다. 〈사면목간〉을 작성한 주체는 '지약아'들에게 식미를 지급한 자이고, 동시에 지방관과 지방인의 병증을 기록한 자들이다. 이들은 도성 바깥의 약전(藥田)과 약재의 공급까지도 관할하고 있었다고 말할 수 있다. 이 경우 고대일본의 '施藥院'이나, 고려시대에 대중의 치료를 위해 설치된 상설기구였던 '東西大悲院'이 주목된다.

고대일본의 경우 후지와라 가문이 興福寺를 奈良로 옮길 때 미리 施藥院부터 설치하여 대중들을 치료하는 사업을 전개하였다. 이 시약원에는 후지와라 가문의 수세지에서 올라오는 세금이 할당되었고, 이것으로 약재를 구입했다.[55] 능사를 건립하는 과정에서 백제 왕권 역시 시혜를 과시하기 위해 시약원과 같은 성격의 건물을 먼저 세우고, 이에 국가의 藥園 일부가 할당되고, 이를 재배하는 藥戶나 藥材를 능사로 운반하는 支藥兒와 같은 말단의 사역인들이 예속되어 있었던 것은 아닐까. 만약 능사가 완공되기 전부터 王京人이나 道使, 彈耶方의 지방인들과 같은 도성을 출입하는 이들에 대해 大慈大悲의 뜻을 담아 치료가 이루어졌다면, 이는 왕릉과 백제를 수호하는 능사가 애초 그 성립과정에서부터 도성의 경계 지점이라는 비일상적 공간을 활용해 도성을 출입하는 관인과 인민에게 施惠를 베푸는 權力粉飾의 장치로 기능하였음을 의미한다.

한편 부여 관북리 유적의 蓮池에서 출토된 나무로 만든 인형의 팔과 다리는 백제의 의약치료법 중의 하나였던 '呪禁'과 관련된 인형의 부속품이 아닌가 주목된다.

관북리 유적은 사비시대 왕궁지로 추정되고 있는 곳이다. 1982년부터 1992년까지 7차에 걸쳐 충남대학교 박물관에 의해 발굴조사가 이루어졌다. 이 유적에서는 백제시대의 정면 7칸, 측면 4칸의 대규모 건물지를 비롯해, 蓮池(그림 8), 도로시설, 하수도, 축대, 그리고 工房시설, 창고시설 등 다양한 유구가 확인되었다. 이러한 유구들은 이 유적이 왕궁의 부속시설이 있었던 지역이었음을 말해준다.

이 관북리 유적 중 정교한 護岸石築을 갖춘 '연지'에서 목재의 인형 다리가 출토되었다. 이에 대해서는

---

54) 이병호, 2008, 앞의 논문.

55) 富士川游, 1962, 『일본의학사』, 裳華房, pp.55~56.

百濟의 '九九段' 木簡과 術數學 _ 29

(그림 8) 관북리의 蓮池 유적

805

(그림 9) 관북리 연지 출토 목재인형 부속품

이를 우물 연못 제사에 사용된 공헌물로 본 견해가 이미 제기되어 있다.[56] 〈그림 9〉의 유물이 바로 그것이다. 그런데 발굴측에서는 이 둘을 모두 인형다리라고 보고하였지만, 이를 자세히 살펴보면 모두 다리라기보다는 위의 것은 팔이고, 아래의 것만 다리라고 생각된다. 또 팔과 다리의 어깨와 고관절 부위에 연결용 구멍이 두 개 있어 팔과 다리가 움직일 수 있도록 조립해서 완성하는 정교한 나무인형의 부속품으로 추정된다. 이 목제의 팔과 다리는 일본에서 소위 '마리오네트(marionette)式 人形'으로 부르는 '詛呪'는 물론 '呪禁'이라는 치료용으로도 사용했던 인형의 부속품일 가능성이 있다.

백제에는 사찰에 呪禁師가 존재했고, 약부 하에는 주금박사가 있어 주금법을 학생들에게 가르쳤다. 이

---

56) 이재환, 2011, 앞의 논문.

에 관한 최초 기록은 『日本書紀』에서 찾을 수 있다. 敏達天皇 6년(577)에 왜의 사신 大別王이 백제에 왔다가 귀국할 때 백제의 律師·禪師·比丘尼·呪禁師·造佛工·造寺工 6인을 대동하고 가서 이들을 難波 大別王寺에 안주시켰다고 한다. 이들 6인은 대부분 승려와 寺院 건립에 필요한 工人들로 불교와 직접적으로 관련된 인물들인데 그 중에 '呪禁師'가 포함되어 있었다. 이는 당시 백제 사찰에 주금법으로 사람들을 치료했던 주금사가 존재하고 있었음을 잘 말해주고 있다. 또 持統天皇 5년(691)에는 醫博士 務大參 德自珍, 呪禁博士 木素丁武와 沙宅萬首에게 각기 銀 20兩을 하사했다는 기록이 있다. 의박사인 德自珍은 백제 유민이었고, 沙宅氏는 백제 귀족의 氏였기 때문에 주금박사 沙宅萬首도 백제 유민임이 틀림없다. 木素丁武 역시 백제 유민으로 추정되고 있다.[57]

呪禁이란 무엇인가? '呪'에는 神에게 기원하는 대로 이루어지기를 바라는 禱祝의 의미와 누군가를 상해하고자 하는 詛呪의 의미가 있다. 한편 '禁'은 呪術로서 對象을 제어하는 壓勝을 의미한다. 呪禁과 같은 의미로 禁術, 禁法, 禁戒, 禁呪등의 용어가 있다. 중국이나 고려시대의 자료를 보면 주금을 행하는 인물들은 巫術, 즉 샤머니즘과도 밀접한 관련성이 있다. 『唐六典』 太醫署에서 주금사의 직무는 "呪禁으로 사악한 氣와 妖怪에 의한 惡疾을 뽑아버리는 것"이라 했는데, 그 註釋에 "산에서 사는 方士에서 유래한 道禁이 있고, 佛敎에서 유래한 呪禁도 있다."고 되어 있다.[58]

주금사의 역할은 典藥寮의 呪禁生들이 배웠던 내용에서 유추할 수 있다. 『養老律令』 「醫疾令」에 보면 呪禁生들은 "呪禁으로 解忤와 持禁를 배운다."고 하였다. 解忤란 주금술로 사악함과 놀람, 그리고 잘못된 것을 풀어주는 것이며, 持禁이란 몽둥이나 칼을 들고 주문을 읽으면서 猛獸, 虎狼, 毒蟲, 精魅, 盜賊, 五兵(다섯 가지의 무기)의 침해를 막고 또 신체를 견고하게 하여 뜨거운 물, 불, 칼날에도 상하지 않게 하는 것이다.

한편 주금사는 인형을 사용해 사람을 치료했다. 고대 일본의 藤原京에서 文武천황 大寶3년(703) 典藥寮에서 사용하였던 목간과 함께 木製人形이 출토되었는데, 이 목제인형 가운데는 눈 부위를 붓으로 검게 칠한 것이 있다. 이처럼 눈 부위에 검은 칠을 한 것은 주금사가 이 목제인형을 사용하여 주금술로써 眼疾을 치료하고자 한 것으로 보인다. 1984년에 平城京에서도 유사한 목제인형을 발굴하였다. 크기가 11㎝인 목제인형에 "左目病作今日"이란 붓글씨가 남아 있었다. "오늘 왼쪽 눈에 안질이 생겼다"는 뜻으로 이 목제인형도 呪禁師가 眼疾治療用으로 사용했던 것으로 보인다.[59]

한편 平安京跡 右京 六條 三坊 六町에 위치한 우물 속에서는 〈그림 10〉과 같이 손을 묶어 결박하는 의식을 치룬 남녀의 나무인형 한 쌍이 출토되었다. 남녀 인형의 가슴에 각각 그 이름을 묵서하였는데, 여자 인형의 팔은 분리된 채 사라져버려 발굴되지 않았다. 平城宮 동남 모퉁이의 基幹排水路에서도 8세기 후반의 것으로 추정되는 주술용 인형이 발굴되었는데, 이 인형은 〈그림 11〉처럼 팔뿐만이 아니라 다리까지

57) 장인성, 2009, 「고대 일본에 전파된 백제 도교」, 『한국고대사연구』 55.
58) 『唐六典』 권14, 呪噤博士, "以呪禁祓除邪魅之爲厲者. 有道禁, 出於山居方術之士, 有禁呪, 出於釋氏"
59) 장인성, 2009, 앞의 논문.

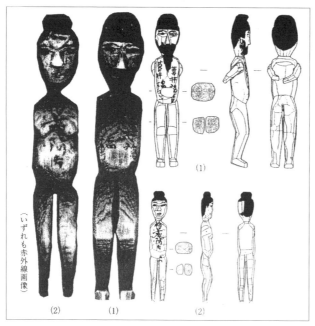

도 별도로 만들어 몸체에 조립하는 형식으로 제작되었다.

이처럼 주금의식에 사용했던 인형들 중 일부는 팔과 다리를 별도로 제작하여 몸체에 조립하는 소위 '마리오네트'식으로 만들어졌는데, 그 이유는 무엇 때문일까? 이와 관련하여 고려시대의 사례지만 呪禁의 생생한 의식을 전하는 기록이 남아 있어 주목된다.

홍복원이 은밀히 무당을 시켜서 나무를 깎아 인형을 만들어 그 손을 결박하고 머리에 못을 박아서 땅 속에 묻

(그림 10) 平安京 출토 결박용 인형

거나 혹은 우물 속에 빠트려서 저주의 주문을 했다. 李綱가 일찍이 원나라로 도망하였는데 王綧 (말)에 의거하여 (홍복원이 나무 인형을 만들어 저주하는 것을) 황제에게 보고했다. 황제는 사자를 보내 이를 조사하게 하였다. 복원이 말하길, "아이가 학질로 병들어 고로 악귀를 진압하였을 따름이고 다른 뜻은 없었다."고 하였다.[60]

홍복원은 주금법으로 자신의 아들을 치료함에 있어, 인형을 사용했는데 인형의 손을 결박하고 그 머리에 못을 박는 의식을 행하였다. 그런데 병을 치료하기 위한 주금법과 다른 이를 상해하기 위한 저주가 비슷해 오해가 발생하였다.[61] 이때 인형을 결박하는 의식이 병을 禁(치료)하는 가장 핵심적인 사안이었음을 알 수 있다. '결박'이라는 의식을 주술적으로 확실히 표현하기 위해서는 손이 사람의 손처럼 움직일 수 있어야 모방주술의 힘이 강해진다고 믿었고, 이로 인해 손을 별도로 만들어 몸체에 조립하는 인형이 만들어졌던 것이다.

결국 주금용 인형에는 고대일본이나 고려의 사례로 볼 때, 손과 발을 결박하는 의식이 행해졌고, 이때 모방주술의 힘을 강하게 하기 위해 비록 인형이지만 실제의 손과 발처럼 움직일 수 있도록 조립식으로

---

60) 『高麗史』 권130, 열전43, 반역4, 홍복원전, "福源密令巫作木偶人 縛手釘頭埋地或沈井呪詛, 校尉李綱嘗逃入元依綧 以奏帝 遣使驗之. 福源日 兒子病虐故用以厭之耳非有他也."

61) 한편 『元史』 洪福源傳을 보면, "會高麗族子王綧入質, 陰欲並統本國歸順人民'이라는 기록에 이어, 홍복원을 황제에게 참소했다고 되어 있어 홍복원은 아들의 학질을 치료하기 위해 주금법을 사용했는데, 그게 저주로 참소에 악용되었던 것 같다.

인형을 제작하였던 것이다. 부여 관북리 蓮池에서 출토된 나무로 만든 팔과 다리는 어깨와 고관절 부위에 연결용 구멍이 두 개 있는 나무인형의 부속품이라는 점에서, 이 관북리 출토 목제의 팔과 다리는 일본에서 소위 '마리오네트(marionette)式 人形'으로 부르는 '詛呪'는 물론 '呪禁'의 치료용으로도 사용했던 〈그림 11〉의 인형의 팔 다리 부속품과 흡사한 면이 있다. 고대일본의 경우 앞서 언급하였지만 발굴사례로 보면 결박된 팔이 빠진 채로 발견된 인형도 있어서 관북리 연지의 팔과 다리는 그러한 인형에서 분리된 채 발굴된 부속품일 가능성이 크다고 생각된다.

IV. 맺음말

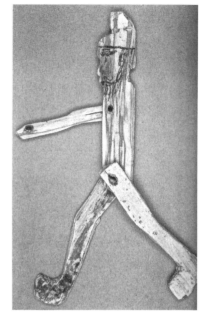

(그림 11) 平城宮 출토 마리오네트식 인형

泗沘 시기 백제 지배층들의 사상적 기반과 학문적 저변은 상당히 넓었다. 당시 백제 지배층들은 유학이나 불교뿐만 아니라 陰陽五行, 曆法, 醫藥, 占卜, 觀相 등 '術數學'의 여러 학문분야에 큰 관심을 갖고 있었다. 최근 발굴사례가 증가하고 있는 백제의 木簡에도 약간이지만 술수학과 관련된 몇몇의 자료들이 보고되어 연구가 진행되고 있다. 본고는 이러한 목간들의 내용과 기존 연구 성과들을 비교 검토하여 백제의 算學 및 醫藥의 일측면을 보완해보았다.

우선 부여 쌍북리에서 백제의 '九九段' 목간이 발굴되었다. 이 목간은 형태와 서식으로 볼 때, 각 단을 횡선으로 명확히 구분하고 시각화하여 각 단의 공식을 찾기 쉽도록 배열할 목적에서 애초 '직각삼각형'의 형태로 고안한 '구구단 公式表'라고 명명할 수 있다. 말단의 관료도 구구단을 외우고 있었지만 셈법에 틀림이 없도록 만전을 기하기 위해 검산과정에서 이 공식표를 이용했던 것으로 추정된다.

'九九術'은 단순하지만 사람들은 그 數에 내재된 법칙성과 정연한 논리 구조를 자각하고 감탄하게 된다. 이로 인해 '구구술'은 오랜 세월동안 數術을 대표하는 상징성을 지녔다. 따라서 구구단을 직각삼각형에 담으려고 한 발상은 『周髀算經』에 3:4:5의 직각삼각형을 우주의 완전체로 이해하고 있었던 점과 관련이 있었다고 생각된다. 백제에서는 이미 한성시대부터 중국의 술수학을 통해 음양, 5행, 10간, 12지, 64괘가 만들어내는 우주, 자연, 인간에 구현된 數의 상징성과 규칙성을 깊게 받아들였다. 백제에서는 우주의 중심을 상징하는 5나 6, 또는 그 둘이 병칭되는 사례가 많이 확인된다. 또 백제의 핵심관부인 22部司가 왕실이 관할하는 內官 12개 관청과 중앙행정을 담당하는 外官 10개의 관청으로 구성된 것도 바로 天數 12와 人數 10의 상징성을 政治에 적용한 것이라 생각된다.

한편 능산리사지에서 출토된 '支藥兒食米記'목간도 그간 백제의 醫藥과 관련하여 큰 주목을 받았다. 이 '支藥兒食米記'를 '藥兒에게 食米를 支給한 記錄'으로 해석하고, 백제의 藥兒를 唐의 '藥童'이나 古代日本

의 '藥生'과 같은 관인으로 이해하는 견해가 기존에 제기되었다. 이 약아나 약생은 약재를 일정한 크기로 자르거나 빻고 채질해서 調劑할 준비를 했던 의약전문 관인이었다. 그런데 백제의 藥兒 또는 支藥兒는 지급된 食米의 양으로 볼 때 인원이 22명 이상이었다는 점에서, 율령관인이었던 약아나 약생과는 다른 존재였다고 생각된다. 고대일본의 경우 藥生 밑에 말단의 사역인인 '客作兒'나 '嘗藥小兒' 등이 확인되는 데, 백제의 약아 또는 지약아는 이들과 그 성격이 유사한 존재가 아닌가 생각된다. 또 작명방식도 이들과 유사한 '支藥兒'로 보인다.

'支藥兒食米記'목간의 출토지는 지방에서 都城으로 들어오는 입구, 도성의 경계지점에 해당된다. 이 유적에서 출토된 '男根形' 목간이나 '水'字가 여러 개 連書되어 大祓 의식 때 '洗淨'의 의미로 만든 주술목간 등으로 볼 때, 이곳은 주기적으로 災厄을 막기 위해 祭祀가 벌어졌던 非日常的 공간이었음을 알 수 있다. 이곳에 陵寺가 완공된 이후에는 사찰이 그러한 의식들을 일부를 주관하였던 것으로 짐작된다.

'지약아목간'의 내용으로 볼 때, 능사에는 능사가 완공되기 전부터 都城人이나 지방관(道使), 지방인 (彌耶方) 등 도성을 출입하는 이들을 치료하기 위한 시설이 설치되어 있었던 것으로 생각된다. 이 치료소 는 고려의 '東西大悲院'이나 고대일본의 '施藥院'처럼, 大慈大悲의 뜻을 담아 사찰이 완공된 뒤에도 부속 시설로 기능하였던 것으로 짐작된다. 이러한 치료시설에는 藥園이 할당되었고, 이에는 약을 재배하는 藥戶를 비롯해 藥材를 능사로 운반하는 支藥兒와 같은 말단의 사역인들이 예속되어 있었다고 생각된다. 이는 백제와 왕릉을 수호하는 능사가 도성의 경계 지점이라는 비일상적 제의공간을 활용해 도성을 출입하는 관인과 인민에게 施惠를 베푸는 권력 장치로 기능하였음을 의미한다.

한편 부여 관북리 蓮池에서 출토된 나무로 만든 팔과 다리는 어깨와 고관절 부위에 연결용 구멍이 두 개 있는 나무인형의 부속품으로 추정된다. 이 목제의 팔과 다리는 일본에서 소위 '마리오네트(mario-nette)式 人形'으로 부르는 '誼呪'와 '呪禁'의 치료용으로도 사용했던 인형의 부속품이 아닌가 생각된다. 주금의식에는 고대일본이나 고려의 사례로 볼 때, 인형을 '結縛'하는 의식이 행해졌는데 그때 주술성을 높이기 위해 실제와 방불하도록 손과 발이 움직일 수 있는 인형을 제작하였다. 또 고대일본의 발굴사례로 보면 결박된 팔이 빠진 채로 발견된 인형도 있어서 관북리 연지의 팔과 다리는 그러한 방식으로 인형에서 분리된 부속품일 가능성이 있다.

이 글이 주술의 밑알이 되어 추후 백제의 술수학 관련 문자자료나 고고자료가 더욱 많이 발굴되기를 빌어본다. 예를 들어 紀貫之(?-946)의 산문집인 『土佐日記』에 잘 나타나 있지만, 당시 고대일본의 관인들은 나날의 길흉이나 금기를 기록한 '具注曆'의 여백에 그날그날의 公事나 일상을 한문으로 썼다. 현재 일본에는 구주력이 기록된 목간 자료가 발굴된 바 있다. 이런 구주력이나 朔閏이 기록된 일기의 메모가 목간이나 칠지문서 등의 형식으로 어떻게든 발견될 날을 학수고대해본다.

투고일: 2016. 11. 15.　　　심사개시일: 2016. 11. 18.　　　심사완료일: 2016. 12. 2.

참/고/문/헌

『高麗史』
『周書』『唐六典』『淮南子』
『日本書紀』

國立扶餘博物館·扶餘郡, 2000, 『陵寺-扶餘陵山里寺址發掘調査進展報告書』.
한국문화재보호재단, 2013, 『2011년도 소규모 발굴조사 보고서Ⅳ-3. 부여 쌍북리 328-2번지 유적』.

김두종, 1981, 『한국의학사』, 탐구당.
윤선태, 2007, 『목간이 들려주는 백제이야기』, 주류성.
이은성, 1985, 『역법의 원리분석』, 정음사.
張寅成, 2000, 『中國古代禁忌』, 稻鄕出版社, 臺北.
장인성, 2001, 『백제의 종교와 사회』, 서경.

길기태, 2006, 「주금사와 약사신앙」, 『백제 사비시대의 불교신앙연구』, 서경.
김영관, 2014, 「百濟遺民陳法子墓誌銘硏究」, 『百濟文化』 50.
김영심, 2009, 「扶餘 陵山里 출토 '六卩五方' 목간과 백제의 術數學」, 『목간과 문자』 3.
김영심, 2011, 「백제문화의 도교적 요소」, 『한국고대사연구』 64.
김일권, 2007, 「백제의 曆法制度와 干支曆日 문제 고찰」, 『백제문화사대계』 11.
노중국, 2009, 「백제 의·약 기술의 발전과 사찰의 의료활동」, 『물질문화와 농민의 삶』, 태학사.
大谷光男, 1973, 「百濟 武寧王·同王妃의 墓誌에 보이는 曆法에 대하여」, 『고고미술』 119.
李炳鎬, 2008, 「扶餘 陵山里 出土 木簡의 性格」, 『목간과 문자』 창간호.
박준형·서영교, 2014, 「『文館詞林』에 보이는 蔣元昌과 蔣氏家門 醫官」, 『역사학보』 222
박준형·여인석, 2015, 「『大同類聚方』典藥寮本과 고대 한반도 관련 처방」, 『목간과 문자』 15.
朴仲煥, 2002, 「扶餘 陵山里 發掘 木簡 豫報」, 『한국고대사연구』 28.
朴賢淑, 2014, 「백제 太學의 설립과 정비 과정」, 『歷史敎育』 132.
方国花, 2010, 「부여 능산리 출토 299번 목간」, 『목간과 문자』 6.
三上喜孝, 2011, 「일본 출토 고대목간 -근년(2008~2011) 출토목간-」, 『목간과 문자』 7.
양기석, 2014, 「百濟 박사제도의 운용과 변천」, 『百濟文化』 49.
李炳鎬, 2008, 「扶餘 陵山里 出土 木簡의 性格」, 『목간과 문자』 創刊號.
이용현, 2007, 「목간」, 『백제문화사대계연구총서』 12.
이은성, 1984, 「무령왕릉의 지석과 원가력법」, 『동방학지』 43.

이재환, 2011, 「傳仁容寺址 출토 '龍王' 목간과 우물·연못에서의 제사의식」, 『목간과 문자』 7.

이재환, 2014, 「扶餘 陵山里寺址 유적 출토 목간 및 삭설」, 『목간과 문자』 12.

이현숙, 2007, 「백제의 의학과 복서」, 『백제문화사대계』 11.

장인성, 2009, 「고대 일본에 전파된 백제 도교」, 『한국고대사연구』 55.

장인성, 2010, 「백제의 의약과 도교문화」, 『백제연구』 52.

정훈진, 2016, 「부여 쌍북리 백제유적 출토 목간의 성격」, 『목간과 문자』 16.

최진묵, 2002, 『한대 數術學 연구』, 서울대 동양사학과 박사학위논문.

橋本義則, 1989, 「1988年出土の木簡, 奈良·藤原京跡」, 『木簡研究』 11.

富士川游, 1962, 『일본의학사』, 裳華房

鶴見泰壽, 2001, 「飛鳥の木簡」, 『テーマ '日中の考古學'』, 奈良縣立橿原考古學研究所.

〈Abstract〉

The Shushu and Mathematics in Baekje as shown on the Wooden documents

Yoon, Seon-tae

This article has examined Baekje's Shushu(artifice studies), calculations and medicines through wooden document from the recent excavation in Buyeo. In Ssangbuk-ri, a wooden multiplication table was excavated. Originally designed in the form of a right-angled triangle, it can be called the "official table for multiplication" in terms of its form and format. Most petty officials memorized it, but it is presumed that they used this official table in order to make the best of the calculation. There is a possibility that such wooden document will be excavated in China and Japan in the future.

At a temple site in Neongsan-ri, wooden document of 'Jiyakasikmigi(支藥兒食米記)' was excavated. The place where it was excavated is the entrance to the capital, Sabi, the border of the city. It was a special space where ceremonial ceremonies periodically took place to prevent calamity. There seemed to be facilities for treating people who entered and exited the city. At this treatment facility, low ranking servants such as 'Jiyaka(支藥兒)', would have been subordinated.

At a lotus pond In Kuanbuk-ri, wooden arms and legs were excavated. Researchers estimated that they were used as parts of a wooden doll with two holes in the shoulder and hip joints. In Japan, accessories for the marionette type dolls used for treatment were unearthed. In ancient Japan and Goryeo, a ceremony of witchcraft was held to "tie" the dolls. For this purpose, they made dolls that could move their hands and feet. Wooden arms and legs of Kuanbuk-ri are also possible accessories of such dolls.

▶ Key words: Baekje(百濟), Shushu(artifice studies 術數學), wooden document(木簡), table for multiplication(九九段), calculations(算學), medicines(醫藥), ceremony of witchcraft(呪禁)

新羅의 變格漢文[*]

최연식[**]

〈국문초록〉

신라는 중국의 漢字와 漢文을 수용하여 문자생활을 시작하였지만 본래 中國語와 다른 자신들의 언어를 한자와 한문으로 자연스럽게 표현할 수는 없었다. 따라서 자신들의 한자와 한문을 언어현상에 맞추어 사용하였는데, 이를 新羅式 漢文이라고 할 수 있다. 신라식 한문은 語順을 비롯한 여러 모습에 있어서 중국의 문법에 맞는 漢文, 이른 바 正格漢文과는 다른 원칙에서 벗어난 변형된 變格漢文의 모습을 보여주고 있다. 신라 변격한문 자료 중 가장 많은 수를 차지하고 있는 것은 6세기의 금석문들이다. 한문을 수용하는 초기에 한문 혹은 문자의 사용에 익숙하지 못하여 변형된 형태의 문장들을 사용한 것으로 보인다. 6세기의 금석문들에는 명령(혹은 판결)의 전달 및 집행과 관련하여 敎와 白 등의 한자가 신라의 상황을 반영하는 형태로 사용되고 있고, 또한 서로 연결되는 두 문장을 연결하는 접속사로서 厼가 사용되고 있다. 이와 함께 신라의 어순이 반영된 목적어와 동사의 도치, 사역동사의 후치, 부사 위치의 착오 등의 모습도 보이고 있으며, 또한 節, 事, 耶, 之, 在 등의 한자가 본래의 의미와 달리 신라적 맥락에서 사용되고 있다. 9세기의 금석문들에도 동사를 목적어의 뒤에 두고, 여러 사항을 나열하면서도 전치사나 접속사를 전혀

---

* 이 글은 2016년 11월 17~18일 한국목간학회와 경북대학교BK21플러스 글로컬역사문화전문인력양성사업단 공동주최의 "고대세계의 문자자료와 문자문화" 학술회의에서 발표한 내용으로, 발표 당시 약정토론을 맡아주었던 성균관대학교 권인한 선생님의 지적을 통해 일부 내용을 수정 보완하였다.

** 동국대학교 사학과

사용하지 않는 변격한문의 모습이 보이고 있다. 하지만 평이한 한자들을 사용하고 있고, 이상한 문법적 요소들이 없어 6세기의 금석문들과 달리 쉽게 읽히고 있다. 이미 기초 한자와 한문에 익숙해진 시대 상황을 반영하는 것으로 생각된다. 의상의 강의를 제자가 기록한 『화엄경문답』은 통일신라시기 변격한문의 다양한 사례를 보여주는 중요한 자료이다. 여기에는 동사 및 전치사의 後置, 유사한 한자의 混同, 副詞語 위치의 착오, 동일한 한자의 불필요한 중복사용, 접속사의 생략 등 다양한 변격한문의 사례가 풍부하게 보이고 있다. 지금까지 변격한문은 이두의 초보적 형태로서 검토되어 왔지만, 변격한문은 이두한문의 발전과는 별개로 후대에도 지속적으로 사용되어 왔으므로 한국 변격한문 자체의 특성과 변화과정을 이해하려는 노력이 필요하다고 생각된다.

▶ 핵심어: 변격한문, 신라금석문, 敎令碑, 壬申誓記石, 『華嚴經問答』

I. 머리말

신라는 중국의 漢字와 漢文을 수용하여 문자생활을 시작하였지만 본래 中國語와 다른 자신들의 언어를 한자와 한문으로 자연스럽게 표현할 수는 없었다. 따라서 자신들의 한자와 한문을 언어현상에 맞추어 사용하였는데, 이를 新羅式 漢文이라고 할 수 있다. 신라식 한문은 語順을 비롯한 여러 모습에 있어서 중국의 문법에 맞는 漢文, 이른 바 正格漢文과는 다른 원칙에서 벗어난 변형된 漢文의 모습을 보여주고 있다. 이러한 신라의 변형된 한문은 중국의 한자와 한문을 빌려 자신들의 언어를 표현한 주변 국가들의 漢文에서 보편적으로 나타나는 變格漢文의 일종이라고 할 수 있다. 변격한문에 대해서는 이에 관한 자료가 풍부하게 남아 있는 일본에서 활발하게 연구되고 있으며, 최근에는 變格漢文의 특성에 기초하여 『日本書紀』나 고대 불교문헌의 찬술자를 검토하는 연구들도 제시되고 있다. 반면 상대적으로 변격한문 자료가 그다지 많지 않은 한국의 경우에는 고대 및 중세 언어 연구 과정에서 일부 變格漢文 자료들에 대한 검토가 이루어지기는 했지만 變格漢文에 대한 본격적인 연구에는 이르지 못하고 있다.

신라의 한문 자료 중에는 한자를 신라의 어순에 따라 적는 동시에 일부 한자에 중국에서는 없던 신라적 의미를 부여하여 기록하되 신라어 고유의 조사와 어미는 기록하지 않는 變格漢文과 거기에서 더 나아가 한자의 音價를 활용하여 조사와 어미를 표현한 吏讀漢文(鄕札 포함)으로 나눌 수 있다. 발생적으로는 변격한문이 먼저 출현하고, 이두한문이 나중에 발전하였지만,[1] 변격한문은 이두한문이 사용된 뒤에도 계속 사용되고 있는 것을 볼 때 양자를 단계적인 것으로만 보기는 어렵다고 생각된다. 漢文에 대한 이해가

---

1) 기존 국어학계에서는 이를 吏讀文의 두 단계로 설명하였다(安秉禧, 1984, 「韓國語 借字表記法의 形成과 特徵」, 『제3회 국제 학술회의 논문집』, 한국정신문화연구원; 鄭在永, 2008, 「月城垓子 149號 木簡에 나타나는 吏讀에 대하여」, 『木簡과 文字』 창 간호, p.107 재인용).

심화되고, 동시에 吏讀漢文이 널리 사용되는 상황에서도 계속하여 變格漢文이 사용되고 있는 것은 나름의 기능이 있었기 때문으로 볼 수도 있을 것이다.

이 글에서는 신라의 변격한문에 대한 시론적 검토로서, 대표적 변격한문 자료들에 보이는 변격한문의 모습들을 구체적으로 검토하고 이를 통해 각각의 특징과 시대적 변화양상, 그리고 이두한문과의 관계 등에 대하여 생각해 보고자 한다. 변격한문에 중점을 둔다는 점에서 이두적 요소가 섞인 자료들은 일단 검토에서 제외하였다. 향후의 변격한문에 대한 관심을 환기시키는 계기가 되기를 기대한다.

II. 古新羅시기의 변격한문

1. 初期敎令碑의 변격한문

1) 中城里碑

현재까지 확인된 신라의 문자 자료 중 가장 시기가 앞서는 포항 중성리비는[2] 신라 최초의 한문문장인데, 몇 가지 변격한문의 모습이 보이고 있다. 이 자료는 내용의 대부분이 해당 사건에 관여한 인물들의 이름을 나열하는 것이고, 제대로 문장을 이루지 못한 초보적 한문으로, 아직 제대로 내용 해석이 이루어지지 못하고 있다. 하지만 비문에 보이는 動詞들을 중심으로 단락을 나누어야 한다는 점에 대해서는 대체적인 의견의 일치를 보이고 있다. 즉, 이 비문에 사용된 敎, 白(白口), 云 등을 그 앞에 기록된 사람들과 관련된 행위로 파악하여 내용을 구분하고 있다. 필자 역시 이러한 견해에 동의하며 다음과 같이 단락을 나눌 수 있다고 생각한다.

(A) 辛巳□□□中折盧□(결락) 喙部習智阿干支 沙喙斯德智阿干支 **敎**

(B) 沙喙尒抽智奈麻 喙部本智奈麻 本牟子 喙沙利 夷斯利 *白*

(C) ①爭人 喙評公斯弥 沙喙夷須 牟旦伐喙 斯利壹伐 皮末智 本波喙柴干支 弗乃壹伐 金評
　　□干支 祭智壹伐 使人 奈蘇毒只道使 喙念牟智 沙喙鄒須智 世 令于居伐壹斯利 蘇豆古
　　利村仇鄒列支干支 沸竹休壹金知 那音支村卜岳干支 走斤壹金知 珍伐壹▨(판독미상)*云*
　　②豆智沙干支宮 日夫智宮奪尒今更還牟旦伐喙作民

(D) ①沙干支使人果西牟利 *白口* ②若後世更導人者与重罪

(E) 典書 与牟豆 故記 沙喙心刀哩之

---

2) 중성리비의 제작 시기에 대해서는 현재 501년설, 441년설 등이 제시되어 있다. 어느 견해를 따르던 현재까지 확인된 신라 最古의 금석문이자 문자자료이다.

(A)는 최상위 명령(혹은 판결)권자와 명령(혹은 판결) 행위, (B)는 이를 집행하는 사람들과 그들의 명령(혹은 판결)집행 행위, (C)는 그 명령(혹은 판결)의 내용[①은 명령(혹은 판결)의 전제와 집행과정, ②는 명령(혹은 판결)의 구체적 내용], (D)는 부가 명령(혹은 판결)[①은 집행자, ②는 내용], (E)는 비문과 비의 작성 관련 내용 등으로 이해된다. 그런데 여기에 사용된 敎, 白, 白口 등은 正格의 한문과는 다른 신라적 의미가 담긴 變格한문으로 볼 수 있다.

먼저 敎는 최고 명령(혹은 판결)권자의 명령(혹은 판결) 행위를 나타내는 것으로서, 정격의 한문에는 없는 용법이다. 이러한 敎의 용법은 잘 알려진 것처럼 고구려 금석문에서부터 사용되고 있는 것으로, 신라에서 고구려의 변격한문을 계승, 활용한 것이라고 할 수 있다. 다음으로 白과 白口는 해석에 여러 의견이 있지만, 필자는 최고명령권자의 명령에 따라 이를 집행하는 사람들이 그 명령 내용을 반복하여 이야기한 것이라고 이해된다. 白이라고 표현한 것은 이들이 최고 명령권자에 비하여 신분이 낮을 뿐 아니라 최종적으로는 그 최고 명령권자에게 復命하는 형식을 취하였기 때문이라고 생각된다. 정격한문에서 白은 하급자가 상급자에게 이야기할 때에 사용되지만, 명령권자의 명령을 반복한다는 의미는 없으므로, 중성리비의 白은 정격의 한문과는 다른 변격한문으로 보아야 할 것이다. 白에 口를 붙인 白口는 완전한 변격한문으로, 구두로 복명하는 것을 표현한 것이거나, 이야기하는 주체가 白보다 더 신분이 낮은 사람임을 나타낸 표현으로 생각된다.

한편 (C)②에 보이는 尒 또한 변격한문으로 볼 수 있다.[3] (C)의 단락구분과 내용해석에 대해서는 매우 다양한 의견이 제시되어 있어 아직 오리무중의 상태이지만, (C)② 부분은 '豆智沙干支宮과 日夫智宮이 빼앗았으니(혹은 豆智沙干支宮과 日夫智宮로부터 빼앗아서) 지금 다시 牟旦伐喙에 돌려주어 作民하라'고 해석하는 것이 타당하다고 생각된다. 이때 尒는 앞의 '豆智沙干支宮 日夫智宮奪'과 뒤의 '今更還牟旦伐喙作民'를 연결하는 접속사로서 기능하고 있다. 물론 爾의 異體字인 尒가 문장의 종결을 나타내는 어조사로서, 정격한문과 같은 기능을 한 것으로 볼 수도 있지만, 이 중성리비 전체에 다른 어조사가 전혀 사용되고 있다는 점에서 그렇게 보기는 힘들다. 뒤에 살펴볼 냉수리비와 봉평리비에서도 이와 비슷하게 尒가 문장을 연결하는 접속사로 사용되고 있는데, 6세기를 전후한 시기의 신라 한문에서 尒는 접속사로서 사용되었던 것으로 보인다. 정격한문에서 爾가 접속사로 사용되고 있지 않다는 점에서 이는 신라의 변격한문이라고 할 수 있다. 이 尒는 물론 후대 吏讀 및 口訣의 尒(곰)에 이어지는 것으로 보이는데, 신라 변격한문 尒에서 이두 및 구결의 尒(곰)로의 변화 과정에 대해서는 앞으로 본격적으로 검토될 필요가 있다. 한편 일본의『古事記』와『播磨國風土記』와 같은 고대 문헌자료에도 爾가 접속사로 사용되고 있는데, 이는 신라 한문의 변격 용법에 영향 받은 것일 가능성이 높다.[4]

---

3) 中城里碑 등 신라초기 금석문에 보이는 尒의 變格漢文으로서의 성격에 대해서는 최연식, 2016,「新羅 漢文자료에 보이는 '爾'의 變格用法」(구결학회·한국법사학회 전국학술대회 발표보고문)에서 자세히 논하였다.

4) 瀨間正之, 2015,「『古事記』の接續詞「尒」の來源」古代東アジア諸國の仏教系変格漢文に関する基礎的研究 發表會 報告文; 瀨間正之, 2015,「国語で綴る神話—接續詞「尒」再々論」,『北陸古典研究』30, 北陸古典研究会, pp.59~66.

2) 冷水里碑

503년에 제작된 것으로 추정되는 냉수리비는 중성리비에 이어 신라에서 두 번째로 오래된 문자자료이자 한문자료인데, 보존 상태가 양호하여 비문 전체가 명확하게 판독되며 문장의 해석에도 거의 이견이 없다. 여전히 초보적 한문이지만, 중성리비와 달리 명령(혹은 판결) 주체와 집행자, 명령(혹은 판결) 내용 등이 명확하게 드러나는 문장이다. 문장의 구성은 다음과 같다.

(A) ①斯羅喙夫智王 乃智王 此二王**敎** ②用珍而麻村節居利爲證尒令其得財敎耳

(B) ①癸未年九月廿五日 沙喙至都盧葛文王 德智阿干支 子宿智居伐干支 喙尒夫智壹干支 只心智居伐干支 本彼頭腹智干支 斯彼暮智干支 此七王等共論**敎** ②用前世二王敎爲證 尒取財物**盡令節居利得之**敎耳

(C) 別敎 節居利若先死後 令其弟兒斯奴得此財敎耳

(D) 別敎 末鄒 斯申支 此二人 後莫更導此財 若更導者 敎其重罪耳

(E) 典事人 沙喙壹夫智奈麻 到盧弗須仇休 喙耽須道使心訾公 喙沙夫那斯利 沙喙蘇那支 此 七人 跟踪**所白了事** 煞牛拔誥 故記

(F) 村主臾支干支 須支壹今智 此二人世中了事 故記

(A)와 (B)는 최고 명령(혹은 판결)권자의 명령(혹은 판결) 행위와 명령(혹은 판결) 내용, (C)와 (D)는 부가적 명령(혹은 판결)의 집행자 및 내용, (E)와 (F)는 명령(혹은 판결) 집행자의 집행 및 비석 건립 관련 내용이다. 중성리비와 비교할 때 단락을 마치는 곳에 어조사 耳가 사용되고 있어, 단락 구분이 명확해졌다. 또한 명령내용도 명령(혹은 판결)권자의 명령행위 뒤에 곧바로 서술되어 의미 이해가 보다 명확해졌다.

이 자료에 사용된 敎와 白, 尒 등은 앞의 중성리비와 동일한 기능을 하는 변격한문으로 이해된다. 敎는 중성리비와 성격이 같고, 白 역시 중성리비의 白과 같은 의미로 파악된다. (E)의 '所白了事'는 '白하여 마친 것(=白하여 마침)'로 해석된다. 중성리비에서 白으로 표현한 것과 달리 所白으로 표현된 것은 뒤에 事라는 명사가 덧붙었기 때문일 것이다. 이때 事는 일이라는 의미보다는 '~함' 혹은 '~한 것'의 의미로 해석된다. '所白了事' 전체를 변격한문으로 볼 수 있다고 생각된다. (F)의 了事도 마찬가지로 변격한문일 가능성이 높다. 尒는 (A)②와 (B)②에 사용되고 있는데, 해당 문장은 각기 '珍而麻村의 節居利를 증거삼아 그로 하여금 재물을 얻도록 敎한다.'((A)②), '前世의 두 王의 敎를 증거삼아 재물을 모두 節居利로 하여금 얻도록 敎한다.'((B)②)로 해석된다. 중성리비에서와 마찬가지로 尒는 앞의 문장과 뒤의 문장을 연결하는 접속사의 기능을 하고 있다.

한편 (B)② 중의 '盡令節居利得之'도 변격한문이다. 이 문장은 '모두 節居利로 하여금 얻도록 敎한다.'고 해석되는데, 정격한문이라면 부사 盡은 동사 得을 수식해야 하므로 '令節居利盡得之'로 표현되어야 한다. 한국어에서는 부사 '모두'의 위치에 관계없이 '모두 節居利로 하여금 얻게 한다.'와 '節居利로 하여금 모두 얻게 한다.'가 같은 의미이지만 漢文에서는 부사 盡의 위치에 따라 의미가 크게 달라진다.

3) 鳳坪里碑

524년에 건립된 것으로 추정되는 봉평리비는 중성리비 및 냉수리비에 비해 판독되지 않는 글자들이 적지 않고, 그로 인해 해석도 다양하지만, 전체적인 비문의 구성과 단락구분에는 큰 이견이 없다. 판독이 어려운 명령(혹은 판결)의 내용 부분을 제외하면 해석에도 커다란 이견은 없다. 비문의 단락구분은 다음과 같다.

(A) 甲辰年正月十五日 喙部牟即智寐錦王 沙喙部徙夫智葛文王 本波部▨夫智[五?]干支 岑喙部昕智干支 沙喙部而粘智太阿干支 吉先智阿干支 一毒夫智一吉干支 喙勿力智一吉干支 愼宍智居伐干支 一夫智太奈麻 一小智太奈麻 牟心智奈麻 沙喙部十斯智奈麻 悉尒智奈麻等 *所敎事*

(B) 別敎令 居伐牟羅男弥只本是奴人 雖是奴人 前時王大敎法道俠阼隘尒所界城失火遶城▨大軍起 若▨者一行▨之 又▨土▨王大奴村負共値▨ 其餘事種種奴人法

(C) ①新羅六部 煞斑牛▨沐 ②▨事大人 喙部内沙智奈麻 沙喙部一登智奈麻 具次邪足智 喙部比須婁邪足智 居伐牟羅道使本洗小舍帝智 悉支道使烏婁次小舍帝智 居伐牟羅尼牟利一伐 弥宜智波旦 ▨只斯利一▨智 阿大兮村使人奈尒利杖六十 葛尸条村使人奈木利▨ ▨尺 男弥只村使人翼▨杖百 於卽斤利杖百 悉支軍主喙部尒夫智奈麻

(D) *節*書人 牟珍斯利公吉之智 沙喙部若文吉之智 新人 喙部述刀小烏帝智 沙喙部牟利智小烏帝智 立石碑人 喙部博士

(E) 于時敎之 若此者獲罪於天

(F) 居伐牟羅異知巴下干支 辛日智一尺 世中

(G) 字三百九十八

(A)는 최고명령(혹은 판결)권자의 명령(혹은 판결) 행위, (B)는 부가적 혹은 구체적 명령(혹은 판결)의 내용, (C)는 명령(혹은 판결) 집행 절차 및 명령(혹은 판결) 집행자, (D)는 비문의 작성자 및 비석 건립자, (E)는 부가 명령, (F)는 명령(혹은 판결)의 하위 집행자, (G)는 비문의 글자 수이다. 389字나 되는 장문의 비문이지만, 대부분이 인명의 나열이고 본격적인 문장은 많지 않다. 여기에서는 (A)의 所敎事, (B)의 尒, (D)의 節 등이 변격한문이다.

所敎事의 敎는 중성리비나 냉수리비의 敎와 같은 용법이다. 所敎로 표현된 것은 냉수리비의 '所白了事'와 마찬가지로 뒤에 명사 事가 덧붙었기 때문이다. 所敎事의 事도 '~함' 혹은 '~한 것'의 의미로서, '敎함 혹은 敎한 것'으로 해석된다. (B)는 명확하게 판독 되지 않는 글자가 많아 내용을 정확하게 알 수 없지만 尒 앞뒤에 서로 다른 사실(道俠阼隘·所界城失火)이 서술되고 있는 것은 확인되며, 이로 볼 때 尒의 이체자인 尒는 중성리비 및 냉수리비에서와 마찬가지로 접속사로 사용된 것으로 보인다. 節은 후대의 이두에서와 마찬가지로 '이 때'의 의미로 사용된 것으로 보인다. 節의 가장 이른 사례이다.

4) 赤城碑

6세기 중엽에 건립된 것으로 추정되는 赤城碑는 윗부분이 결락되어 비문의 전체 내용과 단락 구성 등을 확인할 수 없다. 다만 남아 있는 부분은 명확하게 판독되며, 문장도 어렵지 않게 이해된다. 남아 있는 내용을 토대로 비문의 단락을 구분해보면 다음과 같다.[5]

(A) ▨▨年▨月中王**教事**##

(B) 大衆等 喙部伊史夫智伊干支 沙喙部豆弥智干支 喙部西夫叱智大阿干支 ▨▨夫智大阿
干支 內禮夫智大阿干支 高頭林城在軍主等 喙部比次夫智阿干支 沙喙部武力智阿干支
文村幢主沙喙部導設智及干支 勿思伐城幢主喙部助黑夫智及干支

(C) **節教事** 赤城也尔次(결락)中作善懷懃力使死人 是以後其妻三(결락)許利之 四年小女師
文(결락)公兄文村巴下干支(결락)前者**更赤城烟去使之** 後者公兄(결락)異葉**耶** 國法中分
與 雖然伊(결락)子刀只小女烏禮兮撰干支(결락)使法赤城佃舍法爲之 別官賜(결락)弗兮
女道豆只女悅利巴小子刀羅兮(결락)合五人**之**

(D) 別教 自此後 國中如也尓次(결락)懷懃力使人事 若其生子女子年少(결락)兄弟**耶** 如此白
者 大人**耶**小人**耶**(결락)

(E) (결락)道使本彼部棄弗耽郝失利大舍 鄒文村幢主使人(결락) 勿思伐城幢主使人那利村▨
第次(결락)人勿支次阿尺

(F) 書人喙部(결락)人 **石書立人**非今皆里村(결락)智大烏之

(A)는 최고 명령(혹은 판결)권자의 명령 행위, (B)는 명령(혹은 판결) 집행자들의 명단, (C)는 명령(혹은 판결)의 내용, (D)는 부가적 명령, (E)는 명령(혹은 판결)의 하위 집행자, (F)는 비문의 작성 및 비석 건립자이다.

현재 확인되는 내용 중에는 教事, 節, 耶, 之 등이 변격한문이다. (A)와 (C)의 教事는 봉평비의 所教事와 같은 의미로서, '教함 혹은 教한 것'으로 해석된다. 所에 구체적 의미가 없다고 생각하여 所를 탈락시킨 것으로 생각된다. (C)의 節은 봉평비의 節과 같은 용법이다. (C)와 (D)에 보이는 耶는 '~나/~(이)든'의 의미를 갖는 보조사로, 정격한문의 耶에는 없는 용법이다. '是耶非耶(맞느냐 틀리느냐)' '此耶彼耶(이것이냐 저것이냐)'와 같이 선택의문의 어조사로서 사용되는 耶의 기능을 발전시킨 것으로 생각된다. (C)의 '合五人之'의 之는 '~이다.'의 의미로 사용되었다. 동사 다음에 之를 붙여 문장을 종결하는 한문의 용법을 발전시켜 동사가 아닌 명사 뒤에도 之를 붙여 문장의 종결사로 사용한 것으로 생각된다. (C)에는 모두 네개의 之가 보이고 있는데, 이들은 모두 종결사로 사용되고 있다.

한편 (C)의 '更赤城烟去使之'와 (F)의 '石書立人'도 변격한문으로 생각된다. 둘 모두 앞부분에 결락이

있어 정확한 의미를 파악하기 힘들지만 정격한문의 어순에 맞지 않는 표현이다. '更赤城烟去使之'의 경우 동사 去 뒤에 사역의 의미를 갖는 使가 사용된 것은 정격한문에서는 볼 수 없는 표현이다. 정격한문이라면 使의 뒤에 동사 去가 오는 것이 일반적이다. '更赤城烟去使之'가 '다시 赤城의 烟을 떠나게 시켰다'는 의미라면 '使之更去赤城烟'이 되어야 할 것이다. '石書立人'의 경우 '돌에 쓰고 세운 사람'의 의미로 해석되는데, 정격한문이라면 '書石立人' 혹은 '刻石立人'으로 표현하여야 할 것이다.

2. 力役動員碑의 변격한문

1) 明活山城作城碑

551년에 작성된 것으로 추정되는 明活山城作城碑는 경주 明活山城을 지을 때에 구간별로 담당한 사람들과 그들의 작업량을 기록한 비이다. 내용 판독[6]과 단락구분은 다음과 같다.

    (A) 辛未年十一月中作城也
    (B) 上人邏頭本波部伊皮尒利吉之 郡中上人烏大仇智支下干支 匠人比智波日 并工人
    (C) 抽下干支徒*作受*長四步五尺一寸 文叱兮一伐徒*作受*長四步五尺一寸 ▨尖利波日徒*長*四
        步五尺一寸 合高十步長十四步三尺三寸
    (D) 此記者 *古他門中西南回 行其作 石立記*
    (E) 衆人至 十一月十五日*作始* 十二月廿日*了* 積卅五日也
    (F) 書寫人 源欣利阿尺

(A)는 작업개요, (B)는 작업 참여자, (C)는 작업량, (D)는 본 비의 건립 이유, (E)는 작업 기간, (F)는 비문 작성자이다. 내용 대부분이 인명과 공사량 등이고 본격적 문장은 많지 않지만 몇 가지 변격한문의 용례가 보인다. (C)에 보이는 作受는 '지으라고 받은 (것)'의 의미로 생각되는데, 한국어 어순대로 동사를 나열하고 있고, (D)는 여러 동작이 이어지는 내용의 문장인데, 접속사가 전혀 사용되지 않고 있다. (D)를 어떻게 끊어 읽어야 할지 명확하지 않지만, 내용상 '古他門中西南回 行其作 石立記'로 끊고서 '古他門에서 西南쪽으로 돌아가며 그 작업을 수행하고 돌을 세워 기록한다'로 해석해야 하지 않을까 생각된다. 정격한문이라면 '從古他門向西南以行其作而立石記之' 정도로 표현하였어야 할 것이다. (E)에서도 여러 내용을 나열하면서 접속사를 전혀 사용하지 않고 있다. 특히 그중의 作始는 '짓기 시작하다'는 내용을 한국어 어순대로 서술한 것이다. 내용상 '여러 사람들이 이르러 11월 15일에 짓기 시작하여 12월 20일에 마쳤으니 35일 동안 하였다.'는 의미로 생각되는데, 정격한문이라면 '十一月十五日衆人至而始(作) 積卅五日 十二月廿日了也' 정도로 표현하였어야 할 것이다.

---

6) 판독은 한국고대사회연구소, 1992, 『譯註 韓國古代金石文』 II, p.43에 의거함.

2) 戊戌銘塢作碑

578년에 작성된 것으로 추정되는 戊戌銘塢作碑는 대구 지역에서 塢를 축조하면서 작성한 공사 기록이다. 내용 판독[7]과 단락구분은 다음과 같다.

(A) 戊戌年十一月朔十四日*另冬里村且(只?)▨塢作記*之

(B) *此成在人者* 都唯那寶藏▨尺干 都唯那慧藏阿尼▨ 大工尺 仇利支村壹利刀兮貴干支 ▨
上豆⼌利兮 道尺 辰生之▨▨村▨丘(?)夫作村뜬令一伐 奈主(王?)▨一伐 居毛村代丁一
伐 另冬里村沙木乙一伐 珎淂所利村也淂失利一伐 塢珎此只村內逆爪一尺 ▨▨一尺 另
所兮一伐 伊叱木利一尺 伊助只彼日

(C) 此塢大 廣廿步 高五步四尺 長五十步

(D) *此作起數者* 三百十二人功夫 *如*十三日*了作事之*

(E) *文作人* 壹利兮一尺

(A)는 작업개요, (B)는 작업 참여자, (C)는 塢의 규모, (D)는 동원된 작업자 수와 작업 기간, (E)는 문장 작성자이다. 앞의 명활산성작성비와 마찬가지로 접속사 등을 사용하지 않고 여러 사실을 나열하였고, 한문 어순을 전혀 고려하지 않고 한국어 어순대로 한자를 나열하고 있다. (A)의 '另冬里村高(?)▨塢作記之'는 '另冬里村의 高(?)▨塢를 짓고 기록한다'는 의미로 정격한문이라면 '作另冬里村高(?)▨塢而記之'가 되어야 할 것이다. (B)의 '此成在人者'는 '이것을 만든 사람은'이란 의미로 '成此人'이 되어야 할 것이다. 이 '成在'의 '在'에 대해서 국어학계에서는 대부분 吏讀의 표현으로 보고 있는데, 다만 의미에 대해서는 完了相을 표시하는 先語末語尾 '-겨-'의 이두적 표현으로 보거나[8] 그와 달리 존경법으로[9] 보는 차이가 있다. 그런데 〈戊戌銘塢作碑〉의 경우 이 '在'를 제외하고는 吏讀로 볼 수 있는 부분이 없어서 과연 이 '在'를 후대의 이두의 용법 그대로 볼 수 있을지 의문이다. 필자는 의미상으로 여기의 在는 존경법으로 보는 것이 타당하다고 생각하지만, 그때의 在는 이두가 아니라 한자에 없는 '~하고 계신(있는)'이라는 의미를 한자 在를 빌려 표현한, 변격한문의 표현이라고 보는 것이 타당하다고 생각된다. 애초에는 한자에 없는 우리말 표현을 나타내는 변격한문으로서 사용되었던 在가 후대에 이두로서 활용되게 된 것으로 보아야 할 것이다. (D)의 此作起數者는 '이것을 지음에 동원한 사람의 숫자는'이란 의미로 한국어 어순대로 한자를 나열하였으며, '了作事之' 역시 '마쳐 지은 것이다'란 의미를 한국어 어순대로 표현한 것이다. (E)의 文作人 역시 '글을 지은 사람'을 한국어 어순대로 표현한 것이다.

---

7) 판독은 정재영·최강선, 「무술오작비 판독」, 한국목간학회 하계워크숍 발표문에 의거함.

8) 南豊鉉, 2000, 『吏讀研究』, 태학사, p.144.

9) 李承宰, 2001, 「古代 吏讀의 尊敬法 '在[겨]-'에 대하여」, 『어문연구』 29-4, 한국어문교육연구회, pp.55~58.

3) 南山新城作城碑

591년에 작성된 것으로 추정되는 남산신성작성비는 경주 남산의 新城을 축조할 때에 구간별로 담당한 사람들과 그들의 작업량을 기록한 비이다. 내용 판독[10]과 단락구분은 다음과 같다.

(A) 辛亥年二月卄六日南山新城作節 如法以作 後三年崩破者罪 **教事爲聞 教令誓事之**

(B) 阿良邏頭沙喙音乃古大舍 奴舍道使沙喙合親大舍 營沽道使沙喙▨▨知大舍 郡上村主
阿良村今知撰干 柒吐▨▨知尒利上干 匠尺 阿良村末丁次干 奴舍村次▨▨干 文尺 ▨文
知阿尺 城使上 阿良沒奈 生上▨▨尺 阿▨次干 文尺 竹生次一伐 面捉上 珎▨▨ 門捉
上 知▨次 柒捉上 首尒次 小石捉上 辱兮次

(C) ▨▨受十一步三尺八寸

(A)는 작업을 시작할 때에 맹세한 내용, (B)는 작업에 참여한 사람, (C)는 작업량이다. (B)와 (C)는 인명과 작업량을 나열한 목록이고, (A)만이 온전한 문장이다. (A) 중에는 '如法以作'이나 '事爲聞' '令誓事之'와 같은 정격한문에 사용되는 표현들이 많이 사용되고 있지만, 신라 고유의 용어와 어순을 사용하여 정격한문의 문법으로는 이해하기 힘든 변격한문이 되었다. 作節은 '지을 때'의 의미이고, '(後三年崩破者)罪教事爲聞 教令誓事之'는 '(이후 3년 (안에) 무너지면) 罪주라고 敎할 것을 보고하니[聞] 敎하여 맹세하게 하였다.'는 의미로 해석된다.

3. 川前里書石의 변격한문

6세기 이후 신라 귀족들의 주요 遊覽地였던 川前里 계곡에는 당대인들이 기록한 다수의 刻石文들이 전하고 있다. 특히 立宗葛文王과 眞興王 父子의 遊覽 사실을 기록하고 있는 525년(原銘)과 539년(追銘)의 기록은 당시 왕족들의 유람 상황을 구체적으로 전하는 중요한 자료인데, 여기에도 변격한문의 모습이 보이고 있다. 먼저 525년(原銘) 명문의 전체 내용을 단락구분하여 살펴보자.[11]

(A) ①乙巳年 沙喙部葛文王覓遊來 始淂見谷之 ②古▨(來?)无名谷 善石淂造▨(書?)記(?)以下爲名書石谷字作▨(之?) ③并遊友妹聖德光妙於史鄒女郎王之

(B) ▨多煞作▨(功?)人尒夫智奈…悉淂斯智大舍帝智 ▨作食…▨▨智壹(?)吉干支妻▨(居?)知尸奚夫(?)…▨(眞?)宍智沙干支妻阿兮(?)牟弘夫人

(C) 作書人慕尒爾智大舍帝智

---

10) 판독은 한국고대사회연구소, 1992, 『譯註 韓國古代金石文』 II, p.104에 의거함.

11) 강종훈, 2014, 「울주 천전리 각석명문의 새로운 판독과 해석」, 『한국암각화연구』 18, 한국암각화연구회, p.36에 의거함.

(A)는 立宗갈문왕이 이 계곡에서 유람한 상황에 대한 기록이고, (B)는 당시 음식을 만드는데 참여한 사람들의 명당, (C)는 명문을 지은 사람이다. 인명만을 나열하고 있는 (B) 및 (C)와 달리 (A)는 온전한 문장으로 서술되어 있지만 정식 한문과는 차이가 있는 변격한문이다. (A)는 세 문장으로 이루어져 있는데, ①과 ②에는 여러 행위를 나열하면서도 접속사를 사용하지 않고 있다. 또한 ①과 ③은 명사 뒤에 之를 붙여 문장을 마치고 있는데, 이는 앞의 적성비에서 살펴본 변격한문의 표현이다. 어순도 始得見谷과 같이 정격한문의 어순으로 표현한 부분도 있지만 대부분은 한국어 어순 그대로 표현하고 있다.

(A) ①過去乙巳年六月十八日昧 沙喙部徒夫知葛文王 妹於史鄒女郎王 共遊來 ②以後▧▧十八▧▧過妹王考妹王過人 丁巳年王過去 ③其王妃只没尸兮妃愛自思 己未年七月三日其王号妹共見書石叱見來谷 ④此時共王來 另即知太王妃夫乞?支妃 徒夫知王子郎深▧夫知共來

(B) 此時▧作▧▧ 喙部▧礼夫知▧干支 ▧六知居伐干支 ▧乙▧▧知奈麻 ▧食人 眞宍智波珎干支婦阿▧牟呼夫人 ▧夫智居伐干支婦▧利等▧▧夫人 ▧▧▧▧干支▧沙▧▧夫人 分共作之

위는 539년(追銘) 명문의 전체 내용을 단락 구분하여 제시한 것이다.[12] (A)는 立宗갈문왕 사후 立宗葛文王妃가 法興王妃 및 즉위 이전의 진흥왕과 함께 유람온 사실의 기록이고, (B)는 당시에 음식을 준비한 사람들의 명단으로, 문장의 구성은 525년의 명문(原銘)과 같다. (A) 역시 접속사를 사용하지 않고, 한국어 어순에 따르는 등 변격한문의 모습을 보여주고 있다. ③의 '愛自思'와 '書石叱見來谷'은 각기 '사모하여 스스로 (갈문왕을) 생각하였다'와 '書石을 보려고 골짜기에 왔다'는 의미로 생각되지만 정격한문으로는 이해되기 어려운 표현이다. 각기 '自愛思之' '欲見書石而來谷' 등으로 표현되어야 할 것이다. 후자에 보이는 叱은 판독이 정확하다면 목적격 조사로 사용되었다고 보아야 할 것이다. 변격한문인 점에서는 525년의 명문(原銘)과 동일하지만, 구체적 서술 방식에는 차이가 있다. 525년의 명문(原銘)에서는 각 단락이 之로 종결된 것과 달리 (A)에는 之가 전혀 사용되고 있지 않다. 작성자에 따라 표현방식에 큰 차이가 있었던 것이다.

---

12) 강종훈, 2014, 「울주 천전리 각석명문의 새로운 판독과 해석」, 『한국암각화연구』 18, 한국암각화연구회, p.38에 의거함.

III. 통일신라시기의 변격한문

1. 금석문의 변격한문

1) 仁陽寺碑

810년에 건립된 仁陽寺碑는 昌寧 仁陽寺에 머물던 順表師가 771년부터 810년까지의 40년간 仁陽寺를 비롯한 여러 사찰을 보수하고, 사찰과 驛 등에 시주한 내용을 기록한 것이다. 비문은 다음과 같이 크게 세 단락으로 이루어져 있다.[13]

> (A) 元和五年庚寅六月三日 順表□**塔金堂治成文記之**
>
> (B) 辛亥年仁陽寺鍾成 辛酉年六寺安居食六百六石 壬戌年仁陽寺事妙戶頂礼石成 同寺金堂
>   治 同年辛熱榆川二驛施食百二石 乙丑年仁陽无上舍成 壬午年京奉德寺永興寺天嚴寺寶
>   藏寺施食二千七百十三石 壬午年仁陽寺三寶中入食九百五十四石 同年塔盧半治 癸未年
>   仁陽寺金堂內成 同年苑池寺金堂內成 癸未年仁陽寺塔第四層治 同年仁陽寺佛門四角鐸
>   成 乙酉年仁陽寺金堂佛門居堂**盖** 丁亥年須彌成 己丑年常樂寺无尽倉成 庚寅年同寺无
>   ▨倉成 同年大谷寺石塔成 己丑年仁陽寺赤戶階成 寺戶石梯頂二石成 ▨鶴足石成 庚寅
>   年龍頭成
>
> (C) **辛亥年初庚寅年至間**▨合用食一萬五千五百九十五石

(A)는 비의 성격, (B)는 구체적인 順表師의 佛事 내용, (C)는 40년간의 佛事에 들어간 비용 합계이다. 비의 문장은 모두 한국식 어순에 따라서 동사를 목적어 뒤에 두는 변격한문으로 서술되어 있다. 먼저 (A)의 '塔金堂治成文記之'는 '탑과 금당을 고치고 완성한 글을 기록한다.'는 의미로 정격한문이라면 동사인 治成이 목적어인 塔金堂 앞에 와야 할 것이다. (B)에서도 동사 成과 治, 盖(기와지붕을 올리다) 등이 목적어인 건물들 뒤에 오고 있다. (C)의 '辛亥年初庚寅年至間'은 '신해년부터 경인년까지의 사이(에)'라는 의미로 정격한문이라면 '從辛亥年至庚寅年'이 되어야 할 것이다.

2) 中初寺幢竿石柱記

827년에 작성된 中初寺幢竿石柱記는 安養市 中初寺址의 당간지주에 새겨진 것으로 이 당간지주의 제작 과정을 기록한 것으로 생각된다. 다음과 같이 크게 두 단락으로 구성되어 있다.[14]

---

13) 판독은 하일식, 1996, 「昌寧 仁陽寺碑文의 연구」, 『한국사연구』 95, p.31에 의거함.
14) 판독은 한국고대사회연구소, 1992, 『譯註 韓國古代金石文』 Ⅲ, pp.285~286에 의거함.

(A) 寶曆二年歲次丙午八月朔六辛丑日 中初寺*東方僧岳* *一石分二得* 同月卄八日 二徒*作初*
奄九月一日*此處至* 丁未年二月卅日*了成之*

(B) *節*州統 皇龍寺恒昌和上 上和上眞行法師 貞坐義說法師 上坐年嵩法師 史師二妙凡法師
則永法師 典都唯乃二昌樂法師法智法師 徒上二智生法師眞方法師 作上秀南法師

(A)는 제작 과정, (B)는 당시 이 지역의 僧職을 기록한 것이다. (B)는 僧職 명단을 나열한 것이지만, 서두에 신라식 한문 용어인 節이 사용되고 있다. 한편 (A)는 한국식 어순의 문장으로, 앞에서 본 자료들과 마찬가지로 전치사와 접속사 등은 전혀 사용되지 않고 있다. '東方僧岳 一石分二得'은 '동쪽의 僧岳에서 돌 하나를 나누어 둘로 하였다'는 의미이므로 정격한문이라면 '東方僧岳中 分一石得二'로 표현하였어야 한다. '作初', '此處至', '了成之'도 '始作', '至此處', '成了之'가 되어야 할 것이다.

3) 開仙寺石燈記

전라남도 潭陽의 開仙寺址에 남아 있는 石燈에는 868년의 석등 건립과 891년의 승려에 의한 토지 매입에 관한 사실이 새겨져 있다. 이중 후자는 변격한문으로 기록되어 있다.[15]

龍紀三年辛亥十月日 僧入雲京租一百碩 烏乎比所里公書俊休二人 常買其分石保坪大業渚
畓四結(五畦東令行土北同土南池宅土西川)奧畓十結(八畦東令行土西北同土南池宅土)

본 명문의 내용은 '승려 入雲이 京租 100碩으로 烏乎比所里의 公書와 俊休 두 사람으로부터 그들 몫의 石保坪 大業에 있는 渚畓 4結과 奧畓 10結을 常買하였다'는 것인데, 정격한문이라면 전치사를 사용하고 動詞句 常買를 목적어 앞에 두어 '僧入雲 以京租一百碩 常買烏乎比所里公書俊休二人之石保坪大業渚畓四結及奧畓十結'로 표현하였어야 할 것이다. 하지만 동사구 常買를 목적어보다 앞에 기록한 것을 볼 때 작성자가 정격한문에 익숙한 사람이었다고 생각된다.

4) 壬申誓記石

두 청년이 유교 경전을 학습하고 그 가르침을 따를 것을 맹세한 壬申誓記石은 그 작성시기가 명확하지 않지만 일반적으로 통일 이전인 552년이나 612년에 작성된 것으로 생각되고 있다. 특히 최근에는 여기에 쓰여진 今, 年, 大, 事, 書, 失, 若, 又, 月, 以 등의 글자가 단양적성비의 글자들과 서체상 유사하다는 점을 근거로 하여 552년설이 유력하게 제시되고 있다.[16] 하지만 다른 6세기의 변격한문 자료에 비해 문장이

---

15) 판독은 한국고대사회연구소, 1992, 『譯註 韓國古代金石文』 III, p.290에 의거함.

16) 孫換一, 2000, 「壬申誓記石의 書體考」, 『美術資料』 64, 국립중앙박물관, p.16.
權仁瀚, 2015, 「출토 문자자료로 본 신라의 유교경전 문화」, 『口訣研究』 35, 口訣學會, p.38.

자연스럽고 쉽게 이해할 수 있는 한자를 사용하고 있는 것으로 볼 때 6세기의 것으로 보기는 힘들고, 그보다 늦은 통일신라 시기의 것일 가능성이 높다고 생각된다.[17] 전체 내용과 단락구분은 다음과 같다.[18]

(A) 壬申年六月十六日二人并誓記 天前誓 今自三年忠道執持過失无誓 若此事失天大罪淂誓
   若國不安大乱 世可行誓之
(B) 又別先辛未年七月廿二日大誓 詩尙書傳倫淂誓三年

(A)는 壬申年의 맹세 내용, (B)는 그 전해인 辛未年의 맹세 내용으로, 먼저 유교의 기본 경전을 3년 안에 두루 공부할 것을 맹세하고, 다음 해에는 그 가르침을 실천할 것을 하늘 앞에 맹세하고 있다. 한국식 어순에 따라서 동사 誓를 모두 맹세 내용 다음에 두고 있다. '今自三年'과 '天大罪得'도 '自今三年'과 '得天大罪'의 한국어식 표현이다. '詩尙書傳倫淂誓三年'도 정격한문이라면 '誓三年倫淂詩尙書傳'이 되어야 할 것이다.

2. 『華嚴經問答』의 변격한문

일본에 전해져 온 『華嚴經問答』[19]은 오랫동안 중국 唐나라 때의 화엄학 승려 法藏(643-712)의 저술로 알려져 왔지만, 1990년대 이후 신라 화엄학승 義相의 강의 내용을 문도들이 정리한 책일 것이라는 주장이 제기되었다. 실제로 이 책은 의상의 제자 智通이 스승의 강의 내용을 기록한 책인 『智通記』[20]와 동일한 책일 가능성이 높다. 다른 문헌에 인용되고 있는 『지통기』의 逸文들이 대부분 『화엄경문답』에서 확인되고 있으며, 文章도 거의 일치하고 있기 때문이다. 일부 『지통기』 逸文 중에 『화엄경문답』에 보이지 않는 것이 있지만 이는 이 책이 일본에 전해져 유통되는 과정에서 일부 누락이 생겼기 때문으로 생각된다. 고려시대에 義天은 『智通記』 등의 의상의 문도들이 정리한 스승의 강의록에 대해 문장이 좋지 않고 方言이 섞여 있다고 했는데,[21] 이는 이 책에 정격한문이 아닌 變格漢文이 다수 섞여 있었음을 의미하는 것으로 생각된다. 실제 현재의 『화엄경문답』은 정식 한문으로는 읽기 어려운 변격한문의 모습이 많이 보이고 있다. 신

권인한 선생은 "고대세계의 문자자료와 문자문화" 학술회의의 토론에서 '誓'字의 字形도 北魏시대 寫經의 서체와 비슷함을 지적하며 552년설의 가능성이 높다고 지적하였다.

17) 삼국통일전쟁기인 7세기 중엽에 대외문서를 짓는 등 대표적 학자이자 문장가로 활약하였던 强首의 경우 出仕하기 전에 孝經·曲禮·爾雅·文選 등의 문헌들을 공부하였다고 하는데(『三國史記』 列傳6 强首), 이 문헌들은 壬申誓記石에 기록된 詩, 尙書, 禮, (左)傳에 비교할 때 초보적인 문헌들이다. 6세기 중엽에 詩, 尙書, 禮, (左)傳 등의 문헌이 신라의 청년들에 의해 학습되었다고 보기는 힘들다고 생각된다.

18) 판독은 한국고대사회연구소, 1992, 『譯註 韓國古代金石文』 Ⅱ, p.176에 의거함.

19) 大正藏 제45책, pp.598~612 수록(T.1873)

20) 혹은 『智通問答』, 『錐洞記』, 『錐穴問答』 등으로도 불렸다.

21) 『新編諸宗敎藏總錄』 卷上 "要義問答二卷 僧傳云錐穴問答是 智通述. 一乘問答二卷 僧傳云道身章是 道身述. 按大宋僧史義湘傳云, 或執筆書紳, 懷鉛札葉, 抄如結集, 錄似載言. 如是義門, 隨弟子爲目. 如云道身章是也, 或以處爲名. 如云錐穴問答等云云. 但以當時集者. **未善文體. 遂致章句鄙野. 雜以方言.** 或是大敎濫觴. 務在隨機耳. 將來君子, 宜加潤色"(T55, 1167b-c)

라어로 행해진 스승의 강의 내용을 한문으로 기록하는 과정에서 변격한문이 많이 사용된 것으로 생각된다. 고려 후기에 李藏用(1201-1272)이 이 책을 정격한문으로 潤色하였지만,[22] 윤색된 책은 현재 전하지 않고 있다. 이하에서는 이 책에 보이는 변격한문의 모습을 유형별로 정리하여 대표적 사례와 함께 제시한다[23](上2, 下4 등은 『華嚴經問答』上卷의 두 번째 문답, 下卷의 네 번째 문답을 나타냄).

1) 動詞와 前置詞 등의 後置

『華嚴經問答』에서 가장 빈번하고 대표적인 變格漢文의 유형으로는 目的語 뒤에 動詞가 오는 유형, 즉 'O+V'의 구문이다.

> 上2 一乘中一法. 即一切法是一法. 一法是一切法. 一切法是一法故. **一法言者** 即一切盡. 一
>   法即一切法. 是故**一法言**不可盡. 雖不可盡而一言**無殘**. 雖**無殘**而全不盡.
> 上5 若正觀**中** 五尺義理. 無礙義事. 亦得. **此反**亦得. 約事中 礙義是心. 緣義是色 亦得. **此
>   反**亦得.
> 上60 **若盡時至** 有前劣者. 非爲劣勝故. 又非劣位動. 無劣無勝故.
> 下4 然十地是菩薩修行方起 准十地 **菩薩行說耳**.
> 下79 問. **何等深理聞乎**. 答. 一切言皆同 乃至**一切法皆無住無我之言聞**.

위와 비슷한 사례로서 영어의 be동사에 해당하는 敍述助詞 '是'가 補語의 뒤에 오는 사례들도 보인다.

> 上16 問. 佛全覺人. 眾生全惑. 若佛與眾生一者 俱惑**是**耳. 何有能化佛. 以眾生與佛一者 俱
>   全覺人**是**耳. 何有所化乎.
> 下21 約終教義. 即如來性中 清淨因果性實之法**是**.

한편 敍述助詞 '是'가 필요하지 않은 경우에도 是를 붙이는 사례들도 있다.

> 下4 然十地**是**菩薩修行方起, 准十地 菩薩行說耳.

위의 사례와 비슷하게 불필요한 爲가 첨가된 사례들도 있다. 한국어의 '~하다'라는 표현을 漢文으로 잘못 나타낸 것으로 보인다. 이 爲는 動詞 앞에 오기도 하고 뒤에 오기도 한다.

---

22) 『高麗史』列傳15 李藏用 "又喜浮屠書 嘗著禪家宗派圖 潤色**華嚴錐洞記**"
23) 이하의 『華嚴經問答』의 變格漢文에 대한 서술은 최연식, 「『華嚴經問答』의 變格漢文에 대한 검토」, 『口訣研究』 35, pp.64~81
    의 내용을 요약한 것이다.

上35 問. 此一乘障 前自宗所斷之惑耶. 更有別耶. 答. 義不定. 所障不同 故別亦得. 又前**斷**
爲. 而此乘以者 全不斷故. 乃至亦得. 惑法無自. 隨處故.

下24 不知緣合之人中. 即言**爲**緣集有言. 不知緣散之人中. 即言**爲**緣散.

한편 앞에서의 'O+V'와 비슷한 사례로서 목적어 앞에 와야 할 '以'와 명사 앞에 와야 할 '每'가 각기 목
적어와 명사 뒤에 오는 사례들이 있다.

上11 若佛**以**者 即佛隨順德. 若眾生 **以**者. 即所起解行佛非隨持. 即不得自解行故.

上21 問. 若爾 惡即善是義生天. 非善即惡是義生天耶. 答. 爾亦得然. 爾義不難. 而善即惡
義故. **惡以生天** 亦得.

上65 問. 今所說之諸地. **地每**各各 有所作之障 所行之行 所得之果等不同.

下13 是故位位**每** 滿位成佛現示. …… 約善法實行 位位**每極**. 法門**每極**.

下75 約一乘教實法 念念**每**成佛等.

2) 漢字의 混同

비슷한 의미의 漢字를 혼동하여 잘못 사용한 사례들이 적지 않게 보이고 있다. 가장 많이 보이는 것은
有·在의 混同과 非·不·勿 등 否定을 나타내는 단어의 혼동이다.

上74 若他者 不得化. 所以者何. **自以外有故**. 非自所化也.

下8 問. 若爾者 **何地有乎**. 答. 文顯無. 約義實者 初地乃至十地中 皆同有也. 若別 **下初地中**
有 亦得.

下20 十方世界一切微塵. 微塵每**有**諸佛大會. 其中諸佛 皆將諸大眾說法. 其諸佛前每 **普賢**
菩薩在 受各諸佛所放光明等事.

上23 所以者何. 此一法門 即盡餘法門故. 此一障即餘障故. 得一法時 無餘門**非[→不]得**. 斷
一障時 無不斷餘障故.

下80 問. 云何 正信佛言乎. 答. 須解佛言緣處中言耳. **非[→勿]**謂其法如所言法 故如是言
也.

그 외의 混同 사례로는 遺→殘, 住→在, 與→同, 亦→及 등이 보이고 있다.

上2 是故一法言不可盡. 雖不可盡 而一言**無殘**. 雖**無殘**而全不盡.

上40 又三乘教所明淨土等者. 此一乘教中世界海中攝. 非十佛**在**十種淨土門攝. 種種身等十
種淨土 **但十佛在處**. 一切法之本原 雖不別而非餘眾生分齊.

下2 初地等中 行檀地. **同輪王修施似故**. 二地戒 三地定等, **同諸天似故**. 相同世間故 相配
之. 四地道品 五地四諦等相. **同聲聞所行似故**. 此二地相 同聲聞. 第六地十二因緣觀 **同緣**
覺所行因緣相似故.

下77 即住於其見聞處故. 不得思修慧. **及障**出世無分別智故. 名爲樂世有.

3) 副詞語 위치의 錯誤와 동일한 의미 漢字의 잘못된 중복 사용

副詞語 등을 語順에 맞지 않게 적은 사례들이 있고, 또한 내용을 강조하기 위하여 동일한 의미의 漢字
를 불필요하게 重複하여 사용한 事例들이 있다.

上67 又知普法始終一相. 此知**時中** 無後際迷不所斷. 亦**無不所修德[→無德不所修]**故. **更無**
復[→復無更]所修斷之法. 而法門不得故亦不盡修.

上71 彼佛不化者 今吾身不得作佛故. 彼佛化. **方吾[→吾方]**能修行成彼佛.

下73 隨所聞法門 無量劫中修行以得. **豈不修有[→豈有不修]**得果之義乎.

上78 汎諸佛爲眾生說佛德意. 爲欲**令**眾生自亦得彼果故令修行.

下5 是故 以佛者 一切法 **皆無非**佛也. 餘義可思.

下14 三乘依位行者. **欲爲熟根欲**入一乘普法故. 作如是說.

4) 接續詞의 생략

두 가지 행위가 연속되는 문장에서 각각의 행위를 나타내는 두 개의 節을 연결하는 接續詞가 생략되는
경우들이 있다.

上28 受此教人有多重. 若利根人 始聞方便教. 即知方便之意 即入一乘. 又有**聞教 不知方便**
之意 如教修行人.

下71 此會入法界人 幾有品類乎. …… 有二類. 謂會初**中** 由佛入奮迅定故所現之法界行德.
見諸菩薩及天王等 即入法界. 得不思議法等 爲一類. 此即 臨證之際至人等也.

IV. 맺음말

지금까지 신라의 대표적 변격한문 자료들을 제시하고 거기에 보이는 변격한문의 모습들을 살펴보았다. 신라 변격한문 자료 중 가장 많은 수를 차지하고 있는 것은 6세기의 금석문들이다. 한문을 수용하는 초기에 한문 혹은 문자의 사용에 익숙하지 못하여 변형된 형태의 문장들을 사용한 것으로 보인다. 6세기의 교령비들에는 명령(혹은 판결)의 전달 및 집행과 관련하여 敎와 白 등의 한자가 신라의 상황을 반영하는 형태로 사용되고 있고, 또한 서로 연결되는 두 문장을 연결하는 접속사로서 而가 사용되고 있다. 이와 함께 신라의 어순이 반영된 목적어와 동사의 도치, 사역동사의 후치, 부사 위치의 착오 등의 모습도 보이고 있으며, 節, 事, 耶 등의 한자가 본래 의미와 다르게 사용되는 사례들도 확인되고 있고, 명사의 뒤에 종결어미로서 之가 사용되고 있다. 한편 같은 6세기의 力役動員碑들에는 명사와 동사의 도치와 함께 동사를 연속하여 적거나, 접속사 없이 이어지는 동작을 순차적으로 나열하는 변격한문의 문장이 보이고 있다. 또한 在를 본래의 의미와 달리 '~하고 있다'는 의미로 사용하는 모습이 보이고 있다. 6세기 왕족들의 私的 일상을 기록한 川前里書石의 명문에도 한국어 어순에 의한 문자 배열, 접속사를 사용하지 않고 동작을 나열하는 문장, 명사 뒤의 종결어미 之 등이 보이고 있다.

아마도 정격한문과 이두한문의 사용이 활발해진 때문인 듯, 통일신라시기의 변격한문 자료는 극히 소수만 전하고 있다. 9세기에 작성된 사찰 관련 금석문 일부에 동사를 목적어의 뒤에 두고, 여러 사항을 나열하면서도 전치사나 접속사를 전혀 사용하지 않는 변격한문의 모습이 보이고 있다. 하지만 평이한 한자들을 사용하고 있고, 이상한 문법적 요소들이 없어 6세기의 금석문들과 달리 쉽게 읽히고 있다. 이미 기초 한자와 한문에 익숙해진 시대 상황을 반영하는 것으로 생각된다. 한편 6세기 혹은 7세기 초의 자료로 여겨지고 있는 壬申誓記石의 경우 한국어 어순으로 씌어 있지만, 다른 6세기의 금석문들에 보이는 본래의 의미와 다르게 사용되는 한자나 정격한문에서 볼 수 없는 독특한 문법적 요소 등은 전혀 보이지 않고 있어 오히려 9세기 금석문의 변격한문과 비슷한 모습을 보이고 있다. 이미 한자와 한문에 익숙한 사람에 의한 기록으로 보이며, 통일신라시기에 작성되었을 가능성이 높다고 생각된다. 의상의 강의를 제자가 기록한 『화엄경문답』은 통일신라시기 변격한문의 다양한 사례를 보여주는 중요한 자료이다. 여기에는 동사 및 전치사의 後置, 유사한 한자의 混同, 副詞語 위치의 착오, 동일한 한자의 불필요한 중복사용, 접속사의 생략 등 다양한 변격한문의 사례가 풍부하게 보이고 있다. 한국어로 이야기된 내용을 한문으로 기록하는 과정에서 한국어의 특징이 반영된 결과로 생각된다.

이와 같이 현재 전하는 신라의 변격한문 자료들은 6세기와 9세기의 금석문들이 대부분이고, 그나마 모두 짧은 문장들이어서 당시 변격한문의 전체적 모습을 이해하기에는 많은 한계가 있다. 7세기 말경에 정리된 『華嚴經問答』에는 변격한문의 다양한 사례들이 보이고 있지만 불교문헌이라는 성격상 일상생활과 관련된 문장이 거의 보이지 않는 점이 한계이다. 그런데 7세기 이후에 작성된 이두한문에는 변격한문을 계승, 발전시킨 모습들이 많이 나타나고 있으므로 이들을 관련지어 살펴본다면 신라 변격한문의 특성과 변화양상을 보다 체계적으로 이해할 수 있을 것이다. 지금까지는 변격한문을 이두의 초보적 형태로 이해하였지만, 변격한문은 이두한문의 발전과는 별개로 후대에도 지속적으로 사용되어 왔으므로 한국 변격 한문 자체의 특성과 변화과정을 이해하고, 이를 다른 나라의 변격한문과 비교하여 살피려는 새로운 관점 이 필요하다고 생각된다.

투고일: 2016. 11. 11.   심사개시일: 2016. 11. 17.   심사완료일: 2016. 11. 28.

『三國史記』
『高麗史』
『新編諸宗教藏總錄』(大正藏 제55책 수록)
『華嚴經問答』(大正藏 제45책 수록)

한국고대사회연구소, 1992, 『譯註 韓國古代金石文』Ⅱ.
한국고대사회연구소, 1992, 『譯註 韓國古代金石文』Ⅲ.

權仁瀚, 2015, 「廣開土王碑文 新硏究」, 박문사.
南豊鉉, 2000, 「吏讀硏究」, 태학사.

강종훈, 2014, 「울주 천전리 각석명문의 새로운 판독과 해석」, 『한국암각화연구』 18, 한국암각화연구회.
權仁瀚, 2015, 「출토 문자자료로 본 신라의 유교경전 문화」, 『口訣硏究』 35, 口訣學會.
孫煥一, 2000, 「壬申誓記石의 書體考」, 『美術資料』 64, 국립중앙박물관.
安秉禧, 1984, 「韓國語 借字表記法의 形成과 特徵」, 『제3회 국제학술회의 논문집』, 한국정신문화연구원.
李丞宰, 2001, 「古代 吏讀의 尊敬法 '在[겨]-'에 대하여」, 『어문연구』 29-4, 한국어문교육연구회.
鄭在永, 2008, 「月城垓子 149號 木簡에 나타나는 吏讀에 대하여」, 『木簡과 文字』 창간호.
정재영·최강선, 2016, 「무술오작비 판독」(한국목간학회 하계워크숍 발표문).
최연식, 「『華嚴經問答』의 變格漢文에 대한 검토」, 『口訣硏究』 35, 口訣學會.
최연식, 2016, 「新羅 漢文자료에 보이는 '爾'의 變格用法」(구결학회·한국법사학회 전국학술대회 발표보
    고문).
하일식, 1996, 「昌寧 仁陽寺碑文의 연구」 『한국사연구』 95, 한국사연구회.

瀨間正之, 2015, 「『古事記』の接續詞「尒」の來源」(古代東アジア諸國の仏教系変格漢文に関する基礎的研究
    發表會 報告文).
瀨間正之, 2015, 「国語で綴る神話─接續詞「尒」再々論」, 『北陸古典研究』 30, 北陸古典研究会.

〈Abstract〉

The Abnormal Chinese Expressions of Shilla Dynasty

Choe, Yeon-shik

The literary life of Shilla began with the acceptance of Chinese characters but as the language of Shilla was much different from Chinese it was not easy to express in normal Chinese. They often expressed themselves in a little distorted Chinese, the abnormal Chinese. The Shilla abnormal Chinese reflects the language traits of their language. Most of the Shilla abnormal Chinese we can read are preserved in the stone inscriptions of the 6th and 9the centuries.

The inversion of the order between verb and objective, placing the causative verb after the main verb, the false position of the adverb, the absence of the conjunctions and prepositions, and the change of the meaning of the characters such as 敎(teaching→edict), 白(speak→repeat of the order), 節(section→contemporary) are the important abnormal Chinese expressions found during the 6th century stone inscriptions. Also the characters such as 爾, 節, 事, 在, 之, and 耶 were used to denote the specific traits of Shilla language far from their original meaning. The inversion of the order between verb and objective and the absence of the conjunctions and prepositions are also found in the abnormal Chinese sentences in the 9th century stone inscriptions. But most of the characters represent their original meaning except for 節, which makes the sentences easy to read. The writers of the 9th century inscriptions must have been well acquainted with normal Chinese.

The *Wha'eom gyeong mundap*(Questions and Answers on Huayan Sutra), the note of on the lectures of Uisang, contains plenty of abnormal Chinese expressions. The abnormal Chinese expressions must have been appeared in the situation when the master Uisang gave the lecture in Korean while the disciples tried to record it in Chinese. The abnormal Chinese expressions found in the book are as follows; the inversion of the verb and the object, the postposition of the preposition '以' and predeterminer '每,' the addition of meaningless '是' and '爲,' the locative and dative use of '中,' juxtaposition of verbs without the conjunction, and the confusion of the Chinese characters which can be translated into the same Korean word(有/在, 餘/殘, 與/同, 及/至, 共/竝).

▶ Key words: Abnormal Chinese, Shilla Stone Inscriptions, *Hwa'eom gyeong mundap*(Questions and Answers on Huayan Sutra)

중국·일본의 '三韓' 인식에 대한 재검토
- 신라 三韓一統意識의 성립 시기와 관련하여 -

윤경진[*]

〈국문초록〉

이 논문은 중국과 일본의 삼한 인식에 대한 기존의 논의들을 비판하고 새로운 각도에서 그 내용을 살펴봄으로써 이들의 삼한 인식을 통해 7세기 신라의 삼한일통의식을 뒷받침할 수 없음을 논증한 것이다.

삼국의 통합을 당위로 인식하는 '一統三韓'의 이념에서 '三韓'은 삼국의 역사적 동질성을 통해 '一統'의 당위를 유도하는 준거였다. 이것은 역사적 실체로서 삼한이 소멸한 후 그와 관련이 없는 고구려까지 삼한으로 지칭된 것에서 연원한다.

중국 隋唐대의 삼한 인식은 대부분 기존의 東夷를 대신하는 범칭으로 사용된 것이었다. 고구려를 삼한으로 연결하는 역사적 준거에 대해서는 樂浪郡의 한 통제나 箕子와의 연결관계를 통해 제시하기도 하지만 모두 근거가 부족하다. 삼한을 통해 삼국의 역사적 동질성을 제시한 것은 외교적 차원에서 이루어졌으며, 이것이 사회 일반으로 확산된 흔적은 보이지 않는다.

또한 『일본서기』에서 한은 일본이 지배하는 지역을 상징하였으며, 지역에 따라 東韓과 南韓으로 구분하기도 하였다. 이들은 각각 진한과 변한에 상응한다. 백제와 고구려까지 멸망하면서 일본은 이들까지 자신의 藩國으로 간주하면서 삼한 개념을 채용하였다. 이것은 『일본서기』 단계에서 비로소 수립된 것으로 신라로부터 도입된 것으로 볼 수 없다.

▶ 핵심어: 三韓, 三韓一統意識, 東夷, 樂浪, 箕子, 日本書紀, 東韓, 南韓

* 경상대학교 사학과 교수

I. 머리말

三韓一統意識이란 신라가 고구려·백제에 대해 함께 三韓에서 연원했다는 동질의식에 기반하여 이를 하나로 통합하겠다는 지향 내지는 통합을 이루었다는 평가를 말한다. 이것은 신라의 삼국 '통일'을 평가하는 데 중요한 요소로 인식되고 있다.

신라의 '통일'은 영토상 불완전한 것임에도 삼한일통의식에 입각하여 이루어졌다는 점에서 이를 '민족의 통일'로 평가할 수 있다는 것이 일반적인 견해로 자리하고 있다.[1] 신라의 '통일'을 부정하는 입론에서는 이를 7세기 후반 통합된 체제를 정당화하기 위해 만들어진 이념으로 보았지만,[2] 이 또한 신라 중대의 이념으로 보는 점에서는 동일하다(이하 '7세기 설'로 칭함).

하지만 근래에는 삼한일통의식과 관련된 자료를 다시 검토하여 이것이 7세기가 아닌 9세기 말의 체제이념으로 등장한 것이라는 주장도 나왔다(이하 '9세기 설'로 칭함). 삼한일통의식의 핵심 자료인「청주운천동사적비」는 나말려초 시기 고려에서 제작된 것이며,[3] 太宗 시호 기사는「金庾信行錄」에서 가공한 사적을 채용한 것임이 지적되었다.[4] 아울러 현존 금석문 자료로 판단할 때 삼한일통의식은 9세기 후반 이전으로 올려보기 어렵다고 보았다.[5]

한편 최근에는 다시 신라의 삼국 '통일'을 긍정하는 입장에서 반론이 제기되었다. 이것은 크게 두 범주로 나누어진다. 하나는 三韓 인식의 연원에 관한 것이고, 다른 하나는 삼한일통의식 성립에 관한 자료의 이해에 대한 것이다. 이 중 본고는 전자에 초점을 두고 논의하려는 것이다.[6]

9세기 설에 따르면, 삼한 인식은 중국에서 연원한 것으로서 역사적 실체로서 삼한이 소멸한 후 삼국에 대한 칭호로 수립되었으며, 그 초점은 삼국의 역사적 동질성을 지적하는 데 있었다. 그리고 신라는 선덕여왕 당시 九韓으로 표상되는 천하관을 가지고 있었기 때문에 같은 시기에 삼한의 정체성을 가졌을 가능성은 없다고 이해하였다.[7] 결국 신라의 삼한 인식은 중국의 것을 수용한 것인데, 신라 중대에는 이를 수

---

1) 李昊榮, 1981,「新羅 三國統一에 관한 再檢討 : 統一意識을 중심으로」,「史學志」15.
   盧泰敦, 1982,「三韓에 대한 認識의 變遷」,「韓國史研究」38.
   邊太燮, 1985,「三國統一의 民族史的 意味 : 一統三韓意識과 관련하여」,「新羅文化」2.
   李昊榮, 1996,「新羅의 統一意識과 '一統三韓' 意識의 成長」,「東洋學」26.
   노태돈, 2009,「삼국통일전쟁사」, 서울대학교 출판부.
2) 金瑛河, 1999,「新羅의 百濟統合戰爭과 體制變化」,「韓國古代史研究」16.
   김병남, 2004,「신라의 삼국통일 의식과 그 실제」,「韓國思想과文化」2.
   김영하, 2010,「一統三韓의 실상과 의식」,「韓國古代史研究」59.
3) 윤경진, 2013①,「『청주운천동사적비』의 건립 시기에 대한 재검토」,「史林」45.
4) 윤경진, 2013②,「『新羅 太宗(武烈王) 諡號 논변에 대한 자료적 검토 : 原典에 대한 이해를 중심으로」,「歷史와實學」51.
   윤경진, 2013③,「新羅 中代 太宗(武烈王) 諡號의 追上과 재해석」,「韓國史學報」53.
5) 윤경진, 2014①,「신라 통일기 금석문에 나타난 天下觀과 歷史意識 : 三韓一統意識의 성립 시기 고찰」,「史林」49.
6) 후자에 대해서는 윤경진, 2016,「三韓一統意識의 성립 시기에 대한 재론 : 근거 자료에 대한 검토를 중심으로」,「韓國史研究」175 참조.

용한 흔적을 찾을 수 없다는 것이다.

이러한 논점에 대해 두 가지 비판이 있었다. 하나는 중국의 三韓 용례를 검토한 것이다. 이 견해에서 삼한은 '東夷'의 범칭으로 사용되었고 그 안에 삼국의 의미가 들어 있었으며, 동이 내지 삼국을 삼한으로 범칭하게 되는 근거는 箕子라는 것이다. 곧 馬韓의 기자 계승과 고구려의 기자 계승을 연결하여 기자가 삼한의 동질성을 나타내는 지표가 되었다고 본 것이다.[8]

다른 하나는 『日本書紀』의 용례를 통해 역으로 신라의 삼한일통의식을 추출한 것이다. 『일본서기』에 보이는 삼한 용례는 삼국을 함께 자신의 藩國으로 설정하고 있는데, 이것은 신라와의 교류 과정에서 도입된 것이므로 7세기 신라의 삼한일통의식을 설정할 수 있다는 것이다.[9] 이것은 삼한의 정체성이 신라에서 형성되어 중국에 영향을 준 것이라는 이해에 입각해 있다.[10]

그런데 신라가 스스로 삼한을 칭한 당시의 사례가 없는 상황에서 외국의 사례를 통해 이를 파악하기 위해서는 두 가지 사항을 먼저 지적해 둘 필요가 있다. 하나는 신라가 삼한을 칭하는 것은 '자신'에 대한 인식이지만, 외국에서 삼한을 칭하는 것은 '타자'에 대한 인식이라는 점이다. 삼한이 삼국을 통칭하는 의미로 쓰였다는 것만으로 신라의 인식과 외국의 인식을 동일선상에 놓고 이해할 수는 없다.

다른 하나는 삼한일통의식에서 삼한 인식의 초점은 단지 삼국을 통칭하는 데 있는 것이 아니라 그 역사적 동질성을 상정하는 데 있다는 점이다. 신라가 삼한의 정체성을 채용하는 것은 기존의 정체성을 대체하는 것이며, 그동안 '敵國'으로서 '平定'의 대상이었던 고구려와 백제를 자신과 동일한 존재로 간주하는 것이다. 여기에는 이를 추동하는 정치적 사회적 필요성이 상정된다.

본고에서는 이러한 문제의식에 기반을 두고 중국과 일본의 삼한 인식을 매개로 이루어진 비판에 대해 반론을 제시하려는 것이다. 먼저 2장에서는 중국의 삼한 인식에 대해 살펴볼 것이다. 이에 대해서는 9세기 설에서 이미 개괄적으로 검토한 바 있지만, 여기서는 비판에서 제시한 자료와 논점을 중심으로 살펴보기로 한다. 이와 함께 비판에서 다루어진 韓 인식의 연원 및 朝鮮과 三韓의 관계에 대해서도 검토할 것이다.

3장에서는 일본의 삼한 인식을 『日本書紀』를 중심으로 살펴볼 것이다. 『일본서기』에는 한반도의 정치체를 가리키는 말로 삼한 외에 諸韓과 東韓·南韓·下韓 등이 등장한다. 삼한 인식이 이들과 어떤 관계이고 어떤 맥락에서 차이를 가지는지 짚어볼 필요가 있다. 이를 통해 삼한 인식이 신라로부터 도입된 것이 아니라 韓에 대한 인식을 토대로 『일본서기』 단계에서 형성된 것임을 논할 것이다.[11]

---

7) 윤경진, 2014②, 「三韓 인식의 연원과 통일전쟁기 新羅의 天下觀」, 『東方學志』 167.

8) 전진국, 2016, 「三韓의 용례와 그 인식」, 『韓國史研究』 173.

9) 노태돈, 2016, 「삼한일통의식의 형성 시기에 대한 고찰 : 일본서기 '삼한' 기사의 분석을 중심으로」, 『木簡과文字』 16.
   이 논문에는 필자의 이름이 '윤용진'으로 잘못 기재되어 있어 이 자리를 빌어 바로잡는다.

10) 노태돈, 1982, 앞의 논문.

11) 본고는 三韓, 또는 그와 연계된 濊貊이나 朝鮮, 그리고 『일본서기』에 등장하는 여러 韓의 역사적 실체에 대한 직접적인 접근이 아니며, 어디까지나 기록에 나타난 삼한 인식의 맥락을 이해하는 데 목적이 있다. 따라서 역사적 실체 부분에 대해서는

II. 중국의 三韓 인식

1. 三韓 용례의 자료적 검토

三韓은 중국에서 비롯된 명칭이므로[12] 그 연원에 대한 탐구는 중국 자료에 보이는 삼한의 용례와 그것에 담긴 인식 내용을 찾아보는 작업이 된다. 이 부분에 대해서는 중국이 왜, 혹은 무엇을 근거로 삼한을 삼국에 대한 범칭으로 사용했는가를 두고 논의가 이루어졌다. 이것은 주로 역사적 실체로서 삼한과 관련이 없는 고구려가 삼한으로 지칭되는 의미가 무엇인지에 초점이 맞추어졌다.

이와 관련하여 필자는 역사적 실체로 삼한이 소멸한 후 삼국이 정립하는 과정에서 중국이 그 역사적 동질성을 제시하기 위해 '三韓'을 채용한 것으로 이해하였다.[13] 이것은 단순히 언제부터 삼한이 삼국을 대신하는 용어로 사용되었는가 하는 점보다는 삼국의 역사적 동질성에 대한 인식을 제기했다는 점에 주목한 것이다. 삼국의 통합을 당위로 인식하는 '一統三韓'의 이념에서 '三韓'은 삼국의 역사적 동질성을 통해 '一統'의 당위를 유도하는 준거였기 때문이다.[14]

이 장에서는 이러한 요소를 염두에 두고 삼한 인식과 관련된 문제를 논의하기로 한다. 이것은 크게 두 가지 방향에서 이루어질 수 있다. 하나는 자료에 나타나는 삼한 용례를 어떤 의미로 이해할 것인가 하는 점이고, 다른 하나는 고구려를 포함하는 삼한 인식의 준거가 무엇인가 하는 점이다. 전자는 자료에 보이는 삼국, 특히 고구려와 관련된 다양한 용어들에 대한 검토 과정에서 삼한 문제를 다루는 것으로, 특히 唐代에 제작된 墓誌銘 자료가 소개되면서 활기를 띠었다. 후자는 이를 바탕으로 고구려를 韓 내지 三韓으로 연결할 수 있는 기제를 찾는 작업이다. 여기에는 한과 직접 연결하는 입론도 있고 朝鮮(箕子)을 매개로 연결하는 입론도 있다. 이 절에서는 먼저 자료에 나타나는 삼한 용례에 대한 이해 문제를 중심으로 살펴보기로 한다.

먼저 문헌 자료의 삼한 용례부터 다시 짚어 보자. 최근 '韓'이라는 호칭에 대한 탐구의 연장에서 '三韓'의 용례에 대해 검토한 연구가 있다. 논자는 삼한을 東夷에 대한 범칭이라는 맥락에서 이해하면서 그 안에 삼국의 범칭으로서 의미를 포함시켰다.[15] 동이가 그러하듯이 삼한에 대해서도 범칭으로서만 이해함으

천착하지 못했음을 밝혀 둔다.

12) 김한규는 東國이나 海東과 달리 '韓' 계열의 이름은 우리나라 사람들이 스스로 사용하였고 중국 등이 이를 인용하여 사용했다고 보았으나(김한규, 1994, 「우리 나라의 이름 : '東國'과 '海東' 및 '三韓'의 槪念」, 『李基白古稀紀念論叢』 간행위원회, p.1445), 韓이 自稱이라는 근거는 없다.

13) 윤경진, 2014②, 앞의 논문.
권덕영도 唐代 墓誌銘에 보이는 三韓에 대해 삼국을 동일 역사체, 혹은 동일 정치체로 간주하는 의식의 표현이라고 지적하였다(권덕영, 2014, 「唐 墓誌의 고대 한반도 삼국 명칭에 대한 검토」, 『韓國古代史研究』 75, p.130).

14) 김한규는 韓과 三韓의 용례를 검토하여 삼한은 여러 국가 내지 세력이 대립하는 '우리나라'의 특수한 상황을 나타냄과 동시에 통일의 대상이자 분열된 상황을 극복함으로써 출현하게 된 통합된 나라를 의미한다고 설명하였다(김한규, 1994, 앞의 논문, p.1451).

15) 전진국, 2016, 앞의 논문.

로써 기존 논의의 중심인 '역사적 동질성'에 대한 고려는 미약하다.

한편 필자는 『隋書』에서 삼국의 역사적 동질성이 투영된 삼한의 첫 용례가 확인된다고 보았다. 이에 대해 논자는 『魏書』 陽固傳에 수록된 그의 「演賾賦」에 보이는 '삼한'을 가장 이른 사례로 제시하였다.[16] 해당 구문은 다음과 같다.

> 聊右次於析木兮 遘回駕於靑丘 訪古人以首陽兮 亦問道於鵚鳩 睹三韓之累累兮 見卉服之悠
> 悠[17]

위 구문에 보이는 三韓은 역사적 실체로서 삼한이 소멸된 후 처음 사서에 등장하는 사례인 것은 맞다. 하지만 필자가 탐구한 삼국에 대한 '역사적 정체'로서의 의미를 담고 있다고 보기는 어렵다. 이것은 논자의 지적대로 기존에 '동이'라고 부르던 것을 범칭하는 의미로 국한된다.

당시 중국 동쪽에 고구려가 있었으므로 논자는 이를 고구려라고 이해했지만, 양고가 고구려를 적시하여 삼한으로 지칭했다고 볼 수는 없다. 그것은 단지 중국 동쪽에 있는 외부 존재에 대한 새로운 표현일 뿐이다. 이는 그 대구에서 오랑캐의 옷을 뜻하는 '卉服'을 말한 것에서 뒷받침된다. 또한 "首陽에서 古人을 방문하고 鵚鳩에서 道를 묻는다"고 한 것은 부조리한 현실에서 도피하고자 하는 뜻을 표현하고 있다.

이 글은 양고가 모함을 받고 관직을 박탈당한 뒤 유랑하며 지은 것이라는 점에서 屈原의 「漁父辭」를 연상시킨다. 그리고 이러한 현실 인식에 연결된 三韓과 卉服은 공자가 九夷에 살고 싶다고 한 『論語』의 구절과도 맥이 닿는다.[18] 이에 비추어 양고가 말한 삼한은 동이와 마찬가지로 중국이라는 범위에서 벗어난 동방을 나타내는 것이며, 그 역사성에 대한 구체적인 이해를 수반한 것이라고 보기는 어렵다. 물론 이것이 차후 그 구성원의 역사적 동질성을 나타내는 개념으로 이어질 단서를 보여준다고 볼 여지는 있다.

이에 대해 『隋書』에 보이는 虞綽의 글은 명확히 고구려를 삼한으로 칭하고 있다는 점에서 양고의 사례와 차이를 보인다.

> 來蘇興怨 帝自東征 言複禹績 乃禡軒營 六師薄伐 三韓肅淸 龔行天罰 赫赫明明[19]

우작의 글은 수 양제의 고구려 원정을 찬미하는 글이다. 물론 이 용례 역시 동이의 범주로 이해할 여지도 가지지만, 고구려 원정이라는 특정 상황을 토대로 제시되고 있다는 점에서 삼한의 구체성을 유도할 수 있다. 고구려를 삼한으로 칭함으로써 실제의 삼한, 곧 한반도 남부 지역의 존재들까지 함께 삼한의 범

---

16) 전진국, 2016, 앞의 논문, p.6.
17) 『魏書』 권72, 列傳 60 陽固
18) 『論語』 子罕第九, "子欲居九夷 或曰 陋如之何 子曰 君子居之 何陋之有"
19) 『隋書』 권76, 列傳41 文學 虞綽

주로 묶을 수 있는 인식의 토대가 마련되는 것이다. 이 점에서 수 양제의 고구려 원정은 삼국을 삼한으로 인식하는 중요한 전환점이 되었다고 평가할 수 있다.

이번에는 唐代 墓誌銘 자료를 이용한 논의에 대해 살펴보자. 이 자료는 다시 고구려 유민의 묘지명과 당대 官人의 묘지명으로 나누어진다. 전자는 고구려 유민의 정체성에 대한 인식을 반영하고, 후자는 고구려 내지 삼국을 바라보는 당대인의 일반적 시각을 반영한다.

전자와 관련하여 먼저 최진열의 연구가 주목된다. 그는 최근까지 소개된 고구려 유민의 묘지명 자료를 종합적으로 검토하여 그곳에 고구려 유민을 '遼東郡平壤城人'(泉男生)', '遼東平壤人'(高足西)', '遼東三韓人'(高玄)', '遼東朝鮮人'(泉男産)' 등으로 표기한 사례가 있음에 주목하여 그 의미를 분석하였다.[20] 여기서 논자는 흥미로운 사실을 지적하였다.

우선 고구려 유민과 突厥 등의 출신은 대부분 출신 國名을 표기하지 못했던 반면, 백제 유민과 중앙아시아 출신은 조국의 국명을 온전히 표기하였다는 점이다. 이러한 현상은 전자의 경우 당과 껄끄러운 관계에 있어 이들의 정체성을 말살하고자 한 반면, 후자는 정복하기 쉬운 상대였거나 평화로운 관계였기 때문에 정체성을 인정했다고 보았다.[21]

이 논지에 기본적으로 수긍이 가지만, 고구려와 백제의 차이에 대해서는 좀더 명확한 이해가 필요해 보인다. 이들의 가장 큰 차이는 고구려의 영토가 당으로 귀속된 반면, 백제는 신라 영토로 들어갔다는 점이다. 곧 고구려 유민의 정체성이 부각될 경우 이것은 자신의 영토 안에서 고구려 부흥을 유도할 수 있는 위험성이 있었다. 반면 백제는 당의 영토와 무관하기 때문에 그들의 고유 국명을 인정하는 데 문제가 없었다.

유의할 부분은 이 차이는 신라의 입장에서는 정반대로 나타날 수 있다는 점이다. 신라는 백제 영토에 대해서는 온전한 병합을 도모하면서 고구려 유민을 받아들여 일시적이지만 高句麗國을 세워주는 태도를 보였다. 이는 고구려가 신라의 영토 범위 밖에 있었던 것과 무관하지 않다. 당과의 외교 문제가 걸려 있어 제한이 있었지만, 당이 백제의 정체성을 용인한 것처럼 신라도 정치적 필요에 의해 고구려의 정체성을 인정할 수 있는 측면이 있었다.

한편 출신지 표시에 사용된 구체적인 지명에 대해 각각 견해를 제시하였다. 우선 '遼東'은 秦漢 이래의 遼東郡을 지칭하는 것이 아니라 고구려를 지칭하는 단어로 인식되었으며, 이 때문에 공식문서와 행정구역의 명칭에는 '요동'이란 단어를 사용하지 않았다고 보았다. 이는 고구려 군왕에게 내린 작호가 遼東郡公이었던 것이 고구려 멸망 후 寶臧王에게는 朝鮮郡王으로 바꾸어 임명한 것에 주목한 것이다.[22]

이러한 설명은 일면 타당성이 있지만, 묘지명에서 '요동'을 상위 범주로 먼저 제시한 의미가 드러나지

20) 최진열, 2009, 「唐人들이 인정한 高句麗人의 正體性 : 唐代墓誌銘에 보이는 高句麗의 別稱(朝鮮·三韓·扶餘) 分析을 중심으로」, 『東北亞歷史論叢』 24.
21) 최진열, 2009, 앞의 논문, pp.224~227.
22) 최진열, 2009, 앞의 논문, p.236.

않는다. 요동은 본래 遼東郡이 설치된 지역이므로 중국은 이곳이 자신의 영토로 귀속되어야 한다는 인식을 가지고 있었다.[23] 이 명칭을 실제 요동을 차지한 고구려의 봉작명에 사용함으로써 이러한 의지를 피력하였다. 백제와 신라에게 帶方郡과 樂浪郡을 적용한 것처럼 玄菟郡을 적용할 수 있음에도 요동군을 선택한 것은 중국의 영유의식과 무관하지 않다.

그런데 고구려 공멸 후 요동은 다시 당의 영토로 귀속되었으므로 자신의 영토 안에 편입된 보장왕의 봉작명에 이를 사용할 이유가 없다. 이를 그대로 봉작명에 사용할 경우 이전의 고구려가 존속한다는 의미가 될 수 있기 때문이다. 이에 요동 대신 후술하듯이 과거의 역사로서 중국으로 귀속되는 朝鮮을 사용한 것이다. 결국 고구려의 존속과 멸망의 차이가 봉작명의 변화를 가져온 것이다.

그런데 출신지 표기는 정치적 속성이 강한 봉작명과는 반대되는 의미를 가진다. 곧 해당 인물이 당에 귀속된 존재이므로 출신지를 '요동'이라는 중국 영토의 범주를 전제로 삼은 것이다. 그리고 실제 고구려 출신이라는 것은 그 하위 범주로서 朝鮮과 三韓 등으로 표기되었다. 따라서 묘지명 출신 표시의 요동이 고구려와 동일 개념이기 때문에 사용되었다고 볼 수는 없다.

논자는 출신지 표기에 등장하는 朝鮮과 三韓에 대해서는 과거 설치된 縣名과는 관계가 없으며, 朝鮮國 내지 三韓國 사람이라는 의미로 해석하였다. 그리고 고구려 멸망 후 보장왕이 조선군왕에 봉해지는 것에서 조선이 고구려를 나타내는 것임을 적시하고, 玄菟郡의 屬縣 가운데 高句麗縣이 존재했음을 매개로 고구려는 본래 고조선의 영토였다는 논리를 유도하였다. 곧 두 나라의 역사적 동질성 혹은 계승관계를 암묵적으로 인정했기 때문에 고구려를 조선과 동일시했다는 것이다. 평양에 도읍했다는 점도 이러한 이해를 뒷받침하는 요소로 언급되었다.

그런데 이 문제는 단순히 '동일시'라는 의미만으로 설명되기는 어렵다. 특정 용어를 취한다는 것은 그것이 가지는 나름의 함의를 취하는 것이므로 이에 대한 이해가 요구되는 것이다. 봉작명을 바꾼 것은 전술한 것처럼 고구려 영토가 당으로 귀속된 데 따르는 것으로 보이지만, 굳이 朝鮮을 취한 데에는 나름이 의미가 있었을 것이다.

이에 대해서는 두 가지를 생각할 수 있다. 하나는 箕子가 分封된 곳이라는 점이고, 다른 하나는 漢에 의해 공멸된 나라라는 점이다. 어느 경우든 이는 동국이 아닌 중국의 역사로 귀속되는 것으로 해석될 수 있다. 곧 고구려가 본원적으로 중국으로 귀속된다는 명분을 수립함으로써 고구려의 정체성을 소멸시키는 효과를 의도했다는 것이다. 이 때문에 묘지명에서도 고구려 출신을 朝鮮人으로 지칭하였던 것이다.

이에 대해 三韓은 맥락이 다소 다르다. 논자는 삼한 인식에 대한 노태돈의 입론[24]을 그대로 수용하여

---

23) 최진열은 이전 논문에서 고구려를 '遼' 내지 '遼東'으로 지칭한 것은 고구려의 땅이 漢의 군현이었음을 강조하고 고구려는 隋唐이 회복해야 할 故土라는 인식을 반영한 것으로 보았다(최진열, 2012, 「唐代 高句麗 표기 기피현상 : 隋唐 墓誌銘의 國名 표기 분석을 중심으로」, 『東北亞歷史論叢』 38, p.222). 이러한 관점에서 수당의 고구려 원정을 요동 수복운동으로 평가하기도 한다(拜根興, 2002, 「激動의 50년 : 高句麗와 唐關係 硏究」, 『高句麗硏究』 14, pp.421~429; 김유철, 2004, 「中國史書에 나타난高句麗의國家的正體性」, 『高句麗硏究』 18, p.36).

24) 盧泰敦, 1982, 앞의 논문.

삼국의 동질성에 따른 표현으로 보았다. 그러나 삼국이 자신을 삼한으로 표상되는 역사적 동질성에 대한 인식을 가지고 있었다고 볼 근거가 없다.[25] 삼국의 역사적 정체로서 삼한은 당이 삼국의 화해를 종용하는 과정에서 외교적 수사로 제기된 것이었다.[26]

곧 삼국의 실제 인식과 별개로 중국이 고구려를 포함하는 삼국에 대해 삼한의 동질성을 제시했고, 이 때문에 고구려 유민을 삼한인으로 부를 수 있는 근거가 생긴 것이다. 여기서 삼한은 요동의 하위범주로 인식되고 있다는 점에서 동이를 삼한으로 범칭하는 것과는 차이가 있다. 곧 고구려가 당의 영토로 귀속된 것을 전제로 '고구려=삼한'의 인식을 더한 것으로 보아야 할 것이다. 이 삼한은 삼국의 동질성과는 관련이 없다.

이번에는 당대 관인의 묘지명 자료에 나타난 삼한 용례를 살펴보자. 전진국은 당대 묘지명 자료에 보이는 三韓, 또는 馬韓이나 卞韓 등의 용례를 검토하였다.[27] 그런데 이 자료들 역시 논자도 지적한 것처럼 동이의 범칭으로서 의미가 강하다. 논자가 인용한 몇 개의 사례를 보자.[28]

① 屈突詮墓誌 : 桃都雜種 桂婁遺噍 憑馬韓之險隔 傲鯤壑之深阻
② 劉節墓誌 : 方爾祓於馬韓 俗鐵前驅 乃除氛於免堞
③ 李他仁墓誌 : 父孟眞 本朝大相 并以鯤壑景靈 卞韓英伐 國楨人干 疊祉蓮花
④ 邊眞墓誌 : 往以三韓作逆 九種不賓 鼓月騎以長驅 指霜伐而獨遠
⑤ 張成墓誌 : 九種以之冰銷 三韓於焉雹散 旣而狼山霧靜 却走馬於蓮峰 鯤壑波淸 返歸牛
於桃野
⑥ 龐德威墓誌 : 往以三韓未附 鯤壑驚波 九種猶迷 鼇津駭浪
⑦ 張仁楚墓誌 : 神兵作氣 無資一鼓之誼 肅愼歸降 坐滅三韓之俗

위에서 馬韓 또는 三韓의 용례를 보면 그 대구에서 특징적인 모습이 보인다. 우선 ①, ③, ⑤, ⑥ 등 네 사례에서 '鯤壑'이 보인다. 제학은 鯤海, 곧 鯤岑의 바다라는 말로도 사용되는데, 이들은 모두 동쪽에 있는 渤海를 가리키며, 東方의 별칭으로 사용된다.[29] 곧 삼한은 鯤壑과 함께 동방에 대한 古稱의 하나였던

---

25) 윤경진, 2014②, 앞의 논문.
한편 김유철은 隋唐의 三韓 인식이 삼국의 것을 수용한 데 따른 것이라는 노태돈의 입론을 비판하고, 삼국에 대해 동일한 작위를 설정하여 중국사적 정통성을 부여함으로써 지배력의 확대를 도모하는 과정에서 삼국을 삼한으로 표현하는 방안도 고안해냈다고 보았다(김유철, 2004, 앞의 논문, pp.39~40). 다만 그것이 동이에 대한 범칭에서 삼국을 지칭하는 것으로 구체화되는 과정과 궁극적으로 역사적 동질성을 유도하는 측면까지는 주목하지 않았다.
26) 『舊唐書』 권199, 列傳149 東夷 百濟, "至如海東三國 開基自久 并列疆界 地實犬牙 近代已來 遂構嫌隙 戰爭交起 略無寧歲 遂令三韓之氓 命懸刀俎"
27) 전진국, 2016, 앞의 논문, pp.8~10.
이하 당대 묘지명 자료는 논자의 인용 내용을 채용한 것이다.
28) 인용문 일부는 최진열, 2012, 앞의 논문에서 제시한 자료를 통해 보충하였다.

것이다. ⑦에 보이는 肅愼도 마찬가지이다.

또한 ④, ⑤, ⑥에서는 '九種'이라는 표현이 발견된다.[30] 구종은 동이가 9종류가 있어 九夷라고 부른 것을 나타낸다. 삼한은 구이의 또다른 명칭인 것이며, 동이를 그 지역에 있던 역사적 존재를 통해 표현한 것이다. 이러한 삼한은 현실에 있는 삼국까지 포괄할 수 있는 개념이지만, 그 구성원의 역사적 동질성을 나타내는 개념으로 수립된 것은 아니다.[31]

이러한 용례의 내용을 통해 다음 두 가지 사항을 지적할 수 있다. 하나는 삼국을 제외한 동방의 존재들까지 삼한에 포함되었는가 하는 점이다. 당대 묘지명에서 三韓이 동이의 범칭처럼 사용되는 것은 결국 삼국 이외의 존재들도 포함한 것으로 볼 수 있다. 문제는 이러한 삼한은 '一統三韓'의 삼한과는 의미가 달라진다는 점이다.

'일통삼한'의 삼한에는 삼국 이외의 존재는 포함되지 않는다. 『삼국사기』에 나오는 靺鞨이나 濊가 三韓의 범주에 들어가거나 혹은 동질적 존재로 묶이는 인식은 찾을 수 없다.[32] 다시 말해 중국에서 동이를 포괄하여 삼한으로 인식했다는 것은 '일통삼한'의 이념과는 직접 관련되지 않는다는 것이다.

다른 하나는 삼국 전쟁기에 당이 삼국에 대해 삼한으로서의 동질성을 강조했고 고구려 출신 인물에 대해 三韓人이라는 칭호를 부여하기도 했지만, 당대 묘지명 일반에서는 그러한 인식이 분명하지 않다는 점이다. 그보다는 동이의 범칭으로 사용하는 경향이 강하다.

이것은 당의 표방이 외교적 수사의 성격이 강했다는 것을 보여준다. 곧 삼한의 범주를 제시한 당의 사

---

29) 한국고전종합 DB의 『桂苑筆耕集』권20, 「祭劍山神文」의 역주.
   李瀷은 『星湖僿說』에서 "鯷岑者指我國也漢書云會稽海外 有東鯷墅 分爲二十餘國 以歲時來獻"이라고 고증하였다(『星湖僿說』권2, 天地門).

30) 당대 묘지명에서 고구려의 별칭으로서 三韓의 용례 중 다수가 九種과 함께 나온다. 최진열이 조사한 사례 중 이러한 구성을 보이는 경우를 추가로 몇 가지 제시하면 다음과 같다(최진열, 2012, 앞의 논문, pp.228~237).
   趙靜安墓誌 : 貞觀十八年 從太宗文皇帝門罪東夷 麾戈一擧 三韓粉魄於黃龍 機珥纔張 九種碎身於玄菟
   馬寶義墓誌 : 洎以三韓肆虐 恃玄菟以蜂飛 九種挺妖 阻黃龍而蝟聚
   姬溫墓誌 : 于時三韓蟻衆 驚濤阻於白狼 九種鴟張 凝氛晦於玄菟
   張和墓誌 : 更九種强梁 蟻結靑丘之域 三韓叛換 鴟張紫塞之□
   連簡墓誌 : 屬三韓舊壤 九種遺黎 恃玄菟以稽誅 控滄波而作梗
   王思訥墓誌 : 往者三韓作梗 九種挺妖 君卽杖劍狼川 橫戈鯷墅 朝鮮之靜 君有力焉

31) 당대 묘지명 중에서 三韓은 고구려를 지칭한 것이 가장 많다는 점에서 고구려의 별칭으로서 삼한의 의미에 대해 주목하는 경우가 있다(조영광, 2008, 앞의 논문; 권덕영, 2014, 앞의 논문). 고구려를 삼한으로 칭한 사례가 많은 것은 일차적으로 당이 실제 접경하며 충돌한 나라가 고구려이고 그 영토가 당에 흡수되었기 때문에 묘지명에 자주 등장한 결과로 보아야 할 것이다. 실상 三韓은 백제와 신라를 지칭하는 용어로도 사용되었으며, 辰韓 또한 삼국 모두에서 용례가 나타난다. 따라서 당대 묘지명에 보이는 삼한이 東夷나 遼東 등과 같은 범칭의 의미를 넘어서지는 못할 것이다. 이 점에서 고구려의 별칭으로서 삼한의 의미를 찾기보다는 역사적으로 삼한에 포함되지 않았던 고구려가 삼한의 범주에 들어가고 이후 삼한이 삼국, 그리고 이를 통합한 역사적 후신의 칭호로서 보편화되는 과정과 의미를 충실하게 이해할 필요가 있다.

32) 靺鞨은 『삼국사기』무열왕대 기사에도 등장하며, 김유신 열전에는 고구려·백제와 함께 신라를 위협하는 존재로 열거되고 있다. 또한 신라의 9誓幢 편성에도 말갈이 들어가 있어 이들이 고구려나 백제와 구분되는 존재로 인식되고 있음을 보여준다. 이런 상황에서 삼국으로만 구성되는 삼한의 범주를 설정할 수는 없다(윤경진, 2014②, 앞의 논문, pp.117~120).

회적 인식에서 삼한이 삼국으로 국한된 역사적 동질성의 개념으로 나타나지 않는다는 것은 신라에서 역사적 정체로서 삼한 인식이 대두했다고 보기 어렵게 만드는 것이다. 삼한의 정체성은 삼국의 화해를 종용하는 당의 외교적 입론에서 제기되는 수준에 머물러 있었으며, 신라 또한 삼한을 자신의 정체로 받아들이지 않았다. 따라서 당대의 삼한 용례가 7세기 신라의 삼한일통의식을 이해하는 준거가 될 수는 없다.

2. 韓 인식의 연원

자료적 측면과 더불어 살펴볼 또다른 사안은 중국이 東夷 내지 三國을 三韓으로 칭하게 된 준거가 무엇인가 하는 점이다. 이것은 당초 삼한과 구분되던 고구려가 삼한으로 지칭되는 이유에 대한 탐구에 초점이 있다. 이에 대해서는 일찍이 조영광의 입론이 있었으므로[33] 먼저 이에 대해 살펴보고 이 문제를 다룬 전진국의 입론을 검토하기로 한다.

조영광은 고구려를 삼한으로 부르는 것과 관련하여 두 가지 준거를 제시하였다. 하나는 樂浪郡과 帶方郡의 삼한 통제기능을 매개로 해당 지역이 韓地라는 인식이 수립되었고, 여기에 고구려가 낙랑군 지역을 정복함으로써 중국이 고구려를 韓으로 인식하게 되었다는 것이다. 지역적인 측면에서 접근한 것이라 할 수 있다. 다른 하나는 종족적 문화적 측면에서 고구려가 속한 濊貊과 韓族의 유사성을 설정한 것이다.[34]

먼저 낙랑·대방과 관련된 설명에 대해 검토해 보자. 논자는 낙랑·대방의 한 통제를 지적하면서 다음 자료를 제시하였다.

> ① 桓帝와 靈帝의 말엽에 韓濊가 강성하여 郡縣이 통제하지 못하니 백성이 韓國으로 많이 유입되었다. ② 建安 중에 公孫康이 屯有縣 이남의 황무지를 분할하여 帶方郡을 삼고 公孫模와 張敞 등을 보내 遺民을 모으게 하였다. 군대를 일으켜 韓濊를 정벌하니 舊民이 조금씩 나왔다. 이후 倭韓이 마침내 대방에 통속되었다. ③ 景初 중에 明帝가 몰래 帶方太守 劉昕과 樂浪太守 鮮於嗣를 보내 바다를 건너 2郡을 평정케 하였다. (중략) 部從事 吳林이 낙랑이 본래 韓國을 통어하므로 辰韓 8國을 나누어 낙랑에게 주었다. 관리가 통역하는 데 차이가 있어 臣智가 韓의 분노를 일으켜 대방군의 崎離營을 공격하였다. 당시 太守 弓遵과 樂浪太守 劉茂가 군대를 일으켜 정벌했는데 궁준은 전사하고 2군이 마침내 韓을 멸하였다.[35]

---

33) 조영광, 2008, 「7세기 중국인들의 對高句麗 '三韓'호칭에 관하여」, 『白山學報』 81.

34) 앞서 언급한 최진열 역시 이와 같은 입론을 보였으며, 이는 노태돈의 연구(1982, 앞의 논문)를 그 토대로 하고 있다.

35) 『三國志』 권30, 魏志30 烏丸鮮卑東夷傳, "桓靈之末 韓濊強盛 郡縣不能制 民多流入韓國 建安中 公孫康分屯有縣以南荒地 爲帶方郡 遣公孫模張敞等 收集遺民 興兵伐韓濊 舊民稍出 是后倭韓遂屬帶方 景初中 明帝密遣帶方太守劉昕 樂浪太守鮮於嗣 越海定二郡 (중략) 部從事吳林 以樂浪本統韓國 分割辰韓八國 以與樂浪 吏譯轉有異同 臣智激韓忿 攻帶方郡崎離營 時太守弓遵樂浪太守劉茂興兵伐之 遵戰死 二郡遂滅韓"

위의 기사는 『三國志』 韓傳의 것으로 漢 군현과 韓의 관계를 보여주는 자료로 널리 인용되고 있다. ①은 2세기 중후반, ②는 2세기 말에서 3세기 초, ③은 3세기 중반에 각각 해당한다. 그 내용은 韓濊의 강성으로 주민이 유출되자 帶方郡을 설치하고 韓濊를 정벌하였고, 이를 통해 舊民이 돌아오고 韓濊도 대방에 통속되었다는 것이다. 그 뒤 낙랑과 대방은 諸韓과의 갈등으로 다시 군사적 충돌이 있었다.

논자는 이를 통해 2군의 중심 기능이 삼한에 대한 통제였음을 지적한 뒤 그러한 임무를 담당한 낙랑·대방군이 중국 정부의 입장에서는 한 그 자체로 받아들여졌을 수 있다는 추정을 내렸다. 그러나 통상 통속관계에서 하급 단위가 상급 단위의 범주에 흡수 인식될 수는 있어도 상급 단위가 하급 단위로 범주화는 것은 생각하기 어렵다. 곧 낙랑의 통속을 받는 한이 낙랑으로 인식될 수는 있어도 낙랑이 한으로 인식되었다고 보는 것은 무리가 있다는 것이다.

더구나 위 기사를 보면 樂浪과 諸韓이 무력으로 충돌하는 양상도 나타나고 2군이 한을 멸했다는 내용도 보인다. 실상 통속이라는 것도 중국 왕조의 시각이 투영된 것이며, 낙랑에 대한 한의 예속성은 같은 영역 범주로 인식될 정도로 강력했다고 보기 어렵다. 따라서 낙랑이 한에 대한 통제를 매개로 한으로 간주되었다고 보는 것은 논리적으로 무리가 크다.

다음 자료 또한 이러한 이해를 뒷받침한다.

樂浪의 外夷 韓·濊·貊이 각기 무리를 이끌고 와서 조공하였다.[36]

위의 내용은 『삼국지』 중 魏志의 261년 기사이다. 여기서 韓濊貊에 대해 "樂浪外夷"로 칭하고 있다. 낙랑과 한 등이 명확히 구분 인식되고 있는 것이다. 이 시기는 앞서 인용한 韓傳 기사에서 대방태수 弓遵 등의 활동이 언급된 景初 연간(237~239)보다 20여 년 뒤의 상황이다. 이 당시 낙랑이 외이로 규정된 한과 같은 영역 범주로 인식되었다는 것은 납득하기 어려운 설명이다.

한편 이 문제와 관련하여 다음 자료에 대한 이해가 문제가 된다.

永和九年三月十日遼東韓玄菟太守領佟利造

위의 기사는 평양역 구내 공사 중 발굴된 이른바 佟利墓의 전돌에 새겨진 명문이다. 永和는 東晉의 연호로서 영화 9년은 354년이다. 이 구문은 동리가 "遼東韓玄菟太守領"이라는 직함을 칭한 것으로 해석되고 있다.

이 구문의 '韓'은 동리가 칭한 태수 직함을 구성하는 것으로서 韓郡으로 파악되지만, 한군은 설치 사실이 확인되지 않는 명칭이다. 이 때문에 동리가 자칭한 허구의 관직으로 보기도 한다.[37] 그리고 이 韓은

---

36) 『三國志』 권4, 魏志4 三少帝紀 景元 2년 7월, "樂浪外夷韓濊貊各率其屬來朝貢"
37) 여호규는 동리가 정착한 樂浪故地와 직접 연관된 관직이 없다는 점에서 현실세계에서 실제로 기능한 것이 아니라 이상적인

낙랑군과 대방군의 관할 지역인 韓濊의 韓을 의미한다고 보는 것이 일반적이다.[38] 조영광은 이와 같은 맥락에서 낙랑지역의 인물이 韓 太守를 칭했다는 것은 이 지역을 韓地, 혹은 韓地로 통하는 제1관문으로 간주하였기 때문이라는 결론을 도출하였다.[39]

하지만 태수 직함 중 遼東과 玄菟가 실재한 郡인데 그 사이에 실재하지 않은 군을 끼워 넣었다는 것은 납득하기 어려운 설명이다. 그리고 이 직함의 韓이 반드시 諸韓을 가리킨다는 것도 근거를 찾을 수 없다. 이 경우 韓郡은 가공의 군이 아니라 실재한 다른 군의 이칭일 가능성도 생각해 볼 필요가 있다.

동리의 묘가 있는 평양 일대는 본래 낙랑군 소속이다. 요동과 현토가 언급된 것에 비추어 그가 칭한 태수 직함에 낙랑이 빠졌다는 것은 석연치 않은 부분이다. 實職이든 自稱이든 요동과 현토를 관할하는 존재라면 자신의 묘가 있는 낙랑도 그 범위에 들어가는 것이 합리적이기 때문이다. 여기서 한군이 낙랑군을 가리킨다는 이해가 가능하다.[40]

문제는 낙랑의 이칭으로 사용된 韓이 앞의 기사에 보이는 諸韓에서 채용된 것으로 볼 수 있는가 하는 점이다. 전술한 것처럼 제한이 낙랑에 통속되었다는 것을 근거로 낙랑을 한으로 불렀다고 볼 수는 없다. 따라서 낙랑을 한으로도 칭한 이유는 다른 맥락에서 이해해야 한다.

여기서 354년이라는 시점에 주목할 필요가 있다. 고구려는 미천왕 때인 313년 낙랑을 침공하여 남녀 1천여 구를 노획했는데,[41] 이 침공으로 고구려가 낙랑을 병합한 것으로 이해되고 있다. 이어 314년 대방군을 침공하였다.[42] 이후 낙랑군의 활동은 더 이상 나타나지 않으며, 대신 고구려가 낙랑의 중심지였던 평양을 경영하는 모습이 보인다.

한편 315년에는 현토군을 공격하였다.[43] 하지만 낙랑과 달리 현토군을 차지한 것은 아니었다. 고구려는 395년 다시 요동과 현토를 공격하여 남녀 1만여 구를 잡아온 기사가 보인다.[44] 그러나 곧바로 燕의 慕容農이 반격하여 遼東郡과 玄菟郡을 복구하였다.[45] 결국 동리묘가 만들어진 353년 당시 요동군과 현토군

사후세계를 꿈꾸기 위해 자칭했다고 보았다(余昊奎, 2009, 「4세기 高句麗의 樂浪·帶方 경영과 中國系 亡命人의 정체성 인식」, 『韓國古代史硏究』 53, p.179).

38) 임기환, 2004, 『고구려정치사연구』, 한나래, pp.165~168.

39) 조영광, 2007, 앞의 논문, p.141.

40) 佟利墓보다 4년 뒤에 조성된 안악 3호분의 佟壽는 "護撫夷校尉 樂浪相 昌黎玄菟帶方太守"를 칭하고 있다. 玄菟와 帶方이 太守 직함에 사용된 반면 樂浪은 그보다 상위인 相의 직함에 사용되고 있다. 이로 보아 낙랑은 玄菟와 帶方 등을 포괄하는 명칭으로 사용되고, 과거 낙랑군은 韓으로 지칭한 것이라 생각해 볼 수 있다. 한편 낙랑에 대해서만 한이라는 새로운 명칭을 적용한 것은 과거 낙랑이 '중심'으로서 고구려 등을 外夷로 규정했던 것에 대응하여 고구려가 새로운 '중심'으로서 과거의 '중심'이었던 낙랑을 외이로 규정한 결과로 이해된다.

41) 『三國史記』 권17, 高句麗本紀5 美川王 14년 10월, "侵樂浪郡 虜獲男女二千餘口"

42) 『三國史記』 권17, 高句麗本紀5 美川王 15년 9월, "南侵帶方郡"

43) 『三國史記』 권17, 高句麗本紀5 美川王 16년 2월, "攻破玄菟城 殺獲甚衆"
    미천왕은 앞서 302년에도 현토군을 공격한 바 있다(『三國史記』 권17, 高句麗本紀5 美川王 3年年 9월, "王率兵三萬 侵玄菟郡 虜獲八千人 移之平壤").

44) 『三國史記』 권18, 高句麗本紀6 故國壤王 2년 6월, "王出兵四萬 襲遼東 先是 燕王垂命帶方王佐 鎭龍城 佐聞我軍襲遼東 遺司馬郝景將兵救之 我軍擊敗之 遂陷遼東玄菟 虜男女一萬口而還"

은 중국 군현으로 유지된 반면, 낙랑군은 고구려에 흡수되어 소멸한 상태였던 것이다.

따라서 고구려 영토 안에 건설된 동리묘에서 그가 칭한 태수 직함에서 소멸한 낙랑은 직접 나타날 수 없었다. 다만 동리가 태수 직함을 가진 것에서 드러나듯이 당시 구 낙랑 지역이 고구려의 內地로 전화되지 않은 상태였던 것으로 짐작된다.[46] 이렇게 고구려에 새로 편입된 변경으로 남아 있던 낙랑군을 고구려는 韓으로 칭했던 것이다.

韓은 당초 낙랑의 外夷로 인식되었다. 그런데 낙랑이 고구려에 병합되면서 그 자체가 고구려의 외이가 되었고, 고구려는 이러한 자신의 외이를 한으로 규정하였다. 조영광은 고구려가 낙랑 지역을 정복함으로써 한으로 인식될 단서를 마련했다고 보았지만,[47] 고구려에 의해 낙랑 지역이 한으로 범주화되었다고 보는 것이 좀더 타당하지 않을까 한다.

이것은 「廣開土王碑」의 守墓人烟戶에 보이는 '新來韓穢'에 의해 뒷받침된다. 이것은 고구려가 자신의 외부 존재를 韓濊로 범주화했음을 보여주기 때문이다. 韓濊는 전술한 『삼국지』 기사에서 낙랑에 통속된 외이를 가리켰다. 고구려는 낙랑을 병합하면서 이러한 구도를 자신의 천하관에 도입하였다.[48] 그리고 이 과정에서 고구려의 외이로 편입된 낙랑 또한 한으로 규정되었다.

결국 동리묘 명문전에 보이는 韓은 통상 삼한으로 부르는 지역을 나타내는 것이 아니라 고구려에 흡수된 낙랑군을 나타내는 명칭이었던 것이다. 다시 말해 낙랑은 고구려에 의해 과거 자신에 통속되던 한과 동일한 부류로 간주된 것이다. 그리고 고구려는 이러한 한을 외이로 거느리는 존재이므로 이를 통해 고구려가 한으로 인식되는 단서를 찾을 수는 없다.

다음에 고구려와 한의 동질성과 관련된 문제를 따져 보자. 논자가 주요 근거로 제시한 자료는 다음이다.

穢 韓穢 東夷別種[49]

위의 기사는 先秦 시기의 문헌인 『逸周書』에 보이는 穢에 대해 西晉 시기의 인물인 孔晁가 주석한 내용이다. 해석은 "穢는 곧 韓穢로서 東夷의 別種이다"가 될 것이다.

조영광은 이를 "穢를 韓穢라 부르고 있다"로 이해하면서 당시 사람들이 韓과 穢에 대해 분리해서 부를 필요가 없는 同種이거나 적어도 族源이 같은 同類로 받아들였다고 해석하였다.[50] 그리고 이를 전술한

---

45) 『三國史記』 권18, 高句麗本紀6 故國壤王 2년 11월, "燕慕容農將兵來侵 復遼東玄菟二郡 初 幽冀流民多來投 農以范陽龐淵爲 遼東太守 招撫之"

46) 이 경우 고구려는 중국 출신의 유력자에게 의제적인 직함을 수여하여 구 군현 지역에 대한 간접 지배를 도모한 것이 아닌가 생각되지만, 이는 본고의 논의 범위를 벗어나므로 후일의 과제로 미룬다. 한편 이와 관련된 기존의 논의에 대해서는 여호 규, 2009, 앞의 논문 참조.

47) 조영광, 2008, 앞의 논문, pp.142~146.

48) 「광개토왕비」에 나타난 고구려의 천하관에 대해서는 노태돈, 1988, 「5세기 金石文에 보이는 高句麗人의 天下觀」, 『韓國史論 (서울대 국사학과)』 19 참조.

49) 『逸周書』 7, 王會解

「광개토왕비」의 '新來韓穢'와 연결하였다. 곧 韓과 穢(濊) 두 세력의 연칭으로 사용된 것이 아니라, 실질적으로 구분이 애매해진 두 집단을 뭉뚱그려 지칭한 명칭이라는 것이다. 그리고 濊가 고구려를 구성한 중심 종족인 貊과 아울러 濊貊으로 통칭되었음을 근거로 韓과 濊도 濊와 貊만큼은 아니라도 보다 넓은 범주에서는 同類로 인식되었을 가능성이 높다고 하였다.

결국 논자의 논리 구도는 고구려는 맥이고, 맥은 예와 동류로 파악되며, 예는 다시 한과 동류로 간주되었기 때문에 고구려가 한으로 인식될 수 있다는 것이다. 그러나 이 주장은 한예나 예맥이 각각의 동질성을 준거로 형성된 개념이며, 그 준거가 동일하다는 것이 입증되어야 비로소 성립할 수 있다.[51]

실상 濊貊이나 韓濊처럼 두 대상을 병칭하는 것은 반드시 명칭에 등장하는 두 부류만을 나타내는 것은 아니며, 일정 범주에서 대표되는 둘만을 뽑아 제시함으로써 전체를 표현한 것일 수도 있다. 韓濊는 韓과 濊를 병칭한 것이지만 해당 범주에 한과 예만 있는 것이 아닐 수 있고, 반드시 한과 예가 내적인 동질성이나 동원성을 가지는 것도 아니다.[52]

고구려에서 말한 '한예'는 고구려의 외부, 특히 남쪽과 동쪽에 있는 존재들이라는 포괄적 의미로 보아야 한다. 당시 고구려의 남쪽에는 『삼국지』에서 말한 삼한은 소멸하였고 백제와 신라가 있었다. 고구려가 인식한 예가 동쪽의 외부 세력으로서 말갈과 연결된다면,[53] 한은 고구려 남쪽의 백제와 신라를 포괄할 수 있다. 여기에 새로 편입된 낙랑 지역도 한으로 칭해졌다. 한예는 이들을 모두 아우르는 범칭이며, 고구려가 하나로 묶어 인식한 것일 뿐 그들이 내적인 동질성을 가지는 것은 아니다.[54]

마찬가지로 孔晁의 주석에서 말한 내용은 『일주서』에 보이는 穢에 대해 동진 시기 사람들이 인식하고 있던 韓穢를 매개로 설명하고 부연 설명을 덧붙인 것이다. 곧 "穢는 韓穢이다"라고 한 것은 한과 예가 같은 부류여서가 아니라 한예라는 당시 범주를 통해 과거 기록에 나오는 예를 설명한 것에 불과하다. 의역을 하자면 "『일주서』에 보이는 穢는 지금 韓濊라고 부르는 무리에 해당한다"는 정도가 될 것이다. 그리고 이 韓濊 또한 東夷別種이라는 설명에서 나타나듯이 동이에 속한 여러 부류를 범칭한 것일 뿐이다.

결국 낙랑과 대방의 한 지배와 고구려의 낙랑 정복을 묶어 고구려를 한으로 인식했다고 주장하거나 고구려=맥, 예맥, 한예를 연결하여 고구려와 한의 친연성을 설정하는 것은 모두 논리적으로 결함을 가지며, 실증적으로도 뒷받침되지 않는다. 따라서 고구려가 삼한으로 설정되는 것은 이와는 다른 맥락에서

---

50) 조영광, 2008, 앞의 논문, p.147.

51) 이성규는 韓과 濊貊의 차이를 분명히 하며, 이들의 동질성을 강조하는 것은 민족의 원류를 단일한 계통으로 설정하려는 선입관이 작용한 것으로 지적한 바 있다(이성규, 2003, 「고대 중국인이 본 한 민족의 원류」, 『韓國史市民講座』 32, pp.129~130).

52) 이성규는 선진 문헌의 貊이 때때로 주변 민족에 대한 범칭으로 사용되고 있음을 들며 문헌에 보이는 모든 '맥'을 예맥으로 이해하는 것은 곤란하다고 지적하였다(이성규, 2003, 앞의 논문, p.119).

53) 『三國史記』 548년 기사에 보이는 濊의 실체는 靺鞨로 보는 것이 일반적이다(『三國史記』 권4, 新羅本紀4 眞興王 9년 2월, "高句麗與穢人 攻百濟獨山城").

54) 樂浪의 外夷를 韓濊貊으로 제시한 것 또한 방위별로 외부 세력을 인식한 것으로 파악되며, 고구려의 한예 인식은 이로부터 연원한 것으로 보인다. 이에 대해서는 후술할 것이다.

이해할 필요가 있는데, 이에 대해서는 뒤에서 언급하기로 한다.

이번에는 전진국의 논의를 검토해 보자. 전진국은 한의 기원에 대한 선행 연구를 토대로 논점을 제시하였다. 선행 연구의 요지는 樂浪의 韓氏는 고조선 왕족에서 유래했으며, 그 일부가 남하하여 辰韓을 형성하면서 낙랑이 이 지역을 한으로 칭하게 되었다는 것이다.[55]

먼저 논자는 『삼국지』에서 準王이 남천하여 韓王이 되었다는 기사는 신뢰하지 않았다. 곧 준왕의 남천 이전에 한이라는 명칭이 있었다는 것을 부정한 것이다. 대신 『삼국지』의 註疏에서 인용한 『魏略』에서 準王의 남천 후 현지에 남아 있던 사람들이 韓氏를 冒姓했다는 기사를 채용하였다.[56] 이때 낙랑의 명문전에서 많이 등장하는 한씨도 실질적으로 고조선 왕실로 판단하였다.

다음에 辰韓의 형성에 대해 秦의 망명인들이라는 전승을 부정하고 이를 조선의 유민으로 이해했는데, 이는 『삼국사기』 신라본기에서 辰韓六部의 연원을 '朝鮮遺民'이라 한 것과 연결된다. 그리고 낙랑군이 설치되어 이 지역과 직접 교섭하면서 낙랑인들이 처음으로 韓이라는 명칭을 사용했으며, 이것이 馬韓과 卞韓으로 확장되었다고 보았다.

본고에서 이러한 논지에 대해 세부적으로 논할 여력은 없지만, 후술하듯이 고구려를 한으로 인식하는 논지로도 연결되므로 몇 가지 비판을 제시해 두기로 한다.

먼저 조선인의 진한 이주라는 상황을 확증할 수 없다는 점이다. 준왕의 남천 전승이 후대에 만들어진 것이라면, 이로부터 유도되는 조선 유민의 韓 이주 또한 전적으로 신뢰하기 어렵다.[57] 물론 고대 사회에서 인구 유동은 늘 상정되지만, 역사적 연원에 대한 뚜렷한 인식을 수반할 정도의 이동이 있었는지는 확인되지 않는나.

辰韓의 기원을 秦의 망명인으로 보는 것은 秦韓이라는 이표기에서 발생한 것으로 보인다. 그리고 진한이 조선 유민에서 비롯되었다는 것은 준왕의 전승을 辰韓으로 붙인 결과이다. 곧 준왕이 남천한 韓에 대해 馬韓으로 보는 것이 일반화되었지만, 일각에서는 이를 진한으로 연결했던 것이다. 이것은 秦人의 망명과 준왕의 남천을 연결하여 생성된 구조를 보인다.

다음에 한씨 칭성이 지역의 명칭으로서 韓이 생성되는 근거가 될 수 있는가 하는 점이다. 논자는 한씨가 낙랑에서 큰 세력을 형성한 것을 토대로 남하한 무리 중에도 한씨가 많았고 이로 인해 이들이 사는 지역이 한으로 지칭되었을 것이라고 보았다.[58] 하지만 특정 성씨 집단의 이주에 의해 해당 성씨가 지명으로

---

55) 전진국, 2012, 「한(韓)의 유래와 그 명칭의 형성」, 『정신문화연구』 35-4.

56) 『三國志』 권30, 魏志30 烏丸鮮卑東夷傳 裴松之注, "魏略曰 其子及親留在國者 因冒姓韓氏 准王海中 不與朝鮮相往來"

57) 당과 본격적인 외교를 맺기 전 신라는 자신을 천하의 중심으로 간주하고, 주변의 존재를 九夷에서 차용한 九韓으로 설정하였다. 이것은 신라가 韓의 정체성을 가지지 않았음을 보여준다(윤경진, 2016, 앞의 논문, pp.70~76). 신라가 자신을 辰韓으로 인식하는 것도 하대 이후에 비로소 확인된다. 따라서 신라의 연원을 辰韓六部로 규정하고 이를 다시 朝鮮遺民과 연결한 것을 7세기의 인식으로 볼 수는 없다.

58) 이것은 준왕이 韓地로 남천했기 때문에 韓王이 된 것이 아니라 韓姓을 가진 준왕이 새로 왕이 되었기 때문에 그 땅을 韓으로 부르게 되었다고 본 김상기의 견해(金庠基, 1948, 「韓濊貊移動考」, 『史海』 창간호; 1974, 『東方史論叢』, 서울대학교출판부)와 유사하다.

전화될 수 있는 것인지는 의문이며, 한반도 남부 지역을 포괄하는 명칭이 된다는 것은 더욱 현실성이 없어 보인다. 같은 글자이기 때문에 언뜻 양자를 연결할 여지가 있어 보이지만, 성씨로서 韓과 지명 내지 집단명으로서 韓은 층위가 다른 문제이다.

한편 논자의 해석은 논자가 신뢰한 『위략』 기록에 의해 부정될 수 있다. 곧 해당 기록에는 준왕의 후예들의 한씨 모칭을 언급한 뒤에 "준왕은 海中으로 가서 왕이 되었으나 朝鮮과는 서로 왕래하지 않았다"고 적고 있다. 한씨 모칭과 주민의 남하는 '단절'로 인식되고 있었던 것이며, 따라서 남천 집단이 한씨를 칭했다고 볼 근거도 없다. 그리고 낙랑의 명문전에서 여러 성씨가 등장하는 데서 나타나듯이 한씨가 다수라고 해도 그들이 낙랑을 지배하고 있었다고 단정할 수는 없다. 이런 상황에서 한씨라는 연결성으로 인해 낙랑이 남방의 외부 존재를 韓으로 지칭했다는 것은 무리가 커 보인다.[59]

韓이라는 명칭이 어떻게 유래했는지는 알 수 없다. 그것은 濊나 貊도 마찬가지이다. 다만 다른 명칭이 卑稱인 데 비해 韓은 중국의 성씨에도 있는 글자이고 낙랑에도 한씨가 있었다. 이 공통성 때문에 다양한 전승과 인식이 만들어진 것으로 보인다. 이처럼 부회 가능성이 상존하는 만큼 현재로서는 한의 명칭을 한씨와 연결하는 것은 적절치 않다고 본다.

3. 朝鮮과 三韓

이번에는 朝鮮과 三韓에 관련된 논의를 살펴보자. 전진국이 고구려를 포함하는 삼한 인식의 준거로 주목한 것은 바로 箕子(朝鮮)이다. 곧 중국에서 고구려를 포함하는 동이의 범칭으로서 삼한이 대두하는 매개로서 기자를 제시한 것이다.

이는 두 가지 논리 구조를 가지고 있다. 하나는 준왕의 남천에 대한 전승에 근거하여 기자와 삼한의 관계를 설정한 것이고, 다른 하나는 중국이 고구려를 역사적으로 기자와 연결했다고 본 것이다. 이를 통해 결과적으로 삼한과 고구려를 모두 기자의 후신으로 포섭함으로써 고구려까지 포함하는 삼한의 범주가 성립했다는 것이다.[60]

과연 이러한 논리 구조는 타당한 것일까. 먼저 기자와 삼한의 연결을 보자. 논자는 준왕이 衛滿의 공격을 받고 남천하여 馬韓을 공격하고 自立하여 韓王이 되었다는 『후산서』 기사[61] 등을 매개로 기자와 삼한

---

59) 이성규는 王符의 『潛夫論』에 周 宣王 때에도 韓侯가 있었고 그 후 韓西 역시 韓姓이었는데 위만에게 정벌되자 海中으로 옮겨 거처하였다는 내용을 근거로 韓侯와 朝鮮, 나아가 한후와 三韓의 연결을 논하는 것에 대해 부정적인 입장을 보였다(이성규, 2003, 앞의 논문, pp.128~129). 대신 주변 민족을 중국 유수의 국명으로 표기한 점에 주목하고 기자의 후예로서 辰 역시 殷系의 변방 종족을 나타낸 것이며, 그 후신으로서 중국계(특히 殷系)임을 표현할 수 있으면서도 그 현지의 실정과도 어울리는 명칭으로서 韓을 고안한 것으로 추정하였다(위의 논문, pp.132~134). 이 역시 준왕의 남천 전승에 의거하여 은-기자-조선-한의 연결성을 설정한 셈이다. 한이 다른 주변 지역 집단 명칭과는 달리 중국 국명의 하나였던 만큼 준왕의 남천 전승에서 그 유래를 찾는 것은 가능해 보이지만, 여전히 풀리지 않는 문제도 있다. 곧 한이 결국 중국계라는 인식의 산물이라면 이후 지식인들 또한 삼한 지역에 대해 중국과의 관련성을 제시했을 법한데, 그러한 흔적은 확인되지 않는 것이다.

60) 전진국, 2016, 앞의 논문, pp.11~13.

61) 『後漢書』 卷85 東夷列傳第75, "初 朝鮮王準 爲衛滿所攻 乃將其餘衆數千人 走入海攻馬韓 破之 自立爲韓王"

을 연결하였다.

그러나 준왕과 마한의 관계를 설정한 『후한서』 기록을 보면, 해당 구문 뒤에 "准后滅絕 馬韓人 復自立 爲辰王"이라는 구절이 있다. 준왕의 후예는 끊어지고 다시 마한이 辰王으로 군립했다는 것이다. 준왕의 사적은 마한의 중간에 일시적으로 성립한 것일 뿐이므로 이를 통해 준왕의 사적을 마한의 역사로 규정할 수 있는 뚜렷한 단서도 없는 것이다. 삼한 내지 마한이 기자의 후예로서 정통이 된다는 이해는 조선후기 의 역사인식으로서 이를 7세기 중국의 인식으로 소급할 수는 없다.

다음에 고구려와 기자의 연관성에 대해 짚어 보자. 논자가 제시한 자료는 다음과 같다.

> ① 高麗의 땅은 본래 孤竹國입니다. 周代에 箕子에게 봉해주었고, 漢나라 때 三郡으로 나 누었으며, 晉나라에서 역시 遼東에 통속시켰습니다. 지금 臣屬하지 않아 따로 外域이 되었기 때문에 先帝께서 미워하였고 정벌하려 한 지 오래되었습니다.[62]
> ② 식사에 籩豆와 簠簋, 罇俎, 罍洗를 사용하니 자못 箕子의 遺風이 있었다. (중략) 그 풍 속에 淫祀가 많으니 靈星神과 日神, 可汗神, 箕子神을 섬긴다.[63]

①은 『隋書』 裴矩傳의 기록이고 ②는 『舊唐書』 高麗傳의 기록이다. ①에서는 고구려에 선행한 역사를 열거하면서 기자를 언급하였고, ②에서는 고구려 문화에 대해 箕子의 遺風과 箕子神을 말했다. 논자는 이를 근거로 중국인들이 고구려의 역사를 기자와 연결지어 인식하고 기자의 풍속이 있었던 것을 중시한 것에서 고구려를 삼한에 포함시키거나 고구려 그 자체를 삼한으로 여겼던 것으로 이해하였다.[64]

그러나 ①의 논점은 고구려 자체가 아니라 "고구려의 땅"이다. 당시 고구려가 차지하고 있던 영역에 대해 해당 지역에 있었던 선행 역사를 언급한 것일 뿐이다. 따라서 그 자체로 고구려와 기사를 하나의 역 사로 연결할 수 없다.

이 기사에서 배구는 고구려의 땅이 본래 중국의 것이라는 인식을 드러내고 있다. 주 무왕이 기자를 봉 했다는 것은 이어지는 내용에서 한이 3군을 설치하고 진이 요동에 통속시켰다는 것과 같은 맥락이다. 곧 이 부분은 요동 지역이 본래 衣冠의 땅, 곧 중국 영토라는 의식을 표현하고 있는 것이다.[65]

그런데 이어서 "지금 신속하지 않고 外域이 되었다"고 하였다. 이는 요동을 고구려가 차지한 상황을

---

62) 『隋書』 권67, 列傳32 裴矩, "高麗之地 本孤竹國也 周代以之封於箕子 漢世分爲三郡 晉氏亦統遼東 今乃不臣 別爲外域 故先帝 疾焉 欲征之久矣"

63) 『舊唐書』 권199, 列傳149 東夷 高麗, "食用籩豆簠簋罇俎罍洗 頗有箕子之遺風 (중략) 其俗多淫祀 事靈星神日神可汗神箕子神"

64) 전진국, 2016, 앞의 논문, pp.10~12.

65) 이성규는 이 기사를 근거로 고구려까지 포함한 '삼한'의 개념은 수당대의 중국인들이 고구려를 침공 복속시키기 위한 명분 을 확보하기 위하여 고안한 것으로 이해하였다(이성규, 2003, 앞의 논문, p.124). 그러나 고구려 침공의 명분은 그 지역이 본래 중국 땅이라는 것이며, 삼한은 중국의 外域이기 때문에 침공의 명분이 서지 않는다. 고구려가 삼한이 되는 것은 우작 의 글에서 보이듯이 동이에 대한 범칭으로서 삼한에 고구려가 포섭되면서 나타난 현상이다.

가리킨다. 이 기사를 기준으로 앞에는 중국의 땅이라는 역사성이 제시되고, 이후는 外域으로 구분되는 것이다. 따라서 앞에 제시된 기자의 역사는 외역으로 규정되는 고구려와 연결되지 않는다. 그리고 이로 인해 先帝가 정벌하고자 했다는 것은 곧 이 지역을 중국이 되찾아야 한다는 당위를 반영하고 있다.

결국 배구의 지적은 수의 고구려 원정을 정당화하는 맥락에서 나온 것이다. 따라서 이에 근거하여 기자와 고구려를 역사적으로 연결했다는 이해는 성립할 수 없다.

다음 기록도 이와 동일한 인식을 보여준다.

> 遼東의 땅은 周에서 箕子의 나라로 삼았고 漢에서는 玄菟郡이었는데, 魏晉 이전에는 提封한 안에 가까이 있어 신속하지 않는 것을 허락할 수 없었던 것입니다. 만약 高麗와 예를 다툰다면 四夷가 어떻게 우러러 보겠습니까.[66]

위의 기사는 『舊唐書』 溫彦博傳의 기사이다. 唐 高祖가 고구려에 대해 隋에 稱臣하다가 煬帝에 맞선 것을 지목하고 칭신하면서 스스로 尊大하는 행위를 묵과할 수 없다는 뜻을 보이자 온언박이 이를 만류한 내용이다. 여기서 온언박은 기자 책봉과 사군 설치를 언급하며 "魏晉 이전에는 提封한 안에 가까이 있어 신속하지 않는 것을 허락할 수 없었다"고 하고 있다. 이는 연원적으로 요동이 중국 땅임을 드러낸 것으로, 배구와 같은 인식을 보여주고 있다.[67] 다만 배구는 수복의 관점에서 고구려 침공의 당위를 수긍한 반면, 온언박은 외역이 된 것에 초점을 두어 침공에 반대하였다.

②는 고구려의 문화적 양상에 대한 것으로서 기자의 遺風과 箕子神 숭배를 언급하고 있다. 기자는 기본적으로 두 가지 상징성을 가진다. 하나는 주 무왕이 기자를 조선에 책봉한 것을 통해 중국과 동국의 사대외교를 표상한다. 중국 왕조는 기자를 매개로 동국이 옛날부터 중국의 천하 질서에 편입된 존재임을 확인하였다. 다른 하나는 기자가 井田과 八條法禁을 실시함으로써 동국이 중국의 문명 교화를 받았다는 것을 표상한다. 이 때문에 유교 이념 및 의례의 도입에 수반하여 기자에 대한 인식도 강화되었고, 중국식 내지 유교적 문화에서 긍정적으로 평가할 수 있는 면모에 대해 흔히 '箕子의 遺風'으로 표현하곤 하였다.

고구려 또한 중국과의 교류 과정에서 기자에 대한 인식을 가지고 있었을 것으로 생각된다. 특히 기자가 온 곳이라고 전해지는 평양 지역을 병합하면서 그곳에 있던 기자 숭배를 수용했을 여지도 있다. 평양 지역의 기자 전승과 숭배가 언제 형성된 것인지는 알 수 없지만, 낙랑군 설치 후 중국 왕조의 지배를 정당화하는 맥락에서 기자 숭배가 전면화되었을 가능성이 높다. 고구려가 낙랑을 병합한 후 기자 숭배를

---

66) 『舊唐書』 권61, 列傳11 溫彦博, "遼東之地 周爲箕子之國 漢家之玄菟郡耳 魏晉已前 近在提封之內 不可許以不臣 若與高麗抗禮 則四夷何以瞻仰"
이 내용은 같은 책 高麗傳에도 실려 있다.

67) 이러한 인식은 『三國史記』에서 당이 파견한 相里玄獎이 蓋蘇文의 신라 침공을 만류하면서 "요동이 본래 중국 땅이지만 고구려가 차지한 것을 문제삼지 않았다"고 한 말에서도 드러난다(『三國史記』 권21, 高句麗本紀9 寶藏王 3년 정월, "旣住之事 焉可追論 今遼東諸城 本皆中國郡縣 中國尙且不言 高句麗豈得必求故地").

수용한 것이 아닐까 한다.

하지만 기자가 외교적 문화적 상징성을 넘어 동국의 역사로 수용되는 모습은 찾을 수 없다. 고구려는 독자적인 天孫意識을 가지고 있었으므로 자신에 선행한 역사의 후신으로 볼 여지는 별로 없었다. 기자는 고구려 영토 안에 있던 하나의 신격으로 간주되었을 뿐이다. 기자신이 여러 신의 하나로 언급된 것은 이를 반영한다.

이번에는 朝鮮과 三韓의 관계에 대한 자료를 살펴보자.

> ① 李他仁墓誌 : 大唐挺埴萬寓 弔伐三韓 采翡掇犀 頓綱八條之國
> ② 高慈墓誌 : 公諱慈 字智捷 朝鮮人也 (중략) 況乎地緷三韓人承八敎

①에서는 三韓과 八條之國, ②에서도 朝鮮과 三韓이 八敎와 함께 나타난다. 조선과 삼한은 같은 의미로 사용되고 있다. 그러나 이들은 모두 동국을 나타내는 병렬적인 개념으로 채용된 것을 뿐, 양자의 역사적 연결관계를 보여주지는 않는다. 곧 앞서 삼한과 함께 언급된 九種이나 鯷壑(鯷岑)과 같은 관계인 것이다.

여기서 조선은 八條라는 말에서 드러나듯이 기자가 책봉된 곳이라는 인식에 근거하고 있다. 수대에 나타난 이러한 인식은 당이 고구려를 공멸하면서 더욱 뚜렷해졌고, 이에 따라 당대 묘지명에서 고구려 내지 삼한을 조선으로도 칭하게 된 것이다. 이 경우 조선과 삼한이 역사적으로 연결되어 동국을 조선으로 칭하는 인식이 보편화될 수도 있어 보인다. 하지만 실제로는 이후 지속적으로 삼한이 대표 개념이 되고 있어 조선과 삼한이 역사적 선후 관계로 연결되지 않았음을 반증한다. 조선이 삼한에 선행하므로 양자가 연결되었다면 당연히 그 연원을 조선으로 소급해 올렸을 것이기 때문이다.

오히려 삼한이 보편적 용어로 굳어지면 이것이 시기적으로 선행한 조선을 대신하는 용어로도 사용될 수 있다. 다음은 그러한 예이다.

> 漢 高祖가 神武한 큰 계책을 펼쳐 禍亂을 소탕하였고, 秦皇의 失策을 바로잡아 王侯를 封建하였다. 이울러 늘어선 州와 邑은 古典을 넘어섰고 郡縣의 제도는 秦에서 고치지 않았다. 孝武帝에 이르러 원대한 경략에 힘써 남으로 百越을 겸병하고 동으로 三韓을 평정하였다.[68]

위의 기사는 『隋書』 地理志의 것으로서 한 무제의 조선 공멸을 "東定三韓"으로 표현하고 있다. 이것은 동국의 모든 역사가 삼한으로 귀결되는 것을 보여준다. 논자의 지적처럼 기자를 매개로 고구려가 삼한으로 포섭되었다면, 이들의 정체성은 당연히 기자와 조선으로 설정되었을 것이며, 조선 공멸을 삼한 평정

---

68) 『隋書』 권29, 志24 地理, "漢高祖 挺神武之宏圖 掃淸禍亂 矯秦皇之失策 封建王侯 並跨州連邑 有逾古典 而郡縣之制 無改於秦 逮於孝武 務勤遠略 南兼百越 東定三韓"

으로 설명할 이유도 없었을 것이다.

결국 조선을 삼한으로 지칭하는 것은 동국을 삼한으로 규정하는 인식이 확립된 후 이것을 이전의 역사까지 포섭하는 범주로 확대한 결과이다.[69] 당대 묘지명에서 조선과 삼한이 함께 등장하는 것은 바로 이러한 인식 변화의 표현인 것이다.

끝으로 중국이 동국의 역사적 정체성을 삼한으로 설정한 이유에 대해 정리해 보기로 한다. 먼저 삼한의 동질성에 대한 준거로 설정되는 韓의 의미에 대해 짚어보자. 전술한 견해들은 한결같이 韓에 대해 동질성을 설정하고 이를 濊貊으로 확대하기도 하였다. 그러나 한이 처음부터 어떤 동질성을 설정할 수 있는 범주는 아니었다.

여기서 "樂浪의 外夷 韓濊貊"이라는 구절을 다시 음미해 보자. 이것은 낙랑을 중심으로 그 주변의 존재를 外夷로 볼 때 그 부류가 셋으로 설정되는 것을 보여준다. 이 세 부류는 바로 낙랑을 중심으로 세 방위별로 지정된다. 곧 남쪽은 韓, 동쪽은 濊, 북쪽은 貊인 것이다.[70] 고구려를 맥이라 한 것은 바로 이들이 낙랑의 북쪽에 있는 외부 존재이기 때문이다.

이러한 구도는 중국의 전통적인 四夷 관념에 바탕을 두고 있다. 중국은 자신을 둘러싼 외부 존재를 東夷, 西戎 北狄, 南蠻이라는 관념으로 파악하였다. 이것은 방위별로 통칭하는 것이기 때문에 각각의 내부적 동질성은 상정되지 않는다. 낙랑도 이러한 관념을 채용한 것인데, 단지 서부 해안에 인접해 있기 때문에 서쪽의 외이는 설정되지 않았을 따름이다.

결국 한은 낙랑의 남쪽에 있는 부류를 통칭하는 것이므로 예나 맥과 동질성을 설정할 수 있는 근거는 없다. 한 또한 그 명칭이 어디에서 온 것이든 그것이 해당 부류의 동질성을 담보하지 않는다. 전술한 것처럼 고구려 또한 낙랑을 병합한 후 자신의 외부 존재를 韓(남쪽)과 濊(동쪽)로 범주화하였다.

오히려 한에 세 종류가 있다고 한 것은 그 내부의 이질성에 대한 인식을 반영한다. 이 이질성은 우선 언어에서 지적된다. 辰韓에 대한 설명에서 "其言語不與馬韓同"이라고 하여 언어의 차이가 있었음을 명시하고 있다. 이러한 언어의 차이는 지리적 단절과 연결되는데, 마한이 황해도에서 전라도에 이르는 서부 지역에 분포한다면 진한은 대체로 소백산맥 이남에 자리하는 것으로 파악된다. 실상 앞서 인용한 『삼국지』 한전의 기사는 모두 마한에 대한 것이다. 이들은 바로 낙랑 및 대방과 인접해 있기 때문에 이들과의 교류와 충돌이 자주 빚어진 것이다. 따라서 이것을 가지고 진한에 대해 적용하는 것은 곤란한 측면이 있다.

한편 弁韓(弁辰)은 "衣服居處與辰韓同 言語法俗相似 祠祭鬼神有異"라 하여 언어적으로는 진한과 유사한 측면이 있지만 문화적 차이가 있었음이 지적되었다. 마한과 진한 시이와 같은 지리적 단절과 언어의 차이를 수반하지 않지만, 외부의 시각에서 이질성이 보일 정도의 차이는 있었던 것이다.

---

69) 김한규는 해동이 중국과 구분되는 권역을 가리켰다는 점을 적시하며, '해동'의식의 형성이 고조선과 삼한을 연결하고 삼국을 하나의 정치 문화적 단위로 통합하게 하는 결과를 만들었다고 이해하였다(김한규, 1994, 앞의 논문, pp.1442~1443).

70) 후한 말의 趙岐는 『孟子』를 주석하면서 貊을 '夷貊之人'으로 해석하고 '貊在北方'이라고 설명하였고, 鄭玄이 『周禮』 職方氏에 있는 四夷와 九貊(九貉) 등에 대해 주석한 내용에서 "北方曰貉狄"이라 하였다. 이성규는 이러한 예를 제시하며 적어도 후한 시대 사람들도 맥을 북방 종족으로 인식한 것을 잘 말해 준다고 하였다(이성규, 2003, 앞의 논문, p.120).

이처럼 당초 삼한은 한 내부에서 이질성을 반영하는 범주였으나 후대에는 동질성을 표상하는 개념으로 바뀌었다. 삼한이 소멸한 뒤 한 내지 삼한은 실존하던 내부적 이질성에 대한 인식도 소멸하였고, 이후 수립된 존재, 곧 삼국의 역사적 연원을 나타내는 개념이 됨으로써 동질성의 범주로 성격이 바뀌게 된 것이다.

그렇다면 삼국의 연원과 관련하여 朝鮮이 아니라 三韓이 역사적 정체로서 자리잡은 이유는 무엇일까. 조선은 당초 동국의 역사 범위에 들어가지 않았다는 점에 유의할 필요가 있다. 기자의 조선은 주의 책봉을 받은 곳이므로 중국의 역사로 포섭된다. 그리고 준왕의 조선을 빼앗은 위만의 조선은 한 무제에 의해 공멸되었고 그 자리에는 四郡이 설치되었으므로 이 역시 중국의 역사에 속한다. 그러한 중국 역사에 수용되지 않는 동국의 역사적 실체가 바로 삼한이었던 것이다. 고구려가 조선으로도 칭해진 것은 지역적으로 일치한다는 점과 더불어 이것이 중국의 영토로 편입되었다는 측면이 작용한 결과이다.[71]

한편 당의 외교 정책에서 삼한은 삼국의 역사적 동질성을 보여주는 지표로 채용되었다. 그런데 고구려가 삼한으로 인식되는 것은 양자의 역사적인 관련성 때문이 아니었다. 처음에 삼한은 동이의 범칭으로 나타났는데, 이는 해당 지역의 역사적 실체로 삼한에 주목하면서 이것이 대표성을 가지게 된 결과일 뿐이다. 한에 주목한 것은 물론 직접 관계를 맺고 있던 낙랑·대방의 인식이 매개가 되었을 것이다.

삼한이 동이의 칭호로 등장한 뒤 동이 지역은 삼국으로 정리되었으므로 자연히 삼한은 삼국의 하나인 고구려를 가리키는 명칭으로도 사용되었다. 중요한 것은 당이 외교적으로 이들의 역사적 동질성을 부각시키며 활용했던 것이고,[72] 후대에 신라가 이를 수용했다는 점이다. 그 결과 삼한은 '일통'의 당위를 보증하는 역사적 준거가 되었다.

그러나 당의 외교 문서 외에 당대 묘지명에서는 이러한 인식이 뚜렷하지 않으며, 7세기 신라에서도 이러한 인식의 단서를 찾을 수 없다. 이것은 9세기에 들어 비로소 그 내용을 찾을 수 있다는 점에서 삼한일통의식 또한 9세기의 산물로 보아야 한다.

---

71) 이에 대해 백제와 신라를 조선으로 지칭하는 예는 발견할 수 없다. 전술한 것처럼 辰韓六部의 기원을 朝鮮遺民에서 찾은 것은 이보다 후대의 인식에 따른 것이다.

72) 이성규는 삼국 간의 동질성을 인정하고 그것을 통합한 단일한 개념으로서 '삼한'이란 용어를 만든 것으로 해석하였다. 그리고 『舊唐書』 신라전에서 "其風俗刑法衣服 與高麗百濟略同"이라 한 것과 『梁書』 백제전에서 "今言語服章 略與高驪同"이라 한 것 등을 삼국의 동질성을 인식한 지표로 제시하였다(이성규, 2003, 앞의 논문, p.123). 그런데 『양서』의 설명은 백제와 고구려에 한정된 것으로 신라가 포함되어 있지 않고, 『구당서』에는 언어의 동질성에 대한 언급이 없다. 삼국 정립 후 중국의 시각에서 삼국 문화의 형태적 유사성을 인지하더라도 이는 다분히 중국과 다른 양상을 포괄적으로 파악한 결과로 보인다. 언어처럼 실질적인 삼국, 특히 신라까지 포함하는 내적인 동질성을 설명할 수 있는 지표는 아닌 것이다. 중국이 말하는 삼국의 동질성은 외부 관찰자의 시선과 더불어 외교적 인식의 속성을 가진다.

III. 일본의 三韓 인식

1. 『日本書紀』의 三韓과 諸韓

이번에는 일본의 三韓 인식을 『日本書紀』의 용례를 대상으로 살펴보자. 이에 대해서는 최근 자세한 검토가 있었다. 이에 따르면 『일본서기』에 보이는 삼한은 삼국을 포괄적으로 가리키거나 그 일원으로 한 나라를 가리키는 것이며, 이는 신라의 인식을 받아들인 결과라는 것이다.[73] 곧 『일본서기』의 삼한 인식을 통해 신라의 삼한일통의식의 형성 시기를 역으로 추정한 것이다. 아래에서는 이러한 추론이 타당한 것인지 검증해 보기로 한다.

가장 먼저 지적되는 것은 『일본서기』에 보이는 삼한 인식의 연원을 바로 신라로 연결시키는 것이 논리적으로 문제가 있다는 점이다. 이것은 삼한 인식을 확인할 수 있는 것이 신라에 국한될 때에는 타당성을 가진다. 하지만 다른 연원을 상정할 수 있을 때에는 그 연결 관계에 대한 직접적인 증명이 요구된다.

주지하듯이 삼국을 삼한으로 인식하는 것은 중국에서 연원하며 隋唐대에 보편화되었다. 논자는 7세기 후반 신라와 일본의 교류가 활발했다는 점을 들어 삼한 인식이 신라로부터 유입되었을 것으로 보았지만, 당시 일본은 중국과도 교류가 있었다.

『일본서기』에는 7세기 들어 唐과의 교류가 나타난다. 607년 小野臣妹子를 당에 파견했고,[74] 당은 裴世淸을 사신으로 보냈다. 이에 일본은 이들을 위해 難波의 高麗館 위에 新舘을 지어 주었다.[75] 이후 당 學問僧의 도래가 여러 차례 나타나고 있다. 특히 623년에 온 僧 惠齊과 惠光, 醫 惠日 등은 당의 國學에 유학하는 자가 모두 성취가 있어 부를 만하며, 당은 法式이 갖추어진 나라이므로 지속적으로 교류할 것을 추천하였다. 이러한 내용은 일본이 學問僧이나 國學 유학자를 통해 삼한에 대한 중국의 인식 내용을 접했을 가능성을 뒷받침한다.

이런 상황에서 『일본서기』의 삼한 인식이 신라에서 유입된 것임을 논증하기 위해서는 먼저 중국에서 유입되었을 가능성을 부정해야 한다. 이와 관련하여 논자는 天智 원년 기사에 보이는 "華實之毛 則三韓之上腴焉"이라는 구절에 주목하였다. 이 구절은 『文選』에 수록된 「西都賦」의 구문을 차용한 것으로, 원문에는 "華實之毛 則九州之上腴焉"으로 되어 있다. 곧 '九州'가 '三韓'으로 대체된 것이다.

이 구문은 662년 백제 부흥전쟁 중 扶餘豊과 福信 및 왜군 장수들이 避城으로 거점을 옮기기 위한 논의를 하는 중에 등장한다. 이와 관련하여 논자는 隋唐에서의 용례를 볼 때, 三韓이 九州나 천하의 의미로 쓰여진 경우가 확인되지 않는다는 점을 들어 삼한 인식이 수당으로부터 유입되지 않았음을 지적하였다.[76] 하지만 이 내용은 논자의 입론과 반대되는 의미로 해석된다.

---

73) 노태돈, 2016, 앞의 논문, pp.107~127.

74) 『日本書紀』 권22, 推古 15년 7월 庚戌, "大禮小野臣妹子遣於大唐 以鞍作福利爲通事"

75) 『日本書紀』 권22 推古 16년 4월, "野臣妹子至自大唐 唐國號妹子臣曰蘇因高 卽大唐使人裴世淸 下客十二人 從妹子臣至於筑紫 遣難波吉士雄成 召大唐客裴世淸等 爲唐客更造新舘於難波高麗舘之上"

76) 노태돈, 2016, 앞의 논문, pp.121~122.

중국에서 九州는 자신의 천하를 나타내며, 三韓은 자신에게 속하지 않는 東夷 내지 그 실체로서 三國을 나타내는 범주이다. 곧 중국에서 구주는 '자신'을, 삼한은 '타'자를 나타내는 개념이기 때문에 본원적으로 동일한 대상을 나타내는 개념이 될 수 없다. 따라서 중국에 양자를 동일시하는 용례가 없다는 것은 무의미한 평가이다.

이에 대해 신라는 새롭게 확장된 자신의 영토를 九州의 관념에 따라 편성하였다. 그리고 삼한은 자신의 정체로 받아들이게 된다. 따라서 양자는 모두 신라 자신을 나타낼 수 있다. 하지만 9주 편성 당시에 신라가 자신을 삼한으로 인식했다는 직접적인 근거가 없으므로 구주와 삼한의 대체 표현이 신라의 인식이라는 판단을 내릴 수는 없다.

그리고 천지 원년 기사에서 九州를 三韓으로 바꾼 것은 양자가 동일한 의미로서 대체될 수 있기 때문이 아니라 구주를 사용할 수 없기 때문이다. 九州는 근본적으로 '체제의 완성'이라는 의미를 가지는데, 백제 부흥운동 당시는 구주의 관념을 설정할 수 있는 상황이 아니다. 더구나 한반도는 일본에게 분명 '타자'이기 때문에 해당 지역에 구주의 관념을 채용할 이유도 없다. 후술하듯이 삼한은 기본적으로 일본의 藩國이라는 의미를 가지고 있다. 구주 대신에 삼한이라는 용어를 넣은 것은 곧 한반도에 대해 타자이자 藩國이라는 의미를 드러낸 것이다. 이것은 물론『일본서기』의 시각에서 구성된 것으로 보아야 한다.

결국 중국에서 구주는 자신의 공간을, 삼한은 타자의 공간을 나타내며, 천지 원년 기사에서「서도부」의 '九州'를 '三韓'으로 바꾸어 채용한 것 또한 일본의 시각에서 타자인 한반도를 나타내기 위한 것이라 할 수 있다.『일본서기』의 인식은 중국의 인식 구조를 그대로 따르고 있는 것이다. 이에 대해 신라의 삼한 인식은 타자가 아니라 자신을 나타내는 것이므로 위 구문을 신라의 인식이 반영된 것으로 볼 수 없다.

신라가 삼한 인식을 수용한다는 것은 자신의 정체성과 관련된 것이다. 자신의 연원이 삼한임을 인정해야 하고 나아가 자신이 공멸한 백제와 고구려와의 연원적 동질성에 대해서도 받아들여야 한다.「聖德大王神鐘」의 명문에서 드러나듯이 신라는 자신의 독자적 연원에 대한 인식을 가지고 있었다.[77] 여기에 전쟁 당시까지 백제와 고구려를 敵國으로 간주한 신라가 삼국의 동질적 연원을 표상하는 삼한 인식을 받아들였다고 보기는 어렵다. 이러한 인식은 9세기에 비로소 확인되는 것이다.

이에 대해 일본에게 삼한은 자신의 정체성과는 무관하다. 그것은 자신들이 교류하던 한반도의 여러 나라들에 대한 인식과 연결된다. 그리고 그것은 일본의 藩國이라는 의미가 부여되어 있었다. 삼국이 삼한으로 포괄되는 초점이 그 역사적 연원이 아니라 일본과의 관계에 의해 규정된다. 이렇게 삼한의 의미가 다른 맥락이라면, 삼한이 삼국을 가리킨다는 것만으로 일본의 삼한 인식이 신라로부터 유입된 것이라고 규정하기는 힘들다.

이번에는『일본서기』에 보이는 삼한 인식의 구체적인 내용을 살펴보자.

이에 高麗와 百濟 두 나라의 국왕이 新羅가 圖籍을 거두어 日本國에 항복했다는 것을 들

---

77) 윤경진, 2014①, 앞의 논문, pp.16~18.

고 몰래 그 軍勢를 엿보도록 하고 이길 수 없음을 알고는 스스로 軍營 밖에 와서 머리를 조아리고 서약하기를, "지금 이후로는 길이 西蕃이 되어 조공을 그치지 않겠습니다"라고 하니 이로 인해 內官家屯倉으로 정하였다. 이것이 이른바 三韓이다. 황후가 신라로부터 돌아왔다.[78]

위의 기사는 神功 攝政 9년 11월 기사로서 『일본서기』에서 나오는 三韓의 첫 용례이다. 신공의 원정으로 신라가 일본에 항복한 후 그 소식을 들은 고구려와 백제의 왕이 역시 일본의 번국이 되어 조공을 바치기로 서약했다는 것인데, 이들을 일컬어 '三韓'이라 했다는 것이다.

여기서 삼한에 대한 서술은 뒤에 신공의 귀환을 언급한 것에서 드러나듯이 중간에 설명을 위해 삽입한 것이다. 이것은 이후 『일본서기』에 나오는 삼한의 개념을 미리 정의해 준 것으로, 삼한의 의미가 『일본서기』 편찬 단계에서 비로소 수립된 것임을 시사한다.[79]

이후 『일본서기』에 나오는 삼한은 기본적으로 일본의 번국을 통칭하거나 그 중 한 나라를 가리키는 말로 사용되었다. 곧 삼국이 삼한으로 지칭되는 준거는 '일본의 번국'이라는 공통성에 있었던 것이다. 이것은 삼국의 역사적 동질성과는 분명히 거리가 있다. 일본이 신라의 삼한 인식을 도입하여 이 용어를 채용했다면, 이들을 번국으로 묶는 데 있어서 그 역사적 동질성에 대한 인식도 표현되었을 것이다. 삼국의 역사적 동질성은 이들을 아울러 번국으로 규정하는 데 유효한 논리적 근거가 될 수 있기 때문이다.

『일본서기』에 앞서 712년에 완성된 『古事記』에는 고구려를 번국으로 인식하는 면모가 드러나지 않는다는 점도 논자의 해석과 배치된다. 『고사기』에는 신라와 백제가 신공에게 항복했다고 되어 있다. 이에 대해 논자는 삼국을 삼한이라고 칭하고 그것이 신라로 통합되었다는 신라인의 인식이 7세기 후반 이후 일본에 전해졌고, 다시 그러한 삼한이 거슬러 이른 시기부터 일본에 종속국이었다는 식으로 일본식의 삼한 인식을 형성하게 되었다고 보았다.[80]

그러나 신라에서 삼국을 동질성으로 묶는 삼한 인식이 수립되었고 이것이 7세기 후반에 일본에 전해졌다면, 응당 『고사기』에도 고구려를 포함하는 삼한 인식이 나타나야 합리적이다. 고구려가 번국에 포함되지 않았다면 적어도 『고사기』 편찬 이전에는 『일본서기』에 보이는 삼한 인식이 성립되지 않았다는 것이며, 이는 이전에 삼한 인식이 일본에 전달되었다고 보기 어렵다는 것을 의미한다. 따라서 이것만으로 신

---

78) 『日本書紀』 권9, 神功皇后 攝政前紀 9년 11월, "於是 高麗百濟二國王聞 新羅王收圖籍 降於日本國 密令伺其軍勢 則知不可勝 自來于營外 叩頭而款曰 從今以後 永稱西蕃 不絶朝貢 故因以定內官家屯倉 是所謂之三韓也 皇后從新羅還之"

79) 『일본서기』의 삼한 기사가 종전부터 내려오던 자료에 의거하여 정리한 것으로서 그 원전에 이미 삼한 기사가 있었을 수 있고, 이 경우 '삼한' 개념이 720년보다 훨씬 이전에 성립되었을 수 있다는 주장이 있다(塚口重信, 1969, 「三韓の用語に關する一考察(上)」, 『日本歷史』 158; 노태돈, 2016, 앞의 논문, p.114에서 재인용). 그러나 삼한이 원전에 있던 것이라면 삼한 용례가 처음 나올 때 그것이 삼국을 가리키는 말이라고 주기했을 것이며, 미리 "是所謂之三韓也"라고 정의할 이유가 없다. 이 정의는 후술할 『古事記』와 『日本書紀』에 보이는 고구려 인식의 차이와 더불어 삼한 인식이 『일본서기』 편찬 단계에 비로소 수립된 것임을 보여준다.

80) 노태돈, 2016, 앞의 논문, pp.114~115.

라가 삼한일통의식에 의해 전쟁을 수행했다거나 통일 후 체제 정비에 이 이념을 투영했다는 설명을 유도할 수는 없다.

일본은 고구려 멸망 후 기존의 백제와 신라 외에 고구려까지 자신의 번국으로 보는 인식을 새로 수립하였고, 이를 효과적으로 나타내는 범주로 삼한의 개념을 채용했던 것으로 보인다. 이러한 양상은 『일본서기』 단계의 인식 변화로 설명하는 것이 타당하며, 『고사기』를 넘어 7세기 신라의 인식으로 연결하는 것은 곤란하다고 본다.

이번에는 『일본서기』에 보이는 韓 인식을 검토함으로써 삼한 인식이 나타나는 배경과 맥락을 이해해 보기로 한다. 실상 『일본서기』의 삼한 인식은 그 자체를 도입한 것이 아니라 중국과 마찬가지로 기존의 韓에 대한 인식에서 확장된 것일 가능성도 있기 때문이다. 먼저 다음 기사를 보자.

> 千熊長彦과 久氏 등이 백제로부터 이르렀다. 이때 황태후가 기뻐하며 久氏에게 묻기를, "海西의 諸韓을 이미 너희 나라에 주었는데 지금 무슨 일로 이리 자주 오느냐"라고 하였다. 久氏 등이 아뢰기를, "天朝의 큰 은택이 멀리 우리나라에까지 미치니 우리 왕이 기쁨에 넘쳐 마음을 가눌 수 없어 돌아가는 사신 편에 지극한 정성을 바치는 것입니다. 비록 만세까지라도 어느 해인들 조공하지 않겠습니까"라고 아뢰었다.[81]

위의 기사는 신공 섭정 50년 기사로서 "海西의 諸韓을 너희 나라(백제)에 내려주었다"는 기사가 주목된다. 久氏는 백제 사람으로 앞서 신공 44년 일본에 사신으로 온 바 있다.

> 甲子年 7월에 백제인 久氏, 彌州流, 莫古 세 사람이 우리나라에 와서 "백제왕이 동방에 日本이라는 貴國이 있다는 것을 듣고 우리들을 보내 그 貴國에 조공하게 했습니다. 그래서 길을 찾다가 이곳에 이르게 되었습니다. 만약 신들에게 교시하여 길을 통하도록 한다면 우리 왕이 반드시 君王에게 깊이 덕이 있다고 할 것입니다"라고 하였습니다.[82]

위의 기사는 신공 46년 기사 중에 인용된 것으로서 甲子年은 신공 44년이다. 이에 따르면 백제는 동쪽에 일본이 있음을 듣고 久氏 등을 보내 조회하고 조공을 위한 길을 개통할 것을 청한 것으로 되어 있다. 그 후 신공 49년 기사에 신라를 공격하고 加羅 등 7국을 평정하였고, 이어 南蠻과 彌多禮를 격파하고 이를 백제에게 내려주었다는 내용이 보인다.[83] 이듬해 일본이 백제에게 내려주었다는 海西諸韓은 바로 이

---

81) 『日本書紀』 권9, 神功皇后 攝政50년 5월, "千熊長彦久氏等至自百濟 於是皇太后歡之問久氏曰 海西諸韓既賜汝國 今何事以頻復來也 久氏等奏曰 天朝鴻澤 遠及弊邑 吾王歡喜踊躍 不任于心 故因還使 以致至誠 雖逮萬世 何年非朝"

82) 『日本書紀』 권9, 神功皇后 攝政46년 3월, "百濟人久氏 彌州流 莫古 三人到我土曰 百濟王聞東方有日本貴國 而遣臣等令朝其貴國 故求道路以至于斯土 若能教臣等令通道路 則我王必深德君王"

83) 『日本書紀』 권9, 神功皇后 攝政49년 3월, "擊新羅而破之 因以平定比自㶱 南加羅 㖨國 安羅 多羅 卓淳 加羅七國 仍移兵西廻

곳을 가리킨다.

결국 '諸韓'은 일본이 정벌한 곳이자 백제에게 사여한 지역을 가리키며, 『일본서기』 원전에서 '韓'은 본원적으로 이러한 역사인식의 내용을 내포하고 있다. 삼한은 이러한 전통적 인식에 바탕을 두고 한반도가 삼국으로 정립되고 백제와 고구려가 공멸되는 상황에서 번국 인식에 고구려를 포함시키면서 수립된 범주라고 할 수 있다.

2. 東韓과 南韓(下韓)

한편 『일본서기』에는 韓에서 파생된 개념으로 東韓, 南韓, 下韓 등이 등장한다. 이 용어들에 대해 검토해 보자.

1) 東韓

東韓은 다음 두 용례가 보인다.

> ① 百濟人이 來朝하였다[『百濟記』에는, "阿花王이 왕위에 있으면서 貴國에 예의를 갖추지 않았기 때문에 우리의 枕彌多禮 및 峴南·支侵·谷那 등 東韓의 땅을 빼앗았다. 이에 왕자 直支를 天朝에 보내어 先王의 우호를 닦게 하였다"고 되어 있다].[84]
>
> ② 이 해에 百濟의 阿花王이 죽었다. 天皇은 直支王을 불러, "그대는 본국으로 돌아가서 왕위를 잇도록 하라"고 말하였다. 그리고 東韓의 땅을 주어 보냈다[東韓은 甘羅城·高難城·爾林城이다].[85]

①에서는 "枕彌多禮及峴南支侵谷那東韓之地"라는 구문이 주목된다. 枕彌多禮와 峴南·支侵·谷那은 고유 지명이지만 東韓은 지역 범주를 나타낸다. 곧 동한은 앞에 열거된 침미다례 등을 포괄적으로 나타낸 것이다. 이것은 ②에서 "東韓者 甘羅城高難城爾林城 是也"라고 한 것에서도 확인된다. 이 중 침미다례는 신공 49년 원정에서 백제에 사여한 땅으로 나오는 미다례와 같은 곳으로 생각되며, 신공 50년 기사에 언급한 '海西諸韓'에 포함된다.

한편 ②에서 동한의 구체적인 지명으로 나오는 爾林은 顯宗 3년 기사의 주기에 고구려 땅으로 설명되어 있다.[86] 두 기사 사이에는 200년(120년을 조정하면 80여 년)의 시차가 있다. 이로 보아 이 설명은 고구

至古爰津 屠南蠻 彌多禮 以賜百濟 於是 其王肖古及王子貴須 亦領軍來會"

84) 『日本書紀』 권10, 応神 8연 3월, "百濟人來朝 [濟記云 阿花王立无禮於貴國 故奪我枕彌多禮及峴南支侵谷那東韓之地 是以遣王子直支于天朝 以脩先王之好也]"

85) 『日本書紀』 권10, 応神 16년, "是歲 百濟阿花王薨 天皇召直支王謂之曰 汝返於國以嗣位 仍且賜東韓之地而遣之[東韓者 甘羅城 高難城 爾林城是也]"

86) 『日本書紀』 권15, 顯宗 3년, "是歲 紀生磐宿禰跨據任那 交通高麗 將西王三韓 整脩宮府 自稱神聖 用任那左魯那奇 他甲肯等

려 땅이 동한으로 인식되었다는 것이라기보다는 과거 동한으로 지목된 땅이 고구려에 귀속된 상태를 말하는 것이 아닐까 한다.

이렇게 보면 동한은 백제와 신라, 또는 고구려와 사이에 있는 일정 지역을 나타내는 것으로 판단할 수 있다. 그리고 이 지역은 海西諸韓에도 해당할 것인데, 이 경우 동한은 諸韓의 일부를 구성하는 것으로 판단된다. 이것은 南韓이라는 용어도 등장하는 데서 뒷받침된다.

2) 南韓

南韓은 다음 용례 하나만 보인다.

> 오히려 南韓에 郡令과 城主를 두는 것이 어찌 천황을 배반하고 조공의 길을 차단하려는 것이겠는가. 그저 바라는 것은 많은 어려움을 이기고 강적(고구려)을 물리치는 것이니, 무릇 그 흉칙한 무리들이 누구인들 붙으려고 하지 않겠는가. 北敵(고구려)은 강대하고 우리나라는 미약하니, 만일 南韓에 郡令·城主를 설치하고 방호시설을 수리하지 않는다면 이 강적을 방어할 수 없을 것이며, 또한 신라를 제어할 수 없을 것이다. 그러므로 오히려 이들을 두어 신라를 압박하고 任那를 위로할 것이다. 만일 그렇지 아니하면 멸망을 당해 조빙할 수 없을까 두렵다. 이를 천황에게 주청하고자 하니 그 책략의 둘째이다.[87]

위의 기사는 欽明 5년(544)의 것으로서 백제가 南韓 지역에 관리를 두어 고구려를 방어하고 신라를 견제하며 임나를 보호하는 효과를 도모하고자 일본에 요청하는 내용을 담고 있다.

여기서 南韓이 구체적으로 어디를 가리키는 것인지는 분명치 않다.[88] 다만 그 내용과 관련하여 두 가지 사실이 주목된다. 하나는 남한에 군령과 성주를 두는 것이 北敵, 곧 고구려를 방어하기 위한 것이라고 한 점이고,[89] 다른 하나는 이를 발판으로 신라를 제어하는 동시에 임나를 보호한다는 것이다.

計殺百濟適莫爾解於爾林[爾林高麗地也]"

87) 『日本書紀』권19, 欽明 5년 11월, "猶於南韓 置郡令城主者 豈欲違背天皇遮斷貢調之路 唯庶剋濟多難殲撲强敵 凡厥凶黨 誰不謀附 北敵强大 我國微弱 若不置南韓郡領城主 修理防護 不可以禦此强敵 亦不可以制新羅 故猶置之 攻逼新羅 撫存任那 若不爾者 恐見滅亡 不得朝聘 欲奏天皇 其策二也"

88) 南韓은 『삼국사기』에도 용례가 보인다. 곧 혁거세 53년에 東沃沮에서 사신이 와서 말을 바치며 그 이유로 "南韓에 성인이 나왔다는 말을 들었다"라고 한 것(『三國史記』권1, 赫居世西干 53년, "東沃沮使者來獻良馬二十匹曰 寡君聞南韓有聖人出 故遣臣來享")과 고구려 유리명왕 22년 왕의 사냥을 만류하던 陜父가 좌천된 것을 분하게 여겨 南韓으로 가버렸다는 기사에서 등장한다(『三國史記』13, 高句麗本紀1 琉璃明王 22년 12월, "王田于質山陰 五日不返 大輔陜父諫曰 (중략) 王聞之震怒 罷陜父職 俾司官園 陜父憤 去之南韓"). 여기에 보이는 남한은 각각 동옥저와 고구려를 기준으로 제시한 것이다. 이것은 고구려까지 한(삼한)에 포함하여 인식한 상태에서 구분되는 남쪽 지역을 지칭한 표현일 수도 있지만, 한편으로 한이 고구려나 동옥저의 남쪽에 있다는 의미에서 사용된 것일 수도 있다. 다만 앞 기사의 경우 명백히 신라를 한으로 지칭한 것인데, 이는 후대의 인식이 투영된 것이 분명하다. 이 점에서 보면 이미 고구려까지 한으로 인식한 상황에서 생성된 개념일 가능성이 높아 보인다.

그렇다면 南韓은 백제와 고구려 또는 신라와의 경계 지역으로 설정한 범위가 되며, 이는 전술한 東韓과도 상통한다. 다만 같은 사서에서 동한과 남한이라는 다른 방위를 사용한 것으로 볼 때 양자가 동일한 것이라고 보기는 어렵다. 그렇다면 동한과 남한은 諸韓에서 동쪽과 남쪽을 구분하는 것이며, 이 경우 동한은 신라 쪽, 남한은 백제 쪽으로 구분해 볼 수 있다.

3) 下韓

下韓은 다음 세 용례가 보인다.

① 백제가 紀臣 奈率 彌麻沙, 中部 奈率 己連을 보내어 下韓과 任那의 정사를 아뢰고, 아울러 表를 올렸다.[90]

② a. 津守連을 보내 백제에 명령하기를, "任那의 下韓에 있는 백제의 郡令과 城主는 日本府에 귀속시켜야 한다"라고 하였다. 아울러 詔書를 가지고 가서 선포하기를, "그대가 여러 번 表를 올려 꼭 任那를 세우겠다고 말한 것이 10여 년이 되었다. 表에서 아뢴 바는 이와 같지만 아직도 이루지 못하였다. 대저 任那는 그대 나라의 棟梁이다. 만일 동량이 부러지면 어떻게 집을 짓겠는가. 짐의 걱정이 바로 여기에 있다. 그대는 모름지기 빨리 세우도록 하라. 그대가 만약 빨리 任那를 세운다면, 河內直[河內直은 이미 윗 글에 보인다] 등은 자연히 물러나게 될 것이니, 어찌 말할 필요가 있겠는가"라고 하였다.
b. 이 날 聖明王이 조칙을 듣기를 마치고 三佐平과 內頭 및 여러 신하에게 두루 묻기를, "조칙이 이와 같으니, 또한 어떻게 해야겠는가"라고 하였다. 三佐平이 답하기를, "下韓에 있는 우리 郡令과 城主 등은 나오게 할 수 없습니다. 나라를 세우는 일은 빨리 조칙을 따르는 것이 마땅합니다"라고 하였다.[91]

③ 조칙이 이와 같았는데 마침 印奇臣이 신라에 사신으로 간다는 것을 듣고 좇아 보내어 천황이 선포한 조칙의 내용을 물었습니다. 조칙에는 "日本府의 臣과 任那의 執事는 신라에 가서 천황의 조칙을 들어라"고 하였고, 백제에 가서 명을 들으라는 말씀은 없었습니다. 후에 津守連이 이곳을 지날 때, "지금 내가 백제에 파견되는 것은 下韓에 있는 백제의 郡令·城主를 내보내려고 하는 것이다"라고 말했습니다.[92]

---

89) 백제의 郡令과 城主에 대한 논의는 김수태, 2002, 「百濟 聖王代의 郡令과 城主」, 『百濟文化』 31 참조.

90) 『日本書紀』 권19, 欽明 2년 7월, "百濟遺紀臣奈率彌麻沙 中部奈率己連 來奏下韓任那之政 并上表之"

91) 『日本書紀』 권19, 欽明 4년 11월 甲午, "遣津守連 詔百濟曰 在任那之下韓百濟郡令城主 宜附日本府 并持詔書 宣曰 爾屢抗表 稱當建任那十餘年矣 表奏如此 尙未成之 且夫任那者爲爾國之棟梁 如折棟梁 誰成屋宇 朕念在茲 爾須早建 汝若早建任那 河內直等[河內直已見上文] 自當止退 豈足云乎 是日 聖明王聞宣勅已 歷問三佐平內頭及諸臣曰 詔勅如是 當復何如 三佐平等答曰 在下韓之我郡令城主 不可出之 建國之事宜早聽聖勅:

92) 『日本書紀』 권19, 欽明 5년 2월, "宣勅如是 會聞印哥臣使於新羅 乃追遣問天皇所宣詔 曰 日本臣與任那執事 應就新羅 聽天皇

위의 기사는 모두 欽明 재위 초기의 것이다. ①에서 백제가 "下韓任那"의 정사를 보고했다는 내용이 보인다. 이 경우 하한과 임나는 병렬적인 의미를 가진다. 그런데 ②-a에서는 "任那의 下韓에 있는 백제의 郡令과 城主"라는 표현이 나온다. 이 경우 하한은 임나의 하위 범주가 된다. 이를 양립시켜 이해한다면 하한은 임나와 공간적으로 구분될 수 있지만, 한편으로 임나의 세력권에 포함된 것으로 인식될 수 있는 지역으로 생각할 수 있다.

이러한 下韓에는 백제의 郡令과 城主가 자리하고 있었다. ②-b와 ③에는 모두 이 내용이 보인다. 이것은 앞서 살펴볼 南韓과 동일한 양상이다. 여기서 南韓과 下韓이 사실상 같은 대상을 나타낸다는 것을 알 수 있다. 이때 하한에 任那는 포함되지 않는 것을 고려하면, 동한과 남한(하한)은 임나를 둘러싼 諸韓을 두 구역으로 구분 인식한 것으로 이해할 수 있다.

일본의 시각에서 구분되는 東韓과 南韓은 각각 辰韓과 弁韓에 조응하는 것으로 판단된다. 이러한 이해의 단서가 『宋書』에 보이는 倭王 책봉 기사에서 발견된다.

> 太祖元嘉二年 贊又遣司馬曹達奉表獻方物 贊死 弟珍立 遣使貢獻 自稱使持節都督倭百濟新羅任那秦韓慕韓六國諸軍事安東大將軍倭國王[93]

위에서 倭王은 自稱한 직함에서 자신의 통치 범위를 倭, 百濟, 新羅, 任那, 秦韓, 慕韓 등 6국으로 제시하였다. 이것은 『日本書紀』에서 일본 및 그와 관계를 맺고 있는 한반도의 여러 나라에 상응하는데, 秦韓과 慕韓이 열거된 점이 주목된다. 곧 일본은 백제와 신라, 임나 외에 한반도에 韓으로 지칭되는 두 개의 지배 대상을 따로 설정하고 있었던 것이다.

秦韓은 곧 辰韓으로서 『三國志』에는 "辰韓在馬韓之東"으로 설명되고 있었다. 이 점에서 진한은 동한으로도 불렀던 것으로 보인다. 慕韓은 牟韓으로도 쓰며, 이는 弁韓(卞韓·辨韓)과 통용된다.[94] 그 위치로 보아 동한-진한에 상응하여 남한에 해당할 것임은 쉽게 판단할 수 있다.

결국 일본은 북쪽의 고구려를 제외하고 한반도 남부의 諸國에 대한 지배권을 설정하고 있었으며, 이는 百濟, 新羅, 任那, 秦韓(東韓), 慕韓(南韓) 등 5개로 정리되었던 것이다. 그리고 이것은 『일본서기』에 나오는 일본의 지배 지역으로서 한반도 남부의 제 세력에 대한 명칭에 조응한다. 여기에 보이는 진한과 모한(변한)은 각각 『일본서기』에 보이는 동한과 남한에 해당한다.

이러한 내용은 일본이 이른 시기부터 한반도에 있는 韓에 대한 인식을 가지고 있었음을 보여준다. 그

勅 而不宣就百濟聽命也 後津守連遂來 過此 謂之曰 今余被遣於百濟者 將出在下韓之百濟郡令城主 唯聞此說 不聞任那與日本府 會於百濟 聽天皇勅 故不往焉 非任那意"

93) 『宋書』 권97, 列傳57 夷蠻 倭國

94) 下韓이 南韓과 같은 대상을 나타낸다고 보면 '下'가 '南'의 뜻을 가진 것으로 볼 수도 있지만, 한편으로 卞韓의 오기 내지 이표기일 가능성도 상정된다. '下'와 '卞'은 글자가 거의 유사하기 때문이다. 하지만 『일본서기』에는 辰韓 등 삼한의 개별 명칭이 나타나지 않기 때문에 단정하기는 어렵다.

들은 이러한 한을 지역적으로 동한과 남한으로 구분하여 인식하였고, 이는 역사적 존재로서 진한과 변한 (모한)을 매개로 각각 형성된 것으로 파악된다. 이에 따라 일본은 송과의 외교에서 진한과 모한이 자신의 지배 영역이라고 주장하기도 하였다.

이때 중요한 것은 韓이 백제와 신라 등 삼국과 병존하는 것이었다는 점이다. 이러한 인식은 삼국의 연원을 삼한으로 설정하면서 삼국을 삼한으로 통칭하는 인식과 명확히 구분된다. 곧 일본의 '삼한–삼국' 인식은 이보다 후대에 성립했다고 보아야 하는 것이다.

그렇다면 일본은 어떤 맥락에서 삼국을 삼한으로 지칭하는 인식을 수립한 것일까. 여기에는 두 단계의 인식 변화가 설정된다. 하나는 일본의 한반도 지배를 표상하던 동한과 남한이 소멸한 것이다. 남한과 하한은 흠명기를 끝으로 더 이상 나타나지 않는다. 대신 백제를 韓으로 칭하는 기사가 출현한다.

> 蘇我大臣 稻目宿禰 등을 倭國 高市郡에 보내 韓人 大身狹屯倉[韓人이라 한 것은 백제이
> 다]과 高麗人 小身狹屯倉을 두고 紀國에 海部屯倉을 두었다[어떤 책에는 "곳곳에 있던 韓
> 人들을 大身狹屯倉의 田部로 삼고 高麗人을 小身狹屯倉 田部를 삼았다"고 한다. 이는 곧
> 韓人, 高麗人을 田部로 삼았던 까닭에 屯倉이라 이름한 것이다].[95]

위 기사는 欽明 17년(556)의 것으로서 韓人과 高麗人이 대비적으로 언급되고 있다. 그리고 한인에 대해서는 백제를 가리키는 것으로 주기하였다. 이전에 백제는 한에 포함되지 않았다. 이 시기에 百濟人을 韓人으로 칭한 것은 동한과 남한이 모두 소멸한 뒤 일본이 자신의 지배 대상으로서 한을 백제에 투영시킨 결과로 보인다. 또한 이 시기에 고구려는 여전히 한에 포함되지 않고 있다.

다음 단계는 백제와 고구려가 멸망한 뒤 삼국을 모두 韓으로 아우르는 것이다. 三韓 인식은 여기서 도출되며, 이것이 한 지배의 시원이 되는 神功–應神 시기에 투영되었다. 다음 기사 또한 삼국을 한으로 포괄하는 인식 구조를 담고 있다.

> 高麗人·百濟人·任那人·新羅人이 함께 來朝하였다. 그때 武內宿禰에게 명하여 여러 韓人
> 들을 이끌고 연못을 만들게 하였다. 이 때문에 이 연못을 이름하여 韓人池라 불렀다.[96]

위 기사는 應神 7년의 것으로서 일본에 내조한 고구려와 백제, 신라, 임나 사람들을 통칭하여 韓人으로 부르고 있다. 그런데 이 또한 원전의 기사가 아니라 후대에 韓人池로 부르게 되는 연못을 매개로 그

---

95) 『日本書紀』 권19, 欽明 17년 10월, "遣蘇我大臣稻目宿禰等於倭國高市郡 置韓人大身狹屯倉[言韓人者 百濟也] 高麗人小身狹
屯倉 紀國置海部屯倉[一本云 以處處韓人爲大身狹屯倉田部 高麗人爲小身狹屯倉田部 是卽以韓人高麗人爲田部 故因爲屯倉
之號也]"

96) 『日本書紀』 권10, 応神 7년 9월, "高麗人百濟人任那人新羅人 並來朝 時命武內宿禰 領諸韓人等作池 因以名池號韓人池"

시원을 말한 것이라는 점에서 후대 인식이 투영된 것이 분명하다.

주목되는 것은 韓이 삼국만으로 구성되지 않고 任那까지 포함하고 있다는 것이다. 한이 일본의 지배 대상을 가리키는 보편적 의미로 설정되어 있었던 것으로, '三韓'이라는 용어를 매개하지 않고서도 삼국을 포함하는 통칭으로서 '韓'을 수립한 것을 보여준다.

그런데 임나가 소멸하고 삼국으로 정립된 상태를 인식하고 이를 韓으로 통칭할 때 자연스럽게 삼한이라는 개념을 채용할 수 있다. 이미 중국 사서에 보이는 韓을 채용한 만큼 삼한에 대해서도 인지하였을 것이고, 또한 자신의 지배 대상을 韓으로 통칭하는 인식을 가지고 있었으므로 고구려를 새로 포섭하는 용어로 삼한을 채용하게 된 것이다.

결국 『일본서기』의 삼한이 삼국을 가리킨다는 것만으로 이것이 신라의 삼한 인식을 수용한 것이라거나 삼한일통의식을 반영한 것이라고 설명할 수는 없다.

IV. 맺음말

이상에서는 중국과 일본의 삼한 인식에 대한 기존의 논의들을 비판하고 새로운 각도에서 그 내용을 살펴보았다. 그 결과 이들의 삼한 인식은 7세기 신라의 삼한일통의식을 뒷받침할 수 없음을 확인하였다.

삼국의 통합을 당위로 인식하는 '一統三韓'의 이념에서 '三韓'은 삼국의 역사적 동질성을 통해 '一統'의 당위를 유도하는 준거였다. 이것은 역사적 실체로서 삼한이 소멸한 후 그와 관련이 없는 고구려까지 삼한으로 지칭된 것에서 연원한다.

이와 관련하여 자료에 보이는 삼국, 특히 고구려와 관련된 용어들을 검토하는 과정에서 삼한 문제를 다룬 논의가 있다. 범칭으로서 삼한의 첫 용례는 『魏書』陽固傳에 수록된 「演賾賦」인데 이는 동이에 대한 범칭을 넘지 않는다. 반면 『隋書』에 실린 虞綽의 글은 고구려 원정을 찬양한 것이라는 점에서 삼국을 직접 지칭하는 삼한 용례의 단서를 보여준다.

삼한 용례에 대한 분석은 특히 唐代에 제작된 墓誌銘 자료가 소개되면서 활발하게 이루어졌다. 고구려 출신의 경우 요동을 상위 범주로 平壤·三韓·朝鮮 등을 칭하였다. 이는 고구려 영토가 당으로 귀속된 데 따른 것이다. 중국에 귀속되는 존재임을 나타내기 위해 요동을 상위 범주로 채용하고, 실제 출신은 그 하위 범주로 조선·삼한 등을 채용하였다. 이 경우 삼한은 동이의 범칭과는 차이가 있다. 반면 중국 관인의 경우 삼한은 대개 동이에 대한 범칭으로서 사용되었다. 이것은 '一統三韓'의 삼한과는 의미가 다르다. 삼국의 동질성을 표상하는 삼한 인식은 당의 외교적 수사로 채용된 것이며, 사회 일반의 인식으로 확산되지는 않았다.

고구려가 삼한으로 인식되는 것에 대해서는 樂浪郡과 帶方郡의 삼한 통제로 인해 해당 지역이 韓地로 간주되고, 고구려가 낙랑군을 정복함으로써 중국이 고구려를 韓으로 인식하게 되었다는 견해가 있다. 여기에 종족적 문화적 측면에서 고구려가 속한 濊貊과 韓族의 유사성을 덧붙이고 있다. 그러나 통상 통속

관계에서 상급 단위가 하급 단위로 범주화될 수는 없거니와 낙랑의 한에 대한 통제가 같은 영역 범주로 인식될 정도로 강했다고 보기 어렵다.

佟利墓 출토 명문전의 "遼東韓玄菟太守領"에서 '한'은 낙랑 관할의 한을 가리키며, 실존하지 않은 韓郡의 太守를 칭한 것은 이 지역을 韓地로 인식했기 대문이라고 보고 있다. 그러나 여기서 한은 고구려에 병합되어 그 外夷로 설정된 낙랑군을 가리키는 것이다. 이것은 「광개토왕비」에 보이는 '新來韓穢'와 같은 맥락을 가진다. 따라서 이것은 고구려가 한으로 인식되는 매개가 될 수 없다.

한편 濊가 고구려를 나타내는 貊과 아울러 濊貊으로 통칭되었던 것과 韓穢라는 명칭을 연결하여 한과 고구려의 동질성을 도출하기도 한다. 이를 위해서는 한예와 예맥이 각각의 동질성을 준거로 형성된 개념이며, 그 준거가 동일하다는 것이 입증되어야 하지만, 이를 뒷받침할 근거는 없다. 실상 韓濊貊은 樂浪의 外夷로 제시되는 것으로, 이들 사이에 동질성을 설정할 수 없다.

또한 낙랑의 韓氏는 고조선 왕족에서 유래했으며, 그 일부가 남하하여 辰韓을 형성하면서 낙랑이 이 지역을 한으로 칭하게 되었다는 주장이 있다. 그러나 조선인의 진한 이주라는 상황을 확증할 수 없으며, 특정 稱姓 집단의 이주로 해당 명칭이 지명 내지 집단명으로 전화되었다는 것도 의문이 든다.

중국에서 고구려를 포함하는 범칭으로서 삼한이 대두하는 매개로서 箕子를 제시한 견해가 있다. 여기서 準王의 南遷 전승에 근거하여 기자와 삼한의 관계를 설정하고, 중국이 고구려를 역사적으로 기자와 연결했다고 보았다. 그러나 준왕의 사적은 마한의 중간에 일시적으로 성립한 것이기 때문에 기자를 마한과 직접 연결할 수는 없다. 역사적으로 양자를 연결한 것은 후대의 인식이다.

또한 『隋書』에서 裵矩가 고구려에 선행한 역사를 열거하면서 기자를 언급한 것은 고구려 영역에 대한 인식일 뿐이다. 배구는 요동이 본래 중국 영토라는 의식을 드러내면서 고구려가 요동을 차지함으로써 外域이 되었다고 하였다. 이는 이전의 기자 역사가 중국에 귀속된다는 의식을 보여준다. 그리고 고구려의 문화로서 기자의 遺風과 箕子神 숭배를 언급하고 있으나 기자의 유풍은 유교적 요소에 대한 상투적 표현이며, 기자신 숭배는 평양 지역을 병합하면서 수용한 토착신의 의미를 가진다.

한편 당대 묘지명에는 朝鮮과 三韓이 같은 의미로 사용된 사례가 보인다. 그러나 이는 병렬적인 개념으로서 역사적 관계를 보여주지는 않는다. 조선이 동국을 가리키는 말이 된 뒤에도 대표 개념은 여전히 삼한이었다. 이는 조선이 삼한에 선행하는 역사로 설정되지 않았음을 보여준다.

당초 한은 중국의 전통적 四夷 관념에 맞추어 낙랑의 외이를 설정하면서 남쪽의 부류를 칭한 것이었다. 이에 대해 동쪽은 濊, 북쪽은 貊으로 칭해졌다. 이렇게 설정된 한은 내부적으로 여러 이질적인 집단을 내포하고 있었다. 마한 등 세 한은 지역 구분과 더불어 언어와 문화의 차이에 의해 나뉜 것이다. 당초 삼한은 한 내부에서 이질성을 반영하는 범주였는데, 후대에는 동질성을 표상하는 개념으로 바뀐 것이다.

삼국의 연원과 관련하여 朝鮮이 아니라 三韓이 역사적 정체로서 자리잡은 것은 일차적으로 조선이 동국의 역사 범위에 들어가지 않았다는 점에 기인한다. 중국 역사에 수용되지 않는 동국의 역사적 실체가 바로 삼한이었다. 당이 외교적으로 이들의 역사적 동질성을 부각시키며 활용하였고, 후대에 신라가 이를 수용하면서 '일통'의 당위를 보증하는 역사적 준거로 삼게 되었다. 이것은 9세기에 들어 비로소 그 내용을 찾을 수 있다.

『일본서기』에 보이는 삼한은 삼국을 포괄적으로 가리키거나 그 중 한 나라를 가리킨다. 이를 두고 신라의 인식을 받아들인 결과라고 해석한 견해가 있다. 그러나 『일본서기』에 보이는 삼한 인식은 당으로부터 유입되었을 가능성도 있다. 7세기 후반 일본은 당과 사신 왕래는 물론 學問僧의 도래도 있었고, 당의 國學에 입학하는 경우도 있었다.

天智 원년 기사에 보이는 "華實之毛 則三韓之上腴焉"이라는 구절은 「西都賦」의 구문을 차용하면서 원문의 '九州'를 '三韓'으로 바꾼 것인데, 이것을 신라의 인식이 투영된 것으로 보기도 한다. 그러나 중국에서 구주는 자신을, 삼한은 타자를 나타내는 개념이기 때문에 본원적으로 동일한 대상을 나타낼 수 없다. 일본도 마찬가지이다. 반면 신라에게 구주와 삼한은 모두 자신을 나타낸다. 일본에게 한반도는 '타자'로서 자기 영역을 나타내는 구주를 적용할 수 없기 때문에 삼한을 대입하여 타자이자 藩國이라는 의미를 드러낸 것이다.

『일본서기』에서 삼한의 첫 용례인 神功 攝政 9년 기사는 삼국을 가리키는 것인데, 이후 나오는 삼한의 개념을 미리 정의하기 위해 사서 편찬 때 삽입한 것이다. 신라의 삼한 인식을 도입한 것이라면 이들을 번국으로 묶는 데 그 역사적 동질성에 대한 인식도 표현되었을 것이다.

712년에 완성된 『古事記』에는 고구려가 번국에 포함되지 않았다. 일본은 고구려 멸망 후 기존의 백제와 신라 외에 고구려까지 자신의 번국으로 보는 인식을 새로 수립하였고 이를 효과적으로 나타내는 범주로 삼한을 채용했는데, 이는 『일본서기』 단계에서 비로소 수립되었다. 그리고 이것은 기존의 韓 인식을 확장한 측면을 가진다. 『일본서기』에서 '諸韓'은 일본이 정벌한 곳이자 백제에게 사여한 지역을 가리킨다. 삼한은 여기에 고구려까지 번국 인식에 포함시키면서 수립된 범주라고 할 수 있다.

『일본서기』에는 韓에서 파생된 개념으로 東韓, 南韓, 下韓 등이 등장한다. 동한은 백제와 신라, 또는 고구려 사이에 있는 일정 지역을 나타낸다. 남한 또한 郡슈과 城主를 두어 고구려를 방어하고자 한 내용과 이를 발판으로 신라를 제어하고 임나를 보호한다는 내용으로 보아 백제와 고구려 또는 신라와의 경계 지역으로 설정된다. 동한과 남한은 다른 방위를 사용한 것으로 볼 때 서로 구분되는 지역이며, 이 경우 동한은 신라 쪽, 남한은 백제 쪽으로 구분해 볼 수 있다. 하한은 백제의 군령과 성주가 등장하여 남한과 같은 지역으로 판단된다.

한편 『宋書』에는 왜가 "倭百濟新羅任那秦韓慕韓六國諸軍事"를 자칭한 것으로 나온다. 秦韓은 辰韓, 慕韓은 牟韓을 가리키며, 牟韓은 弁韓(卞韓)의 이표기이다. 일본은 북쪽의 고구려를 제외하고 한반도 남부의 諸國에 대한 지배권을 설정하고 있었으며, 이는 百濟, 新羅, 任那, 秦韓(東韓), 慕韓(南韓) 등 5개로 정리되었다. 이때 韓은 백제와 신라 등 삼국과 병존한다는 점에서 삼국의 연원을 삼한으로 설정하는 인식과 구분된다.

한편 하한 등은 흠명기를 끝으로 더 이상 나타나지 않으며 대신 백제를 韓으로 칭하는 기사가 출현한다. 동한과 남한이 모두 소멸한 뒤 일본이 자신의 지배 대상으로서 한을 백제에 투영시킨 결과이다. 이어 삼국을 모두 韓으로 아우르는 인식이 나타나게 되었다. 임나가 소멸하고 한반도가 삼국으로 정립되면서 이를 韓으로 인식할 때, 자연스럽데 중국과 마찬가지로 삼한 개념을 채용할 수 있다. 결국 『일본서기』의 삼한이 삼국을 가리킨다는 것만으로 이것이 신라의 삼한 인식을 수용한 것이라거나 삼한일통의식을 반영한 것이라고 설명할 수는 없다.

투고일: 2016. 11. 07.   심사개시일: 2016. 11. 15.   심사완료일: 2016. 11. 30.

권덕영, 2014, 「唐 墓誌의 고대 한반도 삼국 명칭에 대한 검토」, 『韓國古代史研究』 75.

김병남, 2004, 「신라의 삼국통일 의식과 그 실제」, 『韓國思想과文化』 2.

金庠基, 1948, 「韓濊貊移動考」, 『史海』 창간호; 1974, 『東方史論叢』 서울대학교출판.

김수태, 2002, 「百濟 聖王代의 郡令과 城主」, 『百濟文化』 31

金瑛河, 1999, 「新羅의 百濟統合戰爭과 體制變化」, 『韓國古代史研究』 16.

김영하, 2010, 「一統三韓의 실상과 의식」, 『韓國古代史研究』 59.

김유철, 2004, 「中國史書에나타난高句麗의國家的正體性」, 『高句麗研究』 18

김한규, 1994, 「우리 나라의 이름 : '東國'과 '海東' 및 '三韓'의 槪念」, 『李基白古稀紀念論叢』 간행위원회.

盧泰敦, 1982, 「三韓에 대한 認識의 變遷」, 『韓國史研究』 38.

노태돈, 1988, 「5세기 金石文에 보이는 高句麗人의 天下觀」, 『韓國史論(서울대 국사학과)』 19.

노태돈, 2009, 『삼국통일전쟁사』, 서울대학교 출판부.

노태돈, 2016, 「삼한일통의식의 형성 시기에 대한 고찰 : 일본서기 '삼한' 기사의 분석을 중심으로」, 『木簡
과文字』 16.

拜根興, 2002, 「激動의 50년 : 高句麗와 唐關係 研究」, 『高句麗研究』 14

邊太燮, 1985, 「三國統一의 民族史的 意味 : '一統三韓意識과 관련하여」, 『新羅文化』 2.

余昊奎, 2009, 「4세기 高句麗의 樂浪·帶方 경영과 中國系 亡命人의 정체성 인식」, 『韓國古代史研究』 53.

윤경진, 2013, 「『청주운천동사적비』의 건립 시기에 대한 재검토」, 『史林』 45.

윤경진, 2013, 「新羅 中代 太宗(武烈王) 諡號의 追上과 재해석」, 『韓國史學報』 53.

윤경진, 2013, 「新羅 太宗(武烈王) 諡號 논변에 대한 자료적 검토 : 原典에 대한 이해를 중심으로」, 『歷史
와實學』 51.

윤경진, 2014, 「신라 통일기 금석문에 나타난 天下觀과 歷史意識 : 三韓一統意識의 성립 시기 고찰」, 『史
林』 49.

윤경진, 2014, 「三韓 인식의 연원과 통일전쟁기 新羅의 天下觀」, 『東方學志』 167.

윤경진, 2016, 「三韓一統意識의 성립 시기에 대한 재론 : 근거 자료에 대한 검토를 중심으로」, 『韓國史研
究』 175.

이성규, 2003, 「고대 중국인이 본 한 민족의 원류」, 『韓國史市民講座』 32.

李昊榮, 1981, 「新羅 三國統一에 관한 再檢討 : 統一意識을 중심으로」, 『史學志』 15.

李昊榮, 1996, 「新羅의 統一意識과 '一統三韓' 意識의 成長」, 『東洋學』 26.

임기환, 2004, 『고구려정치사연구』, 한나래.

전진국, 2012, 「한(韓)의 유래와 그 명칭의 형성」, 『정신문화연구』 35-4.

전진국, 2016, 「三韓의 용례와 그 인식」, 『韓國史研究』 173.

조영광, 2008, 「7세기 중국인들의 對高句麗 '三韓'호칭에 관하여」, 『白山學報』 81.

최진열, 2009, 「唐人들이 인정한 高句麗人의 正體性 : 唐代墓誌銘에 보이는 高句麗의 別稱(朝鮮·三韓·扶餘) 分析을 중심으로」, 『東北亞歷史論叢』 24.

최진열, 2012, 「唐代 高句麗 표기 기피현상 : 隋唐 墓誌銘의 國名 표기 분석을 중심으로」, 『東北亞歷史論叢』 3.

塚口重信, 1969, 「三韓の用語に關ゐする一考察(上)」, 『日本歷史』 158.

〈Abstract〉

Reexamination of China and Japan's perception of 'Three Hans(三韓)'
— Examination of when Shilla's notion of "Three Hans being one" was formed—

Yoon, Kyeong-jin

Attempted in this article is a critical analysis of previous discussions regarding China and Japan's perception of the "Samhan('三韓, Three Hans')," in order to determine whether or not those perceptions could be used as resources that supposedly confirm the Shilla notion of "Three Hans being one(三韓一統意識)" indeed having been the product of the 7th century.

The "Samhan" references made during the Chinese Su & Dang(隋唐) periods were all uttered to indicate the old "Dong'ih(東夷)" race. Some have argued that the Nakrang-gun commandery[樂浪郡]'s control of Han(韓) or the advent of Gija(箕子) himself should be considered as historical facts that could be used in linking Goguryeo to Samhan, but such relationships seem to be circumstantial at best. Citing Samhan to present the historical relationship among, as well as similarities shared by, all three dynasties should be considered as a result of a diplomatic initiative.

In 『Ilhon Shoki(日本書紀)』, Han represented the region ruled by Japan, and sometimes parts of that realm were separately called as 'Dong'han(東韓)' and 'Nam'han(南韓).' After Baekje and Goguryeo fell, Japan began to label them as their perimeter states[藩國] too, and then began to use the Samhan concept as well, which shows us that their perception of Samhan was established at the time of 『Nihon Shoki』's compilation, and could not have been imported from Shilla.

▶ Key words: Samhan(三韓, Three Hans), the Notion of "Three Hans being one"(三韓一統意識), Dong'ih(東夷), Nakrang(樂浪), Gija(箕子), Dong'han(東韓), Nam'han(南韓)

간독 중의 '眞'자와 '算'자
- 간독문서의 분류를 겸하여-

鄔文玲 著[*]

송진영 譯[**]

〈국문초록〉

정리자의 釋讀에 의하면 居延漢簡, 즉, 居延舊簡·居延新簡 및 肩水金關漢簡 중 일부 문서 楬과 문서 모두에 '算'이 포함되어 있다. 학자들은 이미 이와 같은 '算'자의 의미에 대해 토론해왔으며, 서로 다른 견해를 제시하였다. 첫 번째 견해는 이러한 간문 중의 '算' 혹은 '算書'를 일종의 簿籍 종류로 보는 것이다. 두 번째 견해는 '算'을 일종의 전문적인 문서유형으로 간주하였고, 경제영역의 예산·決算과 관련된다고 여기는 것이다. 세 번째 견해는 '算'을 簡書·簿冊으로 여기는 것이다. 네 번째 견해는 '算'을 得算·負算의 考課문서로 여기는 것이었다. '算'자의 자형에 대한 새로운 비교와 簡文의미에 대한 새로운 판별 분석을 통해 기존 정리자가 해석한 簡文 중 '算'자들이 모두 '眞'자를 오역한 것임을 알았다. '眞'은 正의 뜻이며 副·邪와 대립한다. 簡文 중의 '眞'은 문서의 원본·底本을 가리킨다. '眞'으로 표시된 문서 혹은 簿籍은 '眞書'이며 또한 문서의 원본이었다. 이것은 오늘날의 원본에 해당한다. 때로는 행정과정 중에 '上眞書'를 요구할 때가 있었고, 이는 관련 문서의 원본을 올려야 한다는 뜻이다. 때로는 '騰眞書'가 요구되는 경우도 있었으며, 이는 관련 문서의 원본을 전달하라는 뜻이다. 때로는 '下眞書'와 같은 관련 문서의 원본을 하달 하라고 하기도 하였다. '眞'과 서로 대립하는 것은 '副'이다. 副는 사본·복제본이다. 간독자료를 통해 알

*   中國 社會科學院歷史研究所
** 中國 北京師範大學 博士課程

수 있듯이 관련 부서는 문서의 원본이든 사본이든 일정 기준에 의해 문서들을 분류 보관하였다. 또한 보관하는 동시에 쉽게 문서를 찾을 수 있게 각 문서에 대해 簽牌를 제작하였다. 일반적으로 문서의 원본과 사본은 각자 따로 보관하며, 구분하기 위해 '眞'과 '副'라는 제목을 쓴다. 하지만 원본과 사본이 같이 보관하는 경우도 있었다. 그러므로 진한 간독문서의 유형 중에는 전문적인 '算類'문서가 존재하지 않았고, 역시 전문적인 '算' 혹은 '算書' 종류의 簿籍도 존재하지 않았다.

▶ 핵심어: '眞', '算', 간독문서, 원본, 사본

I. 머리말

출토 간독 문자에 대한 해석은 簡牘學에서 가장 기초 작업 중 하나이다. 釋文의 정확성 여부는 간문의 원래 의미를 정확하게 이해하는 것과 관계가 있고, 간독자료를 이용하여 학술연구를 진행하거나 역사문제 탐구에 있어 특히 중요하다. 문자를 정확히 해석하여 내용 이해에 착오 없이 이해하여야 연구결과를 믿을 수 있다. 중국의 적지 않은 간독자료가 오늘날까지 보존되었지만 이 자료들은 2000여 년 전의 유물이었기 때문에 절대다수는 잔결된 상태이며 적지 않은 簡文의 필획이 잔결되어 온전하지 않다. 필적이 확실히 보이지 않거나 草書·古體·異體·通假字의 경우도 많다. 그래서 간독 문자를 오역 없이 정확하게 釋讀하는 것은 매우 어려운 작업이다. 또한 관련 자료가 부족하여 묵적이 명확하지만 글자형태가 비슷한 문자에 대해서는 오역의 가능성이 있다. 그러므로 정리자가 공개한 간독 釋文에 대해 교정하는 것도 簡牘學의 중요한 기초 작업이다. 필자는 居延漢簡·居延新簡의 釋文을 교정하는 과정 중 기존 정리자의 釋文 중에 '眞'자를 '算'자로 잘못 해석한 사례들을 발견하였다. 본문에서 이에 대해 자세히 분석하고자 한다.

II. 간독에 보이는 '算'

居延漢簡, 居延新簡[1]·居延舊簡[2]·肩水金關簡[3] 들은 대량의 문서 楬들을 포함하고 있다. 이것은 문서 분류 보관 당시의 簽牌이다. 정리자의 釋文에 의하면, 아래에 있는 몇 매의 문서 楬에는 모두 '算'자가 있다. 쉽게 토론하기 위해 먼저 정리자의 釋文을 예로 적는다.

---

1) 甘肅省文物考古研究所等, 1994, 『居延新簡 - 甲渠候官與第四隧』, (北京)中華書局. 이하 「居新」으로 약칭함.

2) 謝桂華·李均明·朱國炤, 1987, 『居延漢簡釋文合校』, (北京)文物出版社. 이하 『合校』로 약칭함.

3) 甘肅省簡牘博物館 등, 2011~2016, 『肩水金關漢簡(壹~伍)』, (上海)中西書局. 이하 『肩水』로 약칭함.

(1)　建武黍年計

　　　　■

　　　　　　簿算(『居新』E.P.T26:9)

(2)　鴻嘉二年吏

　　　　■

　　　　　　遣符算(『居新』E.P.T50:203A)

　　　　　　鴻嘉二年吏

　　　　■

　　　　　　遣符算(『居新』E.P.T50:203B)

(3)　建始五年四月府所下禮

　　　　■

　　　　　　算書(『居新』E.P.T51:147A)

　　　　　　建始五年四月府所

　　　　■

　　　　　　下禮分算書(『居新』E.P.T51:147B)

(4)　初元四年正月盡十

　　　　■

　　　　　　二月橄算(『居新』E.P.T52:378)

(5)　■十二月行事算(『居新』E.P.T58:85)

(6)　始建國天鳳一年

　　　　■三月盡六月

　　　　　三時算(『居新』E.P.T59:331A)

　　　　　始建國天鳳一年

　　　　■三月盡六月

　　　　　三時算(『居新』E.P.T59:331B)

(7)　建武五年十一月以來

　　　　■

告部檄記算卷(『居新』E.P.F22:408)

(8)　建始三年十月盡
　　　　　▓

　　　　　　十二月四時簿(『居新』E.P.F22:703A)
　　　　　　十二月四時簿
　　　　　▓

　　　　　　算(『居新』E.P.F22:703B)

(9)　居攝三年
　　　　　▓

　　　　　　計簿算(『合校』70.13A)
　　　　　　居攝三年
　　　　　▓

　　　　　　計□□(『合校』70.13B)

(10)　建昭元年十月盡二年九月
　　　　　▓ 大司農部丞簿錄簿
　　　　　　算(『合校』82.18A)
　　　　　　建昭元年十月盡二年九月
　　　　　▓ 大司農部丞簿錄簿算
　　　　　　及諸簿十月旦見(『合校』82.18B)

(11)　建昭四年正月盡
　　　　　▓ 三月四時
　　　　　　簿算(『合校』214.22A)
　　　　　　建昭四年正月盡
　　　　　▓ 三月四時
　　　　　　簿算(『合校』214.22B)

문서 楬 이외에 문서 正文 중 일부에는 '算'과 관련된 내용도 있다. 정리자의 釋文은 다음과 같다.

(12)　□長朱就持尉功算詣官平　　　六月己巳蚤食入(『合校』95.3)

(13) 律日贖以下可檄檄勿徵逞願令史移散官憲功算梟維蒲封(『合校』157.13, 185.11)

(14) □●謹案吏功算☑(『合校』合270.11)

(15) □長憲行事封移居延已召候長當持劾算詣官(『居新』E.P.T48:61A)

(16) ●右第八車父杜□□守父靳子衡 算身一人☑(『合校』180.40A)

(17) 候官橐佗廣地算(『肩水』73EJT27:17A)
     今餘錢卅六萬五百八十九(『肩水』73EJT27:17B)

(18) ●右算書(『居新』E.P.T59:90)

　도판과 비교해보면 이 간독들에 기록된 문자의 묵적은 비교적 선명하다. 대부분의 釋文은 정확해서 믿을 수 있지만, '算'에 대한 해석은 그렇지 않다. 이에 대해서는 토론이 필요하다.

　우선, 문장의 의미로 볼 때 '算'자로 해석하면 문장의 의미가 매끄럽지 않고 난해하다. 기존 학자들은 簡(1)-簡(15) 중의 '算'에 관해 통상적으로 정리자의 釋文을 사용하여 해석했다. 여기에는 4가지 주된 견해가 있다.

　첫째, 李均明 선생은 簡文 중의 '算'을 일종의 簿籍 유형으로 해석하였다. 이것을 '計簿' 종류로 분류하였다. 일부의 合計賬을 '算'으로 약칭하고, 오늘날에 볼 수 있는 '計簿算'·'功算'·'吏功算'·'尉功算'·'劾算'·'遣符算'·'檄算'·'行事算'·'大司農部掾簿錄簿算'·'四時算'·'四時簿算' 등 이라고 지적하였다.[4] 王震亞 선생은 '算書'를 經濟類 簿籍의 항목으로 넣고, '算書類'라고 명명하여 府所下 禮算書·計簿算·四時算 등을 포함한다고 하였다.[5]

　둘째, 何雙全 선생은 '算'을 일종의 전문적인 문서유형으로 간주하였고, 여기에는 檄算·吏遣符算·四時算·計簿算·行事算 등이 있다. 또한 算,『說文』曰: '數也. '即數字也', 여기서 算은 일종의 문서형식이며 당연히 경제 숫자와 관련되어 있다. 예를 들면, 오늘날의 예산·연말 정산 등과 같은 것이다. 간문 중의 四時算은 곧 1년 4분기의 예산의 정산이다.[6]

　셋째. 高恒 선생은 '算'을 簡書·簿册으로 여긴다. 그는 簡(13) '律日贖以下可檄檄勿徵逞願令史移散官憲功算梟維蒲封'을 해석할 때 '算'이 笑과 통한다고 지적한다.『儀禮·旣夕』'主人之史請讀賵執算'鄭注: '古文

4) 李均明, 2003,『古代簡牘』, 文物出版社, p.180.

5) 王震亞, 1999,『竹木春秋: 甘肅秦漢簡牘』, 甘肅敎育出版社, p.41.

6) 何雙全, 2004,『簡牘』, 敦煌文藝出版社, p.111.

算, 皆爲笇, 簡書·簿冊을 가리킨다. 『莊子·駢拇』: '挾箂讀書.' 漢簡 중 '告部檄記算'·'吏遣符算'·'劾算'·'計簿算' 등이 있다. 그중의 '算'은 곧 簡冊이다. 이 간문의 대략적인 의미는 '법률규정에 의해 모든 贖刑이하에 속한 범죄는 檄令으로 庭에 소환할 수 있기 때문에 모두 檄令을 사용하여 소환해야하며, 체포조치를 실시할 필요가 없다. 令史가 檄令을 제작하고 발급한 것은 곧 관부의 法令이다. 이것은 책으로 제작하여 삼노끈으로 감아 매어 다시 封泥·印鈐으로 봉한다'라고 할 수 있다.[7]

넷째, 謝桂華 선생 등은 '算'을 '得·負算의 문서'라고 지적한다. 그들은 簡(13)을 '律曰: 贖以下, 可檄, 檄勿徵逮. 願令史移散官, 憲功算, 臬維蒲封.'으로 해석하고, 여기의 '功算'을 공적과 得負算의 문서로 여긴다.[8]

상술한 4가지 해독에 대한 의견은 모두 타당하지 않은 부분이 있으며, 믿을 만한 증거가 결여되어 있다. 사실상 '算'은 漢簡 중 흔히 볼 수 있고, 일반적으로 官吏의 업적을 심사할 때 사용되는 일종의 계산단위로 여겨왔으며, 이로써 '算·負算'으로 우열을 가린다.[9] 하지만 그 어떤 해석이든 '算'자는 이 간독에서 앞뒷문장의 의미를 모두 막아 그 분장이 순조롭지 않다.

簡(1) '建武柒年計簿算'. 建武는 漢光武帝의 연호이다. 建武 7년은 기원 31년이다. 計簿는 計吏가 기록한 戶口·賦稅·人事의 簿籍를 가리킨다. 『漢書·宣帝紀』: '御史察計簿, 疑非實者, 按之, 使眞僞毋相亂.'[10] 『漢書·匡衡傳』: '衡位三公, 輔國政, 領計簿, 知郡實, 正國界', '計簿已定而背法制, 專地盜土以自益.'[11] '建武七年計簿'는 建武 7년의 통계 簿이지만 말미의 '算'자는 이 모든 것과 어울리지 않는다.

簡(2) '鴻嘉二年吏遣符算'. 鴻嘉는 漢成帝의 연호이며, 鴻嘉 2년은 기원전 19년이다. 吏遣符는 官吏를 파견하는 증빙서류를 가리킨다. '鴻嘉二年吏遣符'는 鴻嘉 2년에 관리를 파견한 증빙서류이다. 하지만 말미의 '算'자는 이 모든 것과 어울리지 않는다.

簡(3) A면 '建始五年四月府所下禮算書', B면 '建始五年四月府所下禮分算書'. 建始는 漢成帝의 연호이며, 建始 5년은 기원전 28년이다. 府는 太守府 혹은 都尉府를 가리킨 것일 것이다. A면의 '禮'와 B면의 '禮分'의 구체적인 함의는 검토를 요한다. 하지만 양자가 가리킨 내용은 같은 것이며, 禮儀法度와 관련되어있을 가능성이 크다. 謝桂華 선생 등은 在'禮'·'禮分'·'算書' 사이에 모점을 추가하여 구별하였다. '建始五年四月府所下禮·算書'; '建始五年四月府所下禮分·算書',[12]로 읽었다. 그는 그 의도에 대해서는 설명하

7) 高恒, 2008, 『秦漢簡牘中法制文書輯考』, 北京: 社會科學文獻出版社, pp.155~156.

8) 謝桂華·李均明·張俊民, 2001, 『居延漢簡(二)』, 中國簡牘集成編輯委員會, 『中國簡牘集成』 第六冊, 敦煌文藝出版社, p.131.

9) '得算·負算'의 구체적인 의미에 대해 많은 토론이 이루어졌다. 陳直, 1986, 「居延漢簡解要」, 『居延漢簡研究』, 天津古籍出版社; 永田英正, 1987, 「居延漢簡集成之二」·「論禮忠簡與徐宗簡」, 『簡牘研究譯叢』 제2집, 中國社會科學出版社; 徐子宏, 1988, 「漢簡所見烽燧系統的考核制度」, 『貴州師大學報』 제12기; 趙沛, 1992, 「居延漢簡邊塞吏員課考制度」, 『西北史地』 제3기; 陳乃華, 1992, 「從漢簡看漢朝對地方基層官吏的管理」, 『山東師大學報』 제3기; 于振波, 1996, 「漢簡'得算'·'負算'考」, 『簡帛研究』 제2집, 法律出版社을 참조.

10) 『漢書』 권8, 「宣帝紀」, p.273.

11) 『漢書』 권81, 「匡衡傳」, p.3346.

12) 謝桂華·李均明·張俊民, 2001, 『居延漢簡(二)』, 中國簡牘集成編輯委員會, 『中國簡牘集成』 第10冊, 敦煌文藝出版社, p.84.

지 않았다. 그의 의도를 살펴보면 이것을 '禮書'·'禮分書'와 '算書'로 구분하여 이해하였을 것이다. '禮書'·'禮分書'를 禮儀法度의 책으로 이해하였을 가능성도 있다. 『周禮·春官·大史』: '戒及宿之日, 與群執事讀禮書而協事. 祭之日, 執書以次位常.' 賈公彦疏曰: '言執書者, 謂執行祭禮之書, 若今儀注.' 『左傳·哀公三年』: '子服·景伯至, 命宰人出禮書, 以待命.' 그러나 '算書'는 초기의 문헌에 나오지 않는다. 이것은 매우 난해한 상황이다.(=이해하기 어렵다.) 상술한 몇 가지 '算'에 관한 해석은 모두 어울리지 않는다.

簡(4) '初元四年正月盡十二月檄算'. 初元은 漢元帝의 연호이며, 初元 4년은 기원전 45년이다. 檄은 漢簡에 상시로 보이는 일종의 공문유형이자 일종의 간독 재료 유형이다. 여기에서는 공문유형을 가리킨 것이다. '初元四年正月盡十二月檄'의 의미는 명확하며, 곧 初元 4년 정월부터 12월까지의 檄문서이다. 그러나 말미의 '算'자는 상술한 몇 가지 해석처럼 그 의미가 모두 어울리지 않는다.

簡(5) '十二月行事算'. 이 간독은 잔결되어 좌측부분만 남아있다. 行事는 漢簡 문서 중 흔히 볼 수 있으며, 통상적으로 辦事·從事의 뜻으로 사용한다. 하지만 문서 籤牌로써 여기의 '行事'는 아마도 특히 '以私印行事' 유형의 문서를 가리킨 것이었다. 말미의 '算'자는 상술한 몇 가지 해석처럼 그 의미가 모두 어울리지 않는다.

簡(6) A면 '始建國天鳳一年三月盡六月三時算', B면 '始建國天鳳一年三月盡六月三時算'. A·B면의 내용은 같으며, 始建國天鳳은 新莽의 연호이며, 始建國天鳳 1년은 기원 14년이다. 三時는 곧 四時이며 四季는 1년의 사분기를 가리킨다. 謝桂華 선생 등은 '三時算'을 한 단어로 해석하였다. '算은 관리의 업적을 심사할 때의 계산법이며, 得·負算의 많고 적음으로 관리의 우열을 결정한다. 四時는 사분기의 計算數에 의해 통계하는 것이다.'고 설명한다.[13] 이와 같은 해석은 그 의미가 매끄럽지 않다. 문서 楬은 여기의 三時이고, 三時簿를 가리킨 것이며, 각 분기에 보고된 문서일 것이다. 분기별로 문서를 보고하는 것은 당시의 규제이다. 漢簡 중 이와 같은 유형의 문서 楬을 볼 수 있다. 예를 들면, E.P.F22:468, ▓新始建國地皇上戊二年桼月盡九月三時簿; E.P.T6:35▓ 新始建國地皇上戊二年閏月盡十二月三時簿; E.P.T9:5, ▓綏和元年十月盡十二月四時簿; E.P.F22:398'●甲渠候官建武七年正月盡三月穀出入四時簿; E.P.F22:703A, ▓建始三年十月盡十二月四時簿. 등이 그것이다. 그러므로 간독 말미의 '算'자는 별도의 해석이 요구된다.

簡(7) '建武五年十一月以來告部檄記算卷'. 『簡牘集成』에는 이 간독을 '建武五年十一月以來, 告部檄·記·算卷'으로 해석하였으며, 추가설명하지 않았다.[14] 建武는 漢 光武帝의 연호이며, 建武 5년은 기원전 29년이다. 告는 문서의 용어로써 통지하다·알려 주다의 뜻이다. 部는 漢代 변경 방어체계 중 候官의 아래, 燧 이상의 관할 제도이고, 候長·候史가 설치되어 있다. 檄은 문서유형의 일종이다. 記는 書檄보다 임의적인 문서유형의 일종이다. 상술한 몇 가지 '算'에 관한 해석은 모두 어울리지 않는다. 卷은 2가지 해석이 있다. 하나는 간독문서를 원통형으로 말아놓고 보관하는 것을 가리킨다. 다른 하나는 '帣'과 같으며 밑창이 있는 자루에 담는 것이다. 『說文·巾部』: '帣, 囊也. 今鹽官三斛爲一帣.' 『集韻·平仙』: '囊有底曰帣.'

---

13) 謝桂華·李均明·張俊民, 2001, 『居延新簡(三)』, 中國簡牘集成編輯委員會, 『中國簡牘集成』 第11冊, 敦煌文藝出版社, p.158.
14) 『簡牘集成』, 第12冊, 「居延新簡」 4, p.101.

여기서는 문서를 보관하는 것에 사용한다. 漢簡 중에 역시 '……書卷'의 용례가 보인다. 예를 들면, 居延新簡E.P.F22:409▮建武柒年四月以來府往來書卷'; 居延漢簡8.1▮陽朔二年正月盡十二月吏病及視事書卷'[15]; 居延漢簡46.17A▮建昭六年正月盡十二月吏病及視事書卷' 등이다.

簡(8) A면 '建始三年十月盡十二月四時簿', B면 '十二月四時簿算'. 이 簡은 잔결되어 반쪽만 남아있다. 建始는 漢成帝의 연호이고, 建始 3년은 기원전 26년이다. '十月盡十二月'은 10월부터 12월까지의 뜻이며, 4사분기를 가리킨다. 四時簿는 전술한 바와 같이 매 분기에 보고된 문서이다. B면 말미에 앞면보다 '算'자 한 자가 더 많다. '算'자는 이 모든 것과 어울리지 않는다.

簡(9) '居攝三年計簿算'. 居攝은 漢 孺子嬰의 연호이고, 居攝 3년은 기원 8년이다. 計簿는 상술한 바와 같이 計吏가 기록한 戶口·賦稅·人事의 簿籍이다. '居攝三年計簿'는 곧 居攝 3년의 統計簿이며, 말미의 算'자는 이 모든 것과 어울리지 않는다. 이것은 簡(1)과 유사하다.

簡(10) A면 '建昭元年十月盡二年九月大司農部丞簿錄簿算', B면 '建昭元年十月盡二年九月大司農部丞簿錄簿算及諸簿十月旦見'. 建昭는 漢元帝의 연호이고, 建昭 원년은 기원전 38년이다. 大司農部丞은 大司農의 屬官이다. 『史記·平準書』: '桑弘羊爲治粟都尉, 領大農, 盡代(孔)僅管天下鹽鐵……乃請置大農部丞數十人, 分部主郡國, 各往往縣置均輸·鹽鐵官.'[16] 『漢書·平帝紀』: '元始元年置'大司農部丞十三人, 人部一州, 勸課農桑.[17] 大司農部丞은 임시로 파견하는 성격을 가지며, 상시로 설치된 것이 아니다.[18] 簿錄을 楊劍虹 선생은 '簿錄은 각종 기록책의 총칭이며, 計簿·算簿·田簿 등을 포함한다.'고 여긴다.[19] 이 의견은 적절하지 않다. 이 簡 中 簿錄簿는 여러 簿들과 병칭되어 있고, 簿의 일종일 것이다. 『續漢書·百官志一』, '太尉'條'掾史屬二十四人……黃閣主簿錄省衆事.[20] 『續漢書·百官志四』, '司隷校尉'條'假佐二十五人', 本注曰: '主簿錄合下事, 省文書.'[21] 居延新簡 E.P.T51:418AB, ▮建昭五年十月盡六年九月刺史奏事簿錄'. 이와 같은 자료들을 근거로 본다면 '簿錄'은 각종 행정업무에 대한 전문 기록인 것 같다. '簿錄簿'는 오늘날의 업무 비망록과 같아서 '算'자로 해석하면 그 의미는 이 모든 것과 어울리지 않는다.

簡(11) A·B면의 문자가 같고, 간문은 '▮建昭四年正月盡三月四時簿算'이다. 建昭는 漢元帝의 연호이고, 建昭 4년은 기원전 35년이다. 四時簿는 상술한 바와 같이 매 분기에 보고된 문서이다. 말미의 算'자는 이 모든 것과 어울리지 않는다. 이것은 簡(1)·簡(8)과 유사하다.

簡(12) '囗長朱就恃尉功算詣官平. 六月己巳蚤食入'.

---

15) 謝桂華·李均明·朱國炤, 1987, 『居延漢簡釋文合校』, (北京)文物出版社. 본문에 인용한 居延漢簡은 특별히 표시한 사례 이외에 모두 이 책에서 인용한 것이다. 별도의 주를 달지 않는다.

16) 『史記』 卷30, 「平準書」, p.1441.

17) 『漢書』 卷12, 「平帝紀」, p.351.

18) 安作璋·熊鐵基, 2007, 『秦漢官制史稿』, (濟南)齊魯書社, p.176.

19) 楊劍虹, 1984, 「從居延漢簡看西漢在西北的屯田」, 『西北史地』 제2기.

20) 『後漢書』 卷114, 「百官志一」, p.3559.

21) 『後漢書』 卷117, 「百官志四」, p.3613.

簡(13) '律日: 贖以下, 可檄, 檄, 勿徵還. 願令史移散官憲功算, 檗維蒲封'.

簡(14) '□●謹案吏功算☒'.

이 3매의 簡 모두에 '功算'이라는 단어가 있다. 앞에서 언급한 바와 같이 高恒·謝桂華 선생 등은 이것에 대해 다른 해석을 제기하였다. 高恒 선생은 여기서 '算'은 '筴'과 같으며, 簡書·簿册을 가리킨다고 하였다. 하지만 관련된 漢簡 자료들로 보면 문서든 簿籍이든 서로 다른 유형들은 모두 서로 다른 명칭을 가지고 있다. 예를 들면, 書·檄·記·簿·籍 등이 있지만 '筴'으로 총칭하는 경우는 거의 보이지 않는다. 謝桂華 선생 등은 여기의 '功算'은 '공적과 得負算의 문서'라고 하였고, 이는 공적문서와 得·負算 문서로 간주하는 것이다. 하지만 관련된 漢簡 자료들로 보면 공적문서와 得負算 문서는 서로 다른 성격을 지닌 두 종류의 문서이며, 제작과정·보고시기 및 기능이 모두 다르다.[22] 또한 도판으로 볼 때 모든 得·負算을 언급한 문서 중 '算'자는 전부 다 '筭'으로 쓰여 있고, 이는 뒷글에서 상세하게 논할 것이다. 결국 이 두 가지 해석은 모두 어울리지 않는다.

簡(15) '□長憲行事封移居延已召候長當持劾算詣官'. 이 簡은 비록 잔결되어서 관련된 정보가 완전하지 않지만, 남아있는 글자들에 의해 候長에게 劾狀 문서를 챙겨 관련 기관에 보내는 것을 명한 내용임을 알 수 있다. '算'자로 해석하면 그 의미는 이 모든 것과 어울리지 않는다.

簡(16) '●右第八車父杜□□守父靳子衡 算身一人☒'. 내용으로 보면, 이 簡은 牛車·車父 名籍 右類 小結簡에 속한다. 車父는 御車者(운전자)이다. 杜□□은 人名일 것이다. 守父는 代理車父(대리운전자)일 것이다. 靳子衡은 사람이름 즉, 대리운전자의 이름이고,(代理車父之名). '算身'의 의미는 분명하지 않다. '算'자로 해석하면 그 의미는 이 모든 것과 어울리지 않는다.

簡(17) A면 '候官橐佗廣地算', B면 '今餘錢卅六萬五百八十九'. 내용으로 보면, 이 簡은 아마도 橐佗候官과 廣地候官의 錢出入統計簿의 標題簡이다. '算'자로 해석하면 그 의미는 이 모든 것과 어울리지 않는다.

簡(18) '●右算書'. 이 簡은 右類小結簡에 속한 것이다. 앞글에 언급한 바와 같이 '算書'는 초기의 문헌자료에 관련된 입증자료가 없었다. '算'자로 해석하면 그 의미는 이 모든 것과 어울리지 않는다.

그 다음 글자의 형태로 볼 때 '算'자로 해석하는 것은 적절하지 않다. 그 필법은 '真'자와 같으며, '算'자의 필법과 매우 큰 차이가 난다. 정확하게 비교를 해보자면, 각 글자형태의 도판은 다음과 같다.

---

22) 于振波 선생은 '漢簡 중의 '得算'·'負算'은 官吏의 업적에 대해 평가할 때 사용된 용어로 여기고, 상금·벌금과 필연적인 관련이 없다고 본다. 漢代의 '算(筭)'은 算賦 이외에 計數의 조건으로 사용되었고, 필히 이 두 가의 서로 다른 경우를 명확히 구분해야한다. 이것은 일률적으로 논하면 안 된다. 漢代의 업적 평가 방법은 주로 평상시의 심사가 중요하였고, 1년에 한 번 총평 하는 것이 아니었다.'고 지적한 바가 있다(1996, 「漢簡'得算'·'負算'考」, 『簡帛硏究(第二輯)』, 法律出版社).

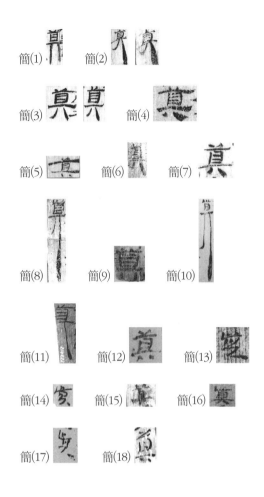

簡(1)　簡(2)

簡(3)　簡(4)

簡(5)　簡(6)　簡(7)

簡(8)　簡(9)　簡(10)

簡(11)　簡(12)　簡(13)

簡(14)　簡(15)　簡(16)

簡(17)　簡(18)

상술한 글자형태로 볼 때 서사방법은 대체로 같으며 가운데 부분은 모두 '目'이며 아래 부분은 모두 '一'·'八'이다. 단지 윗부분의 서사방법에 약간의 차이가 보인다. '亠'로 서사한 예는 簡(2)가 있고, '丷'로 서사한 예는 簡(1)·(3)·(4)·(5)·(6)·(7)·(9)·(11)·(12)·(15)·(18) 등이 있으며 '山'로 서사된 경우는 簡(8)·(10)·(13)·(14)·(16) 등이 있다. 이 글자의 형태는 비록 '算'자의 서법과 유사해 보이지만 '算'자가 아니다. 『說文』 중에 '算'과 '筭' 2 글자가 수록되어있다. '筭, 長六寸, 計歷數者. 从竹从弄. 言常弄乃不誤也.' '算, 數也. 从竹从具. 讀若筭.'이다. 비록 『說文』에 算·筭 두 글자가 기록되어있고, 초기 문헌 역시 두 글자가 같이 출현하는 경우가 있지만 漢代 銅器 銘文·石刻文字 및 간독자료들을 보면 算·筭 두 글자를 구분하지 않고 사용하였다. 일반적으로 모두 '筭'으로 서사하였고, '算'으로 서사한 경우는 적으며, 거의 예외가 없었다. 이와 관련된 간독자료를 예로 삼은 것을 열거하면 아래와 같다.

簡(19) ☑□算簿　☑ (『肩水』73EJC:493)

이 간문 중 '算簿'의 '算'은 으로 서사되어 있다.

簡(20) 筭簿: ·集八月筭二萬九, 復筭二千卅五. 都鄉, 八月事筭五千卅五. 南鄉, 八月事筭三千六百八十九. 垣雍北鄉, 八月事筭三千二百八十五. 垣雍南鄉, 八月筭是二千九百卅一. 鞠鄉, 八月事筭千八百九十. 楊池鄉, 八月事筭三千一百六十九. ·右八月. ·集九月事筭萬九千九百八十八, 復筭二千六十五. (『紀莊漢墓木牘』TM19D1B)[23]

이 간문 중 '筭簿'·'事筭'의 '筭'은   으로 서사되어 있다.

簡(21) ☑負五算. 牽所負半算奇一算半算. (『居新』E.P.T5:8)

이 간문 중 '負算'의 '算'은   으로 서사되어 있다.

簡(22) 第卅四隊范尚: 六石具弩一……; 糸承弦一絕靡, 負五算; 槀矢銅鍭六听呼, 二差折, 負八算; 蛮矢銅鍭二差, 補不事用, 二干听呼, 二羽幣, 負十六算; 蘭一負索幣, 負一算; 靳干一听呼, 負一算; □□九毋□, 負一算; 心腹止泄藥非物, 負一算; 第四□. (『居新』E.P.T50:2)

이 간문 중 '負算'의 '算'은   으로 서사되어 있다.

簡(23) ☑　牽隧負卅一算　第四(『居新』E.P.T51:693)

이 간문 중 '負算'의 '算'은 으로 서사되어 있다.

簡(24) 不侵隧長李奉射方二, 得四算, 卒張安射決一當, 卒張合眾射決一當, 卒杜蓋眾射埻二□二算, 定得五算. (『居新』E.P.T52:431)

이 간문 중 '得算'의 '算'은 으로 서사되어 있다.

簡(25) ☑□□□軍王門塞外海廉渠盡五月以☑

---

23) 天長市文物管理所·天長市博物館, 2006, 「安徽天長西漢墓發掘簡報」, 『文物』第11期.

　　　　　☑九月都試騎士馳射最率人得五算半算☑

　　　　　☑□四月（『居新』E.P.T52:783）

이 간문 중 '得算'의 '算'은 으로 서사되어 있다.

簡(26)　☑下水十五得半□□□前負一☑

　　　　　☑定負一算半算　　☑（『居新』E.P.T52:821）

이 간문 중 '負算'의 '算'은 으로 서사되어 있다.

簡(27)　☑驚糒多康負算十　●凡卅七（『居新』E.P.T53:226）

이 간문 중 '負算'의 '算'은 으로 서사되어 있다.

簡(28)　☑　椎不韋負一算

　　　　　☑　□負二算

　　　　　☑　凡負百一十四算（『居新』E.P.T56:186）

이 간문 중 '負算'의 '算'은 으로 서사되어 있다.

簡(29)　次吞隧長長舒. 卒四人: 一人省; 一人車父, 在官, 已見; 二人見. 塢戶厭破不事用, 負二算; 塢塢不塗墍, 負十六算; 木長桱二柄長, 負二算; 反笱一幣, 負二算; 直上蓬干柱柜木一解隨, 負三算; 天田塪八十步不塗不負一; 縣索三行一里卅六步幣絕不易, 負十算; 積薪絜皆不墍, 負八算; 縣索緩一里, 負三算. ●凡負卅四算. (E.P.T59:6)

이 간문 중 '負算'의 '算'은 등으로 서사되어 있다.

簡(30)　肩水禽寇隧長韓武彊: 弩一右淵死二分, 負五算; 蚩矢一差折, 負二算. 凡負七算（『肩水』73EJT10:131）

이 간문 중 '負算'의 '算'은 으로 서사되어 있다.

簡(31) ☑敬老里男子許明出逋更茭茭算錢少 (『居新』E.P.S4.T2:136)

이 간문 중 '算錢'의 '算'은 으로 서사되어 있다.

簡(32) ☑□算賦給毋官獄徵事☑ (『肩水』73EJT9:328)

이 간문 중 '算賦'의 '算'은 으로 서사되어 있다.

이러한 간독 중 '算'자의 서법을 근거로 보면 모두 '筭'의 형태이다. 정교하게 서사된 글자형태는 구조가 비교적 명확하다. 초서로 서사할 때는 글자형태에 약간의 변화가 있다. 가운데 부분을 '王' 혹은 '廾'으로 서사한 경우가 있지만, '目'으로 서사한 경우는 없다. 簡(1)-(18) 중 '算'으로 해석한 글자의 서법은 완전히 다르다. 그래서 글자형태로 볼 때 簡(1)-(18) 중 '算'자에 관한 해석은 믿을 수 없다.

III. 간독에 보이는 '眞'

간독 도판에 대한 분석을 통해 알 수 있듯이 簡(1)-(18) 중 '算'자는 사실상 '眞'자를 오독한 것이며, 이는 교정해야 한다. '眞'은 秦漢 간독에서 보이는 빈도 중 하나는 人名으로 사용한 것이며, 자주 등장하는 이름으로는 '子眞'이 있다. 예를 들면,

簡(33) ☑□羊把刀一寄張張持刀置地亡刀子眞曰刀賈 (『居新』E.P.T50:70)

이 간문 중 '子眞'의 '眞'은 으로 서사되어 있다.

簡(34) ☑候言戍卒馬張取昭武男子董子眞爲 (『居新』E.P.T51:657A)

이 간문 중 '董子眞'의 '眞'은 으로 서사되어 있다.

簡(35) ■右鄭子眞八百☑ (『肩水』73EJT3:111)

이 간문 중 '鄭子眞'의 '眞'은 으로 서사되어 있다.

簡(36) □叩頭言☑
　　子眞佳君足下毌

薄怒自憐忍忍非者

困…… (『居新』73EJT10:220A)

閔　子真門下 (『肩水』73EJT10:220B)

이 간문 중 '子真'의 '真'은 으로 서사되어 있다.

簡(37) ☑□年五十一, 黑色, 字子真. 六月辛卯入. 車一兩, 牛二, 皆☑ (『肩水』73EJT23:418+821)

이 간문 중 '子真'의 '真'은 으로 서사되어 있다.

이름이 단자 '真'으로 된 것도 있다. 예를 들면,

簡(38) 五鳳元年六月戊子朔癸巳, 東鄉佐真敢言之: 宜樂里李戎自言爲家私市長安張掖界中, 謹案戎毋官獄徵事, 當爲傳謁移廷, 敢言之. (『肩水』73EJT10:312A)

이 간문에 東鄉 佐의 이름 '真'은 으로 서사되어 있다.

簡(39) 甘露四年二月己酉朔癸丑, 西鄉守有秩世守佐真敢告尉史宛東……☑

　　掖居延界中, 案毋官獄徵事, 當爲傳謁移過所縣邑侯國, 毋苛留……☑

　　言之, 謹案張斗年爵如書, 毋徵事, 敢言之. /二月癸丑宛丞備移……☑

　　　　　　　　　　　　　　(『肩水』73EJT10:315A)

이 간문 중 西鄉 守佐의 이름 '真'은 으로 서사되어 있다.

두 번째는 고유명사이다. 예를 들면, '真官'이 있다.

簡(40) ☑士吏強兼行候事, 真官到, 罷, 如律令. (『居新』E.P.T57:92)

이 간문 중 '真官'의 '真'은 으로 서사되어 있다.

簡(41) ☑□課有意毋狀者, 真官到·有代, 罷, 毋忽如律令. (『居新』E.P.T65:73)

이 간문 중 '真官'의 '真'은 으로 서사되어 있다.

簡(42) 第二隧長史臨, 今調守候長, 真官到若有代, 罷. (『居新』E.P.F22:248)

이 간문 중 '真官'의 '真'은 으로 서사되어 있다.

簡(43) ☑今調守第七候長, 真官到若有代, 罷. (『居新』E.P.F22:481)

이 간문 중 '真官'의 '真'은 으로 서사되어 있다.

簡(44) 關嗇夫光候行塞, 光兼行候事, 真官到. (『肩水』73EJT8:8)

이 간문 중 '真官'의 '真'은 으로 서사되어 있다.

簡(45) 候事, 真官到若有代, 罷, 如律令. (『肩水』73EJT21:38A)

이 간문 중 '真官'의 '真'은 으로 서사되어 있다.

簡(46) ☑安行丞事真官到有代罷☑ (『肩水』73EJH1:13)

이 간문 중 '真官'의 '真'은 으로 서사되어 있다.

또한 '真二千石'의 경우는 다음과 같다.

簡(47) ☑清河大守一人秩真二千石☑ (『肩水』73EJD:247)

이 간문 중 '真二千石'의 '真'은 으로 서사되어 있다.

세 번째는 지명으로 사용된다. 예를 들면, '真定'이 있다.

簡(48) 戍卒穎川郡穎陰邑真定里公乘仁青跗年卅四. (『肩水』73EJT8:7)

이 간문 중 '真定'의 '真'寫作 으로 서사되어 있다.

里耶秦簡[24]에서도 '真簿'·'真書' 등의 용례가 있다. 예를 들면,

簡(49) 或遷. 廿六年三月甲午, 遷陵司空得·尉乘□☑

　　　卒真薄(簿)

　　　廿七年八月甲戌朔壬辰, 酉陽具獄獄史啓敢□☑

　　　啓治所獄留須, 敢言之. ·封遷陵丞☑ (『里耶秦簡』8-133正)

이 간문 중 '真薄'의 '真'자는 으로 서사되어 있다.

簡(50) 卅一年後九月庚辰朔甲□, ……卻之: 諸徒隸當爲吏僕養者皆屬倉……倉及卒長影所署倉, 非弗智
毆, 蓋……可(何)故不騰書？近所官亘(恒)日上真書. 狀何……□□□□□☑ (『里耶秦簡』8-130+8-190+8-
193正)

이 간문 중 '真書'의 '真'자는 으로 서사되어 있다.

簡(51) 八月乙巳朔己未, 門淺□丞敢告臨沅丞主: 騰真書, 當騰騰, 敢告主. /定手. / (『里耶秦簡』
8-66+8-208正)

이 간문 중 '真書'의 '真'자는 으로 서사되어 있다.

簡(52) 卅一年七月辛亥朔甲子, 司空守□敢言之: 今以初爲縣卒瘨死及傳槥書案致, 毋應此人名者. 上真
書. 書癸亥到, 甲子起, 留一日. 案致問治而留. 敢言之. (『里耶秦簡』8-648正)

이 簡文 중 '真書'의 '真'자는 으로 서사되어 있다.

이러한 간독 중에 '真'자의 서사방법과 簡(1)-簡(18) 중 원래 '算'으로 해석된 글자의 서사방법은 같다.
가운데는 모두 '目'이고, 하단 부분은 모두 '一'과 '八'이며, 상부의 서사방법에는 약간의 차이가 있다. 簡
(35)·(50)·(52)에는 '亠'로, 簡(37)·(40)·(41)·(43)·(48)·(49)·(51) 등에는 '丷'로, 簡(33)·(34)·(36)·(38)·
(39)·(42)·(44)·(45)·(46)·(47) 등에는 '山'로 서사되어 있다. 그래서 簡(1)-簡(18) 중 '算'자는 모두 '真'자
로 해석하는 것이 더 타당하다.

글자형태 외에도 수정한 글자를 簡文에 놓고 글자를 바꾼 해석이 앞뒷문장의 뜻과 지장 없이 연결될까
를 분석하고 검증해야한다. 簡(1)-簡(18) 중의 '算'자를 '真'자로 바꿔 해석한 후 구별한 簡의 해석문은 아
래와 같다.

---

24) 湖南省文物考古研究所: 『里耶秦簡』, 文物出版社, 2012; 陳偉主編: 《里耶秦簡牘校釋(第一卷)》, 武漢大學出版社, 2012. 본문
　　에서 인용한 里耶秦簡 도판과 釋文은 다른 이 두 책을 사용하였다. 별도의 주를 달지 않는다.

(1)   建武黍年計

　　　▓

　　　　簿真 (『居新』E.P.T26:9)

(2)   鴻嘉二年吏

　　　▓

　　　　遣符真 (『居新』E.P.T50:203A)

　　　　鴻嘉二年吏

　　　▓

　　　　遣符真 (『居新』E.P.T50:203B)

(3)   建始五年四月府所下禮

　　　▓

　　　　真書 (『居新』E.P.T51:147A)

　　　　建始五年四月府所

　　　▓

　　　　下禮分真書 (『居新』E.P.T51:147B)

(4)   初元四年正月盡十

　　　▓

　　　　二月檄真 (『居新』E.P.T52:378)

(5)   ▓十二月行事真 (『居新』E.P.T58:85)

(6)   始建國天鳳一年

　　　▓ 三月盡六月

　　　　三時真 (『居新』E.P.T59:331A)

　　　　始建國天鳳一年

　　　▓ 三月盡六月

　　　　三時真 (『居新』E.P.T59:331B)

(7)　　建武五年十一月以來

　　　　　■

　　　　　　　　告部檄記真卷 (『居新』E.P.F22:408)

(8)　　建始三年十月盡

　　　　　■

　　　　　　　　十二月四時簿 (『居新』E.P.F22:703A)

　　　　　　　　十二月四時簿

　　　　　■

　　　　　　　　真 (『居新』E.P.F22:703B)

(9)　　居攝三年

　　　■

　　　計簿真 (『合校』70.13A)

　　　居攝三年

　　　■

　　　　　　計[簿真] (『合校』70.13B)

(10)　　建昭元年十月盡二年九月

　　　　■ 大司農部丞簿錄簿

　　　　　　　真 (『合校』82.18A)

　　　建昭元年十月盡二年九月

　　　　■ 大司農部丞簿錄簿真

　　　　　及諸簿十月旦見 (『合校』82.18B)

(11)　　建昭四年正月盡

　　　　■ 三月四時

　　　　簿真 (『合校』214.22A)

　　　建昭四年正月盡

　　　　■ 三月四時

　　　　簿真 (『合校』214.22B)

(12) □長朱就持尉功真詣官平　　　六月己巳蚤食入(『合校』95.3)

(13) 律日贖以下可橄橄勿徵遝願令史移散官憲功真桌維蒲封(『合校』157.13, 185.11)

(14) □●謹案吏功真⊿ (『合校』合270.11)

(15) □長憲行事封移居延已召候長當持刻真詣官(『居新』E.P.T48:61A)

(16) ● 右第八車父杜□□守父靳子衡　眞身一人⊿ (『合校』180.40A)

(17) 候官橐佗廣地真(『肩水』73EJT27:17A)
　　 今餘錢卅六萬五百八十九(『肩水』73EJT27:17B)

(18) ●右真書(『居新』E.P.T59:90)

'真'은 正의 뜻이며 副·邪와 서로 대립한다. 『漢書·河間獻王德傳』: '從民得善書, 必爲好寫與之, 留其真.' 顔師古注曰: '真, 正也. 留其正本.' 『文選·〈古詩十九首·今日良宴會〉』: '令德唱高言, 識曲聽其真.' 李善注曰: '真, 猶正也.' 상술한 簡文 中 '真'은 문서의 원본 혹은 底本을 의미한다. 이 같은 이해는 문장 앞뒤와 일맥상통하다.

簡(1) '建武柒年計簿真'은 建武7년 計簿의 원본이다.

簡(2) '鴻嘉二年吏遣符真'은 鴻嘉 2년에 파견한 관리가 사용한 符의 원본이다.

簡(3) A면 '建始五年四月府所下禮真書'와 B면 '建始五年四月府所下禮分真書'는 建始 5년 4월에 太守府 혹은 都尉府가 하달한 禮書 혹은 禮分書의 원본이다.

簡(4) '初元四年正月盡十二月橄真'은 初元 4년 정월부터 12월까지의 橄書 원본이다.

簡(5) '十二月行事真'은 어떤 해 12월의 '行事'문서 원본이다.

簡(6) A면 '始建國天鳳一年三月盡六月三時真'과 B면 '始建國天鳳一年三月盡六月三時真'은 始建國天鳳 원년 4월부터 6월까지(2사분기)의 '四時簿' 원본이다.

簡(7) '建武五年十一月以來告部橄記真卷'은 建武 5년 11월부터 각 부서 관할로 발송한 橄類와 記類 문서의 원본 혹은 底本이다.

簡(8) A면 '建始三年十月盡十二月四時簿'와 B면 '十二月四時簿真'은 建始 3년 10월부터 12월까지(4사분기)의 '四時簿' 원본이다.

簡(9) '居攝三年計簿真'은 居攝 3년 計簿의 원본이다.

簡(10) A면 '建昭元年十月盡二年九月大司農部丞簿錄簿真'과 B면 '建昭元年十月盡二年九月大司農部丞簿錄簿真及諸簿十月旦見'은 建昭 원년 10월부터 建昭 2년 9월까지의 農部丞簿錄簿 원본이다.

簡(11) '建昭四年正月盡三月四時簿真'은 建昭 4년 정원부터 3월까지의 '四時簿' 원본이다.

簡(12) '□長朱就持振功真詣官平. 六月己巳蚤食人'. 朱就는 사람 이름이다. 尉는 塞尉로 의심된다. 功真은 곧 功勞簿의 원본이다. 이것은 朱就가 塞尉의 功勞簿 원본을 候官으로 보내 평가받는 것이다.

簡(13) '律曰: 贖以下, 可檄, 檄, 勿徵遷. 願令史移散官憲功真, 槖維蒲封'. 散官은 冗官이다. 憲은 人名으로 의심된다. 功真은 功勞簿의 원본이다. 이것은 令史가 散官 憲의 功勞簿 원본을 이송하기를 바랬으며, 이송 시에 功勞簿 원본을 '槖維蒲封' 방식으로 봉인, 포장하는 것도 요구하였다.

簡(14) '□●謹案吏功真☑'. 案은 '按'과 같다. 查考·考核(조사하여 고증하다, 대조하다, 심사하다)의 뜻이다. 『戰國策·趙策二』: '臣竊以天下地圖案之, 諸侯之地, 五倍於秦.' 王充『論衡·問孔』: '案聖賢之言, 上下多相違.' 이것은 吏員의 功勞簿 원본을 심사한다는 뜻이다.

簡(15) '□長憲行事封移居延, 已召候長當持劾算詣官'. 當은 사람이름이고, 候長의 이름이다. 劾은 告劾 문서이다. 劾真은 告劾 문서의 원본이다. 이것은 이미 候長 當에게 告劾 문서의 원본을 가지고 候官까지 이송하라는 것이 전달되었다는 것이다.

簡(16) '●右第八車父杜□□守父靳子衡 真身一人☑'. 真身은 본인이라는 뜻이다. 敦煌漢簡 2348A에: '☑□習弛刑真身皆遠客, 未曉習俗, 不便. 長沙走馬樓三國吳簡에 '其一人真身送宮'(貳·7093); '·其四人真身已送及隨本主在宮'(貳·8936); '■真身送宮八人細小七人假下戶民以自代謹條列■'(貳·8977).[25]

簡(17) A면 '候官槖佗廣地真'은 B면 '今餘錢卅六萬五百八十九'와 같은 내용으로 볼 때 槖佗 候官과 廣地 候官의 錢簿 원본이다.

簡(18) '●右真書'는 곧 '이상은 원본이다'라는 뜻이다. 앞에서 인용한 里耶簡(50)·簡(51)·簡(52) 중에도 '上真書'·'騰真書' 등이 있다. 真書는 문서의 원본을 가리키는 것이다.

앞서 말한 내용을 종합해보면 簡(1)~(18) 중 '算'자를 '真'자로 고쳐 해석하는 것은 정확하고 믿음직하다. 동시에 '真'자의 수정은 간독 문서의 분류를 더욱 명확하게 할 수 있게 하여 秦漢 시기의 문서제도를 더 깊이 이해하도록 도움을 준다. '真'문서 혹은 簿籍류는 '真書'이자 문서의 원본임을 의미한다. 이것은 오늘날의 원본 혹은 정본과 비슷하다. 행정과정 중 '上真書'를 요구할 때가 있고, 앞서 예를 든 簡(12)·(13)·(14)·(15)·(50)·(52)등이다. 즉, 관련 문서의 원본을 올리는 것이다. 또한 '騰真書'를 요구할 때는 상기한 예 簡(51)과 같이 관련문서의 원본을 전달하는 것이다. 때로 '下真書'를 요구할 때는 里耶秦簡 8-228 '南郡守恒下真書洞庭'과 같이 관련 문서의 원본을 하달하는 경우도 있다.

'真'과 서로 대립하는 것은 '副'이다. 副는 사본·복제본이다. 예를 들면, 『史記·太史公自序』: '藏之名山, 副在京師.' 司馬貞『索隱』: '言正本藏之書府, 副本留京師也.'[26] 『漢書·高惠高后文功臣表』: '高后二年, 復詔

---

25) 長沙簡牘博物館 등, 2007, 『長沙走馬樓三國吳簡·竹簡(貳)』, 文物出版社.

26) 『史記』 권130, 「太史公自序」, p.3320.

丞相陳平盡差列侯之功, 錄弟下竟, 臧諸宗廟, 副在有司.'[27]에서 볼 수 있듯이 列侯功次簿錄의 원본은 宗廟에 수장되어 있고, 사본은 官府에 수장되어있다. 『漢書·魏相傳』: '又故事諸上書者皆爲二封, 署其一日副, 領尚書者先發副封, 所言不善, 屏去不奏. 相復因許伯白, 去副封以防雍蔽.'[28] 이 기록처럼 上書 시에는 같은 문서 두 부를 준비하는데, 하나는 원본이고 다른 하나는 사본이다. 張家山漢簡『二年律令·賊律』: '諸詐增減券書, 及爲書故詐弗副, 其以避負償, 若受賞賜財物, 皆坐臧(贓)爲盜(14).'처럼 券書 작성시에는 원본 이외에 반드시 사본을 만들어야 하고, 이는 추후 검증할 때를 대비한 것이다. 『二年律令·戶律』: '恒以八月令鄕部嗇夫·吏·令史相襍案戶籍, 副臧(藏)其廷.(328)' '民宅園戶籍, 年細籍·田比地籍·田命籍·田租籍, 謹副上縣廷, 皆以篋若匣匱盛, 緘閉, 以令若丞·官嗇夫印封, 獨別爲府, 封府戶(331-332).' 이것은 戶籍 등 簿籍 원본은 鄕에 보관하고, 縣廷에 보관하도록 사본을 만들어 올린다. 『二年律令·津關令』: '令將吏爲吏卒出入者名籍, 伍人閱具, 上籍副縣廷.(494-495).' 이것은 吏卒 出入者의 名籍사본을 만들어 縣廷으로 올린 것이다. 張家山漢簡『奏讞書』: '南郡卒史蓋盧·摯田·叚卒史鴡復攸庫等獄簿': '其二輩戰北當捕, 名籍副並居一笥中.(136)'[29] 이것은 두 "戰北當捕"자의 名籍 사본을 같은 竹笥에 놓았다는 것이다. 출토된 문서 楬 혹은 문서의 표제 중, 역시 '副'자로 표기된 경우가 있었다. 그 예시는 다음과 같다.

簡(53)　候尉上書

　　　　■

　　　　　副 (『居新』E.P.T59:578)

簡(54)　　元始三年十二月吏民

　　　　■

　　　　　出入關傳副卷(『肩水』73EJT35:2)

簡(55)　　　元康元年盡二年(『合校』255.21A)

　　　　■

　　　　　告劾副名籍(『合校』255.21B)

簡(56)　·酒泉居延倉丞葆建始三年十一月傳副(『肩水』73EJC:617)

---

27) 『漢書』卷16, 「高惠高后文功臣表」, p.327.

28) 『漢書』卷74, 「魏相傳」, p.3135.

29) 張家山漢墓竹簡整理小組, 2001, 『張家山漢墓竹簡[二四七號墓]』, (北京)文物出版社. 본문에 인용된 張家山漢簡은 모두 이 책을 참조한 것이며, 별도의 주를 달지 않는다.

簡(57)   課上金布副: 桼課. 作務. 疇竹. 池課. 園栗.
　　　　采鐵. 市課. 作務徒死亡. 所不能自給二求輸.
　　　　采鐵. 市課. 作務徒死亡. 所不能自給二求輸.
　　　　縣官有買用錢. /鑄段(鍛). 竹箭. 水火所敗亡. /園課. 采金. 貰·贖·責毋不收課. (『里耶秦簡』
　　　　8-454)

簡(53)'候尉上書副'는 鄣候塞尉上書의 사본이다. 簡(54)'元始三年十二月吏民出入關傳副卷'은 元始 3년
12월에 吏民들이 關을 출입하였을 때의 통행 증빙 서류인 '傳'의 사본이다. 簡(55)'元康元年盡二年告劾副
名籍'은 元康원년부터 2년까지 告劾名籍의 사본이다. 簡(56)'酒泉居延倉丞葆建始三年十一月傳副'는 酒泉
居延倉丞葆 建始 3년 11월의 통행증 '傳'의 사본이다. 簡(57)'課上金布副'는 金布를 납부하였을 때의 고과
기록 사본이다.
　　懸泉漢簡 중에「失亡傳信册」이라는 한 건의 문서가 있다.

簡(58)
　(A) 永光五年五月庚申, 守御史李忠監嘗麥祀祠孝文廟, 守御史任昌年爲駕一封輤傳. 外百卌二. 御史大
夫弘謂長安: 以次爲駕, 當舍傳舍, 如律令.
　(B) 永光五年六月癸酉朔乙亥, 御史大夫弘移丞相·車騎將軍·將軍·中二千石·二千石·郡太守·諸侯相:
五月庚申, 丞相少史李忠守御史假一封傳信, 監嘗麥祀祠孝文廟事. 己巳, 以傳信子御史屬澤欽, 欽受忠傳信,
置車笭中, 道隨(墮)亡. 今寫所亡傳信副, 移如牒. 書到, 二千石各明白佈告屬官縣吏民, 有得亡傳信者, 子購
如律. 諸乘傳·驛駕, 廄令·長·丞亟案莫傳, 有與所亡傳同封弟(第)者, 輒捕繫, 上傳信御史府, 如律令.
　(C) 七月庚申, 敦煌太守弘·長史章·守部候脩仁行丞事, 敢告部都尉卒人: 謂縣官, 官寫移, 書到, 如律
令. /掾登·屬建·佐政·光.
　(D) 七月辛酉, 效穀守長合宗·守丞敦煌左尉忠, 告尉: 謂鄕·置, 寫移, 书到, 如律令. (Ⅱ90DXT0216②:
866-870)[30]

　　이것은 분실된 한건의 '傳信'이라는 관문서를 추적 조사하는 내용이다. 문서 중에는 실제적인 4가지 부
분의 내용들이 포함되어 있다. (A). 永光5년 5월 庚申, 御史大夫 弘은 守御史 李忠에게 傳信의 사본을 전
달하는 것을 허가하였다. 李忠의 임무는 '監嘗麥祀祠孝文廟'이었고, 朝廷에서 파견한 使者였다. (B). 6월
乙亥에 御史大夫 弘은 中央和과 地方의 주관 관리에게 분실된 傳信을 찾으란 통고를 발송하였다. '今寫所

---

30) 전체적인 釋文은 張德芳의「懸泉漢簡中的傳信簡考述」(中國文物研究所, 2005, 『出土文獻研究』第7輯, 上海古籍出版社)에 가
　　장 먼저 보인다. 馬怡 선생은 부분적인 文字와 문장에 대해 교정 작업을 진행하였다(馬怡, 2007, 「懸泉漢簡'失亡'傳信册'補
　　考」, 中國文物研究所, 『出土文獻研究』第8輯, 上海古籍出版社를 참조). 본문에서는 馬怡 선생의 釋讀을 채택하였다.

亡傳信副, 移如牒'의 기록으로 알 수 있다. (A)는 通告의 덧붙인 문건일 것이며, 즉, 이미 분실된 통행증 빙서류의 사본 '傳信副'이다. (C). 7월 庚申에 敦煌 太守 弘 등은 都尉로 이 通告 문서를 전달했다. (D) 7월 辛酉에 效穀守長 合宗 등은 縣尉로 이상의 명령 문서를 발송하였다.[31] 문서의 내용은 대체적으로 명확하고, 문자의 釋讀도 정확하다. 하지만 (B) 부분의 마지막 단락의 글인 '諸乘傳·驛駕, 廐令·長·丞亟案莫傳, 有與所亡傳同封弟(第)者, 輒捕繫, 上傳信御史府, 如律令' 중 '廐令·長·丞亟案莫傳' 의 '莫傳' 두 글자는 의미가 불분명하다. '莫'자에 대한 가장 초기의 연구는 胡平生·張德芳 선생의 저작이 있다.[32] 馬怡 선생은 이와 같은 견해를 받아들였다[33]. 후에 張德芳 선생은 이 글자를 '□'로 수정하였고, 잔결로 인해 해석하지 못하였다.[34] 이것은 '莫'으로 해석할 때 그 의미가 통하지 않는다는 것을 알았기 때문일 것이다. 현재 도판으로 볼 때 이 글자의 서법은 전술한 '真'자와 같다. 그러므로 이것은 '真'으로 수정해야 한다. '真傳'은 곧 傳信의 원본이며 '傳信副'와 대립한다. 그래서 (B) 부분의 마지막 한 문단은 다음과 같이 수정해야한다.

諸乘傳·驛駕, 廐令·長·丞亟案真傳, 有與所亡傳同封弟(第)者, 輒捕繫, 上傳信御史府, 如律令.

그 의미는 각각 관련된 기관의 令·長·丞에게 관할 구역 내 驛站의 車馬를 사용한 자가 가지고 있는 모든 증빙서류의 원본인 '真傳'을 검사하라는 명령이었으며, 만약 분실된 傳信과 같은 封印 및 번호가 적힌 경우에 소지자를 바로 체포해야 한다. 동시에 傳信을 御史府로 전달해야 한다. 관련된 律令에 따라 처리한다.

상술한 자료들로 보자면 원본이든 사본이든 관련 기구는 모두 일정한 기준에 의해 분류하여 보관한다. 또한 보관할 때 추후에 쉽게 찾을 수 있게 각 문서의 簽牌를 제작하는데, 이것은 문서 楬이다. 일반적으로 문서의 원본과 사본은 따로 보관하고, 또한 '真'과 '副'를 써서 구분한다. 하지만 원본과 사본을 같이 보관하는 경우도 있었다. 예를 들면,

簡(59)   ■吏家屬符別 (『肩水』73EJC:310A)
       ■橐他吏家屬符真副 (『肩水』73EJC:310B)

이것은 문서 楬이며, 또한 그중 보관된 것은 橐他候官吏 가족의 '符別'이라는 것이 명시되어있다. 符別

---

31) 馬怡, 2007, 「懸泉漢簡'失亡傳信冊'補考」, 中國文物研究所, 『出土文獻研究』第8輯, 上海古籍出版社.
32) 胡平生·張德芳, 2001, 『敦煌懸泉漢簡釋粹』, 上海古籍出版社.
33) 馬怡, 2007, 「懸泉漢簡'失亡傳信冊'補考」, 中國文物研究所, 『出土文獻研究』第8輯, 上海古籍出版社.
34) 張德芳, 2005, 「懸泉漢簡中的'傳信簡'考述」, 中國文物研究所, 『出土文獻研究』第7輯, 上海古籍出版社.

은 곧 符信이며 傳別과 같은 종류이다. 『周禮·天官·小宰』중에 '四日聽稱責以傳別' 漢鄭玄注: '傳別, 故書作傳辨, 鄭大夫讀爲符別, 杜子春讀爲傳別.' '傳別, 謂券書也……傳, 傳著約束於문서; 別, 別爲兩, 兩家各得一也.'라는 기록이 있다. 符信 혹은 符券은 통상적으로 2개로 나누어 쌍방이 각자 한 개씩 증빙서류로써 소지하기 때문에 '符別'이라고 칭한 것이다. '眞副'는 원본과 사본이다. 이 楬은 '橐他候官吏家屬符'의 원본과 사본을 같은 곳에 보관한다는 것을 보여준다. 이 상황이 나타난 것은 아마도 이 '家屬符'가 이미 제작되었지만 아직 나누지 못한 상황이었을 가능성이 높다. 그리고 다른 가능성은 吏家屬符의 원본을 사용한 후 다시 돌려받고 나서 사본과 같이 보관했을 수도 있다. 산재된 간독자료들로 본다면 漢代에는 出入符를 사용한 후에 돌려주는 제도가 있었을 것이다. 예를 들면 다음과 같은 것이다.

簡(60)　　☑吏出入符何未還符吏入☑　『居新』E.P.T7:6A)

簡(61)　　　　　　　　　　起□
　　　　☑三月十日范居延還出入符　出□　☑
　　　　　　　　　　出□□ (『居新』E.P.T59:797)

IV. 맺음말

현재로써 관련 자료가 극히 적기 때문에 세부적인 내용에 대해 알기는 어렵다.

상술한 '眞'과 '算'에 대한 분석을 통해 알 수 있는 것은 기존에 정리자가 해석한 簡(1)~簡(18) 중의 '算'자는 모두 '眞'자의 오역이며, 진한 간독문서유형 중에는 전문적인 '算類' 문서가 존재하지 않다. 또한 전문적인 '算' 혹은 '算書'류의 簿籍도 존재하지 않았다.

투고일: 2016. 11. 5.　　　심사개시일: 2016. 11. 17.　　　심사완료일: 2016. 11. 28.

참/고/문/헌

『漢書』『史記』『後漢書』

甘肅省文物考古研究所等, 1994, 「居延新簡-甲渠候官與第四隧」, (北京)中華書局.

高恒, 2008, 『秦漢簡牘中法制文書輯考』, 北京: 社會科學文獻出版社.

李均明, 2003, 『古代簡牘』, 文物出版.

馬怡 2007, 「懸泉漢簡'失亡傳信册'補考」, 中國文物研究所, 『出土文獻研究』第8輯, 上海古籍出版社.

馬怡, 2007, 「懸泉漢簡'失亡傳信册'補考」, 中國文物研究所, 『出土文獻研究』第8輯, 上海古籍出版社.

馬怡, 2007, 「懸泉漢簡'失亡傳信册'補考」, 中國文物研究所, 『出土文獻研究』第8輯, 上海古籍出版社.

謝桂華·李均明·張俊民, 2001, 『居延新簡(三)』, 中國簡牘集成編輯委員會, 『中國簡牘集成』第11册, 敦煌文
    藝出版社.

謝桂華·李均明·張俊民, 2001, 『居延漢簡(二)』, 中國簡牘集成編輯委員會, 『中國簡牘集成』第10册, 敦煌文
    藝出版社.

謝桂華·李均明·張俊民, 2001, 『居延漢簡(二)』, 中國簡牘集成編輯委員會, 『中國簡牘集成』第六册, 敦煌文
    藝出版社.

謝桂華·李均明·朱國炤, 1987, 『居延漢简释文合校』, (北京)文物出版社.

謝桂華·李均明·朱國炤, 1987, 『居延漢簡釋文合校』, (北京)文物出版社.

徐子宏, 1988, 「漢簡所見烽燧系統的考核制度」, 『貴州師大學報』第12期.

安作璋·熊鐵基, 2007, 『秦漢官制史稿』, (濟南)齊魯書社.

楊劍虹, 1984, 「從居延漢簡看西漢在西北的屯田」, 『西北史地』第2期.

永田英正, 1987, 「居延漢簡集成之二」·「論禮忠簡與徐宗簡」, 『簡牘研究譯叢』第2, 中國社會科學出版社.

王震亞, 1999, 『竹木春秋: 甘肅秦漢簡牘』, 甘肅教育出版社.

于振波 1996, 「漢簡'得算'·'負算'考」, 『簡帛研究(第二輯)』, 法律出版社.

于振波, 1996, 「漢簡'得算'·'負算'考」, 『簡帛研究』2, 法律出版社.

張家山漢墓竹簡整理小組, 2001, 『張家山漢墓竹簡[二四七號墓]』, (北京)文物出版社.

張德芳, 2005, 「懸泉漢簡中的'傳信簡'考述」, 中國文物研究所, 『出土文獻研究』第7輯 上海古籍出版社.

張德芳, 2005, 「懸泉漢簡中的'傳信簡'考述」, 中國文物研究所, 『出土文獻研究』第7輯, 上海古籍出版社.

趙沛, 1992, 「居延漢簡邊塞吏員課考制度」, 『西北史地』第3期.

陳乃 華, 1992, 「從漢簡看漢朝對地方基層官吏的管理」, 『山東師大學報』第3期.

陳偉主編, 『里耶秦簡牘校釋(第一卷)』, 武漢大學出版社, 2012.

陳直, 1986, 「居延漢簡解要」, 『居延漢簡研究』, 天津古籍出版.

天長市文物管理所·天長市博物館, 2006, 「安徽天長西漢墓發掘簡報」, 『文物』第11期.

何雙全, 2004, 『簡牘』, 敦煌文藝出版社.

湖南省文物考古硏究所, 『里耶秦簡』, 文物出版社, 2012.

胡平生·張德芳, 2001, 『敦煌懸泉漢簡釋粹』, 上海古籍出版社.

〈Abstract〉

Discrimination on Characters Zhen(真)and Suan(算)in Bamboo and
Wooden Manuscripts of Qin−Han Dynasties
− concurrently discuss the classification of bamboo and wooden documents−

Wu, Wen−ling

According to the previous interpretations of the experts, the character "suan"(算) appears constantly in some tags of documents and bamboo documents included in bamboo manuscripts of Han Dynasties from Juyan Area. What is the meaning of this character "suan"? It has aroused heated debate and put forward four different views: The First is to think of the term "suan" as a type of accounts or registers; The Second is to treat it as a special type of economic documents relating to budget and final accounts; The Third is to argue that the character "suan" is same as the character "ce"(筴), which means books or registers; The Fourth is to view it as a kind of performance assessment documents by calculating the amount of gaining and losing "suan". Based on re−discriminating the character pattern and structure of "suan" and re−explain the meaning of the term "suan" in the sentence, this paper argues that the previous interpretation of the character "suan" is a false interpretation of the character "zhen"(真).

The character "zhen"(真) is relative with the character "fu"(副). The "zhen" means original and the "fu" means duplicate. In the contexts of above bamboo manuscripts, the "zhen" and "fu" respectively refer to the original and duplicate of the document. According to the bamboo manuscripts, sometimes the original document is required in the process of administration. In Qin−Han dynasties, the original and copy of the documents at all levels should be classified, filed and labeled. Given the above, there is neither a special "suan" accounts or registers nor a special "suan" economic documents in the types of bamboo documents of Qin−Han dynasties.

▶ Key words: zhen(真), suan(算), bamboo documents, original, duplicate

長沙吳簡 중의 簽署·省校 및 勾畫符號의 釋例

凌文超 著[*]

송진영 譯[**]

〈국문초록〉

본문에서는 簿書를 해석하는 범주에서 吳簡 중 보이는 簽署·省校 및 勾畫符號(약호略號)에 대해 살펴보고자 한다. '調布入受莂'에 서명된 '祁'는 아마도 臨湘 侯國 丞 祁의 친필 서명일 것이다. '庫入受莂' 중 '丞弁關'은 佐吏가 대신 서명한 것으로 보이며, 이 두 가지는 모두 권위성과 효력을 지니고 있다. '戶品出錢簡'에서 (臨湘)侯相의 아래 부분에 적힌 校記 '尼'는 臨湘 侯相 '管君' 혹은 屬吏가 '戶品出錢簿'를 감사한 후 서명한 것이고, '已核(이미 감사됨을 의미함)'이라고 한다. '襍錢領出用餘見簿'에서 흔히 보이는 '朱筆涂痕'(빨간색 긴 선)은 장부의 유통내역 대조가 끝났다는 약호이고, 校記 '中'의 역할과 기본적으로 비슷하며 '符合·正確(부합함과 정확함)'을 의미한다.

▶ 핵심어: 走馬樓吳簡, 簽署(서명), 省校(검사, 수정), 勾畫符號(약호略號)

* 中國 社會科學院歷史研究所

** 中國 北京師範大學 博士課程

I. 머리말

走馬樓 吳簡은 孫吳 嘉禾연간 臨湘侯國의 일상 행정업무에 실제 사용된 문서이며, 그 안에는 많은 관리들의 서명과 교정 문자(省校文字, 校記) 및 설명 부호 등이 포함되어 있다. 이러한 문서들은 孫吳 문서행정의 실제 상황을 연구하는데 있어서 귀중하고 풍부한 자료를 제공해주었다. 학계는 과거 '嘉禾吏民田家莂'에서 보이는 田戶 曹史의 서명과 죽간에 기록된 '中'자의 교정기록, 그리고 券莂에 기록된 '同文符' 등에 대해 깊은 연구를 해왔으며, 일련의 계발 가능성이 높은 의견들을 제시하였다.[1] 죽간이 점차 공개됨에 따라 새로운 서명·省校 및 약호들이 대량 출현하였으며, 또한 이 죽간에 종속된 簿書도 점차 정리되었다. 이는 우리에게 簿書를 해석하는 범주에서 체계적으로 簽署·校記·약호의 함의와 역할을 연구할 수 있는 조건을 제공해주었다. 이것은 단순히 특수한 사례 혹은 선명한 죽간 문자만 주목하는 한계를 벗어난 것이다. 본문은 '庫布與皮入受莂'·'戶品出錢簿'·'襍錢帳簿' 체계를 바탕으로 '簿書互證法'을 이용해 '庫入受莂'에서 보이는 서명 '祁'·'烝弁(?)'과 '戶品出錢簡'의 교정기록 '已(?)'·'見(?)'·'若(?)', 그리고 庫錢領收·出用·餘見簡 상의 '朱筆涂痕'을 연구하고자 한다. 필자는 釋文를 교정하는 기초로 부터 이러한 서명·교정기록 및 설명부호들이 문서행정 상에서 가지는 의의를 분석하고, 선행연구에서 제시한 일련의 의견에 대해서도 대답하고자 한다.

II. 서명

簽署는 서명하고 수결하는 것이다. 이것은 신용과 문서행정의 효력을 확보 하는 것이고, 동시에 권한과 책임을 명확히 하는 중요한 수단이다. 走馬樓吳簡 중 서명은 대부분 '券莂'과 '君教簡'에서 보인다. 과거 정리자와 연구자들은 모두 '田家莂'에서 田戶 曹史의 서명이 친필이 아니라 대신 서명한 것으로 지적해왔다.[2] 적지 않은 연구자들이 吳簡 중 관리들이 친필 서명하는 상황을 특수한 '倉米入受莂'에 근거하여 邸閣吏·三州倉吏의 서명이 친필 서명일 가능성이 크다고 지적한다.[3] '庫入受莂'에도 적지 않은 서명이 있다. 전문적으로 '庫入受'를 책임진 庫吏 이외에도 많은 券莂에 丞 '祁'·'烝弁(?)'의 서명이 기록되어 있

---

1) 대표적인 연구 성과는 邢義田, 「漢至三國公文書中的簽署」, 『文史』2012, 第3期, 『走馬樓吳簡研究論文精選』, 嶽麓書社, 2016, pp.543~565; 伊藤敏雄, 「長沙吳簡中の朱痕·朱筆·「中」字について」, 『長沙吳簡研究報告 2009年度特刊』, 2010, pp.87~94; 「長沙吳簡中の朱痕·朱筆·「中」字について(その2)」, 『長沙吳簡研究報告2010年度特刊』, 2011, pp.11~17; 胡平生·汪力工, 「走馬樓吳簡嘉禾吏民田家莂'合同符號研究」, 中國文物研究所, 『出土文獻研究(第6輯)』, 上海古籍出版社, 2004, pp.238~259이다.

2) 長沙市文物考古研究所·中國文物研究所·北京大學歷史學系走馬樓簡牘整理組編, 『長沙走馬樓三國吳簡·嘉禾吏民田家』, 文物出版社, 1999, p.72; 關尾史郎, 「吏民田家莂の性格と機能に關する一試論」, 『嘉禾吏民田家莂研究——長沙吳簡研究報告』 제1집, 2001, pp.3~15; 邢義田, 「漢至三國公文書中的簽署」, pp.545~558.

3) 關尾史郎, 「賦稅納入簡の形式と形態をめぐって—2009年12月の調査から—」, 『長沙吳簡研究報告·2009年度特刊』, 2010, p.84; 邢義田, 「漢至三國公文書中的簽署」, p.561.

다. 비록 縣丞이 '署文書, 典知倉獄'[4]을 해야 하지만 縣丞은 庫吏처럼 일 년 내내 복잡한 창고 업무에 참여하는 것이 아니라 아마도 한 번씩 순시, 확인 검사하였을 것이다. 그렇다면 '庫入受莂'에서 흔히 보이지 않는 서명 丞 '祁'와 '烝弁(?)'은 친필 서명일까? 그리고 또 어떠한 의미로 쓴 것일까?

1. '祁'

嘉禾원년 7월, 8월, 9월에 調布의 입고 과정 중, 적지 않은 吏民들이 品布를 庫吏 殷連에게 상납할 때 '關丞祁'를 해야 했다.[5] 일련의 '庫布入受莂'에 '祁' 서명이 있다. 관련된 죽간들은 다음과 같다.

1. 入南鄉典巾丘男子黃動調布二匹 〣 嘉禾元年八月一日關丞祁[6]□☑(叁·198/23)[7]

2. 入模鄉□丘大男番水布三匹 〣 嘉禾元年八月一日關丞祁[8]□縣庫吏殷☑(叁·478/23)

3. 入中鄉梨下丘徐碓布三匹三丈六尺 〣 嘉禾元年七月十六日關丞祁付庫吏殷 二匹三丈☑(肆·830/1)[注] '殷'의 아래에 '二匹三丈'은 우측의 절반부분만 남아있고, 破莂 시에 고의로 조성한 것이다. 그중 '二'는 '三'의 오기이다.

4. 入廣成鄉東薄丘徐麦布一匹 〣 嘉禾元年七月十六日關丞祁付庫吏殷 一匹 連受(肆·826/1)[注]'殷'자 아래의 '一匹'은 우측 절반만 남아있고, 破莂 시에 고의로 조성한 것이다.

5. 入廣成鄉撈丘男子陳牙布三丈九尺 〣 嘉禾元年七月十六日關丞祁付庫吏殷三丈九尺 連受(肆·835/1) [注]'殷'자 아래의 '三丈九尺'은 우측 절반만 남아있고, 破莂시에 고의로 조성한 것이다. 그중에 '九尺' 2 글자는 남아있는 필적이 적다. 또한 '連'자를 덮었다.

6. 入小武陵鄉五□丘男子盧□尃布一匹 〣 嘉禾元年七月廿一日關丞祁庫吏殷 連

---

4) 『續漢書』志第28, 「百官五」, 中華書局, 1965, p.3623.

5) 이 簿書의 정리 현황은 졸작 『走馬樓吳簡采集簿書整理與研究』·제六장 『庫布賬簿體系與孫吳户調』, 廣西師範大學出版社, 2015, pp.283~396 참조.

6) '祁'는 기존에 해석되지 않았고, 여기서는 도판에 의해 보충함.

7) 간문 번호 '肆·4719·112/5' 중에 '肆'는 권수이며 '·' 이후의 부분은 차례로 출판 간독번호·揭剝圖 번호, '/' 이후는 대야번호이다. 이하 같다.

8) '祁'는 기존의 [注] '丞' 아래에 □ 좌측 반절 부분이 잔결되어 있으며, 우측부분은 'β'일 것이고, 도판과 전용이름에 의해 보충함.

受(肄·827/1)

7. 入小武陵鄉□丘大男□夏布一匹　〣　嘉禾元年七月十四日關丞一匹祁付庫吏殷連受(肄·831/1)[注] '丞'자 아래의 '一匹'은 우측 절반만 남아있고 破葥 시에 고의로 조성한 것이다.[9]

8. □冬賜布一匹　〣　嘉禾元年七月十七日關丞祁付庫吏殷　一匹　連受(肄·811/1)[注]'殷'자 아래의 '一匹'은 우측에 절반의 필적이 남아있고, 破葥 시에 고의로 조성한 것이다.

9. □鄉帛水丘大男區伯布三匹三丈　〣　嘉禾元年七月十六日關丞祁付庫吏殷三匹三□(肄·825/1) [注]'殷'자 아래의 '三匹三'은 우측에 절반의 필적이 남아있고, 破葥 시에 고의로 조성한 것이다.

10. 入□鄉下梨丘男子烝有布三匹二丈　〣　嘉禾元年七月十七日關丞祁付庫吏殷三匹二丈連受(肄·832/1) [注]'殷'자 아래의 '三匹二丈'은 우측 절반만 남아있고, 破葥 시에 고의로 조성한 것이다.

11. □□張南布一匹嘉禾元年七月十七日南關丞祁付庫吏殷一匹　連受(肄·900/1) [注]'殷'자 아래의 '一匹'은 우측 절반만 남아있고, 破葥 시에 고의로 조성한 것이다.

서명 '祁'가 비교적 선명한 글자형태는 〈표 1〉에 제시한 것과 같다.

'祁'자의 필적은 앞뒤 문자와 다른 것이 분명하기 때문에 이는 간문을 필사한 書手가 대신 서명한 것은 아닐 것이다. 뿐만 아니라 서명 '祁'자의 마지막 필획을 전부 길게 늘어뜨려 썼고, 필적이 기본적으로 일치하기 때문에 동일인의 서명일 것이다.

이외에도 같은 시기 동류 죽간의 '關丞' 아래 부분에 빈 공간이 남아있지만 서명이 보이지 않는 죽간은 다음과 같다.

12. 入東鄉上利丘男子烝贛布三匹　〣　嘉禾元年八月二日關丞　付庫吏□(叄·459/23)

13. 入東鄉虞(?)田丘大男鄧童布九匹　〣　嘉禾元年八月十八日關丞付庫吏殷　□(叄·250/23)

14. 入廣成鄉布一匹　〣　嘉禾元年九月廿八日大男潘音關丞　付庫吏殷□(叄·242/23)

15. 入模鄉羊丘男子何規冬賜布二匹　〣　嘉禾元年八月三日關丞　□(叄·486/23)

16. □(入模鄉冬楊一匹　〣　嘉禾□年八月四日斬丘大男曹木關丞　付庫吏殷□(叄·224/23)[注] '楊'은 '賜'의 오기일 것이며, 이 글자의 아래에 '布'자도 누락되었다.

17. □(鄉帥烝盆布二匹　〣　嘉禾元年八月六日關丞　付庫吏殷連受(肄·833/1)

18. □(钜八[10]月三日關丞　付庫吏殷□(肄·969/2)

---

9) '發掘簡' 제1번 대야에서 발굴된 '品布入受葥' 하단 포의 길이는 대부분 庫吏 '殷連'의 성과 이름 사이의 빈 공간에 기록되어있다. '關丞'의 아래에 '祁'라는 서명은 간문의 일반적인 격식일 것이다. 또한 이 '關丞' 아래의 '一匹'과 '祁'은 같은 자리에 서명되어있다. 도판을 보면 이 간독에 기록된 '殷連'의 성과 이름 사이에 남은 공간이 좁고 '關丞' 아래의 빈 공간이 넓기 때문에 포의 길이와 서명이 모두 '關丞'의 아래에 기록한 것이다.

10) 钜八, 기존에는 '十一'로 해석하였고, 도판에 의해 '八'자가 식별된다. '八'은 '一'과 유사하여 쉽게 혼동할 수 있다. 이에 의해 수정함.

〈표1〉

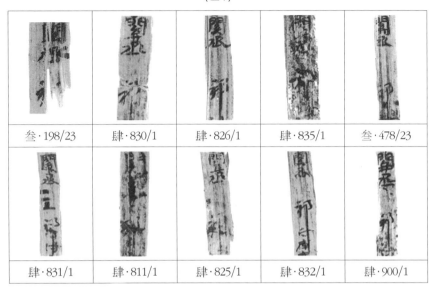

叁·198/23	肆·830/1	肆·826/1	肆·835/1	叁·478/23
肆·831/1	肆·811/1	肆·825/1	肆·832/1	肆·900/1

'祁'를 서명한 사람이 모든 '關丞' 아래 빈 공간에 서명하는 것이 아님을 볼 수 있다. 만약 '丞祁'가 사람을 시켜 대신 서명한 것이라면, 佐吏는 아마도 '丞祁'의 명에 따라 모든 '關丞' 아래에 '祁'를 서명하였을 것이고, 이 일을 소홀히 할 수는 없었을 것이다.

그렇다면, 서명 '祁'는 臨湘 侯國 丞의 친필 서명일까? 이 시기 臨湘 侯國 丞은 '唐(?)祁'이었다. 증거 자료는 다음과 같다.

19. 相郭君, 丞唐(?)[11]祁, 録事主者周岑, 石彭, 謝進(肆·1297)
20. ☑禾元年五月丙寅朔十二日□□, 臨湘侯相□, 丞祁, 叩頭死罪敢言之(壹·4392正)
21. ☑禾元年九月乙丑朔廿日甲戌, 臨湘侯相靖, 丞祁, 叩頭死罪敢言之(壹·4396正)
22. 十一月十一日甲戌, 臨湘侯相靖, 丞祁, 叩頭死罪敢言之(壹·4410)
23. 嘉禾二年十二月五日臨湘侯相君, 丞祁(琰)[12], 叩頭死罪敢言之(肆·4548)

簡20-22의 기록에 따르면 嘉禾원년 5월~9월, 11월에 臨湘 侯國 丞의 이름은 '祁이며[13] 이것은 簡1-11

---

11) '唐(?)'은 도판과 비교해보면 '庸(?)'으로 의심 된다. '庸' 성씨는 『後漢書·儒林傳·孫期』에 소재한 '庸譚'을 참조.

12) 기존에는 丞'祁'으로 해석하였고, 여기서는 도판과의 비교해보니 필적이 희미하였다. 글자 좌측은 '玉', '琰'으로 고쳐 해석해야 한다. 據君教簡肆·4850①, 柒·2124①, "嘉禾二年"十二月廿一日, 嘉禾三年正月十五日, 丞"琰"如掾. 嘉禾二년 말부터 嘉禾三年까지 臨湘 侯國 丞 이름은 '琰'이었음을 알 수 있다. 君教簡肆·4850①의 연대 추정은 嘉禾二年, 졸작『走馬樓吳簡舉私學簿整理與研究——兼論孫吳的占募』,『文史』제2집, 2014, p.59 참조.

13) 簡肆·4548, 嘉禾2년 12월5일, '臨湘侯相君·丞祁, 叩頭死罪敢言之', 도판에 의하면 祁의 형태는 '▓'이며 좌측의 부수는

의 서명·날짜와 부합한다. 이와 같은 공문들(簡20-22)은 모두 書史 한 명이 서사한 것이며, 臨湘 侯相·丞·吏의 이름은 모두 서명이 아니다.

상술한 분석으로 본다면 '庫布入受莂'의 丞 '祁'의 서명은 당시 臨湘 侯國 丞의 이름이었다. 서명 '祁'는 일부 '庫布入受莂'의 빈 공간에만 서명되어있고, 이것은 아마도 臨湘 侯國 丞이 간독을 선택하여 확인한 결과일 것이다. 만약 臨湘 侯國 丞이 타인에게 위임하여 대신 서명하게 하였으면, 대리인은 문서 행정의 규정에 따라 착실하게 처리하여 모든 빈 공간에 丞의 이름을 서명하였을 것이다. 아마 단지 臨湘 侯國 丞 본인만이 일부의 '入受莂'을 선택하여 검사하고 친필 서명하는 권력을 가지고 있었던 듯하다.

'庫布入受莂'상의 '祁'가 臨湘 侯國 丞의 친필서명이라는 간접적인 증거가 있다. 丞 '祁'가 調布 납부와 같은 류의 구체적이고 복잡한 업무에 직접 참여하는 것은 비교적 특수한 상황이다. 필자가 이미 지적한 바와 같이 이것은 品布의 강제적 징수 성격과 직접적인 관련이 있다. 孫吳 嘉禾원년 부터 임시로 '品市布'를 징수하였는데, 한(漢)부터 내려오는 전통적인 법을 계승하여 市布를 통해 '調布'하였다. 이는 '調布' 과정 중 저항을 감소시켜 調布의 징수를 확보할 수 있었다. 다른 한편으로는 侯國 長吏 丞 '祁'를 파견하여 이 업무를 관리하도록 하였고, 강한 권력으로 '品布'(户品에 의거하여 吏民들에게 布를 징수함)의 징수를 관리 감독하였다. '品布'의 징수가 점차 순조롭게 정상화 되면서 孫吳의 관부는 더 이상 '市布'를 실행하지 않고, '品布'의 강제 징수에 전부 의존하였다. 侯國 丞 '祁'도 이 같은 말단 계급의 복잡한 업무에서 벗어났다. 우리는 嘉禾원년 9월 이후의 '品布入受莂'에서 더 이상 丞 '祁'의 서명을 찾을 수 없었다.[14] 이러한 정황들은 丞 '祁'의 친필서명이 '調布' 징수의 강제성과, 吏民들로 하여금 '調布' 입고(入庫) '券莂' 완성에 더 강한 권위성과 효력을 지니게 되었음을 보여준다.

총괄적으로 말하면 丞 '祁'는 선택적으로 서명하였고, 서명의 글자형태는 일치한다. 당시 臨湘 侯國 丞의 이름은 '祁'이었고, 또한 臨湘 侯國이 長吏의 권위를 가지고 강제적으로 임시적인 品布의 징수를 실행한 것을 보아 簡1-11 '調布入受莂'의 서명 '祁'는 臨湘 侯國 丞 '祁'의 친필서명일 것이다.

2. '丞弁(?)'과 '丞弁關' '丞關'

丞 '祁'가 더 이상 '調布' 징수에 참여하지 않았지만, 서명 '丞弁(?)'이 다시 '調布入受莂'에 출현하였다. 관련된 간독들은 다음과 같다.

24. 入都鄉新唐丘男子張元嘉禾二年布三匹 ⫼ 嘉禾二年九月十五日丞弁付庫吏殷連受(壹·8223/13)
25. 入都鄉東薄丘男子毛布二年布二匹 ⫼ 嘉禾二年九月十六日丞弁付庫吏殷連受(壹·7510/13)
26. 入都鄉龍下丘男子逢□二年布一匹三丈九尺 ⫼ 嘉禾二年十月二日丞弁付庫吏殷連受(壹·7851/13)

'玉'부이고, 이는 '球'자일 것이다. 臨湘 侯國 丞은 '丁球'이다. 簡 壹·6095, 貳·4472, 叁·8404를 참조.

14) 졸작, 『走馬樓吳簡采集簿書整理與硏究』 「제6장 庫布帳簿體系與孫吳户調」, 廣西師範大學出版社, 2015, pp.390~391 참조.

27. 入都鄉新唐丘男子王日嘉禾二年布一匹三丈九尺　〣〣　嘉禾二年十月五日烝弁付庫吏殷連受(壹·7894/13)

28. 入都鄉橫溪丘男子張〣調布四匹三丈九尺　〣〣　嘉禾二年十月十二日烝弁付主庫吏殷連受(壹·8195/13)

29. 出都鄉松□丘大男區巴二年布一匹二丈一尺　〣〣　嘉禾二年十月十五日烝弁付庫吏殷連受(壹·7504/13)

30. 入都鄉磧丘大男烝解二年布一匹□囜日囜　〣〣　嘉禾二年十月廿九日烝弁付庫吏殷連受(壹·7525/13)

31. 入都鄉橫溪丘男子謝德入新布二匹　〣〣　嘉禾二年十一月廿日烝弁⊠(壹·8271/13)

32. 入東鄉帶丘男子黃動二年布一匹　〣〣　嘉禾二年二月十三日烝弁付庫吏殷連受(壹·8275/13)

33. 入東鄉東平丘男子董根二年布一匹　〣〣　嘉禾二年十月十五日烝弁付庫吏⊠(壹·6815/12)

34. 入東鄉亭伍李息二年布一匹　〣〣　嘉禾二年十月十九日烝弁付庫吏殷連受(壹·7601/13)

35. 入南鄉新唐丘大男□□二年布一匹　〣〣　嘉禾二年九月十四日烝弁付庫吏殷連受(壹·7786/13)

36. 入中鄉五楊丘大男劉□二年布一匹　〣〣　嘉禾二年九月廿六日烝弁付庫吏殷連受(壹·7790/13)

37. 入廣成鄉二年布三丈八尺　〣〣〣　嘉禾二年九月十二日□丘烝弁付庫⊠(壹·6846/12) [注] 이 간독은 '九月'부터 이하 부분이 비뚤렸다.

38. 入廣成鄉三州丘男子番郡二年布一匹　〣〣　嘉禾二年九月十七日烝弁付庫吏殷⊠(壹·7834/13)

39. 入廣成鄉挏陵丘男子番張嘉二年布四匹三丈九尺　〣〣　嘉禾二年九月十七日烝弁付庫吏殷連受(壹·7907/13)

40. 入廣成鄉泊□丘男子周車二年布一匹　〣〣　嘉禾二年九月廿一日囻囜付庫吏殷連受(壹·7535/13)

41. 入廣成鄉孫丘唐陸二年布二匹　〣〣　嘉禾二年九月廿四日烝弁付庫吏殷連受(壹·7555/13)

42. 入廣成鄉亮傅丘大男□□二年布一匹　〣〣　嘉禾二年十月二日烝弁付庫吏殷連受(壹·7556/13)

43. 入廣成鄉三州丘男子潘郡二年布二匹　〣〣　嘉禾二年十月五日烝弁付庫吏殷連受(壹·8250/13)

44. 入廣成鄉逢唐丘大男殷勝二年所調布二匹　〣〣　嘉禾二年十月七日烝弁付庫吏殷連受(壹·8203/13)

45. 入廣成鄉挏陵丘潘梨二年布三丈九尺　〣〣〣　嘉禾二年十月日烝弁付庫 吏 殷 連 受(壹·7522/13)

七九〇七

七八八九

46. 入廣成鄉上□丘……布一匹 〣 嘉禾二年十月十日烝弁付庫吏殷連 囻(壹·7541/13)

47. 入廣成鄉廣成丘男子謝文二年布一匹 〣 嘉禾二年□月四日烝弁付庫吏殷連受(壹·7862/13)

48. 入樂鄉窟丘毛丟二年布一匹三丈八尺 〣 嘉禾二年十月十三日烝弁付庫吏殷連受(壹·7889/13)

49. 入樂鄉由淦丘大男謝□二年布一匹 〣 嘉禾□年田月卅三日烝弁付庫吏殷□□(壹·7915/13)

50. 入樂鄉頃丘番卯二年布一匹 〣 嘉禾二年十二月廿日烝弁付庫吏潘珛受(壹·7931/13)

51. 入模鄉泠丘彭略嘉禾二年布一匹 〣 嘉禾二年九月十三日烝弁付庫吏殷□(壹·6923/12)

52. 入模鄉□□丘男子區□二年布二匹三丈九尺 〣 嘉禾二年九月十六日烝弁付庫吏殷 ☑(壹·8314/13)

53. 入模鄉二年□□丘區眺布三丈八尺 〣 嘉禾二年十二月廿日烝弁付庫吏潘珛受(壹·8248/13)

54. 入平鄉五禮丘男子韓佃二年布一匹 〣 嘉禾二年九月廿日烝弁付庫吏殷☑(壹·6953/12)

55. 入平鄉盍丘潘明二年布一匹 〣 嘉禾二年九月廿七日烝弁付庫吏殷連受(壹·7825/13)

56. 入平鄉上和丘大男謝□嘉禾二年布一匹 〣 嘉禾二年九月廿九日烝弁付庫 ☑(壹·7360/13)

57. 入平鄉伍社丘石芮二年布一匹 〣 嘉禾二年九月廿九日烝弁付庫吏殷連受(壹·7529/13)

58. 入小武陵鄉桐唐丘男子謝□二年布三丈九尺 〣 嘉禾二年七月廿三日烝弁付庫吏殷連受(壹·7791/13)

59. 入小武陵鄉劉丘謝至嘉禾二年布二匹 〣 嘉禾二年九月廿九日烝弁付庫吏殷連受(壹·7509/13)

60. ☑……匹 〣 嘉禾二年十二月十八日烝弁☑(壹·5731/12)

61. ☑調布一匹 〣 嘉禾二年九月廿日烝弁付庫吏☑(壹·5849/12)

62. ☑一匹 〣 嘉禾二年九月十七日烝弁☑(壹·6150/12)

63. ☑□庫布一匹 〣 嘉禾二年十月廿八日烝弁付庫吏殷連受(壹·6230/12)

64. ☑一匹三丈九尺 〣 嘉禾二年十月廿□日烝弁付庫☑(壹·6243/12)

65. ☑□尺 〣 嘉禾二年六月十七日烝弁☑(壹·6537/12)

66. ☑布二匹　∥　嘉禾二年九月十六日烝弁付庫吏殷連受(壹·6809/12)

67. ☑□劉里丘男子劉取嘉禾二年布一匹　∥　嘉禾二年十月廿九日烝弁付主庫吏殷連受(壹·7520/13)

68. ☑吳有二年布四匹三丈九尺　∥　嘉禾二年九月廿九日烝弁付庫吏殷連受(壹·7549/13)

69. 入□鄉池上丘謝車嘉禾二年布二匹　∥　嘉禾二年九月田[15]六日烝弁付庫吏殷☑(壹·7785/13)

70. ……布二匹　∥　嘉禾二年九月十三日烝弁付庫吏殷連受(壹·7798/13)

71. ☑□丘臣難二年布一匹　∥　嘉禾二年九月廿六日烝弁付庫吏殷連受(壹·7896/13)

72. 入□鄉佪浸丘□□□□布一匹　∥　嘉禾二年十月十三日烝弁付庫吏殷連受(壹·7922/13)

73. 入□鄉□丘□□二年布一匹□□□□　∥　嘉禾□年□九月廿六日烝弁付庫吏殷連受(壹·8037/13)

74. ☑嘉禾二年布一匹　∥　嘉禾□年十二月十四日烝弁付庫吏☑(壹·8229/13)

75. ☑丘大男盧大嘉禾□年新調布一匹　∥　嘉禾三年三月十日烝弁付庫吏☑(壹·/8243/13)

76. ☑□鄉廉中丘□□□年布一匹三丈四尺　∥　嘉禾二年十月四日烝弁付庫吏殷☑(壹·8272/13)

77. ☑匹　∥　嘉禾二年十月一日烝弁付庫吏殷連受(壹·8278/13)

78. 入□□鄉下□□丘男子□□二年調布二匹　∥　嘉禾二年九月廿日烝弁付庫吏殷☑(壹·8342/13)

79. ☑□丘大男楊萬入二年布□四　∥　嘉禾二年□月□日烝弁☑(壹·8373/13)

80. ☑匹　∥　嘉禾二年十月十九日烝弁□□付庫吏殷連受(貳·2928/17)

81. ☑二年布三匹　∥　嘉禾二年十月七日烝弁付庫吏殷☑(貳·2949/17)

82. ☑男唐元二年布六匹三丈八尺　∥　嘉禾二年九月十四日烝弁付庫吏☑(貳·4732/19)

83. ☑□布三丈九尺　∥　嘉禾二年十月十五日烝弁付庫吏殷☑(貳·4768/19)

84. ☑□丈八尺　∥　嘉禾二年十月廿六日烝弁付庫吏殷連受(貳·4777/19)

85. ☑□二年所調布二匹　∥　嘉禾二年九月廿八日烝弁付庫吏殷□☑(貳·4783/19)

86. ☑入□鄉楙丘鄧馮二年布二匹　∥　嘉禾二年九月十七日烝弁付庫吏殷連受 (貳·5615/20)

87. ☑丘男子周戰二年布一匹三丈□尺　∥　嘉禾二年九月十七日烝弁付庫吏☑(貳·5928/20)

88. ☑□丘男子壬當二年布三丈□尺　∥　嘉禾二年九月三日烝弁☑(貳·5937/20)

89. ☑□林浸丘男子黃碩二年布十一匹三丈□尺　∥　嘉禾二年九月十七日烝弁付庫吏殷☑(貳·5953/20)

90. ☑□□中丘朱典元二年調布四匹三丈四尺　∥　嘉禾二年十月八日烝弁☑(貳·6046/20)

91. ☑□年布二匹　∥　嘉禾二年九月廿九日烝弁付庫吏☑(叄·5967/35)

92. ☑一匹三丈九尺　∥　嘉禾二年十月廿六日烝弁付庫吏殷連受(叄·6339/36)

嘉禾2년과 3년의 '庫布入受前'에 흔히 볼 수 있는 서명 '烝弁(?)'과 丞 '祁'는 단지 한 글자 차이이다. 여기에는 '烝弁(?)'이라는 2 글자가 서명되어있다. '烝'은 吳簡 中 흔히 볼 수 있는 성씨이며, 게다가 기존 釋文의 '烝弁(?)'은 庫錢·布·皮 '入受前'에서 흔히 볼 수 있고, 이에 학계에서는 자연스럽게 '烝弁'을 창고에

---

15) '田'는 기존에 '廿'으로 해석하였으며, 도판과 비교해 보니 필적이 희미하다. '田'으로 의심됨.

물자를 수납하는 職吏로 여기게 되었다.

'君教簡', '倉米入受莂'의 그 예는 다음과 같다.

93. 君教 若[16] 丞琰[17]如掾[18], 期會掾烝若, 録事掾陳曠校

　　　　　　　　　　　　　十二月廿一日白從史位周基所舉私學
　　兼主簿劉　恒省
　　　　　　　　　　　　　□□正户民, 不應發遣事, 脩行吳贊囲[19)20)](肆·4850①)

94. 君教　　　丞出給民種粮如曹期會掾烝 若 録事掾谷 水 校

　　　　　　　　　　　　省嘉禾三年五月十三日白庫領品市布
　　　已出 主簿
　　　　　　　　　　　　起嘉禾元年十二月一日訖卅一日一時簿[21]

95. 君教　　　丞 庆 固還宮, 掾烝循, 潘棟如曹, 都典掾烝若, 録事掾潘琬校

　　　　　　已 主簿尹　　　　　桓省 嘉禾四年五月廿八日乙巳白[22]

96. 君教　　　丞紀如掾, 録事掾潘琬, 典田掾烝若校

　　　　　　　　　　　　　嘉禾五年三月六日白
　　　　　主記史栩　　　綜省
　　　　　　　　　　　　　四年田頃畝收米斛數草[23]

97. 入東郷嘉禾五年税米六十二斛 〢〢 嘉禾五年十二月廿三日夢(?)丘大男□政關丞皁紀付掾孫儀受(貳·8244)

98. 入東郷嘉禾五年税米五斛一斗 〢〢 嘉禾五年十二月廿八日 秡丘何禮關丞皁紀付掾孫儀受(貳·8246)

서명한 것에는 모두 이름만 있고, 성은 쓰여 있지 않았다(서명은 아래 선형으로 표시함). 오늘날까지 발표된 吳簡 중에는 '烝弁(?)' 이외에 성과 이름 모두 서명된 경우가 없다. 특히 서식이 유사한 '倉米入受莂'의 '關厎閣' 아래에 적힌 吏名과 비교할 때, 이 또한 書手가 미리 서사한 후 이름(名)만 서명한 것이었다. '烝弁(?)'의 서명이 이와 같이 특수한 것은 그 釋文에 문제가 있는 것이 아닐까?

'調布入受莂'에서 기존에 '烝弁'으로 釋讀된 비교적 또렷한 글자형태는 〈표 2〉와 같다.

---

16) '若'은 진한 묵적의 비자(批字)이며 '君教'의 위에 쓰여 있다.

17) '琰'은 기존에 '淡'으로 해석하였으며, 도판과 비교해보면 이 글자는 부수 玉에 따른다. '丞琰'은 簡壹·6095, 簡貳·4472에도 보이며, '丞丁琰'으로 수정함.

18) '掾'은 기존에 해석되지 않았고, 여기서는 도판에 의해 보충함.

19) '遣'은 기존에 '遺'로 해석하였으며, 여기서는 도판에 의해 수정함.

20) '贊'은 기존에 해석되지 않았고, '脩行吳贊'은 簡肆·2907(기존에 '詣行'으로 해석하였으며, 도판과 詞例에 의해 수정함.), 簡肆·3993(기존에 '偤行吳貸'로 해석하였으며, 도판과 詞例 및 專名에 의해 수정함.), 簡叁·4261('贊'은 도판에 의해 보충함), 도판에 의해 필적은 대체로 판별할 수 있고, 이에 의해 수정함.

21) 이 목판의 도판은 《湖南長沙三國吳簡(五)》, p.28을 참조.

22) 이 도판과 석문은 宋少華의 「湖南長沙三國吳簡(四)」, 重慶出版社, 2010, p.29를 참조.

23) 이 도판과 석문은 宋少華主編《湖南長沙三國吳簡(五)》, p.28을 참조.

〈표 2〉

글자형태 1

壹 · 8223/13	壹 · 8275/13	壹 · 7786/13	壹 · 7834/13	壹 · 7907/13	壹 · 7785/13
貳 · 4732/19	貳 · 5928/20				

글자형태 2

壹 · 7535/13	壹 · 8203/13	壹 · 7541/13	壹 · 7889/13	壹 · 7931/13	壹 · 6953/13
壹 · 7825/13	壹 · 7360/13	壹 · 7529/13	壹 · 6230/13	壹 · 7549/13	壹 · 7896/13
壹 · 7922/13	貳 · 2949/17	貳 · 4777/19	貳 · 5615/20	叄 · 5967/20	

전체적으로 볼 때 원래 釋文 '烝弁(?)'의 필적은 2가지 종류로 구분할 수 있다. 첫째, '丞'자의 마지막 필획을 크게 굽혀 길게 늘어뜨렸다. 둘째, '丞'자를 작게 굽히고, '弁'자의 마지막 필획은 길게 늘어뜨렸다. 이 두 가지 종류의 글자형태는 똑같이 '庫錢入受簿'에 보인다. 그 예는 다음과 같다.

99. 入中鄕湛龍丘男子潘連嘉禾二年財用錢一千 ‖X 嘉禾二[24]年□月卅五日烝弁付庫吏殷連受(壹·2831/8)

100. 入廣成鄕上伻丘男子鄧主鋧賈錢一千 ‖X 嘉禾二年閏月卅六日烝弁付庫吏殷連受(叄·3179/28)

101. □□乞所買故吏潘觀所備懸(?)空(?)困(?)[25] 图(?)二頭龍[26]錢一萬四千 ‖X 嘉禾二年閏月四日烝弁付庫吏殷連受(叄·3176/28)

102. □年鋧錢一萬 ‖X 嘉禾二年九月卅九日烝弁付庫吏殷連受(壹·1514)

103. □鋧錢八千八百 ‖X 嘉禾二年十月卅日烝弁付庫吏殷連受(壹·2821/8)

104. □……鋧錢二千 ‖X 嘉禾二年□□月十三日烝弁团庫□(叄·3198/28)

이 2 가지 글자형태는 〈표 3〉과 같다.

〈표 3〉

글자형태 1			글자형태 2		
壹·2831/8	叄·3179/28	叄·3176/28	壹·1514/5	壹·2821/8	叄·3198/28

그 밖에도 '調皮入受簿'에 '烝弁(?)'의 서명도 기록되어 있다. 그 예는 다음과 같다.

105. 入都鄕允中丘男子華湛鹿皮一枚 ‖X 嘉禾二年九月卅九月卅六日烝弁(壹·8347/13)

106. 入廣成鄕調羊皮一枚 ‖X 嘉禾二年十月十九日烝弁掾□(壹·8298/13)

---

24) '二', 기존에 '三'으로 해석하였고, 여기서는 도판에 의해 수정함.

25) "困", 기존에 "来"로 해석하였고, 여기서는 도판에 의해 수정함.

26) '龍'은 도판과 비교하여 필적이 희미하며, '行'으로 의심됨.

138 _ 한국목간학회 『목간과 문자』 17호(2016. 12.)

107. 入廣成鄉三州丘男子番▨二年鹿皮一枚　〢〢　嘉禾二年十一月三日烝弁付庫吏殷連受(叁·1241/23)

108. 入南鄉▨中丘男子雷踊調麂皮五枚　〢〢　嘉禾二年十二月十七日烝弁▨(壹·8420/13)

109. 入模鄉二年林丘鄧改口筭麂皮二枚　〢〢　嘉禾二年十二月廿日烝弁付庫吏潘(壹·8264/13)

110. 入平鄉杷丘男子番足二年樂皮二枚　〢〢　嘉禾二年十二月廿一日烝弁付庫吏潘珬受(壹·8214/13)

111. ▨男子潘足二年枫皮四枚　〢〢　嘉禾二年十二月廿一日烝弁付庫吏▨▨(壹·8668/13)

112. 入平鄉杷丘男子番足二年樂皮二枚　〢〢　嘉禾二年十二月廿一日烝弁付庫吏潘珬 受(壹·8214/13)

113. 入平鄉三州下丘潘逐二年麂皮二枚　〢〢　嘉禾二年十二月廿一日烝弁付庫吏潘珬 受(壹·8221/13)

114. 入平鄉巾竹丘烝直二年麂皮三枚　〢〢　嘉禾二年十二月廿一日烝弁付庫吏潘珬▨(壹·8268/13)

115. 入小武陵鄉暹丘黃斑麂皮二枚　〢〢　嘉禾二年十月廿九日[27]烝弁付庫吏殷連受(叁·1260/23)

116. ▨▨石下丘民(?)故皮四枚 其一枚麂皮

其三枚鹿皮　〢〢　嘉禾二年十[28]月廿▨日烝弁付庫吏殷連▨(叁·265/23)

117. ▨▨下丘男子烝平鹿皮二麂皮二合四枚　〢〢　嘉禾二年九月廿一日烝弁付庫▨(壹·8355/13)

118. ▨▨二年鹿皮二枚　〢〢　嘉禾二年十月五日烝弁付庫吏殷▨(壹·8299/13)

119. ▨年鹿皮一枚　〢〢　嘉禾二年十月五日烝弁付庫吏▨(壹·8697/13)

120. ▨皮一枚　〢〢　嘉禾二年十月廿九日烝弁付庫吏殷連受(貳·8933/23)

　하지만 '調皮入受前'의 '烝弁(?)'은 두 번째 종류의 글자형태만 보인다. 이는 〈표 4〉를 참조해보면 알 수 있다.

〈표 4〉

글자형태 2				
壹·8298/13	叁·1241/23	壹·8264/13	壹·8214/13	壹·8221/13
壹·8268/13	叁·1260/23	叁·265/23	壹·8355/13	貳·8933/23

---

27) '日', 기존에 해석되지 않았고, 여기서는 도판에 의해 보충함.

28) '田', 기존에 '七'로 해석하였고, 도판과 대조해보면 이 글자의 우측은 희미하며, '田'으로 의심됨.

이 2가지 글자형태로 볼 때 '烝弁(?)'은 두 사람이 서명한 것이 분명하다. 게다가 상술한 간독들에 기록된 布·錢·皮의 入受 날짜로 볼 때, '글자형태1'(簡24·32·35·38·39·69·82·87·99·101)은 嘉禾2년 9월 17일 이전의 '券前'에 보이고, '글자형태2'(簡40·44·46·48·50·54·55·56·57·63·68·71·72·81·84·86·91·102·103·104·106·107, 109, 112, 113, 114, 115·116·117·120)는 嘉禾2년 9월20일 이후의 '券前'에 보인다. 이와 같은 결과로 본다면 전후 두 사람은 각각 '烝弁(?)'이라는 서명을 하였고, 그들은 嘉禾2년 9월 18일과 19일에 업무를 교대하였다.

지적할 만한 것은 '글자형태1'이든 '글자형태2'든 첫 번째 글자인 '丞'의 마지막 필획은 모두 아래로 굽어있고, 이 필적은 전반적으로 대동소이하다(상술한 바와 같음). 분명한 것은 두 서명자는 일부러 이 특수한 글자형태를 모방했거나, 혹은 두 번째 서명자가 첫 번째 서명자의 글자체를 모방했을 것이다. 그러므로 적어도 이 두 사람 중 한 사람은 대신 서명한 사람이었을 것이다.

서명된 첫 번째 글자 '丞'의 마지막 필획은 아래로 굽어있는데, '烝'으로 해석한 것에는 의문이 있다. 이후 본문에서 인용된 簡중 '烝弁' 이외의 성씨 '烝'자를 증명하기 위해 비교적 분명한 글자형태들을 다음 〈표5〉에 제시하였다.

〈표 5〉

簡12	簡17	簡93	簡94	簡95
簡95	簡96	簡114	簡117	

'烝'자는 '丞'의 아래에 분명히 '灬' 혹은 연결된 'ㅡ'이 보이며, 여기서는 '丞'의 마지막 필획이 '灬'와 연결되어 아래로 굽힌 서사방법이 보이지 않는다. 동시에 뭇簡 중 역시 성씨를 서명한 것도 보이지 않는다. 이 두 가지 점을 종합해보면 이 서명 '丞', '丞'의 첫 번째 글자는 '烝' 성이 아닐 것이다.

그렇다면 이 두 글자의 서명은 어떻게 해석해야 할까? 필자는 이것을 '丞弁關' 혹은 '丞關'으로 해석해야 한다고 생각한다. 그 이유는 다음과 같다. 첫째, '丞弁關' 혹은 '丞關'이라고 서명한 간문은 簡1-11('關丞祁'가 서명됨)의 간문 서식·내용과 기본적으로 일치한다. '丞弁關'·'丞關'은 '關丞祁'와 대체로 대응관계이고, 기본적인 용도는 비슷하다. 즉, 臨湘 侯國 丞 혹은 관련된 인원이 참여하여 징수한 창고의 물자를 뽑아서 검사하였을 것이다.

둘째, '丞弁關'·'丞關' 중에 '丞'의 마지막 필획은 아래로 굽어 있는데, 이 필획은 '弁'자의 절반 정도를 감싸고 있고 이는 '開(關)'의 약자 형식[29]일 수도 있으므로 '丞關'으로 해석할 수 도 있다. 하지만 '弁'은 '開(關)'의 일부로써 단독적으로 사람 이름으로도 해석될 수 있고 '丞弁關'으로도 해석할 수 있다.

셋째, '丞弁關'이든 '丞關'이든 '關丞祁'와 유사하게 사용되지만 실제 서명자는 본질적으로 차이가 있다. 주목해야 하는 것은 嘉禾2년 12월 이후의 '庫入受莂' 중에 여전히 '丞弁關', '丞關'의 서명이 보인다.(簡50·53·60·74·75·108·109·110·111·112·113·114를 참조) 이 시기에 臨湘 侯國 丞은 丁琰(앞문에 인용된 簡肆·4548, 肆·4850①, 柒·2124①을 참조)이었다.『續漢書·百官志』, '縣萬户以上爲令, 不滿爲長. 侯國爲相. 皆秦制也. 丞各一人.'[30]에 의하여 오늘날까지 공포된 吳簡의 명확한 기록으로 보면, 臨湘 侯國 丞은 한 사람이다. 嘉禾원년 5월부터 11까지는 '唐(?)祁'(簡20-22)이었고, 嘉禾2년 12월부터 嘉禾4년까지는 '丁琰'(簡93·95)[31]이었으며, 嘉禾5년 3월 이후는 '皇紀'(簡96-98)이었다. 嘉禾원년 12월부터 嘉禾2년 11월까지의 臨湘 侯國 丞은 알 수 없고, 이 시기 '唐(?)祁'와 '丁琰'이 교대하고 있었음이 의심된다. 만약 '丞弁關'의 '弁'이 사람 이름이며, '丞弁'과 '丞丁琰'은 중복 출현하는 경우가 있고, 侯國의 丞이 단 한 사람만 임명된다면 '弁'은 臨湘 侯國의 丞이 될 수 없었고, 단지 臨湘 侯國 丞의 屬吏였을 것이다.

그럼 侯國 丞은 직접 '丞關'을 서명하였을까? '祁'(표1)과 '琰'(　　肆·4850①, 　　柒·2124①)의 친필서명을 비교해 보면 '丞關'의 서명은 글자에 힘이 많이 들어가 있고, 묵적이 짙으며, 글씨가 조잡하다. 서명 '祁'와 '琰'의 필획은 비교적 가늘고 글씨가 정교하다. 이 두 종류의 서명은 완전히 서로 다른 스타일을 지니고 있다. 그러므로 '丞關'의 서명자는 '丞祁'도 아니고 丞 '丁琰'도 아닐 것이다.

'丞弁關'과 '丞關'에서 官職 '丞'의 서명이 나왔고, 이 서명은 '丞'과 관련되어 있을 것이다. 臨湘 侯가 屬吏에게 자신을 대신하여 직접 창고물자의 징수에 대한 감사와 점검에 참여하여 살펴보게 했고, 서명 역시 대신하게 하였을 가능성이 크다. 비록 臨湘 侯國 丞이 타인에게 위탁하고 직접 해당 업무를 처리하지 않았지만 臨湘 侯國 丞은 여전히 연대 책임이 있고 대신 서명하는 자도 자신의 행위에 대해 책임이 있었을 것이다. 이러한 상황으로 볼 때 '丞弁關'과 '丞關'은 2가지 측면의 의미를 가지고 있다. 첫째, '丞'의 서명은 이 업무가 丞의 것이라는 것을 표명하기 때문에 丞은 이 일에 책임이 있다. 둘째, '弁'의 서명 및 '關丞'을 반대인 '丞關'으로 서명한 것이다. 이것은 丞이 이 업무에 직접 참여하지 않았다는 것을 표명하지만 丞은 간접적으로 처리하였고 '弁'이 대신한 것이었다.

'關丞'과 '丞關'의 의미는 완전히 다르다. '關丞'은 臨湘 侯國 丞에게 보고한다는 뜻 이지만, '丞關'은 臨湘 侯國 丞이 어떤 업무를 처리하고 참여하는 것을 의미한다. '關'은 처리 및 참여라는 뜻이다. 예를 들면, 『三國志·吳書·朱治傳』, 「江表傳」 '故表漢朝, 剖符大郡, 兼建將校, 仍關綜兩府.'[32]가 있고, 또 다른 예로는

---

29) "關"의 부수인 "門"은 簡에서 가로로 굽은 형식으로 썼다. '肩水金關漢簡' 73EJT2:82A '　　(關)'을 참고. 甘肅簡牘保護研究中心等編,『肩水金關漢簡(壹)』上·中冊, 上海: 中西書局, 2011, p.53, "開"의 초서체는 '　'이다. 洪鈞陶編, 啓功校訂『草字編』, 北京: 文物出版社, 1983, pp.3994~3995 참조.

30)『續漢書』, 志第28,「百官五」, p.3623.

31) 簡95에 기록된 '丞庆固還宮'은 당연히 簡貳·4472에 기록된 '丞丁琰庆固還宮'일 것이다.

『三國志·吳書·孫休傳』: '休以丞相興及左將軍張布有舊恩, 委之以事, 布典宮省, 興關軍國.'과 같은 기록이 있다.[33] '關丞'은 吏民들이 창고에 물자를 상납할 때 臨湘 侯國 丞에게 보고해야 하고, '丞關'은 臨湘 侯國 丞이 吏民의 물자 상납에 관심을 가지고 관여하는 것이다. 앞에서 서술한 바와 같이 品布를 강제로 징수를 시작할 때는 반드시 長吏의 권위에 의해서 調布의 징수를 실행할 수 있었고, 丞祁는 처음부터 調布의 징수에 참여하였다. 吏民들은 品布를 납부할 때 丞祁에게 진술하고 보고해야 했다. 丞祁는 '入受莂' '關丞'의 아래 부분에 '祁'를 서명하였다. 臨湘 侯國 丞은 長吏로서 장기적으로 이와 같은 복잡한 업무에 참여할 수 없기 때문에, 品布의 징수가 순조롭게 정상화 되면 丞祁는 더 이상 이 업무에 참여하지 않고 屬吏를 파견하여 해당 업무를 처리하게 하였으며 서명도 대신하게 하였다. 吳簡 '庫入受莂'의 기록을 볼 때 丞의 佐吏는 丞의 이름을 서명한 것이 아니었고, '丞弁關'과 '丞關'을 서명한 것이었다. 이 두 글자 서명은 臨湘 侯國 丞이 이미 이 일을 처리하였다는 것을 의미한다. 감독책임의 각도에서 말을 하자면 필자는 서명을 '丞弁關'으로 읽어야 하고, '弁'이란 서명은 대신 서명한 자를 명시한 것이라고 생각한다. '丞弁關'은 왜 두 가지 유형의 글자체로 존재할까? 여기에는 2가지 가능성이 있다. 첫 번째 가능성은 '丞弁關'의 서명 기간에 臨湘 侯國 丞은 '唐(?)祁'에서 '丁琰'으로 교체되어 대신 서명하는 자인 '弁'이 고의적으로 다른 글자형태를 사용하여 관리자인 丞이 같지 않음을 구분한 것이었다. 또 한 가지 가능성은 佐吏'弁'이 전에는 직접 대신 서명하였지만 나중에는 타인에게 대신 서명하는 것을 부탁하였고 대리자가 '弁'의 글자체를 모방하였거나 佐吏'弁'이 서로 다른 사람에게 대신 서명하게 했을 가능성도 있다. 이와 같은 가능성은 앞으로 공포될 관련 자료들을 통해 더 나은 논증이 되기를 기다린다.

총괄적으로 보면 '丞弁關'은 丞의 서명이 아니며 佐吏가 대신 서명한 것이었다. '丞弁關'은 주무자를 뿐만 아니라 대신 서명한 자까지 명시하였다. 이것은 주무자와 대리인의 연대 책임이 있었음을 보여준다. 그러므로 '庫入受莂'에 기록된 서명은 친필서명인 '祁'든 대신 서명된 '丞弁關'든 모두 권위성과 효력을 지니고 있었다.[34]

III. 검사·수정

省校는 곧 검열·교정 및 검사·수정하는 것이며 착오의 검사·내용의 검토를 통해 문서의 진실성과 정

---

32) 『三國志』 卷56, 「吳書·朱治傳」, 『江表傳』을 인용함. 中華書局, 1982, 제2판, p.1304.

33) 『三國志』 卷48, 「吳書·孫休傳」, p.1159.

34) 邢義田 선생은 「漢至三國公書書中的簽署」라는 글의 맺음말에서 '전반적으로 말하자면 簡帛시기에 公私 文書의 진실성과 권위를 증명하는 방법은 주로 도장이었다. 도장과 봉인을 가하는 것은 곧 主官의 권력을 과시하는 것이며 이것은 文書의 권위와 진실성을 증명하는 관건이다. 主官이 발행된 문서에 서명하는 여부는 그다지 중요하지 않고 掾·令史·屬·佐 등 屬吏들이 대신서명하는 것은 오히려 상식적인 상황이었다.' 이와 같은 의견은 본문의 주지와 다르다. 邢義田, 「漢至三國公書書中的簽署」, 長沙簡牘博物館編, 『走馬樓吳簡研究論文精選』, pp.563~564 참조.

확성을 확보하는 것이다. 走馬樓吳簡의 省校 批文은 모든 부분의 文書簡·君敎簡에서 대량 출현하였다. 과거 학계에서는 結計簡에서 흔히 볼 수 있는 拘校 주석부호인 '中'을 중심적으로 토론해왔다. 학자들은 户品出錢簡에서 臨湘侯相의 校記가 기록되었지만 글자형태가 비교적 특수하고 각 권의 釋文도 서로 차이가 있다는 것에 주목하였다. 어떤 것은 '若'으로, 어떤 것은 '已'로 또 어떤 것은 '見'으로 해석하였다. 본문은 기존의 석문을 수정하고, 나아가 같은 校記가 갖는 함의 및 문서행정 과정 중의 역할에 대해 토론하고자한다.

二七四六 二七五一

1. '若(?)'

정리자는 采集簡 제8번 대야 중 '模鄕户品出錢簡'의 拘校 기호를 '若'으로 해석하였고 이것을 "畫諾'의 '諾"으로 읽었다. 그 간문은 다음과 같다.

121. ☑若　嘉禾五年十二月十八日☑(壹·2729/8)[注]按: 여기의 '若'은 '畫諾'의 '諾'일 것이다.

122. ☑若　嘉禾五年十二月十八日模鄕典田掾🔲 🔲 🔲(壹·2746/8)[注]按: 여기의 '若'은 '畫諾'의 '諾'일 것이다.

123. ☑若　嘉禾五年十二月十八日🔲 🔲 🔲 🔲掾烝若白(壹·2754/8)[注]按: 여기의 '若'은 '畫諾'의 '諾'일 것이다.

124. ☑若　嘉禾五年十二月十八日模鄕☑(壹·2829/8)[注]按: 여기의 '若'은 '畫諾'의 '諾'일 것이다.

125. ☑🔲　嘉禾二年十二月十二日典田掾蔡□白(壹·249/1)[注]□는 짙은 묵적의 비자(批字)이며 이미 훼손되었다. '若'은 '畫諾'의 '諾'일 것이다.

이 校記의 글자형태는 〈표6〉과 같다.

〈표6〉

壹·2729	壹·2746	壹·2754	壹·2829	壹·249

'若'의 글자형태 '🔲'(J22-2540)·'🔲'(簡44)[35]·'🔲'(肆·4850①)을 비교하면 이 校記의 글자형태는

---

35) 宋少華 등, 『湖南出土簡牘選編』, (長沙)嶽麓書社, 2013, p.358.

'畫諾'의 '諾'(若)과 완전히 다르며 "畫諾'의 '諾'(若)'이 아닐 것이다.

2. '見(?)'

采集簡 제22번 대야 중의 '模鄕故户品出錢簡'에서 역시 같은 校記가 있었다. 정리자는 '見'으로 해석하였다. 그 간문은 다음과 같다.

126. 模鄕郡吏陳琕[36]故户上品出錢一萬二千臨湘侯相 見 嘉禾五年十二月十八日模鄕典田掾丞若白(貳·8257/22)

127. ☑☑☑☑相 見 嘉禾五年十二月十八日模鄕典田掾丞若白(貳·8258/22)

128. 模鄕郡吏何奇故户上品出錢一萬二千臨湘侯相 見 嘉禾五年十二月十八日模鄕典田掾丞若白(貳·8259/22)

129. 模鄕大男胡車故户上品出錢一萬二千臨湘侯相 見 嘉禾五年十二月十八日模鄕典田掾丞若白(貳·8260/22)

130. ☑下品出錢四千四百臨湘侯相 見 ☑ (貳·8296/22)

131. ☑☑臨湘侯相 見 嘉禾五年十二月十八日模鄕典田掾丞若白(貳·8603/22)

132. ☑ 見 嘉禾五年十二月十八日模☑(貳·8623/22)

校記의 글자형태는 〈표 7〉과 같다.

〈표 7〉

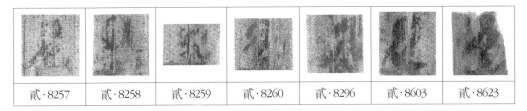

貳·8257	貳·8258	貳·8259	貳·8260	貳·8296	貳·8603	貳·8623

'見'의 글자형태를 비교해보면, '　'(壹·3387), '　'(貳·7274), '　'(壹·5929) 등은 校記 글자형태에 '目'부분이 안 보이고, 게다가 벌어진 부분이 좌측 하단을 향해 있으므로 '見'자가 아닐 것이다.

---

36) '琕', 기존에는 '琕(?)'로 해석하였으며, 여기서는 도판에 의해 수정함.

3. '已(?)''巳(?)'

'采集簡' 제28번 대야 중의' 模鄕故户品出錢簡'에서 역시 같은 校記가 있었다. 정리자는 이것을 '已'로 해석하였다. 그 간의 예는 다음과 같다.

133. ☑一萬二千臨湘侯相 已 嘉禾五年十二月十八日模鄕典田掾烝若白(叁·3181正/28)[注]'已'는 짙은 묵적의 비자(批字)였고, 아마도 勾校부호일 것이며 다른 함의가 있었을 가능성도 있다. 이하 같으므로 더 이상 언급하지 않는다.

134. ☑☑☐汪臨湘侯相 已 嘉禾五年十二月十八日模鄕典田掾烝☒白(叁·3195正/28)

135. ☑臨湘侯相 已 嘉禾五年十二月十八日模鄕典田掾烝若白(叁·3220正/28)

☑☑二千臨湘侯相 已 嘉禾五年十二月十八日模鄕典田掾烝若白(叁·3247正/28)

137. ☑……臨湘侯相 已 嘉禾五年十二月十八日模鄕典田掾烝若白(叁·3259正/28)

138. ☑☐臨湘[37]侯相 已 嘉禾五年二月八日☑(叁·3317正/28)

139. ☑已 嘉禾五年十二月十八日模鄕典田掾烝若白(叁·150/23)[注]'已'는 짙은 묵적의 비자(批字)이고, 아마도 勾校부호일 것이며 다른 의미가 있었을 수도 있다.

이 글자형태는 〈표 8〉과 같다.

〈표 8〉

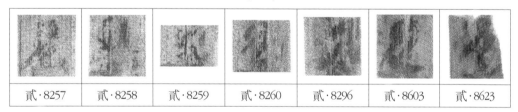

貳·8257	貳·8258	貳·8259	貳·8260	貳·8296	貳·8603	貳·8623

校記 '已'의 글자형태 ' '(叁·1547), ' '(叁·1650), ' '(叁·1680)을 비교해보면 校記 글자형태에 삐침 한 획 'ノ'이 더 있다. 校記 '已'는 校記 '已'와 완전히 같은 것이 아니었다.

4. 기타 같은 종류의 校記

상술한 '模鄕户品出錢簡' 이외에도 일부 '模鄕户品出錢簡'에 기록된 校記 '已'가 누락된 경우가 있으며, 도판에 근거하여 여기에서 다시 보충 해석한 바는 다음과 같다.

---

37) '湘', 기존에 해석되지 않았고, 여기서는 도판에 의해 보충함.

長沙吳簡 중의 簽署·省校 및 勾畫符號의 釋例 _ 145

140. ☑匚品出錢四[38]千四百臨湘侯相 尼[39]……☑(壹·1400/5)

141. ☑田品田錢八千臨湘侯相 尼[40]……☑(壹·1407/5)

142. 模鄉大男盖轉故户中品出錢八千臨湘侯相 尼[41]☑(壹·1518/5)

143. ☑更黄况故户中品出錢八千臨湘侯相 尼[42]□☑(壹·1519/5)

144. 模鄉夶男周待故户中品田錢八千臨湘侯相 尼[43]☑(壹·1525/5)

145. ☑吏□□故户中品出錢八千臨湘侯相 尼[44]☑(壹·1540/5)

146. ☑□□□故户田品田錢八千臨湘侯相 尼[45]☑(壹·1565/5)

147. ☑臨湘侯相 尼[46]☑(壹·2715/8)

148. ☑臨湘侯相尼[47](壹·2764/8)

149. 模鄉縣吏蔡忠故户上品出錢一萬二千臨湘侯相 尼[48]嘉禾五年十二月十八日模鄉典田掾烝若白(貳·8378/22)

150. ☑臨湘侯相 尼[49]嘉禾五年十二月十八田☑(叄·3231正/28)[注] □는 짙은 묵적의 비자(批字)이다.

이와 같은 簡들은 '采集簡' 제5·8·22·28번 대야에서 집중적으로 출현하였다. 내용은 기본적으로 비슷하고, 모두 '模鄉故户品出錢簡'이다.[50] 簡140-150의 校記 '尼'의 글자형태는 〈표 9〉와 같다.

〈표 9〉

壹·1400	壹·1407	壹·1518	壹·1519	壹·1540	壹·2715	壹·2764	叄·3231

---

38) '四', 기존에 '二'로 해석되었으며, 여기서는 도판과 예문에 의해 수정함.

39) '尼', 기존에 해석되지 않았고, 여기서는 도판에 의해 보충함.

40) '尼', 기존에 해석되지 않았고, 여기서는 도판에 의해 보충함.

41) '尼', 기존에 해석되지 않았고, 여기서는 도판에 의해 보충함.

42) '尼', 기존에 해석되지 않았고, 여기서는 도판에 의해 보충함.

43) '尼', 기존에 해석되지 않았고, 여기서는 도판에 의해 보충함.

44) '尼', 기존에 해석되지 않았고, 여기서는 도판에 의해 보충함.

45) '尼', 기존에 해석되지 않았고, 여기서는 도판에 의해 보충함.

46) '尼', 기존에 해석되지 않았고, 여기서는 도판에 의해 보충함.

47) '尼', 기존에 해석되지 않았고, 여기서는 도판에 의해 보충함.

48) '尼', 기존에 해석되지 않았고, 여기서는 도판에 의해 보충함.

49) '尼', 기존에 해석되지 않았고, 여기서는 도판에 의해 보충함.

50) 졸작, 「走馬樓吳簡三鄉户品出錢人名簿整理與研究--兼論八億錢與波田的興建」, 참조. 미간행.

이 필적은 표 6, 7, 8과 유사하며 아마 같은 사람이 서사했을 것이다.

주목해야 하는 것은 '采集簡'의 제17번 대야 중 적지 않은 '都鄕新户品出錢簡'에 같은 校記가 있었고 기존의 釋文이 누락되어 여기에서 보충 해석한 내용은 다음과 같다.

151. ☒□ 鄕 男 子 潘 莒新 户 品□……□百九十四侯相 尼[51] ……年正月十二日典田掾蔡□☒(貳·2910正/17)

　　　☒入錢畢民自送牒還縣不得持還鄕典田吏及帥☒(貳·2910背/17)

152. 都鄕大男鄭□新户中品出錢九千侯相 已[52] 嘉禾六年正月十二日典田……(貳·2911正/17)

入錢畢民自送牒還縣不得持還鄕典田吏及帥(貳·2911背/17)

153. 都 鄕 大男 囗通(?)新户下品出錢五千五百九十四侯相 尼[53] ……(貳·2941正/17)

　　入錢畢民自送牒還縣不得持還鄕典田吏及帥(貳·2941背/17)

154. 都鄕男子許靖新户中品出錢九千侯相 尼[54] 嘉禾六年正月[55]十二日典田□□(貳·2943正/17)

入錢畢民自送牒還縣不得持還鄕典田吏及帥(貳·2943背/17)

155. 都鄕大男□□新户下品出錢五千五百九十四侯相 尼[56] ……☒(貳·2945正/17)

入錢畢民自送牒還縣不得持還鄕典田吏及帥☒(貳·2945背/17)

156. ☒户上品出錢□萬三千侯相 尼[57] ……(貳·3299正/17)

　　☒民自送牒還縣不得持還鄕典田吏(貳·3299背/17)

'模鄕故户品出錢簡'과 비교하면 '都鄕新户品出錢簡'의 뒷면에는 套語가 있으며, 典田掾稟白의 시간은 嘉禾6년이고, 三品의 출전수량도 서로 같지 않다. 그 밖에도 '都鄕新户品出錢簡'의 엮은 흔적 간격은 약 8.5㎝이며, '模鄕故户品出錢簡'(약 8.0㎝)보다 약간 길다. 이것으로 볼 때 '都鄕新户品出錢簡'은 따로 簿書가 편찬되었다는 것을 알 수 있다.[58]

'都鄕新户品出錢簡' 151-156의 校記 '尼'의 글자형태는 〈표 10〉과 같다.

---

51) 비자(批字) '尼'자는 기존에 해석되지 않았고, 여기서는 도판에 의해 보충함.
52) 비자(批字) '已'자는 기존에 해석되지 않았고, 여기서는 도판에 의해 보충함.
53) 비자(批字) '尼'자는 기존에 해석되지 않았고, 여기서는 도판에 의해 보충함.
54) 비자(批字) '已'자는 기존에 해석되지 않았고, 여기서는 도판에 의해 보충함.
55) '□ 嘉禾六年正月'은 기존의 석문에 '……年五月'로 해석됨. 여기서는 도판에 의해 수정하고, 보충함.
56) 비자(批字) '尼'는 기존에 해석되지 않았고, 여기서는 도판에 의해 보충함.
57) 비자(批字) '尼'는 기존에 해석되지 않았고, 여기서는 도판에 의해 보충함.
58) 졸작, 「走馬樓吳簡三鄕户品出錢人名簿整理與研究--兼論八億錢與波田的興建」, 미간행.

〈표 10〉

貳 · 2910	貳 · 2911	貳 · 2941	貳 · 2943	貳 · 2945	貳 · 3299

校記의 글자형태와 '模鄕故户品出錢簡'에 기록된 校記형태는 같지 않고(표 6-9를 참조), 모두 바꿀 수 있으며, 보충해석은 '尼'이다. 그렇다면 비록 '都鄕新户品出錢簡'·'模鄕故户品出錢簡'은 각자 簿書가 편찬되었지만, 이 두 가지 簿書에 대해 감사하고 수정하는 사람은 같은 사람이었다. 簡文에 기재된 내용으로 보자.

模鄕故户型:

模鄕○○(身份)○○(姓名)故户上/中/下品出錢一萬二千/八千/四千四百臨湘侯相　已　嘉禾五年十二月十八日模鄕典田掾烝若白

都鄕新户型:

앞면: 都鄕○○(身份)○○(姓名)新户上/中/下品出錢一萬三千/九千/五千五百九十四侯相　已　嘉禾六年正月十二日都鄕典田掾蔡忠白

뒷면: 入錢畢民自送牒還縣不得持還鄕典田吏及帥

户品 出錢을 책임지고 감사하고 수정하는 관리는 '(臨湘)侯相'이었다.

5. '尼'의 手批者과 의미

嘉禾5년 말부터 嘉禾6년 초까지의 臨湘 侯相에 대해 지금까지 발표된 走馬樓 吳簡 중 상관 기록은 없었다. '許迪割米案'의 관련된 간문은 다음과 같다.

157. 臨湘侯相管告叩頭死罪白重部核事掾趄鼉 實核吏詬迴(捌·4139)
158. 臨湘俟相筥瞢叩頭死罪白重部吏潘珫□□陸□賣鹽(捌·4159)

嘉禾4년 말부터 嘉禾5년 4월까지 臨湘侯相은 '管告(君)'이었다.[59] 도판과 대조해보면 '告'의 해석은 문

---

59) 徐暢, 「走馬樓吳簡竹木牘的刊布及相關硏究述評」, 『魏晉南北朝隋唐史資料』, 上海古籍出版社, 第31輯, 2015, p.61참조.

제가 있다. ''(捌·4139), ''(捌·4159)는 '君'으로 해독해야 한다. 走馬樓 吳簡 중에는 臨湘 侯相의 존칭을 '某君'으로 한 경우가 흔히 보인다. 그에 대한 예시는 다음과 같다.

159. ·右連年連空雜米三千五百二斛三斗八升□合□侯相郭君丞區讓(肆·1230)

160. 相郭君丞唐(?)祁録事主者周岑石彭謝進(肆·1297)

161. 侯相趙君送柏船(柒·4239)

이로써 판단해 본다면 嘉禾4년 말부터 嘉禾5년 4월까지 臨湘 侯相은 '管君'이었고 '管'은 성이며 '君'은 존칭이었다.

'管君'이 臨湘侯相으로 재직한 시기는 户品出錢을 징수한 嘉禾5년 말부터 嘉禾6년과 근접한다. 그렇다면 拘校 '尼'는 '管君'의 자필이 아닐까? 우리는 嘉禾4년 7월의 '君教簡'에 역시 校記 '尼'가 출현함을 발견하였다. 내용은 다음과 같다.

162. 君教　尼　　丞戊固還宮録事掾潘琬校
　　　　主簿尹　桓省 嘉禾四年七月十日丁卯白(182)[60]

校記자형과 '户品出錢簡'의 校記 글자형태 '尼'는 완전히 일치하며 이는 같은 사람이 서사했을 것이다. 이 사람은 아마도 臨湘 侯相 '管君'이었거나, 가능성이 크고 혹은 '管君'이 전문적으로 이 업무를 처리하기 위해 임명한 門下吏 혹은 佐吏일 가능성도 있다.

校記'尼'의 함의 一ㄴ 무엇일까? 嘉禾3년의 '君教簡'에서 역시 먹물로 적은 '已核'·'已出' 및 붉은색의 '已校'를 발견하였다. 〈표 11〉을 참조.

〈표 11〉

已核[61]	已核[62]	已核, 已出, 已校	重核已出 已校, 已核	已出, 已核 已校
肆·1644	柒·2124(1)	191[63]	192[64]	205[65]

---

60) 宋少華, 『湖南長沙三國吳簡(四)』, 重慶出版社, 2010, p.29.

우리는 '君敎簡'에 별도로 臨湘 侯相 비자(批字) 공간을 남겨놓았음을 알았다. 嘉禾 3년의 비자(批字)는 두 자 혹은 네 자이며, 의미는 명확하다. 嘉禾 4년 비자(批字) 규칙은 단자(單字)일 것이다. 'ⓔ'(82)와 'ⓔ' (173).[66] 비록 嘉禾3년 臨湘 侯相 의 이름은 알 수 없지만, 비자(批字) 내용과 풍격으로 봤을 때, 이 두 종류의 비자(批字)는 분명 같은 사람이 아니다. 비자(批字)와 臨湘 侯相는 상관이 있을 것이고, 게다가 비서(批畫)의 위치 또한 완전히 같다. 이를 우리의 이유로 사용하면, 墨書 'ⓔ', 'ⓔ'와 '已核'·'已出'는 아마 같은 유형의 비자(批字)로 볼 수 있다. 'ⓔ', 'ⓔ'는 '已核'·'已出'과 비교했을 때, 비자(批字)인 'ⓔ'는 '已'자보다 삐침 한 획이 더 있고 'ⓔ'는 '已'와 비교하면 마지막 획의 머리 부분이 더 길다. 종합적으로 '户品出錢簡'의 校記로 보면 'ⓔ'는 아마도 '已核'의 간단한 모양일 것이다. 그러므로 '尼' 혹은 '巳'로 간략하게 서사하는 이유는 더 빠르게 읽고 결재할 필요성과 간독의 제한된 공간 때문에 한 글자만 적는 것이 상대적으로 편리하기 때문이었을 것이다. 동시에 타인이 열람할 때도 지장이 없다. 이러한 상황이 지속되면서 비자(批字)를 간략하게 적는 것이 습관이 되었다. 이에 근거하면 '户品出錢人名簡'의 비자(批字)들은 단일한 '尼'로 쓰여 있지만 '已'로 해석할 수도 있고 '已核'으로 이해할 수도 있다.

총괄적으로 말하면 '户品出錢簡'에서 (臨湘)侯相의 아랫부분에 적힌 校記 '尼'는 臨湘 侯相'管君' 혹은 권한을 위임받은 屬吏가 '户品出錢簿'를 선택하여 감사한 후에 적은 비자(批字)이며, 그것은 '已核(이미 감사했음)의 뜻이다.

IV. 약호(略號)

走馬樓吳簡 중에는 약호가 많이 기록되어있었다. 그중 가장 많이 보이는 '同文符'에 관한 연구는 학계에서 이미 진행해왔다. 鐵牌·木牘과 죽간 중 흔히 '朱筆涂痕'을 볼 수 있다. 본문에서 '庫錢帳簿'를 예로 '朱筆涂痕'에 대해 연구하고자 한다.

'庫錢帳簿'體系는 '襍錢入受簿'·'襍錢承余新入簿'·'襍錢領出用餘見簿'로 구성된다.[67] 簿書 중 '襍錢入受簿'·'襍錢承余新入簿'에서는 '朱筆涂痕'이 보이지 않고, '襍錢領出用餘見簿'에는 많이 보인다. '襍錢入受簿'·'襍錢承余新入簿'에서는 '朱筆涂痕'이 보이지 않았지만, 다른 흔적은 이 종류의 簿書에서 '中'이 검사 부호로 사용되었음을 보여준다. 예를 들면, '襍錢入受前'의 '結計簡' 말미부분에 다음과 같은 기록이 있다.

---

61) '核'은 기존에 '若'으로 해석하였고, 여기서는 도판에 의해 수정함.
62) '核'은 기존에 '若'으로 해석하였고, 여기서는 도판에 의해 수정함.
63) 「長沙東吳簡牘書法特輯」, 『中國書法』, 2014, 제5기, pp.114~115.
64) 「長沙東吳簡牘書法特輯(續)」, 『中國書法』, 2014, 제10기, pp.114~115.
65) 「長沙東吳簡牘書法特輯(續)」, 『中國書法』, 2014, 제10기, p.99.
66) 도판은 「長沙東吳簡牘書法特輯(續)」, 『中國書法』, 2014, 제10기, pp.118~119를 참조.
67) 졸작, 「走馬樓吳簡庫錢帳簿體系整理與硏究」, 『考古學報』, 2015, 제2기 참조.

163. ·右廣成鄉入二年財用錢二萬五千八百八十　中(壹·2822)

庫布·皮入受餰結計簡의 말미에도 校記'中'자 흔히 보인다. 예 :

164. ·右市布三百九十五匹[68] 中(叁·246/23)
165. 右⊠武陵鄉⊠嘉禾二年布卅一匹二⊠九尺　中(壹·7615/13)
166. 右都鄉入⊠禾二年布□四五丈□尺合一百七十二匹二丈五尺　中(壹·7729/13)
167. ☑南鄉入布一匹三丈九尺 中(壹·8465/13)
168. ·右樂鄉入布廿三匹二丈一尺　　中(貳·3881/19)
169. ☑右小武鄉入布廿四匹一丈七尺 中(貳·3900/19)[注]依文例, '小武'下脱'陵'字.
170. ☑□陵鄉入布五十六匹三丈七尺　中(貳·3904/19)
171. ……枚合一百廿四匹一丈六尺　　中(貳·5531/20)
172. ☑樂鄉入嘉禾二年布餰廿八枚合卅七匹三丈四尺　中(貳·5597/20)
173. ·右平鄉入嘉禾三[69]年布九十六匹二丈八尺　　中(貳·5703/20)
174. ☑□禾二年布卅七匹三丈五尺　·　中(貳·6105/20)
175. ☑鄉嘉禾二年布一百七十二匹二丈五尺　中(貳·6234/20)
176. ·右都鄉入布合卅五匹一丈四尺　中 (叁·245/23)
177. 右都鄉入皮卅枚　　中(貳·8911/23)
178. ·右西鄉入皮卅一枚　其十枚鹿皮

　　　　　　　　　其廿一枚麂皮　中(貳·8923/23)
179. ·右平⊠⊠皮十六枚　中[70](貳·8934/23)

庫布承余新入簿의 新入簡에서 역시 校記'中'자가 있다. 예 :

180. 　入樂鄉二年布十六匹□丈　中(壹·3352/9)
181. 　入南鄉嘉禾二年布卅一匹二丈四尺　·　中(貳·6106/20)
182. 　入都鄉二年布一百一匹三丈二尺　中[71](叁·3838/31)

---

68) '三百九十五匹'은 기존에 '三匹九丈五尺'으로 해석하였으며 '四丈爲一匹'에 의거하여 '三匹九丈五尺'은 '五匹一丈五尺'으로 기
　　록되어야 할 것이다. 도판과 비교해 '百"十"匹'의 필적이 비록 잔결되어 모호하지만 판별할 수 있는 정도이므로 여기서는 이
　　에 의해 수정함.
69) '三'은 도판과 비교해 첫 번째 필획은 무관한 흔적이며 '二'로 해석하는 것으로 의심됨.
70) '中', 기존에 석독되지 않았고, 여기서는 도판에 의해 보충함.
71) '中', 기존에 석독되지 않았고, 여기서는 도판에 의해 보충함.

183.　　入東鄕二年布九匹……　田(叁·2818/26)

184. 入都鄕元年布卌二匹六□□□　中[72](肆·2059/3)

185. 入都鄕元年布卅[73]八匹四尺五寸　中[74](肆·1349/2)

186. 入東[75]鄕元年布十一匹三丈二尺　田[76](肆·1310/2)

187. 入東鄕元年布二匹二丈二尺　田[77](肆·1468/2)

188. 入南鄕元年布七匹三丈七尺　田[78](肆·1466/2)

189. 入東鄕元年布五十七匹二丈九尺　中[79](肆·1351/2)

190. 入南鄕元年布十一匹三丈六尺　中[80](肆·1505/2)

191. 入南鄕元年布卅四(?)匹三丈四尺　中[81](肆·1486/2)

192. 入西鄕元年布卅七匹三丈二尺　田[82](肆·1140/2)

193. 入西鄕元年布廿匹三丈　中[83](肆·1091/2)

194. 入西鄕元年布二匹三丈七尺　中[84](肆·1487/2)

195. 入中鄕元年布十六匹二丈七尺　田[85](肆·1478/2)

196. 入廣成鄕元年布卅六匹□丈八尺　中[86](肆·1099/2)

197. 入廣成鄕元年布十六匹三丈九尺　田[87](肆·2128/3)

198. 入廣成鄕元年布三匹三丈七尺　田[88](肆·1463/2)

199. 入模鄕元年布卅一匹一丈□尺　田[89](肆·1481/2)

200. 入模鄕元年布卅八匹五尺　中[90](肆·1464/2)

---

72) ‘中’, 기존에 석독되지 않았고, 여기서는 도판에 의해 보충함.

73) ‘卅’, 기존의 석문에서 ‘廿’으로 해석하였고, 여기서는 도판에 의해 수정함.

74) ‘中’, 기존에 석독되지 않았고, 여기서는 도판에 의해 보충함.

75) ‘東’은 기존에 석독되지 않았고, 여기서는 도판에 의해 보충함.

76) ‘田’, 기존에 석독되지 않았고, 도판과 비교해 간독 아래에 필적 잔존이 확인 되어 여기에 보충함.

77) ‘田’, 기존에 석독되지 않았고, 도판과 비교해 간독 아래에 필적 잔존이 확인 되어 여기에 보충함.

78) ‘田’, 기존에 석독되지 않았고, 도판과 비교해 간독 아래에 필적 잔존이 확인 되어 여기에 보충함.

79) ‘中’은 기존에 석독되지 않았고, 여기서는 도판에 의해 보충함.

80) ‘中’은 기존에 석독되지 않았고, 여기서는 도판에 의해 보충함.

81) ‘中’은 기존에 석독되지 않았고, 여기서는 도판에 의해 보충함.

82) ‘田’은 기존에 석독되지 않았고, 도판과 비교해 간독아래에 필적 잔존이 확인 되어 여기에 보충함.

83) ‘中’은 기존에 석독되지 않았고, 여기서는 도판에 의해 보충함.

84) ‘中’은 기존에 석독되지 않았고, 여기서는 도판에 의해 보충함.

85) ‘田’은 기존에 석독되지 않았고, 도판과 비교해 간독아래에 필적 잔존이 확인 되어 여기에 보충함.

86) ‘中’은 기존에 석독되지 않았고, 여기서는 도판에 의해 보충함.

87) ‘田’은 기존에 석독되지 않았고, 도판과 비교해 간독 아래에 필적 잔존이 확인 되어 여기에 보충함.

88) ‘田’은 기존에 석독되지 않았고, 도판과 비교해 간독 아래에 필적 잔존이 확인 되어 여기에 보충함.

89) ‘中’은 기존에 석독되지 않았고, 여기서는 도판에 의해 보충함.

201. 入平鄉元年布十七匹三丈三尺 田[91](肆·1350/2)

202. 入桑鄉元年布四匹 中[92](肆·1366/2)

203. 入桑鄉[93]元年布三匹三丈九尺 田[94](肆·1448/2)

204. 入小武陵鄉布□□□匹一丈七尺 中(肆·1359/2)

205. 入小武陵鄉元年布五十六匹□丈七尺 田[95](肆·1381/2)

206. ☑ 鄉 元 年[96]布廿九匹三丈七尺 中[97](肆·1361/2)

207. 入市吏潘祎 图 球[98] 邡 市布□□□百冊七匹七尺 中(肆·1360/2)

전반적으로 '庫帳簿'에서 校記 '中'자는 '入受筭結計簡'과 '新入簡'의 하단에 집중적으로 기록되어 있다. 필자는 일찍부터 '庫帳簿' 체계 중에 '入受簿'는 '承餘新入簿'의 원부(原簿)이며 '新入簡'은 많은 '入受筭'의 통계가 아니라 직접 다시 '入受筭統計簡'을 기록하여 이것을 근거로 帳簿 간의 장부 유통을 실현했다. '入受筭統計簡'에 기록된 장부가 정확한지, '新入簡'에서 그 수치가 정확히 기록되는지를 감사할 때의 중점적으로 보았다. 만약 착오가 없으면 簡의 하단에 '中'자를 기록한다. 校記'中'자는 '부합함과 정확함'을 의미한다.[99]

하지만 한 단계 더 높은 '褌錢領出用餘見簿'에서는 校記'中'자가 보이지 않았고, 오히려 '朱筆塗痕'이 빈번히 보인다. '褌錢領出用餘見簿' 중 '朱筆塗痕'이 서사된 簡을 분류하여 나열하면 다음과 같다.

領收簡:

208. ·石領及收除 畾[100]錢十五萬九千四百一十一錢 (叁·6317) [注] 簡에 '朱筆塗痕'이 있다.

209. □□□數錢三萬二千八百一十八錢(叁·7177·22) [注]簡에 '朱筆塗痕'이 있다.

210. 已入廿二萬八千二百六十(叁·7188·33) [注]簡에 '朱筆塗痕'이 있다.

211. 其九十□萬九千□百八十, 准入吳平除 面米五百斛, 夕(斛)直一千八百冊(叁·7165·10)[注]簡에 '朱筆塗痕'이 있다.

---

90) '中'은 기존에 석독되지 않았고, 여기서는 도판에 의해 보충함.

91) '田'은 기존에 석독되지 않았고, 도판과 비교해 간독 아래에 필적 잔존이 확인 되어 여기에 보충함.

92) '中'은 기존에 석독되지 않았고, 여기서는 도판에 의해 보충함.

93) '桑鄉', 도판과 비교해 '中鄉'으로 의심됨.

94) '田'은 기존에 석독되지 않았고, 도판과 비교해 간독 아래에 필적 잔존이 확인 되어 여기에 보충함.

95) '田'은 기존에 석독되지 않았고, 도판과 비교해 간독 아래에 필적 잔존이 확인 되어 여기에 보충함.

96) '鄉 元 年'기존에 '□武□'로 해석하였으며, 여기서는 도판에 의해 수정함.

97) '中'은 기존에 석독되지 않았고, 여기서는 도판에 의해 보충함.

98) '图 球'기존에 석독되지 않았고, 여기서는 도판에 의해 보충함.

99) 졸작, 『走馬樓吳簡采集簿書整理與硏究』, 「제6장 庫布帳簿體系與孫吳户調」, p.377참조.

100) '除畾'는 기존에는 '財面'으로 해석하였으며, 도판과 비교해 '除'자와 '田'부수가 확인 가능하여 이에 수정함.

212. □未畢四萬九千八百六十(叁·7168·13)[注]簡에 '朱筆塗痕'이 있다.

213. ·右領錢五千七百……☑(叁·7187·32)[注]簡에 '朱筆塗痕'이 있다.

214. 定領二年皮賈行錢四百八十八萬(叁·7189·34)[注]簡에 '朱筆塗痕'이 있다.

出用簡

215. 出錢九萬二千九百卌與祼錢二百九十二萬一千六十通合三百一萬四(叁·6303)[注]簡에 '朱筆塗痕'이 있다.

216. ☑□百一十二錢與祼錢三百萬五百六十八錢通合三百一萬(叁·6307)[注]簡에 '朱筆塗痕'이 있다.

217. 出錢廿九萬四千一百☑(叁·6913)[注]簡에 '朱筆塗痕'이 있다.

218. 出錢廿四萬八千八百卌三錢被府丙寅書□□錢十萬四千六百七十☑(叁·7003)[注]簡에 '朱筆塗痕'이 있다.

219. 出錢一萬六千六百六十三錢遣☑(叁·7047)[注]簡에 '朱筆塗痕'이 있다.

220. 出錢十□萬七千五百六錢, 嘉禾四年六月廿八日乙図☑(叁·7159·4)[注]簡에 '朱筆塗痕'이 있다.

221. 出錢五萬二千八百, 被□嘉禾二年八月十五日己未書, 給市図(?)布☑(叁·7160·5)[注]簡에 '朱筆塗痕'이 있다.

222. 出錢五千七百七十萬, 吏番有傳送詣府, 嘉禾四年二月十三日付(叁·7186·31)[注]簡에 '朱筆塗痕'이 있다.

223. ·右出錢十九萬□千九百九十六錢 ☑(叁·7156·1)[注]簡에 '朱筆塗痕'이 있다.

224. 右出錢二百□□萬二千㠯百廿九錢(叁·7164·9)[注]簡에 '朱筆塗痕'이 있다.

225. ·右出錢二萬六百九十五錢(叁·7192·37)[注]簡에 '朱筆塗痕'이 있다.

226. ·右出錢三萬九千四百八十五錢 ☑(叁·6318)[注]簡에 '朱筆塗痕'이 있다.

227. ·右出錢八十四萬七千一十三錢盡☑(叁·6319)[注]簡에 '朱筆塗痕'이 있다.

228. ☑□錢卅四萬七千七百卌盡(叁·6306)[注]簡에 '朱筆塗痕'이 있다.

餘見簡:

229. 今餘錢五萬□千八百一十七錢見在, 庫吏潘有□(叁·7190·35)[注]簡에 '朱筆塗痕'이 있다.

230. 今餘錢三千五百……☑(叁·7052)[注]簡에 '朱筆塗痕'이 있다.

不明簡:

231. ☑□錢卅二萬八千三百廿九錢(叁·6295)[注]簡에 '朱筆塗痕'이 있다.

232. ☑□錢九萬六千(叁·6423)[注]簡에 '朱筆塗痕'이 있다.

233. □……錢……☑(叁·6539)[注]簡에 '원래 묵필점(墨筆點) 기호가 있다.

234. ☑冈……錢二萬六百九十五錢(叁·6830)[注]簡에 '朱筆塗痕'이 있다.

235. ☑萬五千七百卅一錢☑☑(叁·6877)[注]簡에 '朱筆塗痕'이 있다.

236. ☑□卅五萬□千四百一十一錢(叁·7167·12)[注]簡에 '朱筆塗痕'이 있다.

237. □□二年……五百(叁·7169·14)[注]簡에 '朱筆塗痕'이 있다.

'襍錢領出用餘見簿' 중 領收·出用·餘見簡에는 모두 '朱筆涂痕'이 있었다. '領收(舊管과 新收를 포함될 가능성이 있음)-出用-餘見'은 하나의 완전한 회계공정을 구성하였고, 다시 말하면 '襍錢領出用餘見簿' 그 자체가 하나의 비교적 완전한 장부 유통 과정이었다. 이 簿書를 심사할 때 領收簡·出用簡·餘見簡 사이의 장부 항목을 정산하여 착오가 없으면 장부의 숫자 위에 朱筆로 표시한다. 이 簿書에서 '朱筆涂痕'은 일반적으로 붉은색 선의 형식으로 領收·出用·餘見簡에서 기록된 숫자 위에 표시한 것이다.[101]

유통 장부의 항목 수치를 검사하는 역할을 말하자면, '朱筆涂痕'(襍錢領出用餘見簿)과 校記 '中'(襍錢入受簿·襍錢承餘新入簿)의 역할은 같은 것이다. 그렇다면 '庫錢帳簿' 체계에서 왜 勾校 부호를 통일하지 않았을까? 필자는 다음과 같은 몇 가지 원인이 있다고 생각한다. 첫째, '襍錢入受剠統計簡'과 '新入簡'의 하단에 일반적으로 빈 공간을 남겨놓았고, 校記 '中'자를 서사할 공간이 있었지만 襍錢領收·出用·餘見簡에서 흔히 볼 수 있는 경우는 간 전체에 서사하는 것이다. 예를 들어 앞에 열거한 간문들 중에 簡 211·215·216·222 등의 간에서는 校記 '中'자를 서사할 만한 빈공간이 없었다. 그리고 먹물로 서사된 글자 위에 校記'中'자를 같이 적으면 또렷하지 않지만, 반대로 간략하게 붉은색의 긴 선을 칠하는 편이 눈에 더 잘 띈다. 둘째, '襍錢入受簿'·'襍錢承餘新入簿'를 감사할 때 기본적으로 소수의 '入受剠統計簡'과 '新入簡'을 선택하여 하기 때문에 비교적으로 쉽고 간단하다. 반면에 '襍錢領出用餘見簿'를 감사할 때는 반드시 '領收(舊管과 新收를 포함될 수 있음)-出用-餘見'의 순서대로 회계 유통 장부를 전면 감사해야 해서 작업이 비교적 복잡하다. 전자는 校記'中'을 비교적 적게 서사하였고, '襍錢領出用餘見簿'에는 대량으로 '朱筆涂痕'을 서사하였다. 시간이 지나면서 校記'中'자는 '襍錢領出用餘見簿'에서 점차 '朱筆涂痕'(주홍색의 긴 선)의 형식으로 간소화되었다.

총괄해보면 '襍錢領出用餘見簿'에서 흔히 볼 수 있는 '朱筆塗痕'(주홍색의 긴 선)과 校記'中'의 기본적인 역할은 같은 것이며, 장부의 유통내역 대조가 끝났다는 약호이자 '부합함과 정확함'을 의미한다.

V. 맺음말

지금까지 走馬樓 吳簡 중의 簽署·省校 및 勾畫符號의 釋例에 대해서 살펴보았다. 간단한 부호로 치부할 수 있지만 행정의 실제 상황을 연구하는데 있어서 중요한 사료임을 알 수 있다는 점에서 그 가치가 매

---

101) 伊藤敏雄, 「長沙吳簡中的朱痕和'中'字再考」, 紀念走馬樓三國吳簡發現二十週年長沙簡帛研究國際學術研討會論文, 2016년 8월 27, 28일 참조.

우 높다. 그래서 필자는 釋文을 교정하는 기초로 부터 이러한 서명·교정기록 및 설명부호들이 문서행정 상에서 가지는 의의를 분석하고, 선행연구에서 제시한 일련의 의견에 대해서도 정리했는데, 앞으로도 지 속적으로 이 분야에 대해서 연구하도록 하겠다.

투고일: 2016. 11. 2.　　　심사개시일: 2016. 11. 18.　　　심사완료일: 2016. 12. 1.

참/고/문/헌

『三國志』『續漢書』

「長沙東吳簡牘書法特輯(續)」, 『中國書法』第10期, 2014.
『走馬樓吳簡研究論文精選』, 嶽麓書社, 2016.

甘肅簡牘保護研究 中心等編, 『肩水金關漢簡(壹)』上·中册, 上海: 中西書局, 2011.
關尾史郎, 「吏民田家莂の性格と機能に関する一試論」, 『嘉禾吏民田家莂研究--長沙吳簡研究報告』第1輯, 2001.
關尾史郎, 「賦稅納入簡の形式と形態をめぐつて-2009年12月の調査から-」, 『長沙吳簡研究報告·2009年度特刊』, 2010.
凌文超, 「第6障 庫布帳簿體系與孫吳户調」, 『走馬樓吳簡采集簿書整理與研究』, 廣西師範大學出版社, 2015
凌文超, 「第六章 庫布賬簿體系與孫吳户調」, 『走馬樓吳簡采集簿書整理與研究』, 廣西師範大學出版社, 2015.
凌文超, 「走馬樓吳簡庫錢帳簿體系整理與研究」, 『考古學報』, 2015 第2期.
凌文超, 『走馬樓吳簡舉 私學簿整理與研究--兼論孫吳的占募』, 『文史』第2輯, 2014.
徐暢, 「走馬樓吳簡竹木牘的刊布及相關研究述評」, 『魏晉南北朝隋唐史資料』, 上海古籍出版社, 第31輯, 2015.
宋少華 外, 『湖南出土簡牘選編』, (長沙)嶽麓書社, 2013.
宋少華, 『湖南長沙三國吳簡(四)』, 重慶出版社, 2010.
宋少華, 『湖南長沙三國吳簡(四)』, 重慶出版社, 2010.
伊藤敏雄, 「長沙吳簡中の朱痕·朱筆·「中」字について(その2)」, 『長沙吳簡研究報告2010年度特刊』, 2011.
伊藤敏雄, 「長沙吳簡中の朱痕·朱筆·「中」字について」, 『長沙吳簡研究報告 2009年度特刊』, 2010.
伊藤敏雄, 「長沙吳簡中的朱痕和'中'字再考」, 紀念走馬樓三國吳簡發現二十週年長沙簡帛研究國際學術研討會論文, 2016年 8月 27, 28日
長沙市文物考古研究所·中國文物研究所·北京大學歷史學系走馬樓簡牘整理組編, 『長沙走馬樓三國吳簡·嘉禾吏民田家』, 文物出版社, 1999.
邢義田, 「漢至三國公文書中的簽署」, 『文史』, 2012 第3期.
胡平生·汪力工, 「走馬 樓吳簡嘉禾吏民田家莂'合同符號研究」, 中國文物研究所, 『出土文獻研究(第6輯)』, 上海古籍出版社, 2004.
洪鈞陶編, 啓功校訂『草字編』, 北京: 文物出版社, 1983.

〈Abstract〉

A Study on the Signatures, Checking Marks and Sketched Symbols
in the Wu Slips unearthed at Zoumalou

Ling, Wen-chao

Some examples of the signatures, checking marks and sketched symbols in the Wu Slips unearthed at Zoumalou are studied from the structure of the registers. The signature "Qi(祁)" in some registers of cloth entered and received at the treasury should be the autograph of Qi(祁), who was the assistant of the chancellor of the Linxiang marquisate, and the signature "Cheng Bian Guan(丞弁關)" in some entered and received registers at the treasury should be the allograph of staff member. Whether autograph "Qi(祁)", or allograph "Cheng Bian Guan(丞弁關)" were authoritative and effective. The checking mark "卍" in some registers of cash payment of households of the three grades should be the official comment written by the chancellor of the Linxiang marquisate "GuanJun(管君)" or a staff member after checking the registers. The checking mark "卍" meant that has been checked and correct. The "red paint mark" (red long lines) in the registers of various types cash received, spent and remaining should be the sketched symbol which was used to check the account transfer. The role of this sketched symbol was the same as the checking mark "zhong(中)", which were meant consistent and corrent.

▶ Key words: the Wu Slips unearthed at Zoumalou, signatures, checking marks, sketched symbols

고대 중국의 수학 간독의 출토상황과 문서서식 및 연구 근황
-진한시기의 九九表과 算數書를 중심으로-

蕭燦 著[*]

송진영 譯[**]

〈국문초록〉

오늘날까지 출토된 진한 간독 중 비교적 온전한 4권의 고대 중국 算數書가 있는데, 그중 두 권은 이미 정리되어 출판되었다. 算數書의 주된 내용은 각종 계산 문제·연산법이고, 도량형제도, 수학에 대한 전반적인 논술도 기재되어 있다. 계산 문제에는 특정 문서 형식과 수학 전문용어가 있으며, 분수는 한자로, 數는 문자기록과 刻齒 기록 두 종류의 방식으로 기록하였다. 중국 고대 계산 수단인 '九九表'는 죽간에 칸을 구분하여 서사한 표이다. 이미 알려진 두 가지는 '小九九表'(예: 裏耶秦簡 九九表)와 '大九九表'(예: 清華大學藏 戰國簡九九表, 100 이내의 임의의 두 자릿수 곱셈이 가능)가 있고, 九九表의 사용과 관련된 곱셈구결이 算數書에 기재되어있다.

고대 중국 수학과 관련된 간독 중 비교적 온전한 4권의 고대 중국 算數書로는 湖南長沙嶽麓書院藏秦簡『數』(이하 '嶽麓秦簡『數』'로 약칭)·北京大學藏秦簡『算書』(이하 '北大秦簡『算書』'로 약칭)·湖北江陵張家山漢簡『算數書』(이하 '張家山漢簡『算數書』'로 약칭)·湖北雲夢睡虎地漢簡『算術』(이하 '睡虎地漢簡『算術』'로 약

---

* 中國 湖南大學
** 中國 北京師範大學 博士課程

칭) 이 있다. 기타 출토 수학 간독들은 온전하지 않거나 잔결이 심하다. 예를 들면, 安徽阜陽雙古堆漢簡
『算術書』가 있다. 그리고 어떤 문헌의 내용에는 수학계산이 있는 것도 있다. 예를 들면, 甘肅天水放馬灘
秦簡에는 日·辰·時를 계산하여 질병이 있는지 점을 친 기록이 있다.

중국 고대 계산 수단인 '九九表'는 죽간에 칸을 구분하여 서사한 표이다. 이미 알려진 두 가지 종류로
는 '小九九表'(예: 裏耶秦簡 九九表)와 '大九九表'(예: 淸華大學藏 戰國簡九九表, 100 이내의 임의의 두 자
릿수 곱셈이 가능), 九九表의 사용과 관련된 곱셈구결이 算數書에 기재되어 있다.

▶ 핵심어: 算數書, 九九表, 진·한간독

I. 서론

본고에서는 고대 중국의 수학 간독의 출토상황과 문서서실 및 연구 근황에 대해서 살펴보고자 한다.
그중 진한 간독을 중심으로 살펴볼 것이며, 비교적 온전한 4권의 고대 중국 算數書를 바탕으로 당시 숫자
를 기록하는 방법 및 계산표시, 문제의 표기방법에 대해 살펴보고자 한다.

II. 고대 산수서의 출토 상황

嶽麓秦簡은 湖南大學 嶽麓書院이 2007년 12월에 홍콩의 골동품시장에서 구입한 간독 『質日』·『爲吏治
官及黔首』·『占夢書』·『數』·『奏讞書』·『律令雜抄』 6종이다. 그중 『數』와 관련된 간독 수량은 총 200여 매가
넘으며, 정리자는 이 책의 편성 연대 하한을 기원전 212년(BC.212, 진시황35년)으로 추정하였다. 내용은
대부분 각종 계산문제·산술(계산법)·도량형제도·양식 환율·곱셈구결 등으로 2011년에 책으로 출판되
었다.[1]

北大秦簡『算書』. 2010년 초 北京大學은 한 무더기의 秦 簡牘을 소장하고 있었다. 그 수량은 총 약 800
매였고, 진나라의 정치·지리·경제·문학·수학·의학·역법·방술·신앙 등을 포함하고 있었다. 그중 『算
書』는 갑·을·병 3종으로 구분된다. 죽간 卷4의 앞면에 필사된 명칭은 『算書』甲種이며, 卷4 뒷면에는
『算書』乙種'이 쓰여 있다. 죽간 卷3에 필사된 명칭은 『算書』丙種이다. 『算書』 갑종의 시작은 한편의 독
립적인 글이고, 죽간 32 매, 816자이다. 원래는 표제가 없어 정리자가 머리글의 문자를 인용하여 『魯久次
問數於陳起』로 명명하였고, 약칭은 『陳起』편이다. 이 내용과 일부 계산 문제는 이미 발표되었고, 정리된

---

1) 朱漢民·陳松長, 『嶽麓書院藏秦簡(貳)』, (上海)上海辭書出版社, 2011.

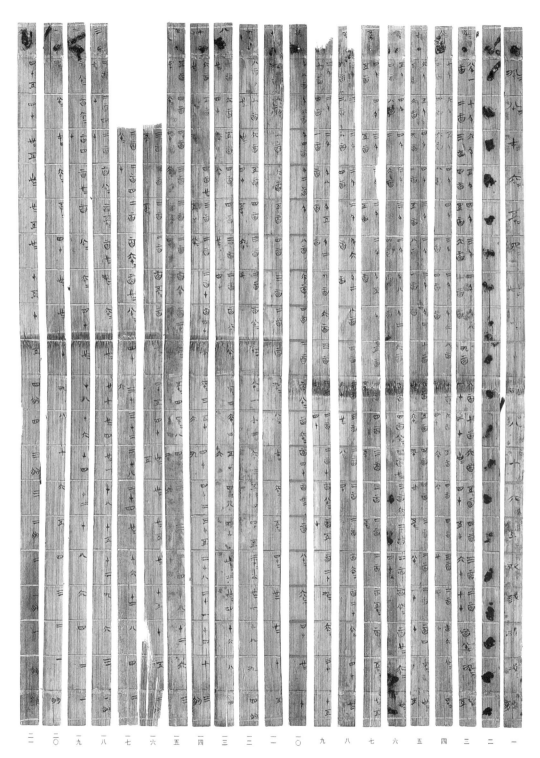

清華大學藏戰國簡『算表』

책은 아직 출판되지 않았다.[2]

張家山漢簡『算數書』는 1983·1984년의 교체기에 湖北 江陵 張家山에서 발굴한 기원전 186년의 묘지에서 출토되었다. 현재 보존된 간독은 190매이며 간독의 길이는 29.6~30.2㎝이다. 총 69개의 표제가 있으며 張家山漢簡 정리 팀이 2000년 처음으로 『算數書』의 전체적인 釋文을 발표하였다. 2001년에는 247호 묘의 모든 죽간 釋文과 사진을 발표하였으며, 2006년에는 釋文 수정본을 출판하였다. 『算數書』에 관해 진행된 종합연구문헌 중 대표적인 것은 彭浩선생의 저서인 『張家山漢簡〈算數書〉注釋』이다. 이 책에는 『算數書』의 전체 釋文과 상세한 주석·계산문제의 수학적 내용·계산문제의 사회배경 분석 등이 수록되어 있다. 물론 그 후에 수정된 부분도 있는데, 예를 들면 '飮漆' 계산문제에 관한 토론이 바로 그것이다.[3]

睡虎地漢簡『算術』은 2006년 11월에 湖北省 雲夢睡虎地에서 발견한 古墓에서 출토된 것이다. 묘지의 연대는 漢文帝(기원전179-157년) 말년부터 漢景帝(기원전 156-141년)까지로 추정된다. 묘지에서 출토된 竹笥에 대량의 간독들이 있었다. 그중 수학 簡은 한 권이지만, 216매의 온전한 簡이었다. 책 제목인 '算術'은 1號 簡의 뒷면에 있다. 이 책은 『算數書』와 같은 종류의 응용 문제집이었으며, 일부 계산문제는 『算數書』에서 확인할 수 있다. 그러나 글자 내용상에 약간의 차이가 있다. 이 책은 발행예정이다.[4]

雙古堆漢簡『算術書』는 총 30여 매의 殘片이다. 그중 가장 긴 것은 약 7㎝이며 14자가 쓰여 있다. 다른 간독들에는 몇 개 안 되는 숫자가 쓰여 있다. 일부의 殘片에 적혀 있는 글자들은 『九章算術』권4『少廣』·권6『均輸』등의 문제와 일치하다.[5]

清華大學藏戰國簡『算表』는 총 21매이며, 온전한 간독의 길이는 43.5~43.7㎝이고, 넓이는 1.2㎝이다. 표의 형태로 나타나며, 대략 18줄의 가로로 칸을 나누는 붉은색 선이 21매의 간독 면에 보인다. 세 줄의 편련 끈도 칸나누기 선으로 사용되었으며, 이는 붉은색의 선과 같다. 표는 횡렬로 구성되어 있다. 표는 전체 대략 20열이 있으며, 100 이내의 임의의 두 자릿수 곱셈이 가능하다.[6]

里耶秦簡·敦煌漢簡·居延漢簡·居延新簡의 '九九表'는 오늘날에 우리가 사용하는 구구단과 유사하다.

---

2) 韓巍, 「北大藏秦簡〈魯久次問數於陳起〉初讀」, 『北京大學學報(哲學社會科學版)』, 2015, 第2期.

3) 彭浩, 『張家山漢簡〈算數書〉注釋』, 科學出版社, 2001.

4) 湖北省文物考古研究所·雲夢縣博物館, 「湖北雲夢睡虎地M77發掘簡報」, 『江漢考古』, 2008, 第4期.

5) 胡平生, 「阜陽雙古堆漢簡數術書簡論」, 『出土文獻研究(第四集)』, 中華書局, 1998, p.16.

6) 李均明·馮立昇, 「清華簡〈算表〉概述」, 『文物』, 2013, 第8期.

III. 숫자를 기록하는 방법

1. 정수(整數)

1) 한자로 숫자를 기록함
특수한 숫자의 기록: 廿(二十)·卅(三十)·卌(四十).
흔히 볼 수 있는 合文: 五十·六十·七十·八十·九十.

2) 刻齒 숫자 기록방법
간독의 옆면에는 刻齒로 숫자를 기록하였는데, 그것은 일종의 '契券'(계약서, 차용 증서, 영수증) 형식이다. 簡은 2개이며 상하로 포개어 합칠 수 있고, 앞·뒷면 동시에 수수한 물품의 수량·담당 부서·담당자·처리 날짜 등의 내용을 기록한다. 문자를 쉽게 긁어내어 고칠 수 있기 때문에 簡의 옆면에 刻齒를 새긴다. 刻齒의 형태와 수량은 문자기록의 수량과 대응하기 때문에 쉽게 수정하지 못한다. 제작 완료된 契券은 쌍방이 각자 한 개씩 보관하여 추후 대조 확인할 때 사용한다. 刻齒가 새겨진 契券 간독모형은 〈그림-1〉을 참조하면 된다.

木簡兩片相疊，在正、背面同時記錄物品數量、經辦人、年月日等，在側面刻齒，刻齒形態與數量對應文字記錄的數量。

雙方各持契券的一片收存。

兩券的刻齒形態、間距一致，不容易篡改。

圖 1 契券刻齒簡（模型）

〈그림 1〉 契券刻齒簡(模型)

이미 알려진 秦簡 중 서로 다른 형태의 刻齒가 대표하는 숫자들의 의미는 다음 표에 제시된 바와 같다.[7]

---

7) 張春龍·大川俊隆·籾山明,「裏耶秦簡刻齒簡研究—兼論嶽麓秦簡『數』中的未解讀簡」,「文物」, 2015, 第3期.

刻齒의 형태	숫자 의미	비 고
	萬	刻齒 '⌐⌐⌐ (百)'과 ' ⌐∨⌐ (一)'의 조합
	千	'W'형의 刻齒
	百	직사각형 刻齒
	十	삼각형과 근사한 刻齒
	一(石·斤……)	삼각형과 유사한 결함. 하지만 '十'의 刻齒보다 많이 작음
	一(斗·兩……)	비교적 깊게 새긴 선
	一(升……)	비교적 얕게 새긴 선
斜細線	少半·半·泰半	비교적 얕게 새긴 선, 사선

2. 분수

1) 비명수(非名數) 분수 표시방식

진분수 $\frac{b}{a}$, (a·b는 모두 양의정수임) 표시방식은 'b分a' 혹은 'b分之a'.

'四分一'; '十六分一'; '七分六'; '卅分之一'.

帶分數는 '有'로 정수 부분과 분수 부분을 연결한다.

'一有六十三分廿六'; '三有少半'.

2) 명수 분수의 표시 방식

명수 분수는 '分'자 뒤에 단위를 적는다.

'五分升三'.

분수가 있는 명수의 표시 방식은 두 가지 경우가 있다. 정수 부분과 분수부분을 직접 연결하는 것과 정수부분과 분수부분을 '有'로 연결한 것이 있다.

'五步九分步五', '四斗有七分斗之二'.

왜냐하면 명수 분수는 서술과정 중에 단위를 적기 때문에 분수가 있는 정수부분과 분수부분에 단위를 표시하는 글자로 분리한다. 그러므로 '有'자를 사용하여 연결하지 않더라도 오독할 일이 생기지 않는다.

3) 몇 가지 특수한 분수

'少半', '半', '大半', '參', '駟', '駄'.

$\frac{1}{3}$ 혹은 $m\frac{1}{3}$은 '少半'·'三分'·'三分步一'·'八升三分升一' 등으로 표시한다. '參'은 $\frac{1}{3}$과 대응한다. $\frac{1}{2}$은 '半'으로 표시한다. $\frac{2}{3}$ 혹은 $m\frac{2}{3}$는 '大半'·'一升大半升'·'一錢三分錢二' 등으로 표시한다. '駟'는 $\frac{1}{3}$과 대응하며 '駄'은 $\frac{1}{6}$과 대응한다.

淸華簡『算表』에는 '肕'·'韌'로 $\frac{1}{3}$을 표시하며, '釴'로 $\frac{1}{3}$을 표시하였다.

IV. 계산의 표시 방법

1. 나눗셈의 표시방법

고대 산수 용어 중에 '實'자는 피제수를 가리키며 '法'자는 제수를 가리킨다.

(1) '實'과 '法' 모두 명확히 지시하지 않고 '令……而成一', '……成一', '……而成一'라고 한 것.
　　'方亭, 乘之, 上自乘, 下自乘, 下壹乘上, 同之, 以高乘之, 令三而成一.'
　　'乘方亭述(術)曰: 上方耤之下各自乘也, 而並之, 令上方有(又)相乘也, 以高乘之, 六成一.'
　　'乘圜(圓)亭之述(術)曰: 下周耤之, 上周耤之, 各自乘也, 以上周壹乘下周, 以高乘之, 卅六而成一.'

(2) 術文에 '法'이 명시 되었고, '實'이 명시 되지 않았지만 '實'의 연산법에 대해 서술한 후에 '卽除……而得……'; '除, 實如法一步'; '令……而成一步'; '如法而成一'; '如法而一步'.라고 한 것.
　　'取禾程. 三步一斗, 今得粟四升半升, 問幾可(何)步一斗？得曰: 十一步九分步一而一斗. 爲之述(術)曰: 直(置)所得四升[半]升[者], [曰半]者倍爲[九], 有(又)三[乘]之爲[廿七], [以]爲法, 亦直(置)所取三步者, 十而五之爲三百, 卽除廿七步而得一步.'

'爲法, 亦直(置)三步而三之, 凡九卽十之, 令卄二而成一步=, (步)居二斗有(又)九分之四, 今四步卄二分步二而成一斗.'

'秏程. 以生實爲法, 如法而成一. 今有禾, 此一石舂之爲米七斗, 當益禾幾可(何)？其得曰: 益禾四斗有(又)七分斗之二, 爲之述(術)曰: 取一石者十之而以七爲法, 它秏程如此.'

'以所券租數爲法, 卽直(置)與田步數, 如法而一步, 不盈步者, 以法命之.'

(3) '實'만 명시

'以(圜)材(裁)方 以圜材爲方材, 曰大四韋(圍)二寸卄五分寸十四, 爲方材幾何？曰: 方七寸五分寸三. 術曰: 因而五之爲實, 令七而一四'.

(4) 術文에 '法'과 '實' 명시

'取禾程述(術), 以所已乾爲法, 以生者乘田步爲實, (實)如法一步.'

2. 곱셈의 표시방법

(1) '以……乘……'

'以生者乘田步爲實'

(2) '……之'

'大枲五之, 中枲六之, 細七之'

(3) '互乘'

'合分述(術)曰: 母乘母爲法, 子互乘□爲實, (實)如法得一, 不盈法, 以法命分.

贏不足.三人共以五錢市, 今欲賞之, 問人之出幾可(何)錢？得曰: 人出一錢三分錢二.其述(術)曰: 以贏·不足互乘母'

贏·不足, 其下以爲子, (子)互乘母, 並以爲實, 而並贏·不足以爲法, 如法一斗半.

(4) '自乘'

'☑□□自乘□□一束步數乘之爲實, 以所得寸數自乘也, 爲法, 實如法得一步. 大枲五'

方亭. 乘之, 上自乘, 下自乘, 下壹乘上, 同之, 以高乘之, 令三而成一.

乘方亭述(術)曰: 上方耤之下各自乘也, 而並之, 令上方有(又)相乘也, 以高乘之, 六成一.

☑各自乘也, 以上周壹乘下周, 以高乘之, 卅六而成一.

(5) '壹乘'

(6) '壹方'

'以麥求粟, 因倍之, 有五之, 九成一. 以粟求麥, 因九之, 十成一. 以粺求粟, 因而五之, 有直三壹方而九之, 以為法, 如法成一.'

'☐[稗], 因而三之, 有九之, 直五壹方而[十之], 以為法, 如法而成一. 毇米一升為粟二升有十分升一.'

(7) '倍'

'[半]升[者], [日半]者倍為[九]'

其述(術)日: 倍二[百六十四步為]

以米求麥, 倍母三實.　以麥求米, 三母倍實.

以稻米求毇(穀)粲米三母倍實.　以毇(穀)米求稻米倍母三實.

以叔(菽)求米, 因而倍之, 三成一.

以麥求粟, 因倍之, 有五之, 九成一.

其述(術)日: 置一人而四倍之為廿一.

☐為[法], 有(又)置五斗, 五倍之為實, (實)如法一.

V. 수학 문제의 표시방법

1. 문제 설정 조건의 표시방법

(1) '程' 혹은 '取程'으로 시작하는 순서로 문제 설정 조건을 서술한다.

예를 들면, '取程. 禾田五步一斗, 今乾之為九升, 問幾可(何)步一斗？日: 五步九分步五而一斗.'

(2) '今'·'有'·'今有'·'耤有'·'耤令'을 인용하는 순서로 문제 설정 조건을 서술한다.

'耗程. 以生實為法, 如法而成一. 今有禾, 此一石春之為米七斗, 當益禾幾可(何)？其得日: 益禾四斗有(又)七分斗之二, 為之述(術)日: 取一石者十之而以七為法, 它耗程如此.'

(3) 전문 용어 인용 하나도 없이 문제 설정 조건을 서술한다.

2. 질문제기 방법

(1) 어떠한 질문용어 없이 바로 수학문제의 조건과 답을 서술한다.

(2) 수식에 신경 쓰지 않고 의미만 간단히 직접 서술하는 방식으로 수학문제를 서술하며 '欲'·'欲求'·'求'가 질문용어를 대신한다.

(3) '幾何'로 질문한다.

'今有'로 시작하며 '幾何'로 질문하는 것은 이후 중국 전통 수학에서 문제 제기와 질문의 일반적인 방식이 되었다. '今有'와 '幾何'는 점차적으로 수학가가 습관적으로 사용하는 규범적인 전문용어가 되었다. 『九章算術』·『海島算經』·『孫子算經』·『張丘建算經』 등은 한 가지 수학문제를 서술할 때 모두 '今有'로 시작하였고, 절대 다수는 '問:……幾何?'를, 일부는 '問:幾何……?'로 질문하였다.

3. 문제 정답의 표시방법

(1) 정답 앞에 어떠한 인용어가 없고 바로 답을 제시한다.

(2) '曰'·'得'·'得曰'을 인용어로 삼아 정답을 제시한다.

VI. 결론

지금까지 고대 중국 算數書를 바탕으로 당시 숫자를 기록하는 방법 및 계산표시, 문제의 표기방법에 대해 살펴보았다. 이를 통해 진한 시기부터 이미 산수와 관련된 법칙이 존재하고 있음을 알 수 있게 되었다는 점은 향후 산수와 관련된 연구를 진행하는데 큰 도움을 줄 것으로 생각된다.

투고일: 2016. 11. 3.   심사개시일: 2016. 11. 18.   심사완료일: 2016. 11. 26.

李均明·馮立昇,「淸華簡〈算表〉槪述」,『文物』第8期, 2013.

張春龍·大川俊隆·籾山明,「裏耶秦簡刻齒簡研究-兼論嶽麓秦簡『數』中的未解讀簡」,『文物』第3期, 2015.

朱漢民·陳松長,『嶽麓書院藏秦簡(貳)』, (上海)上海辭書出版社, 2011.

彭浩,『張家山漢簡〈算數書〉注釋』, 科學出版社, 2001.

韓巍,「北大藏秦簡〈魯久次問數於陳起〉初讀」,『北京大學學報(哲學社會科學版)』第2期, 2015.

湖北省文物考古硏究所·雲夢縣博物館,「湖北雲夢睡虎地M77發掘簡報」,『江漢考古』第4期, 2008.

胡平生,「阜陽雙古堆漢簡數術書簡論」,『出土文獻硏究(第四輯)』, 中華書局, 1998.

⟨Abstract⟩

Research on writing format, meaning of archaeological bamboo slips associated
with ancient Chinese mathematics, and on their recent situation in archaeological discovery
—Based on 9×9 Table and Suan originated from Qin&Han Dynasty—

Xiao, Can

Till present, among the unearthed bamboo strips originated from Qin Dynasty(221 BC—207BC)
and Han Dynasty(202BC—AD220), there are four volume comprehensive primary documents of Chinese mathematics in the third century BC and beyond, in which two volumes have been published.

The main content is regarding such aspects as follows, mathematical problems, algorithms, system
of weights and measures, etc. As well, mathematical problem has special format and technical term,
e.g. Chinese characters were used for the fraction expression. Both the characters and nick were adopted for the counting.

Moreover, '九九表times table'(decimal multiplication table), an ancient Chinese calculating tool,
was originally assembled based on bamboo slices and written via the table in columns; According to
the already issued versions, there are "小九九表little times table", (such as times table hidden in 裏耶
LiYe town), and "大九九表big times table", (such as times table owned by Tsinghua University,
which is spring from around 305 BC. It is a times table for multiplying numbers up to 99.5.) The
associated calculating rules of the times table were also recorded in the unearthed bamboo strips.

▶ Key words: mathematical, decimal multiplication table, bamboo strips of Qin Dynasty and Han
Dynasty

日本 古代史의 研究와 木簡

森公章 著[*]

오택현 譯[**]

〈국문초록〉

본고는 일본 고중세사를 연구하는데 중요한 木簡(나무에 쓰여진 문서)의 중요성에 대해 서술한 글이다. 일본에서는 2015년 말에 43만 점의 木簡이 발견되었으며, 그중 平安時代 말기(1185)의 木簡은 약 32만 점 발굴되었다.

먼저 木簡이 발견된 장소를 살펴보면 都城과 地方官衙 2가지로 나눌 수 있다. 수도 平城宮에서는 24만 점의 木簡이 출토되었는데 이를 통해서 당시 사회상을 엿볼 수 있었다. 또 지방과 관련해서는 東大寺의 大佛 건설과 관련된 木簡이 출토되었는데, 이를 통해서도 지방에 대한 모습을 확인할 수 있었다. 地方官衙 木簡은 약 1만 5천여점으로 추정되며 모두 지방사회를 연구하는데 매우 중요한 자료群이다.

일본의 木簡學會에서는 매년 奈良市에서 총회를 개최하고 있으며, 1994년부터 4년마다 특별 연구회도 개최하고 있다. 그리고 이러한 활동은 목간연구의 확산을 위해 노력하는 것이라고 이야기할 수 있을 것이다.

목간 연구는 지금까지 약 40여년 동안 이루어졌기 때문에 여러 가지 연구 방법을 확립했고, 그 결과 많

---

* 日本 東洋大學
** 동국대학교 사학과

은 서적과 논문이 양산되었다. 최근에는 이러한 것을 바탕으로 6세기 한국목간과의 비교 연구가 활발하게 이루어졌다. 그리고 이를 바탕으로 중국 목간 문헌 연구자들과의 공동 연구를 수행할 수 있게 되었다. 이제는 동아시아 규모의 목간문화를 연구할 수 있는 상황에 이르게 된 것이다.

우리는 일본고대사를 이해할 때 목간이 어떻게 사용되었는지, 그리고 이를 통해 주변국과의 국제관계를 파악할 수도 있고, 문서행정이 어떻게 이루어졌는지에 대해서도 알 수 있게 되었다. 이 점은 일본고중세사를 이해하는데 큰 의의를 갖는다고 볼 수 있다.

▶ 핵심어: 木簡, 都城, 地方官衙, 日本古中世史

I. 서론

일본에서는 2015년 말에 43만여 점의 木簡이 출토되었고, 그중 平安時代 말(1185년)까지의 고대에 관련된 木簡이 약 32만점이다. 그러던 중 1961년에 奈良時代의 수도 平城宮跡에서 40점의 木簡이 출토되면서 고대사를 이해하는 사료로서 木簡이 주목되었던 것이다. 1979년 3월에는 木簡学会가 결성되었고, 1979년 11월에 『木簡研究』 창간호가 간행된 이래, 40년간의 연구, 매년 전국에서 출토된 목간을 파악하고 정보를 축적하고 있다. 또한 奈良文化財研究所의 木簡 데이터베이스 등 각 발굴기관에서도 공개 데이터베이스가 구축되어 정보의 공유가 진행되고 있다(보고서 등이 학술정보リポジトリ에서 입수 가능한 환경도 정비되고 있다).

1979년에 필자는 대학교 4학년생이었고, 文学部 国史学科에 다니고 있었다. 일본 고대사를 전문적으로 공부하기 바로 전이었다. 그러던 중 선배의 권유 등으로 『木簡研究』 창간호와 『平城宮木簡』 2·『藤原宮木簡』 1 등을 구입했다. 필자의 졸업논문은 7세기 중엽 이전의 지방제도인 屯倉에 관한 것이고, 석사논문은 7세기 후반의 評制에 대해서 검토했다. 특히 評制는 「大化改新」의 실상규명에도 관련된 문제이고, 1966년에 藤原宮木簡 출토에 의해 郡評論争, 즉 7세기 후반은 評制이고, 「郡」字를 사용한 改新詔에는 後代의 수식이 붙어 「大化改新」의 실상에 대해 검토할 필요가 있다는 논의가 있었다. 7세기에는 조선 삼국을 모방한 評制가 시행되었고, 大宝令(701년)에 郡制가 되었던 것이 판명되었는데, 評制 下의 地方支配의 해명은 아직 과제로 남아있고, 그 고찰에 계속해서 출토되는 木簡은 불가결의 사료이기 때문에 木簡에 큰 관심을 가지게 된 것이다.

필자는 1988년 12월에 길었던 대학원 생활을 마치고, 문부성 관료인 技官으로서 奈良国立文化財研究所 平城宮跡発掘調査部에 근무하게 되었다. 약 35,000점의 長屋王家木簡, 약 75,000점의 二条大路木簡 등의 정리·연구에 종사함으로써, 도성 유적 출토 목간을 접할 수 있었다. 또 전국 각지에서 판독을 의뢰한 지방관아 출토 木簡도 직접 볼 수 있었고, 木簡學會 事務局의 업무를 통해서 木簡 전반에 대한 시야를 키울 수 있게 되었다.[1]

이번에는 木簡을 포함해서 출토 문자자료가 일본 고대사연구에 끼쳤던 영향 및 최근의 연구동향에 대해서 보고하고자 하는 것인데, 먼저 고대사에 관한 일본 木簡의 출토 현황과 연구의 확대를 살펴보고, 최근 연구에 대한 개관을 하려고 한다. 그 다음 필자의 일본 고대사 연구와 관련해서 대외관계 분야에서의 木簡을 이용했던 연구 사례, 지방지배에 있어서 말단 문서행정해명 등을 소개함으로써 보고의 책임을 다하고 싶다. 또 한국 木簡에 대한 일본 고대사 측의 기대 등도 언급하고자 한다.

II. 일본 木簡의 출토지와 연구의 확대

일본 木簡의 출토 유적을 보면 다음과 같다.[2] 지방관아에 대해서는 国府·国分寺는 60여 곳, 郡家는 약 600곳이 존재하는데, 郡家 및 郡家出先기관보다 하위의 郷이 중심이 되었던 集落 유적에서 출토된 사례가 많다. 여기에서는 木簡 출토점수가 많은 것을 예로 들었다.

    A 都城 … 계 30만여 점
    〔宮都〕
    難波(58점), 飛鳥·藤原(43,000점), 平城(宮: 120,000점, 京: 120,000점), 紫香楽(7,200
    점), 長岡(10,000점), 平安宮·京 등
    〔寺院〕… 계 5,500점
    東大寺·薬師寺·唐招提寺·西隆寺·坂田寺·山田寺(奈良県) 등

    B 地方官衙 … 계 1만 수천 점
    〔大宰府와 城柵官衙遺跡〕
    大宰府(福岡県), 多賀城(宮城県), 秋田城·払田柵(秋田県) 등
    〔国府跡 및 生産遺跡〕
    下野国府跡(栃木県, 약4,000점), 但馬国府跡·祢布ケ森遺跡(兵庫県, 약230점), 出雲国
    庁跡(島根県, 15점), 周防国府跡, 周防鋳銭司, 長門銭鋳司(1,000점?), 長登銅山跡(828
    점), (以上, 山口県), 観音寺遺跡(徳島県, 약220점) 등
    〔郡家 및 郡家出先機関 등〕

---

1) 森公章, 2000, 『古代郡司制度の研究』, 吉川弘文館; 2000, 『長屋王家木簡の基礎的研究』, 吉川弘文館; 2009, 『地方木簡と郡家の機構』, 同成社; 2009, 『奈良貴族の時代史』, 講談社.

2) 각 유적에 관한 보고서의 소재에 대해서는 木簡学会編, 2004, 『全国木簡出土遺跡·報告書綜覧』; 木簡学会編, 2017 『全国木簡出土遺跡·報告書綜覧』II; 『木簡研究』 1~37호 등을 참조하면 된다.

八幡林遺跡(新潟県, 104점), 屋代遺跡群(長野県, 130점), 伊場遺跡群(伊場·城山·梶子·梶子北·中村遺跡, 약 200점), 御子ケ谷遺跡(静岡県, 6점), 西河原遺跡群(滋賀県, 95점), 山垣遺跡(兵庫県, 21점), 袴狭遺跡群(兵庫県, 약80점), 青木遺跡(島根県, 86점), 桑原·元岡遺跡群(福岡県, 약40점), 飯塚遺跡(大分県, 52점) 등

〔国分寺 등 地方寺院〕

但馬国分寺跡(兵庫県, 45점), 安芸国分寺跡(広島県, 약60점), 能登国分寺跡(石川県) 등

〔集落〕

本村居村B遺跡(神奈川県, 5점), 小敷田遺跡(埼玉県, 9점), 古志田東遺跡(山形県, 16점) 등)

都城유적 출토 사례에서는 平城宮과 平城京 등의 것처럼 宮域과 京域 두 곳 모두에서 木簡이 발견되고 있다. 平城宮 유적 출토 木簡에서는 平城宮의 조영과정과 중앙제 官司의 운영 실태를 알 수 있고, 또 紀年銘 木簡은 같이 발견되는 유물 연대편년의 확정에도 큰 도움을 주는 자료가 된다. 木簡의 내용분류를 하면 ①문서木簡, ②꼬리표木簡(공진물에 매달았던 付札[荷札]로 물품정리용 付札), ③낙서·戱書, 부적(呪符), 그 외로 크게 구분할 수 있다. 각각의 木簡의 釈読·내용 이해와 문헌사료로서의 활용, 역사를 이해하는 새로운 재료로서 가능성의 추구는 물론인 것이고, 木簡 그것의 관찰·연구방법을 구축하는 기반이 되었다. 즉 나무의 형태·무게·재질·제작기법·사용법·사용 흔적과 같이 물건에 보이는 형태론, 출토 상황론, 서식·서풍 등의 양식론, 木簡의 기능론과 폐기론이 있다. 또 木簡의 정리·보존방법에도 지침을 제기하고 있다.[3]

1988·89년에 출토되었던 長屋王家 木簡·二条大路 木簡은 長屋王이라고 하는 고등학교의 교과서에도 등장하는 인물과 聖武天皇·光明皇后에 관한 木簡群이고, 木簡과 都城발굴에 대한 일반인들의 관심을 크게 환기시켰다. 오늘날까지 이어지는 문화재 보도의 방법을 만들어냈다고 말할 수 있다. 長屋王家 木簡은 奈良時代의 王·貴族의 생활과 가정을 명확하게 해주었고, 二条大路 木簡과 함께 같은 연차의 문서·꼬리표 목간(荷札)이 출토되어 앞서 언급한 木簡에 관한 연구방법을 보다 정밀하게 하는 것이 가능해졌다. 꼬리표 목간(荷札木簡)에는 국가에 따라서 종래의 2~3배의 재료가 증가하고, 각 국가별 木簡의 특색과 고대 税制의 구조·조세징수의 실태 등을 해명하는 것에 도움이 된다.

이 꼬리표목간(荷札木簡)은 지방에서의 貢納과 도성과의 연계관계를 생각할 수 있는 참고자료가 된다. 그러나 東大寺 대불의 조립에 관한 東大寺 대불 殿廻廊 서쪽지역 출토 木簡과 대불조립의 銅을 제공한 山口県 長登銅山 유적 출토 木簡을 비교·대조한 것에서 대불조립사업에 대해 입체적으로 考究하는 것도 가능하다. 그러한 의미에서 지방관아 유적 출토 木簡도 중요한 것이다. 일본 木簡 중에서 연대가 있는 것은 難波宮 北西部에서 출토된 戊申年(大化4=648) 木簡이 가장 오래되었고, 그 외에 출토 유적과 같이 발

---

3) 佐藤信, 2015, 「木簡史料論」, 『岩波講座日本歴史』 21, 岩波書店.

견되는 유물에 의하면 7세기 전반으로 거슬러 올라갈 수 있는 것도 몇 개 있다. 도성 유적에서는 飛鳥·難波 등에서 7세기의 木簡이 많이 발견되고 있는데, 지방관아 유적에서도 伊場遺跡群과 観音寺遺跡을 시작으로 7세기 木簡이 출토되는 사례가 적지 않다.

서론에서 언급했듯이 필자는 評制下의 地方支配를 제1의 연구주제로 하고 있다. 하지만 도성 유적에서 출토된 꼬리표목간(荷札木簡) 등을 보면 評名과 評의 하부조직인 五十戸의 존재와 함께 지방관아 유적 출토 木簡에서는 評家의 執務를 推察할 수 있는 材料를 얻는 것이 가능했다. 郡家와 郡家出先機関 출토 木簡에서도 마찬가지로 文書발급의 모양, 評·郡内의 사람·물건의 소환, 다양한 노동징발과 관련된 記録簡, 籍帳作成과 人民의 파악에 관련된 것, 대출에 대한 이자(出挙) 방식, 꼬리표목간(荷札木簡)에 의한 징세 구조의 해명 등 지방지배의 실상을 알려주는 중요한 考察材料임을 알 수 있다. 但馬지역에서는 国府·国分寺, 그리고 出石郡家에 관한 袴狭遺跡群과 지방행정의 다양한 部署에 관련한 木簡이 출토되고 있어, 행정기관 상호의 관련을 명확하게 해서 지방행정을 입체적으로 복원하는 것이 가능하다. 또 지방관아 유적에서는 또 『論語』 그 외의 漢籍의 習書, 曆과 구구단 木簡, 주술(呪符)木簡 등도 출토되고 있으며, 墨書土器와 漆紙文書의 출토와 함께 한자문화가 열도의 각지에 전개되고 있던 상황을 알 수 있게 도와준다.

이러한 지방관아 유적 출토 木簡의 중요성에 비추어 일본의 木簡学会에서는 1994년에 新潟에서 처음으로 특별 연구 집회를 시작해서, 1998년 長野, 2002년 但馬, 2006년 福岡·佐賀, 2010년 仙台, 2014년 出雲과 木簡이 많이 출토되고 있는 지역의 현지를 순회하면서 木簡等과 木簡 출토지를 직접 보고, 그 木簡을 주제로 한 연구보고를 지속적으로 행하고 있다. 일본의 木簡学会는 회원등록제이기 때문에 매년 12월에 열리는 총회와 연구집회에 비회원은 참가할 수 없지만, 특별연구집회는 여름방학기간 중에 개최하고 있어 비회원인 학생·대학원생, 그 외의 참가자도 참여할 수 있다. 또 木簡研究의 담당자 육성, 木簡에 대한 관심의 환기에도 노력하고 있다. 게다가 각지의 발굴담당자, 지자체와의 교류에도 힘쓰고 있어 특별연구집회 다음날에는 지역의 사람들을 대상으로 하는 강연회를 개최하고 있어 지역공헌·진흥에 일조를 담당하고 있다고 이야기할 수 있을 것이다.

이상의 것 같이 일본에 있어서 木簡의 출토 현황과 연구가 확대되었다는 것을 근거로 최근 연구동향을 간단하게 정리해 보았다. 본고에는 2009년 이후에 일본에서 간행되었던 도서를 연차순으로 게재하고, 개별논문에 대해서는 몇몇의 내용으로 분류하여 열거하였다(한국 木簡과 중국의 簡牘과의 관계를 테마로 한 서적에는 관련하는 개별논문이 다수 게재되어 있다. 하지만 일본 木簡에 관련된 연구를 중심으로 정리했기 때문에 이것들은 개별논문으로 열거하지 않은 것도 많다는 것을 양해 바란다).

위에서 언급한 것처럼 木簡에 관련된 기본적 연구방법은 平城宮 木簡과 長屋王家 木簡·二条大路 木簡, 그리고 이미 상당히 많이 출토되어 있는 지방관아 유적 출토 木簡 등에 의해 확립되고 있고, 새로운 출토 사례를 추가하면서 각각의 연구가 심화·축적되고 있는 상황이다. 매년 木簡学会에 보고되는 전국 출토 목간은 최근에 일본의 경제활동의 활발도를 반영하는지 약간 감소하고 있는 경향이 있지만 東京을 중심으로 하는 江戸時代의 木簡 출토 사례가 증가하는 것은 인상적이다. 그리고 그중에서 고대 木簡도 일부 출토되고 있고, 또 개별사례 보고로서 特筆할 것도 많다는 것은 다행이다. 奈良文化財硏究에 所藏되어 있는 木簡은 순차적으로 중요문화재로 지정되고 있다. 참고문헌에는 언급하지 않았지만 매년 가을에는 平城宮跡資料館에서 木簡의 실물 전시를 하고 있고, 그때마다 작성되는 전단지와 木簡 설명 팜플렛도 일반적인 木簡의 정리·연구의 성과를 알려주고 있어서 평가할 만한 활동이라고 볼 수 있다. 그 외 歌木簡이라고 하는 새로운 분류도 제기되고 있다. 일본에서는 平安時代에는 종이의 사용이 보급되어 있어 平安京과 관련된 木簡의 출토는 많지 않은데, 최근에 귀족의 저택 유적에서 토기에 가나문자(仮名文字)를 기록했던 것이 다수 출토되어 히라가나(平仮名)가 만들어진 과정 등에도 관심이 더해지고 있다.

그리고 최근 연구동향 중에는 역시 한국 木簡과의 비교연구를 지적하지 않을 수 없다. 위에서 살펴본 것과 같이 일본에서의 木簡 사용은 지금으로서는 7세기 전반까지로 소급시킬 수 있는데, 한국의 新羅·百濟 木簡은 6세기의 것이다. 일본에서의 官司制的인 국가운영과 한자문화의 전개를 생각하면 이들 木簡을 검토·참조하는 것이 중요하다. 2014년 가을에는 国立歷史民俗博物館에서 한국의 다양한 기관의 협조를 받아 「문자로 이어지는 고대의 일본열도와 조선반도(文字がつなぐ 古代の日本列島と朝鮮半島)」의 전시가 대대적으로 개최되었다. 일본의 木簡学会와 한국의 목간학회가 협정을 체결하고, 『木簡研究』 학술지에도 한국목간학회 학술지인 『木簡과 文字』에 게재되었던 논문을 번역해서 게재하기도 했다. 이렇게 정보가 공유되게 된 것도 연구를 진행하는 환경정비로서 의미가 있는 것이다. 또 한국에서 6세기 木簡이 출토되었던 것으로 인해, 이제까지 중국의 秦·漢代의 간독연구와의 거리가 컸지만 4세기 晉代의 간독의 고찰도 시작되는 등 간독연구자와 일본고대사의 연구자가 공동연구를 행할 수 있게 되었다. 동아시아 전체를 시야에 넣고 연구할 필요성이 더욱 더 인식되고 있는 것이다.

III. 新羅-日本관계와 관련된 출토 문자자료

다음으로 최근에 출토된 문자자료에 관련해서 필자의 연구분야 중 하나인 동아시아의 국제관계에 대해 신라와 일본 관계에 관한 견해를 제시해보고자 한다. 우선 平城京 유적에서 출토된 長屋王家 木簡을 다음과 같은 사례가 있다는 것에 주목해보자.

(出典의 약칭: 城 =『平城宮発掘調査出土木簡概報』

飛 =『飛鳥·藤原宮発掘調査出土木簡概報』의 호수·페이지 또는 木簡번호)

a ·新羅人一口一升 受持万呂 ○ (城23-11)

· 七月卅日甥万呂 ○ (182)·18·3 [019]

b ·狛人給米一升受田人 ○ (城21-22)

·正月六日書吏 ○ 198·18·3 [011]

c 百済人 (城28-9) [091]

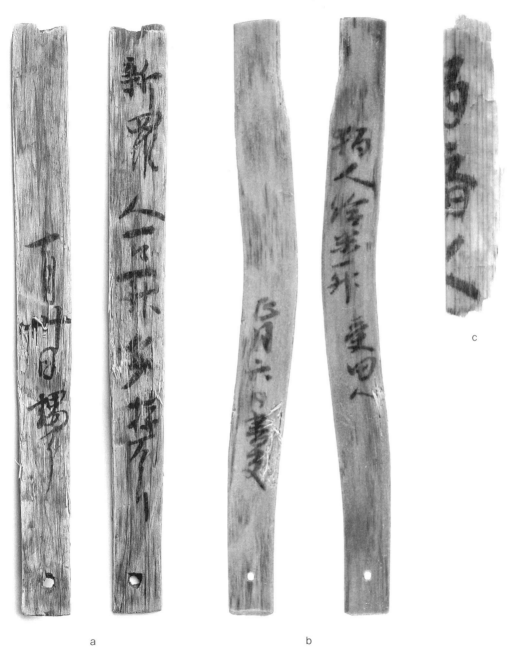

a

b

c

長屋王家 木簡은 長屋王·北宮王家의 家政에 관련된 것으로, 연대는 和銅 3年(710)~靈亀 3年(717)이다. 平城京 천도 직후의 王·貴族의 생활·家政운영을 알려주는 것이 가능한 희귀한 史料群이다. a·b는 저택 내외의 사람들에 대한 쌀 지급 전표목간이고, c도 동일한 목간의 부스러기(削屑)일 것이다. b·c의 狛人·百濟人은 職員令 33 大藏省 条에 등장하는 「百済手部十人〈掌雑縫作事〉」, 「狛部六人〈掌雑革染作〉」인 기술자로 보이고, 新羅人은 正倉院文書 중에서 東大寺 大仏殿의 천정을 채색했던 「新羅人伏麻(万)呂, 飯万呂」(『大日本古文書』4-259~261, 画工司에 소속인가?)가 보이는데, 동일한 品部·雑戸的 存在의 사람들이었다고 생각된다. 職員令의 集解古記所引官員令別記에는,

忍海戸狛人五戸, 竹志戸狛人七戸, 合十二戸, 役日无限. 但年料牛皮廿張以下令作. 村
々狛人三十戸, 宮郡狛人十四戸, 大狛染六戸. 右五色人等為品部, 免調役也. 紀伊国在
狛人·百済人·新羅人并卅戸, 年料牛皮十張, 鹿皮·麕皮令作. 但取調庸免雑徭.

이라고 하며, 여기에는 新羅人도 기록되어 있다.

그들은 그 이전부터 倭国·日本에 거주하고 있었던 것 같은데(『日本書紀』仁賢6年 是歳条, 欽明23年 7月 己巳朔·24年 11月 条 등), 오히려 外国名을 사용하던 사람들로 在日外国人으로 일컬어지던 존재인 것이다.[4] 『万葉集』卷3-460·461番歌에도 大伴家持의 조부인 大納言安麻呂의 시대부터 大伴家에 起居하고 있었던 「新羅国」의 비구니인 理願이라고 하는 여성이 보인다(「遠感王徳帰化聖朝」로 기록되어 있는데, 역시 新羅人으로 인식된다).

d 召志良木人毛利今急   (飛11-12)163·21·3   011
e ·下戸雑戸戸主   雑戸下戸戸主   (飛11-12)
   ·百済手人下戸戸主   166·(16)·3   011
f □下古二刀
   合評□   (飛17-153号)
   □川人十一刀   (71)·38·3   081

長屋王家 木簡에 등장하는 新羅人들은 조정(朝廷) 소속의 기술자를 파견했던 것으로 생각되며, 여기에서는 家政과 国政의 연관성을 살펴볼 수 있다. d·e는 藤原京 유적의 右京 七条의 1坊의 변소유구 SX7420에서 출토된 木簡인데, 이 곳의 사람들이 藤原京의 時代(694~710년)부터 朝廷에 파악되고 있었다는 것을 알 수 있다. d의 「毛利」는 「万呂(麻呂)」의 古朝鮮語的인 표기방법으로 이 志良木(新羅) 사람인

4) 森公章, 1998, 「古代日本における在日外国人観小考」, 『古代日本の対外認識と通交』, 吉川弘文館. 또한 鈴木靖民, 1997, 「平城京の新羅文化と新羅人」, 『朝鮮社会の史的展開』, 山川出版社도 참조하면 된다.

d   e   f

毛利가 신라문화를 체험하고 있었던 것을 보여준다. 해당 시기는 大宝期로 바다를 건너간 견당사의 파견으로 인해 안정적인 唐-日本이라는 관계가 확립되면서 당 문화가 전면적으로 일본으로 유입되는 전환기였다. 天武朝의 唐風化 政策이 650년대 신라의 唐風化를 기반으로 진행되었던 것처럼 신라에서의 유학·신라문화의 유입도 중요시되었다. f는 飛鳥의 石神 유적에서 출토된 자료로 시기는 天武朝인데, 「刀」는 正倉院의 佐波理加盤 부속문서 「米四斗一刀」, 「大豆二斗四刀」, 경주·안압지에서 출토된 매병형 토기 밑바닥의 「四斗五刀」라고 주적으로 쓴 것을 참조하면 신라의 표기방법에 의거하여 容積을 표기한 수량단위인 「升」을 「刀」로 기록했다고 해석할 수 있다.[5]

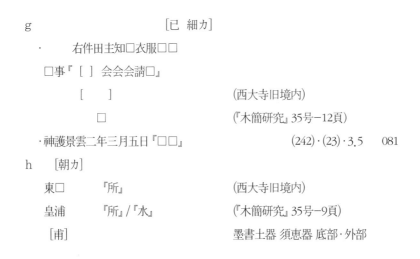

g·h는 平城京의 西大寺 旧境内에서 출토된 것으로, 도랑 유적에서 일괄폐기 된 약 2,000점의 木簡과 약 290점의 墨書土器가 출토되었다. h는 皇甫東朝라고하는 인명이 기록되어 있는 것으로, 그는 天平期에 견당사를 따라 일본으로 온 당나라 사람으로 알려진 인물이다.[6] 이렇게 기존의 문헌사료에 등장하는 인물이 출토 문자자료에도 확인되어 큰 화제가 되었는데, 여기에서는 이 木簡群 중에서 유일한 年紀을 가진 g의 神護景雲 2年(768)이 기록된 伴出遺物 이슬람 陶器편의 존재가 주목된다.

7세기 말 신라는 羅唐전쟁 중이었기 때문에 倭国·日本에 朝貢 자세로 통교하고 있었다. 하지만 唐과의 관계 수복이 진행되던 8세기에는 亢礼(대등관계)로 전환되었다. 그것을 탐탁하게 생각하지 않던 일본과는 분쟁이 생기게 되었고, 그 결과 신라-일본의 관계는 악화되게 된다.[7] 신라에서는 學語生의 도래 혹

5) 鈴木靖民, 2011, 「古代東アジアのなかの日本と新羅」, 『日本の古代国家形成と東アジア』, 吉川弘文館. 이러한 新羅 文化의 영향에 대해서는 鈴木靖民, 1985, 「日本律令制の成立·展開と対外関係」, 『古代対外関係史の研究』, 吉川弘文館; 森公章, 2008 「七世紀の国際関係と律令体制の導入」, 『遣唐使と古代日本の対外政策』, 吉川弘文館; 鐘江宏之, 2010, 「藤原京造営期の日本における外来知識の摂取と内政方針」, 『東アジア海をめぐる交流の歴史的展開』, 東方書店 등을 참조하면 된다.

6) 森公章, 1988 「袁晋卿の生涯」, 『古代日本の対外認識と通交』, 吉川弘文館.

7) 鈴木靖民, 1985 「養老期の対新羅関係」, 「天平初期の対新羅関係」, 『古代対外関係史の研究』, 吉川弘文館.

은 貢進의 제안을 해 인적 교류도 시도되고 있었다(『続日本紀』 天平 12年[740] 正月 戊子朔条, 天平宝字 4年[760] 9月 癸卯条, 宝亀 11年[780] 正月 辛未条). 이러던 중 天平勝宝 4年(752)에는 배 7척에 700여 인의 규모로 新羅使 王子 金泰廉 일행이 일본으로 왔다. 8세기 전반의 新羅使는 배 1척에 60인 전후였기 때문에 天平勝宝 4年(752)의 사절의 규모는 눈에 띈다고 얘기할 수 있다. 金泰廉 일행은 오랜만에 入京을 허락받고, 開眼供養이 행해졌던 東大寺大仏을 참배하는 등 교류에 힘썼는데, 在京 기간 중에 正倉院에 남겨진 鳥毛立女 병풍의 下貼文書에서 교역관계물(기념물)의 교역이 행해졌던 것이 特筆된다.[8] 교역품의 내용은 신라의 제품과 향료·약물(藥物) 등이고, 이는 奈良의 귀족들이 원하던 물건이었던 것이다. 이 시기 신라는 당과의 관계를 안정시키고, 국내에서는 수공업 생산의 발전과 중계무역으로 인해 해상상품을 획득할 수 있었고, 그 물자들을 일본에 팔려는 활동을 전개하게 된다.

> i. 『続日本紀』 神護景雲 2年(768) 10月 甲子条
> 賜左右大臣大宰綿各二万屯, 大納言諱·弓削御浄朝臣清人各一万屯, 從二位文屋真人浄
> 三六千屯, 中務卿從三位文屋真人大市·式部卿從三位石上朝臣宅嗣四千屯, 正四位下伊福
> 部女王一千屯. 為買新羅交関物.
>
> j. 『続日本紀』 神護景雲 2年(768) 10月 庚午条
> 賜二品井上内親王大宰綿一万屯.

신라-일본의 공적 통교는 쇠퇴했지만, 경제관계는 더욱 중요해졌다.[9] 그러던 중에 g의 출토는 의미가 있다. 이 해에 新羅使가 일본에 왔다는 기록은 없지만, i·j에 의하면 大宰府에서는 신라 교역관계물에 교역이 행해졌던 것이 알려지고 있고, 西大寺 旧境内 출토 이슬람 陶器는 실로 신라의 중계무역품의 到来를 보여준다. 国史에는 기록되지 않은 교류이지만 大宰府의 기록을 통해 보면 그 교역의 존재를 알 수 있게 된다. 이러한 시점에서 기존의 문헌사료를 보면, 貞慶 『唯識論同学鈔』 第二巻 第四 「真如受薫事」(『大日本仏教全書』 76, pp.356~359)에는 宝亀期에 견당사 請益僧 戒明이 가져온 『釈摩訶衍論』의 진위논쟁과 관련해서 大安寺에 寄住한 신라 승려 珍聰이 「是論本国大空山沙門月忠撰」이라고 증언했다는 점이 주목된다. 大安寺에는 신라에서 유학했던 審祥이 화엄종을 전하고, 또 天平期에 遣唐使의 귀국과 함께 일본으로 와 大仏開眼의 도사를 맡았던 天竺僧 菩提僊那가 거주하는 등 唐·長安의 西明寺를 모방했던 국제교류의 장이 형성되고 있었다.[10]

신라 승려 珍聰은 8세기 후반에 일본에 갔던 것으로 알려져 있고, 이미 金泰廉이 来航한 것이 8세기

---

8) 東野治之, 1994, 「鳥毛立女屏風下貼文書の研究」, 『正倉院文書と木簡の研究』, 塙書房; 皆川完一, 「買新羅物解 拾遺」, 『正倉院文書研究』 2.

9) 濱田耕策, 2002 「中代·下代の内政と対日外交」, 『新羅国史の研究』, 吉川弘文館.

10) 蔵中しのぶ, 2003 「長安西明寺と大安寺文化圏」, 『奈良朝漢詩文の比較文学的研究』, 翰林書房.

중엽이기 때문에 신라-일본의 관계의 전환이 진전되어 새로운 교역방식이 출현했던 것을 엿볼 수 있는 사례라고 이야기할 수 있을 것이다.[11] 이러한 신라인의 來航은 8세기 말부터 9세기 전반에 성행했다고 생각되는데, 西大寺 旧境内에서 출토된 문자자료는 신라-일본 관계의 새로운 画期設定과 입체적인 신라-일본의 교류의 모습을 검토할 수 있게 되었다. 종래의 문헌자료만으로는 부족했던 새로운 考察材料를 付加하는 것이고, 출토 문자자료의 위력을 보여주는 것이다.[12]

IV. 地方官衙 유적과 文書行政

또 하나의 구체적인 사례로서 지방관아 유적 출토 木簡에 관한 사항을 지적하고 싶다.[13] 8~9세기의 지방지배는 율령제에 기초해 國郡里制에 의해 실시되었다. 그러나 國의 役人인 國司가 4~6년 임기로 중앙에서 파견했지만, 郡의 役人인 郡司는 종신제로 지방호족을 임용했다. 해당 지역에 歷史的 支配를 구축해왔던 지방 호족을 국가의 말단 지배에 정규인 役職으로서 위치를 부여하고 있는 것은 일본 율령제 지방지배의 특색이다. 그렇기 때문에 國司의 국무수행에는 郡司에 의한 재지사회의 통괄·郡務의 集積이 불가결하다. 8·9세기에 있어서 郡 지배의 실태를 해명하는 것은 연구사 상의 과제이다. 그러한 까닭으로 일본에서는 지방관아 유적 출토 木簡에도 크게 주목하고, 위에서 언급한 것과 같이 木簡学会에서도 4년에 1회 각지에서 특별연구집회를 개최하고 있는 것이다.

가장 말단의 지방조직인 郡·里에는 문서에 의한 지시·명령의 전달이 행해지고 있었을까. 종이로 된 郡符는 1점 밖에 없고(『平安遺文』13号 延暦 15年[796] 5月 4日 越前国坂井郡符), 그것도 8세기 말의 것이기 때문에 이것 이전의 양상은 명확하지 않다. 그러나 오늘날에는 지방관아 유적 출토 木簡 중에서 많은 郡符와 「召」라는 글씨가 쓰여져 시작되는 人·物을 郡家등에 소환한 召文(符의 계통에 속하는 하달문서의 양식)이었다는 것이 알려지게 되어, 郡 더욱더 거슬러 올라가면 評制下에 있어서도 문서행정이 이루어지고 있었다는 것이 명확하게 되었다.

k. 石川県畝田·寺中遺跡(加賀国加賀郡)　　　　　　　　(『木簡研究』 24号, p.105)
　[符力]　　　[等力]
·郡□　大野郷長□　件□[ ]
　　　「主政」

---

11) 森公章, 2015 「奈良時代後半の遣唐使とその史的意義」, 『東洋大学大学院紀要』 51.

12) 9세기의 新羅人의 동향과 신라-일본 관계에 대해서는 鄭淳一, 2015, 『九世紀の来航新羅人と日本列島』, 勉誠出版을 참조하면 된다.

13) 森公章, 2016, 「郡符木簡再考」, 『東洋大学大学院紀要』 52.

· 罪科知□出火急

　　　　　「主帳」　　　　　　　　　　　　　　　　　　(294)·34·4　019

l.　石川県畝田·寺中遺跡出土木簡(加賀国加賀郡)　　『木簡研究』25号, p.145)[14]

　　　[竹万呂カ] 横江臣床嶋□

· 符 田行笠□等

　　　　　西岡□物□

　　　　　[部カ]

　　　　　[状カ]

· 口相定田行率召持来今□以付

　　　　　田領横江臣「□」　　　　　　　　　　　　　(278)·42·3　019

m. 石川県加茂遺跡出土木簡(加賀国加賀郡)　　　(『木簡研究』18号, p.139)[15]

　　　　献上人給雑魚十五隻

· 謹啓 丈部置万呂　　　　　　　　　　　　无礼状具注以解

　　　　□□□□消息後日参向而語奉

　　　　　[伯姓カ]

　·　　　　『勘了』　　　七月十日 潟嶋造□主　　　　480·33·5　011

　　k~m은 加賀国 加賀郡에 관련된 것으로 郡家本体는 金沢市 広坂 유적 등의 시가지에 비정되고 있다.
k·l의 畝田·寺中 유적은 金沢港의 수상교통의 요충으로 大野郷 畝田村에 소재, m의 加茂 유적은 河北
潟에 근접한 수륙교통의 요충으로 英多郷 深見村에 소재하는데, 각각 郡家出先機関이라고 하는 성격의
유적이다. k는 大野 郷長 등에 보냈던 郡符이고, 郡司의 第3·4등 官人 主政·主帳의 서명이 있는 것에서
郡家에서 作成하고, 직접 혹은 이 畝田·寺中 유적의 땅을 경유해서 수신인에게 도착했다. 수신자는 畝田
·寺中 유적에 소재한 郡家出先機関에 木簡과 함께 参来하고, 여기에서 용무가 완료되었기 때문에 当地
에서 폐기했다고 생각된다. 郡符木簡은 발신원인 郡家 또는 郡家出先機関에서 「木簡의 一生」을 마치고
폐기된다고 지적하는 이유이다.[16]
　　m의 加茂 유적에서는 「加賀郡牓示札」 木簡으로 칭해지는 가로가 긴 판자에 기록되었던 嘉祥 2년(849)
2월 12일 付의 장대한 郡符木簡이 출토되었다. 이것은 2월 15일에 郡司의 아래에서 근무한 郡雑任인 田

---

14) 石川県教育委員会, 2006, 『金沢市 畝田遺跡群』Ⅵ에 의해 정정. 또한「笠□」에 대해서는 2007년 9월에 石川県 埋蔵文化財센
터에서 九州大学의 坂上康俊氏들과 함께 보존처리 된 木簡을 실견하는 기회가 있었고, 그때 坂上氏의 견해를 참고하면「竹
万呂」으로 판독할 수 있는 것이 아닌가라는 소견을 제시한 것에서 교정주의 형태로 표시했다.
15) 平川南監修·(財)石川県埋蔵文化財センター編, 2001, 『発見！古代のお触れ書き』, 大修館書店, p.29에 의해 정정한다.
16) 平川南, 2003, 「郡符木簡」, 『古代地方木簡の研究』, 吉川弘文館.

領丈部浪麿에 의해 서사되어 해당 지역에서 게시된 것이다.[17] m은 丈部置万呂 宛앞으로 보낸 上申文書로, 이 加茂 유적의 땅이 田領丈部氏의 거점이었던 것이 판명되었다.[18] m에는 또 潟嶋造□主라고 하는 인물이 백성들의 소식 등을 丈部氏에게 보고하는 관계였던 것이 알려져 있어 田領의 아래에 더욱 더 하위의 존재가 있는 중층적인 郡務 수행의 체제가 구축되고 있었던 것을 엿볼 수 있다.

이 점은 畝田·寺中 유적에서도 동일하다. 이 畝田村에는 橫江臣라고 하는 호족의 존재가 알려지고 있으며(『日本霊異記』下巻 第16縁), I에는 田領橫江臣가 보이고 있다. I에는 이 田領橫江臣이 하위인 郡雑任으로 보이는 田行의 竹万呂라고 하는 자에게 몇 명의 인물을 소환하게 하는 符形式의 하달문서를 발급하고 있다. I는 田行와 이들 인물의 배알과 함께 해당 지역에 돌아와서 폐기되었을 것이다. 여기에서 田領橫江臣는 郡家出先機関을 管理함과 동시에 스스로가 문서행정의 중심이 되어 해당 지역을 장악하고 있었던 것이다. 해당 지역에 郡家出先機関이 설치된 것은 橫江臣의 歷史的 지배가 구축되어 있었고, 그러한 郡内의 중소 호족을 郡務에 기용했다고 하는 사정이 있었다고 생각할 수 있다. 즉 郡家의 지배는 「郡的世界」이라고 칭해지는 郡内의 중소 호족의 세력을 결집·활용하는 것에서 구축 가능했다는 의미이다.

    n. 兵庫県山垣遺跡出土木簡(丹波国氷上郡)   (『木簡研究』20号, p.228)

    ·符春部里長等 竹田里六人部   □□ □依而□

    ·春マ君廣橋 神直与□ [部   弟足カ]   四月廿五日 碁萬呂

        □里長□□木参出来

     春マ鷹麻呂 右三人   今日莫不過急々 □ 少領

                        619·32·7   011

n의 山垣 유적이 소재하는 丹波国氷上郡은 『和名抄』 高山寺本에 의하면 粟作·誉田·原負(石負カ)·船城·春部·美和·竹田·前山郷이 「以上東県」, 佐治·賀茂·氷上·石前·葛野·沼貫·井原郷이 「以上西県」이라고 기록되어 있고, 東県·西県이라고 하는 東·西의 2개의 구분이 존재했던 것이 알려진다(『平安遺文』 1101号 延久 4年[1072] 9月 5日 太政官符에는 「氷上東県司」가 보이고, 후대에는 완전하게 東·西로 분할

---

17) 참고되는 木簡의 해석문을 제시가면 다음과 같다. 「(郡)符深見村□(諸カ)郷駅長并諸刀弥(祢カ)等 / 應奉行壹捨条之事 / 一田夫朝以寅時下田夕以戌時還私状 / 一以禁制田夫任意喫魚酒状 / 一禁断不労作溝堰百姓状 / 一以五月卅日以前可申田殖竟状 / 一可捜捉村邑内竄宕為諸人被疑人状 / 一可禁制无桑原養蚕百姓状 / 一可禁制里邑之内故喫酔酒及戯逸百姓状 / 一可填(慎カ)勤農業状 / 村里長人申百姓名 / (検)案内被国去□(正カ)月廿八日符併(倆カ)勧催農業 / □(有カ)法条而百姓等恣事逸遊不耕作喫 / (酒)魚殴乱為宗播殖過時還称不熟只非 / (疲)弊耳復致飢饉之苦此郡司等不治 《過》之□《甚カ》而豈可o然哉郡宜承知並□示 / (符)事早令勤作苔遵符旨称倦懈 / (之)由加勘決者謹依符旨仰下田領等宜 / (各)毎村屢廻愉(諭カ)有懈怠者移身進郡符 / (旨)国道之裔麋羅進之膀示路頭厳加禁 / (田)領刀弥(祢カ)有怨憎隠容以其人為 / 罪背不 / (寛)有(宥カ)符到奉行 / 大領錦村主 主政八戸史 / 擬大領錦部連真手麿 擬主帳甲臣 / 少領道公 夏[ ] 副擬主帳宇治 / □(擬カ)少領勘了 / 嘉祥□(二カ)年□(二カ)月□□(十二カ)日 / □(二カ)月十五日田領丈部浪麿」((233)·617·17 081).

18) 森公章, 2009, 「郡雑任と郡務の遂行」, 「木簡から見た郡符と田領」, 『地方木簡と郡家の機構』, 同成社.

되어 있다). 이것은 東部의 竹田川(→由良川을 거쳐 東海[日本名은 日本海]로 흘러 들어간다)과 西部의 佐治川·葛野川(→加古川을 거쳐 瀬戸内海로 들어간다)이라고 하는 地形上, 水系에 기초해 2개로 구분한다. 西部(후의 氷上西県)의 氷上郷에 郡家, 東部(후의 氷上東県)의 교통의 요충지 春部郷에 郡家出先機関으로서 山垣 유적이 두어졌다고 생각된다.

n은 이 氷上郡 東部의 몇 개의 里에 보내서 하달되었던 郡符이다. 여기에서는 郡雑任으로 보이는 碁萬呂과 함께 郡司의 次官인 少領가 서명한 郡符가 발급되었던 것이 주목된다. 山垣 유적에서는 「丹波国氷上郡」라고 기록되었던 封緘木簡이 출토되고 있어(『木簡研究』 20号, p.229), 郡家와 郡司에 보냈던 封緘木簡이 郡家本体 이외에서 출토되었다는 것이 희귀하다.[19] 위에서 언급한 것과 같이 氷上郡의 지배구조, n에는 少領의 署名밖에 없다는 것을 감안한다면 氷上郡에서는 郡司의 長官인 大領은 郡家本体, 少領은 山垣 유적의 땅을 거점으로 하고 있었다. 평상시에도 거점을 다르게 하고 있어서 郡司에서 보낸 封緘木簡가 해당 지역에 도착하였기 때문에 폐기되었던 것은 아닌가라고 추정된다. 그러한 상황이 후대에는 완전하게 2개의 행정구역으로서 분리하는 요인이 되었던 것이고, 8·9세기에 그러한 요소를 잉태하고 있으면서, 郡으로서 통합이 유지되고 있었던 것이다.

이러한 사례는 越後国古志郡家와 관련된 八幡林 유적에서도 알 수 있다. 여기에서는 「上大領殿門」라고 기록된 封緘木簡과 「長官尊」 앞으로 보낸 進上状 등, 大領에게 보냈다고 생각되는 木簡과 大領과 관계되는 수 많은 墨書土器가 출토되었다(『木簡研究』 16号, pp.156~165). 大領이 담당했던 郡 관련 시설에서 郡領 사이의 分掌的인 郡務 수행의 방식을 알 수 있게 되었다.[20] 이렇게 지방관아 유적 출토 木簡과 그 외의 문자자료에서 郡家 운영의 실상과 郡内의 諸豪族의 관계를 엿볼 수 있으며, 國郡制 지배를 지탱했던 「郡的世界」의 구조가 명확하게 되었던 것이다. 여기에서는 일본 고대의 사회, 국가적 지배의 특질을 부각시키고, 지방지배의 역사적 변천과 그 담당자의 모습을 생각한다면,[21] 지방관아 유적 출토 木簡에 기대하는 바가 크다.

V. 맺음말

본고에서는 일본 고대사의 연구와 木簡을 중심으로 일본의 고대 木簡의 출토 현황과 연구의 확대, 최근 연구동향을 정리했다. 그것에 더해 필자의 고대 일본사 연구와 木簡과의 관계라고 하는 것에서 대외관계분야와 지방지배의 양상을 해명할 때 木簡이 얼마나 중요한 사료가 되는 것인가를 제시해보았다.

한국 木簡 중에는 나주 복암리 유적의 백제 木簡과 함안 성산산성 출토 신라 木簡은 지방통치를 이해

---

19) 봉함목간에 대해서는 佐藤信, 1997, 「封緘木簡」, 『日本古代の宮都と木簡』, 吉川弘文館을 참조하면 된다.

20) 相澤央, 2016, 「八幡林遺跡と郡の支配」, 『越後と佐渡の古代社会』, 高志書院.

21) 森公章, 2013, 『古代豪族と武士の誕生』, 吉川弘文館.

하는 재료로서 주목된다. 이미 일본에서도 일본 木簡과의 비교와 6세기 屯倉의 경영방식을 검토하는 소재로서 주목한 연구가 제기되고 있다.[22] 경주와 부여 등, 신라와 백제의 도성이었던 지역의 木簡 출토 사례도 증가하고 있고, 도성의 생태를 비교·고찰하는 것도 기대된다. 그 의미에서 한국 木簡은 일본 고대사를 연구하는데 있어 불가결의 사료이고, 한국 木簡의 연구심화에는 일본의 木簡學이 구축했던 연구방법과 개별사례와의 비교도 잊어서는 안되는 것이라고 생각된다. 양국의 木簡의 연구, 목간학회의 상호교류의 증진을 기원하며, 본고를 마치고자 한다.

투고일: 2016. 10. 27.   심사개시일: 2016. 11. 18.   심사완료일: 2016. 11. 27

---

22) 田中史生, 2012, 「倭国史と韓国木簡」, 『日本古代の王権と東アジア』, 吉川弘文館; 畑中彩子, 2012, 「日本古代の木簡を用いた官営工房運営の源流」, 『東洋文化研究』; 橋本雄, 2014, 「城山山城木簡と六世紀新羅の地方支配」, 『韓国古代木簡の研究』, 吉川弘文館 등이 있다.

* ◎는 한국목간과 중국의 간독에 관련된 것을 표시한 것이다.

1. 서적

工藤元男·李成市編, 2009, 『東アジア古代文字資料の研究』, 雄山閣. ◎

松原弘宣, 2009, 『日本古代の交通と情報伝達』, 汲古書院.

森 公章, 2009, 『地方木簡と郡家の機構』, 同成社.

森 公章, 2009, 『奈良貴族の時代史』, 講談社.

八木 充, 2009, 『日本古代出土木簡の研究』, 塙書房.

飛鳥資料館, 2010, 『木簡黎明─飛鳥に集ういにしえの文字たち』(展示図録).

市 大樹, 2010, 『飛鳥藤原木簡の研究』, 塙書房. ◎

伊場遺跡から古代史を探る会編, 2010, 『伊場木簡と日本古代史』, 六一書房.

佐藤 信, 2010, 『木簡から読み解く平城京』, NHK出版.

馬場 基, 2010, 『平城京に暮らす』, 吉川弘文館.

古尾谷知浩, 2010, 『文献史料·物質資料と古代史研究』.

木簡学会編, 2010, 『木簡から古代がみえる』岩波書店.

籾山 明編, 2010, 『中国出土簡牘史料の生態的研究』. ◎

渡辺晃宏, 2010, 『平城京一三〇〇年「全検証」』, 柏書房.

ヨーゼフ·クライナー他編, 2010, 『古代末期の境界世界』, 法政大学国際日本学研究所.

亀谷弘明, 2011, 『古代木簡と地域社会の研究』, 校倉書房.

栄原永遠男, 2011, 『万葉歌木簡を追う』, 和泉書院.

籾山明·佐藤信編, 2011, 『文献と遺物の境界』, 東京外国語大学アジア·アフリカ言語文化研究所. ◎

市 大樹, 2012, 『飛鳥の木簡』, 中央公論新社.

今津勝紀, 2012, 『日本古代と税制と社会』, 塙書房.

高島英之, 2012, 『出土文字資料と古代の東国』, 同成社.

寺崎保広, 2012, 『木簡と都城』, 私家版.

三上喜孝, 2013, 『日本古代の文字と地方社会』, 吉川弘文館. ◎

国立歴史民俗博物館, 2014, 『文字がつなぐ 古代の日本列島と朝鮮半島』(展示図録). ◎

栄原永遠男, 2014, 『聖武天皇と紫香楽宮』, 敬文舎.

鈴木靖民, 2014, 『相模の古代史』, 高志書院.

角谷常編, 2014, 『東アジア木簡学のために』, 汲古書院. ◎

橋本 繁, 2014, 『韓国古代木簡の研究』, 吉川弘文館. ◎

平川 南, 2014, 『律令国郡里制の実像』上·下, 吉川弘文館.

平川 南, 2014, 『出土文字に新しい古代史を求めて』, 同成社.

平川 南編, 2014, 『古代日本と古代朝鮮の文字文化交流』, 大修館書店. ◎

古尾谷知浩, 2014, 『漆紙文書と漆工房』, 名古屋大学出版会.

三上喜孝, 2014, 『落書きに歴史をよむ』, 吉川弘文館.

「文字のチカラ展」実行委員会編, 2014, 『文字のチカラ 古代東海の文字世界』(展示図録).

籾山明·佐藤信編, 2014, 『文献と遺物の境界』Ⅱ, 東京外国語大学アジア·アフリカ言語文化研究所. ◎

池田善文, 2015 『長登銅山跡』, 同成社.

相澤 央, 2016, 『越後と佐渡の古代社会』, 高志書院.

小倉慈司·国立歴史民俗博物館編, 2016, 『古代東アジアと文字文化』, 同成社. ◎

2. 문서목간 관련 논문

畑中彩子, 2010, 「長登銅山にみる日本古代の銅の流通と輸送経路」, 『東アジア海をめぐる交流の歴史的展開』, 東方書店.

佐藤 信, 2011, 「日本古代文書木簡の機能と廃棄」, 『文献と遺物の境界』, 六一書房.

佐藤 信, 2011, 「日本古代の交通と出土木簡」, 『東アジア出土資料と情報伝達』, 汲古書院.

舘野和己, 2011, 「木簡から探る日本古代の交通」, 『東アジア出土資料と情報伝達』, 汲古書院.

舘野和己, 2012, 「日本古代の過所木簡と交通政策」, 『東アジアの簡牘と社会』, 科研報告書.

山本 崇, 2012, 「オシテフミ考－大宝令制以前の文書について－」, 『文化財論叢』Ⅳ, 奈良文化財研究所.

渡辺晃宏, 2012, 「日本における文書木簡の成立と展開」, 『東アジアの簡牘と社会』, 科研報告書.

坂上康俊, 2013, 「大宝以前の戸籍·計帳制度」, 『学士会報』898.

市 大樹, 2014, 「過所木簡に関する一試論」, 『続日本紀と古代社会』, 塙書房.

加藤友康, 2014, 「日本古代の情報伝達と出土文字資料」, 『日本古代の国家と王権·社会』, 塙書房.

寺崎保広, 2014, 「考課·選叙の木簡と儀式」, 『東アジア木簡学のために』, 汲古書院.

武井紀子, 2015, 「古代における倉庫出納業務の実態」, 『国立歴史民俗博物館研究報告』194.

森 公章, 2016, 「郡符木簡再考」, 『東洋大学大学院紀要』52.

3. 꼬리표목간(荷札木簡) 관련 논문

丸山裕美子, 2009, 「延喜典薬式「諸国年料雑薬制」の成立と『出雲国風土記』」, 『延喜式研究』25.

市 大樹, 2011, 「物品進上状と貢進荷札」, 『東アジア出土資料と情報伝達』, 汲古書院.

西別府元日, 2011, 「古代備北の鉄生産と木簡」, 『地域アカデミー2010公開講座報告書』8.

浅野啓介, 2012, 「荷札木簡の年代」, 『文化財論叢』Ⅳ, 奈良文化財研究所.

市 大樹, 2012, 「御食国志摩の荷札と大伴家持の作歌」, 『萬葉集研究』33, 塙書房.

岡田利文, 2012, 「二枚の支子の木簡」, 『ソーシアル・リサーチ』37.

渡辺晃宏, 2012, 「贄貢進と御食国-淡路国と参河国の荷札の基礎的分析-」, 『文化財論叢』IV, 奈良文化財研究所.

浅野啓介, 2013, 「女性からの荷札」, 『木簡など出土文字資料釈読支援システムの高元化と綜合的研究拠点データベースの構築』, 科研報告書.

櫻井信也, 2014, 「日本古代の鮎の鮨(鮓)」, 『続日本紀研究』408.

舘野和己, 2015, 「木簡から読む古代のふくい」, 『福井県立文書館研究紀要』12.

渡辺晃宏, 2015, 「都城出土の出雲・伯耆・因幡地域の荷札木簡」, 『木簡研究』37.

今津勝紀, 2016, 「税の貢進」, 『日本古代の交通・交流・情報』1, 吉川弘文館.

市 大樹, 2016, 「隠岐国海部郡の荷札木簡とミヤケ」, 『隠岐の文化財』33.

4. 도성유적 출토 목간 관련 논문

櫛木謙周, 2009, 「長屋王家の宗教的習俗について」, 『木簡研究』32.

伊藤由香, 2010, 「長屋王家木簡にみえる少子について」, 『橘史学』25.

馬場 基, 2010, 「木簡の世界」, 『古代の都』2, 吉川弘文館.

櫛木謙周, 2011, 「ハラエの重層性とその歴史的特質」, 『ヒストリア』228.

浅野啓介, 2012, 「西大寺食堂院出土文字資料と食堂院」, 『奈良史学』29.

井上美幸, 2012, 「飛鳥藤原京と平城京出土木簡の所用漢字一覧(稿)」, 『文化財論叢』IV, 奈良文化財研究所.

渡辺晃宏, 2013, 「今後の平城京研究と木簡研究」, 『木簡など出土文字資料釈読支援システムの高元化と綜合的研究拠点データベースの構築』, 科研報告書.

渡辺晃宏, 2013, 「平城宮木簡断章」, 『木簡など出土文字資料釈読支援システムの高元化と綜合的研究拠点データベースの構築』, 科研報告書.

栄原永遠男, 2014, 「木簡から見た紫香楽宮の造営過程」, 『条里制・古代都市研究』29.

栄原永遠男, 2014, 「難波宮跡北西部出土木簡再考」, 『難波宮と都城制』, 吉川弘文館.

鷺森浩幸, 2014, 「二条大路木簡にみえる内・内裏」, 『続日本紀と古代社会』, 塙書房.

畑中彩子, 2014, 「長屋王邸の「竹」」, 『古代文化』65-4.

松原弘宣, 2014, 「「津税使」再論」, 『日本古代の支配構造』, 塙書房.

松原弘宣, 2104, 「長屋王家の家政機関」, 『日本古代の支配構造』, 塙書房.

丸川義広, 2015, 「平安京右京三条一坊六町(藤原良相邸)出土仮名墨書土器をめぐって」, 『日本史研究』639.

吉崎 伸, 2015, 「平安京左京三条二坊九町(堀河院)跡出土の「いろは歌」墨書土器」, 『日本史研究』639.

5. 지방관아 유적 출토 목간 관련 논문

多田伊織, 2009, 「祢布ケ森遺跡出土『詩経木簡』をめぐって」, 『木簡研究』31.

森 公章, 2009, 「木簡から見た郡務と国務」, 『地方木簡と郡家の機構』, 同成社.

森 公章, 2009, 「木簡から見た郡符と田領」, 『地方木簡と郡家の機構』, 同成社.

出越茂和, 2010, 「北加賀の港湾関連遺跡と出土資料」, 『資料学の方法を探る』 9.

浜崎悟司, 2010, 「加茂遺跡の遺構」, 『資料学の方法を探る』 9.

平川 南, 2010, 「兵庫県朝来市東町柴遺跡出土木簡」, 『朝来市所在柴遺跡』, 兵庫県立考古博物館.

松原弘宣, 2010, 「阿波国府の文書行政と勘籍関連木簡」, 『愛媛大学法文学部論集』 29.

鐘江宏之, 2011, 「秋田市·払田柵跡の出土文字資料」, 『木簡研究』 33.

鈴木拓也, 2011, 「古代東北の城柵と出土文字資料」, 『木簡研究』 33.

武田健市, 2011, 「多賀城下の木簡出土遺構」, 『木簡研究』 33.

樋口知志, 2011, 「陸奥国北部の出土文字資料」, 『木簡研究』 33.

吉野 武, 2011, 「多賀城と城下の木簡」, 『木簡研究』 33.

和田萃·藤川智之, 2011, 「徳島県観音寺木簡の歴史的意義」, 『真朱』 9.

池田善文, 2012, 「古代における銅生産」, 『歴史と地理』 645.

北山峰生, 2012, 「薩摩遺跡における古代溜池の調査とその意義」, 『条里制度·古代都市研究』 27.

千々和到, 2012, 「塩津·起請木簡の古文書学的考察」, 『國學院雑誌』 113-6.

畑中彩子, 2012, 「日本古代の木簡を用いた官営工房運営の源流−長登銅山出土木簡と韓国羅州伏岩里出土木簡の比較検討−」, 『東洋文化研究』 14. ◎

浅井勝利·相沢央, 2013, 「八幡林遺跡出土木簡釈文の再検討」, 『新潟県立歴史博物館研究紀要』 14.

市 大樹, 2013, 「国分寺と木簡─但馬国分寺木簡を中心に─」, 『国分寺の創建』組織·伎術編, 吉川弘文館.

大手前大学史学研究所編, 2013 『兵庫県関係古代木簡集成』.

森 公章, 2013, 「古代阿波国と国郡機構」, 『在庁官人と武士の生成』, 吉川弘文館.

今村啓爾, 2014, 「『銀銭·銅銭等価公定流通の目論見失敗説』の証拠と論証」, 『古代文化』 66-1.

相澤 央, 2015, 「出土文字資料にみる古代越後平野の水上交通」, 『日本古代の運河と水上交通』, 八木書店.

浅野啓介, 2015, 「日本古代の末端官衙と木簡」, 『木簡研究』 37.

大橋信弥, 2015, 「近江における文字文化の受容と渡来人」, 『国立歴史民俗博物館研究紀要』 194.

高尾浩司, 2015, 「鳥取県内出土の木簡」, 『木簡研究』 37.

出越茂和, 2015, 「金沢平野の荘園と水上交通」, 『日本古代の運河と水上交通』, 八木書店.

西別府元日, 2015, 「大分県飯塚遺跡」, 『日本古代の運河と水上交通』, 八木書店.

平石 充, 2015, 「青木遺跡木簡の再検討」, 『木簡研究』 37.

三上喜孝, 2015, 「古代地方社会における儀礼·饗宴と記録簡」, 『国史学』 215.

三上喜孝, 2015, 「古代の生産と流通」, 『岩波講座日本歴史』 4, 岩波書店.

森田喜久男, 2015, 「古代加賀地方河北潟周辺の歴史的環境」, 『日本海沿岸の潟湖における景観と生業の変遷の研究』, 島根県古代文化センター研究論集15.

門田誠一, 2015, 「平安京出土の「神油幡身」木簡」, 『森浩一先生に学ぶ』.

吉松大志, 2015, 「島根県内出土の木簡」, 『木簡研究』 37.

門井慶介, 2016, 「郡雑任田領の活動と在地社会」, 『大谷大学史学論究』 21.

6. 그 외 논문 *한국목간 등 외국의 목간을 다룬 개별논문을 포함

乾 善彦, 2009, 「歌表記と仮名使用」, 『木簡研究』 31.

犬飼 隆, 2009, 「木簡に歌を書くこと」, 『木簡研究』 31.

栄原永遠男, 2009, 「「あさかやま」木簡に関する基礎的検討」, 『木簡研究』 31.

佐藤 信, 2009, 「日本における漢字文化の受容と展開」, 『法政史学』 72.

鈴木景二, 2009, 「平安前期の草仮名墨書土器と地方文化」, 『木簡研究』 31.

森岡 隆, 2009, 「安積山の歌を含む万葉歌木簡三点と難波津の歌」, 『木簡研究』 31.

三上喜孝, 2009, 「韓国出土木簡に関する二、三の視角」, 『奈良女子大学21世紀COEプログラム報告集』 26. ◎

渡辺晃宏, 2009, 「日本古代の習書木簡と下級役人の漢字教育」, 『漢字文化三千年』, 臨川書店.

鐘江宏之, 2010, 「藤原京造営期の日本における外来知識の摂取と内政方針」, 『東アジア海をめぐる交流の
　　歴史的展開』, 東方書店. ◎

馬場 基, 2011, 「木簡の作法と100年の理由」, 『日韓文化財論集』 II, 奈良文化財研究所. ◎

李 柄鎬, 2011, 「扶余陵山里出土木簡の性格」, 『木簡研究』 33. ◎

市 大樹, 2012, 「日本古代木簡の多様性」, 『東アジアの簡牘と社会』, 科研報告書.

金 聖範, 2012, 「羅州伏岩里遺跡出土百済木簡とその他の文字関連遺物」, 『木簡研究』 34. ◎

田中史生, 2012, 「倭国史と韓国木簡−六・七世紀の文字と物流・労働管理−」, 『日本古代の王権と東アジ
　　ア』, 吉川弘文館. ◎

寺崎保広, 2012, 「日本における紙と木簡の使い分け」, 『東アジアの簡牘と社会』, 科研報告書.

馬場 基, 2012, 「「木簡の作法」論から東アジア木簡に迫る」, 『東アジアの簡牘と社会』, 科研報告書. ◎

李 成市, 2012, 「東アジアにおける百済木簡」, 『東アジアの簡牘と社会』, 科研報告書. ◎

李 成市, 2012, 「羅州伏岩里百済木簡の基礎的研究」, 『日本古代の王権と東アジア』, 吉川弘文館. ◎

金 在弘, 2013, 「昌寧・火旺山城龍池出土木簡と祭儀」, 『木簡研究』 35. ◎

三上喜孝, 2013, 「古代日本における九九算の受容と特質」, 『萬葉集研究』 34, 塙書房.

李成天・金始桓, 2013, 「昌寧・火旺山城蓮池出土木簡」, 『木簡研究』 35. ◎

渡辺 滋, 2013, 「古代における曹植「洛神賦」受容」, 『文学・語学』 207.

橋本 繁, 2014, 「韓国木簡論」, 『岩波講座日本歴史』 20, 岩波書店. ◎

ジョシュア・フライドマン, 2014, 「歌木簡」, 『東アジア木簡学のために』, 汲古書院.

渡辺晃宏, 2014, 「墨書のある木製品とその機能」, 『東アジア木簡学のために』, 汲古書院.

市 大樹, 2015, 「黎明期の日本古代木簡」, 『国立歴史民俗博物館研究報告』 194. ◎

市 大樹, 2015, 「木簡と「文」」, 『日本「文」学史』第一冊, 勉誠出版.

権 宅章, 2015, 「慶州伝仁容寺址発掘調査と木簡出土」, 『木簡研究』37. ◎

佐藤 信, 2015, 「木簡史料論」, 『岩波講座日本歴史』21, 岩波書店.

鈴木景二, 2015, 「近年の出土仮名文字資料について」, 『日本史研究』639.

高妻洋成, 2015, 「木簡など木製遺物の保存環境」, 『木簡研究』37.

鄭 淳一, 2015, 「韓半島出土「龍王」木簡にみる新羅人の祈り」, 『古代東アジアの「祈り」』, 森話社. ◎

李 成市, 2015, 「平壌楽浪地区出土「論語」竹簡の歴史的性格」, 『国立歴史民俗博物館研究報告』1940. ◎

〈Abstract〉

The research of Japanese Antique Age History and the Wooden Documents

Mori, Kimiyuki

In this report I'll tell you how important the wooden writing tablets(wooden documents) are for the study of Japanese Antique Age History. In Japan at the end of the year 2015 more than 430,000 tablets were excavated, especially about 320,000 are concerning to the Antique Age(to the end of the Heian Period i.e. 1185A.D.).

First we see what sorts of the sites the tablets were excavated. We divide them in two categories, the Capital Cities and the Local Government offices. In the Capitals Heijo Capital Site of the Nara Period is most inportant, because we excavated 240,000 tablets and though the examination we can consider the real figue of the Risturyo System at that time and everyday lives of the noble bureaucrat or citizens which were difficult to reveal only by the historical materials handed down. In Todaiji Temple Site we excavated the tablets concerning to the construction of Great Buddha and at the same time we also excavated the tablets in Naganobori Site of Yamaguchi Prefecture which exported coppers to Nara.This is the case of reconstructing History from many different points of view thanks to the tablets.

The number of the tablets excavated from the Local Government offices is considered to be 15,000 totally. But they are very important sources for the research on the local affairs. The Japanese Society for the Study of Wooden Documents hold the general meeting and reserch assembly yearly in Nara City only for the members, but from the year 1994 on we also hold the special research assembly every 4 years in the place where a lot of and meaningful tablets were excavated. These research assemblies are opended to the undergraduate and postgaraduate students of universities or researchers who are not members of the Society. Though these ivents we are trying to expand the trend for the study of wooden documents.

Talking about the tendency of the research, owing to about 40 years work of our Society, we have already established the researching methods of the wooden writing tablets, so the books and academic papers in this field are accumulating well.If we say the new trend Korean wooden documents which include the materials about the 6th century are very important and useful for the study of the 7th century's History of Japan. Not only with the Korean studies we also conduct joint research with the

Chinese wooden documents researchers. I hope this trend will be the evolution for the study of wooden documents in the scale of East Asia.

If I have enough time, I'll tell my own studies how I used wooden documents for considering Japanese Antique Age History. The one is the case of international relationship between Japan and Silla, and the other is concerning to the couty or its branch government offices.

▶ Key words: Wooden tablet, Capital Cities, Local Government, Japan Antique Age History

日本의 구구단·曆 관련 출토 문자자료와 그 연구 동향
- 木簡을 중심으로 -

桑田訓也 著[*]
오택현 譯[**]

〈국문초록〉

　　본고에서는 지금까지 일본에서 발굴된 구구단과 曆이 쓰여진 木簡에 대해서 설명하고, 연구동향과 그와 관계된 몇 가지를 언급하고자 한다.

　　일본에서는 구구단 木簡이 79점 발견되었다. 그중 35점은 呪符에 적혀있는 것이고, 구구단이 쓰여진 목간은 44점이다. 구구단 木簡에는 9단과 8단이 가장 많이 쓰여져 있으며, 서예연습이나 낙서를 한 흔적도 남겨져 있다.

　　최근 구구단 木簡의 발견이 증가하면서 몇 가지에 대한 언급이 생겨났다. 한 자릿수인 경우, 구구단의 계산이 틀렸을 경우, 그리고 왼쪽에서 오른쪽으로 쓰여진 경우가 그것이다.

　　曆과 관련해서는 8가지의 예시를 제시하고자 한다. 曆을 木簡으로 남겨놓는 이유에 대해서는 불편함을 극복하기 위함이라고 생각된다.

▶ 핵심어: 구구단 木簡(九九木簡), 曆木簡, 달력

＊　日本 奈良文化財研究所
＊＊　동국대학교 사학과

I. 서론

본고에서는 지금까지 日本에서 출토된 구구단 및 曆 관련 木簡에 대해서 구체적으로 어떤 것이 있는지 소개하고, 그 연구동향에 대해서 정리하고자 한다. 또 그것들을 살펴보면서 약간의 설명을 덧붙이고자 한다.

한편 木簡 이외에 墨書土器·文字瓦·漆紙文書 등의 출토 문자자료에서도 구구단과 曆을 기록한 것이 보이지만, 필자의 역량 및 관심사의 한계가 있어 木簡을 중심으로 논지를 구성한 것에 대해 양해를 구하고자 한다.

II. 日本의 구구단 木簡

1. 구구단 木簡의 출토 사례

日本에서는 지금까지 구구단의 일부가 쓰여진 木簡이 79점 출토되었다. 다만 그중 35점은 呪符에 적혀 있는 것이기 때문에 계산식으로서의 구구단 본래의 의미와는 관련이 없다. 이에 본고에서는 구구단이 符籙이나 「急々如律令」 등의 주술적인 문구와 함께 쓰여져 있는 것을 모두 呪符로 보고, 구구단 木簡의 범주에서는 제외하고자 한다.

呪符를 제외하면 구구단이 쓰여진 목간은 44점이다. 구구단 목간의 출토유적과 판독문 등에 관한 정보는 별도의 일람으로 게재하고, 이를 기반으로 해서 번호를 붙였다.

木簡의 연대는 飛鳥時代부터 平安時代에 이른다. 가장 오래된 것은 奈良県 石神 유적에서 출토된 목간 24(별도의 일람을 통해 번호를 붙였고, 이하 같은 방식으로 번호를 부여하였다)로 7세기 중반의 것이다. 출토 유적의 성격은 도성과 지방관아 및 그 관련유적이 대부분이다.

구구단 중에서 출토 木簡의 어느 부분에 구구단이 기록되어 있는지를 집계한 것이 表1이다. 9단이 가장 많고, 다음으로는 8단이 많다(본고에서는 九九~一九를 9단, 八八~一八을 8단 등으로 부른다). 그중에서도 「九九八十一」과 「八九七十二」는 특히 많다. 7단 이하는 수가 매우 적지만 거의 빠짐없이 보인다. 또 후술하는 『孫子算経』과 『口遊』에는 보이지 않는 「九八七二」, 「八七五十六」이 보인다는 점도 주목된다.

	A								
	9	8	7	6	5	4	3	2	1
B 9	23	23	12	10	10	6	7	8	6
8	1	3	3	4	5	4	5	3	2
7		1	1		2	1		1	
6				1	2	1	1		
5					1	1			
4						2	1	1	
3									
2									1
1									

$$\boxed{8} \times \boxed{9} = 72$$
A   B

표 1. 구구단 木簡의 출현 빈도

2. 구구단 木簡의 연구동향

구구단의 보급 양상은 문헌사료에 의해 어느 정도 추정하는 것이 가능하다. 첫 번째는 『萬葉集』(奈良時代〈8세기〉에 편찬된 和歌集)에 보이는 "戱訓"으로, 「八十一」로 쓰고서 「くく(=九九)」로 읽고, 「十六」로 쓰고서 「しし(=四四)」로 읽는 것이다. 이는 『萬葉集』의 독자층이 구구단을 외우고 있었다는 것을 전제로 한 언어유희인 것이다. 두 번째는 『口遊』로 源爲憲가 平安時代 天禄元年(970)에 저술한 책이다. 이 책은 藤原爲光의 자녀들을 위해서 작성된 교과서로 보이며, 당시 구구단이 자녀들이 공부하는 기초지식(적어도 귀족의 자제들)으로 여겨지고 있던 것을 보여준다.

구구단 木簡의 출토는 이들 문헌사료에서 보이는 구구단의 보급 및 양상을 보다 구체적으로 증명하는 것이고, 도성과 지방 役所의 役人은 구구단에 익숙해 있던 모습을 보여주는 것이다. 구구단은 앞에서 언급한 것과 같이 초보적인 교양으로 여겨졌기 때문에 木簡에 쓰여졌던 구구단은 기본적으로 習書·落書였던 것으로 생각된다.

한편, 출토사례가 증가하면서 몇 가지 중요한 점이 지적되고 있다.

첫 번째는 계산결과가 한 자리 수가 되는 경우 쓰는 방법은 「一九如九」와 같이 「如」字를 기재하는 것이다. 屋代遺跡群 37에서 처음으로 그 가능성이 지적되었고, 그 후에 平城宮·平城京跡에서 「一九如九」라고 쓰여진 木簡이 연달아 출토된 것(6·11)에 의해 확실해 졌다. 이 외에 宮町遺跡(紫香楽宮跡)에서 출토된 削屑(목간부스러기)36도 이러한 예로 추가하는 것이 가능하다. 이것은 『孫子算経』에도 비슷하게 쓰여진 것으로 이해가 된다. 고대 日本에서는 『孫子算経』이 大学寮 算科의 교과서로서 채용되고 있어, 그 수용·영향을 상

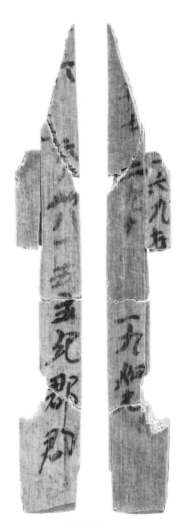

平城宮跡 6　　　　　　　平城京跡 11

藤原宮跡 20

平城京跡 14

정하는 것은 자연스럽다. 다만 「如」가 보이지 않고, 七社 遺跡의 41은 「一九又九」로 「又」를 사용하고 있으며, 大沢谷内遺跡의 40은 「一九々々」로 쓰는 등 일정한 변형도 확인된다.

두 번째는 가끔씩 계산의 오류가 보이고 있다는 점이다. 구구단의 서두부분은 거의 정확하게 쓰여져 있지만, 중간과 후반부로 갈수록 계산이 잘못된 부분이 발견된다. 그러다보니 구구단 木簡은 실용적 목적이 아닌 상징적인 의미로 쓰여졌다고 생각할 수 있다는 의견도 제기되었다.[1]

세 번째는 구구단을 쓰는 방향에 관한 내용이다. 고대 일본은 세로쓰기를 하면서 오른쪽에서 왼쪽으로 쓰는 것이 기본이다. 그런데 구구단 木簡 중에는 왼쪽에서 오른쪽으로 써 나가는 것이 있다. 구체적으로는 藤原宮跡 20, 屋代遺跡群 38과 39, 大沢谷内遺跡 40의 4점으로 다른 木簡에는 보이지 않는 매우 예외적인 서사방식인 것이다.

3. 구구단 木簡의 연구전망

구구단을 習書·落書로 파악하면 木簡 연구에서 기본이 되는 四周의 가공 상태 등의 확인과 원래 어떠한 형태·기재의 木簡이었는지를 파악해보려는 의식이 약해질 수 있다. 구구단은 단편적인 習書·落書가 아니고, 체계적으로 정연하게 쓰여진 구구단의 일부일 가능성은 없는지, 만약에 그렇다고 한다면 전체는 어떻게 복원할수 있는지 등의 관점에서 다시 한 번 철저하게 살펴볼 필요가 있다.

예를 들면 완형의 木簡에서 「九九八十一」과 「八九七十二」까지만 쓰여져 있다고 한다면 習書·落書로 봐도 무방할 것이다. 혹은 符籙와 「急々如律令」을 따르지 않는 간략한 呪符의 가능성도 생각해볼 수 있을지도 모른다. 구체적으로는 平城宮跡 2와 深江北町遺跡 32를 꼽을 수 있다.

그러나 결손부분이 있고, 구구단 밖에 쓰여져 있지 않는다면 계산식으로서 구구단을 썼던 구구단 「表」 木簡의 일부로 추정해 볼 수 있다. 平城宮跡 3은 「五七」의 아래가 「二七」, 平城京跡 14는 「八九」의 아래가 「五九」이기 때문에 원래는 大沢谷内遺跡 40의 것처럼 1단에 3줄씩, 적어도 3단 이상에 걸쳐서 쓰여지고 있다고 추정하는 것이 가능하다. 마찬가지

---

1) 三上喜孝, 2013, 「古代地方社会における暦」, 『日本古代の文字と地方社会』, 吉川弘文館; 2013, 「古代日本における九九算の受容と特質」, 『萬葉集研究』 34.

로 平城京二条大路 7과 藤原宮跡20·21은 1단에 2행씩 쓰여져 있다는 것이 추정 가능하다. 현재 통상적으로 재재에 사용되는 방식으로 木簡을 확인하면 행수는 3행까지이다. 이외에 橫材의 구구단도 출토되고 있다(白坏遺跡 44).

또 지역차와 시기차에 의해 기재방법의 차이는 있지 않을까 등의 관점에서도 당연히 주의 깊고 신중한 검토를 행하지 않으면 안된다.

III. 日本의 曆 관련 木簡

1. 曆 관련 木簡의 출토 사례

구구단 木簡과 마찬가지로 별도의 一覽을 제시했다. 曆 관련 木簡의 범위에 대해서는 曆 그자체로서 사용되었던 木簡을 6점, 관련해서는 造曆에 관한 것으로 보이는 木簡을 1점, 참고로서 江戸時代의 曆 木簡을 1점, 합계 8점을 게재했다. 曆注의 習書 木簡과 曆注로 보이는 문구가 쓰여졌던 목간 부스러기도 출토되었는데 一覽에는 표시하지 않았다. 또 木簡 외에 漆紙文書의 具注曆이 16점 출토되었는데, 본고에서는 다루지 않았다는 점에 대해 양해를 구한다.

2. 曆 관련 木簡의 연구동향

일본 古代의 曆 제도에 대해서는 문헌자료를 통해서 도입 시기와 경위, 구체적인 작성과 반포 과정 등을 알 수 있다. 실제 사례를 살펴봐도 正倉院 文書가 奈良時代(8세기)의 것(3점)이고, 平安時代 귀족의 日記에 쓰여진 具注曆 등을 통해서도 曆이 사용되었음을 알 수 있다.

曆 관련 木簡에 관해서는 종이로 반포되었던 曆을 왜 나무에 기록했는가에 대한 관점에서 검토가 일찍부터 행해졌다. 현재는 반포된 曆이 두루마기 형태로 되어 있어서 사용하기가 불편했고, 그 때문에 필요한 부분을 적당히 나무에서 발췌해서 사용했다고 이해하는 것이 정설이다. 당장 필요한 부분을 써 놓은 뒤 하나하나 두루마기를 펼치면 두루마기를 감아놓는 양이 줄어들 수 있고, 그것을 책상 위 등에 비치해 둔다면 동시에 여러 사람들이 曆을 볼 수 있게 된다.

曆을 발췌하는 방법에 대해서는 여러 가지 방식이 확인된다.

첫 번째는 具注曆을 그대로 써서 베끼는 것이다. 石神遺跡 47·城山遺跡 48·延命寺遺跡 50의 3가지 사례가 알려지고 있다. 47은 현재 일본에서 가장 오래된 曆이다. 2차적으로 원반형의 목제품(용도는 알 수 없다)으로 가공되었지만, 원래의 폭은 40㎝ 정도로 추정된다.[2] 월 단위로 종이에 具注曆의 정보를 그대로 옮겨 적었던 것이다. 48은 표면에 歲首部, 뒷면에 3일분의 曆이 기록되어 있다. 양쪽 면에는 6일이 기

---

2) 竹内 亮, 2004 「木に記された曆」 『木簡研究』 26.

3월   4월

石神遺跡 47

藤原宮跡 46

록되어 있으므로 1년의 曆을 쓰기 위해서는 같은 크기의 木簡이 62매가 필요하다.[3]

두 번째는 각 달의 초하루 干支만을 기록한 간편한 曆(月朔曆)과 관련된 것이다. 藤原宮跡 46·発久遺跡 51의 2가지 사례가 보이고 있다. 46은 복원하면 길이 55~60㎝(2척 정도)가 될 것으로 추정된다. 이것들에 관련해서 秋田城 유적의 干支棒木簡 49를 살펴보고자 한다. 多角柱의 각 면에 干支를 순서대로 기록한 것으로 干支 아래에 뚫었던 구멍에 봉 모양의 것을 꽂아넣어 그 날의 干支를 알려주었던 도구로 추정된다(다만 이 木簡은 구멍이 완전하게 뚫어져 있지 않아 미완성품으로 보인다). 月朔曆과 干支棒 木簡을 결합하면 그 월에 어떤 날의 干支가 무엇이었는가를 바로 알 수 있는 것이다.

3. 曆 관련 木簡의 연구전망

또한 더욱 간편한 曆으로서 1년 중 어떤 달이 큰 달이고 잘은 달인가를 기록한 것(大小曆)이 있다. 江戸時代에 성행했으며, 출토 사례로는 錦糸町駅北口 遺跡 52가 있다. 고대까지 소급할 수 있는지는 명확하지 않지만, 만일 목간 52의 것처럼 大小曆의 단편이 출토되었다고 해도 얼핏보면 숫자를 열거한 木簡이기 때문에 曆으로 인식하는 것은 어렵다고 생각된다. 숫자가 열거되었던 木簡에 대해서 大小曆의 단편일 가능성이 없는지 재검토하고 보는 것도 재미있을지도 모른다. 만약 大小曆이 발견되면 木簡의 연대를 좁힐 수 있고, 遺構와 遺跡의 이해하는데 도움이 되는 바가 매우 크기에 기대가 된다.

다만 一覽에 게재했던 것은 7세기에 曆의 보급이라고 하는 관점에서 紀年銘 木簡 그것 자체로도 중요

---

3) 原秀三郎, 1981「静岡県城山遺跡出土の具注暦木簡について」『木簡研究』 3.

한 사료가 될 수 있다. 고대 日本에서 널리 전국에서 曆을 반포해서 사용한 것이 본격화되고, 曆을 기반으로 해서 정무운영이 궤도에 오르기 시작한 것은 天武朝 무렵(670년대)으로 생각된다. 단, 紀年銘 木簡은 乙丑年(665) 12월의 年紀를 가진 목간이 石神遺跡과 屋代遺跡群에서 출토되고 있어 그것 이전부터 궤도에 올랐을 가능성도 지적되고 있다.

IV. 맺음말

이상 일본에서 구구단 木簡과 曆 관련 木簡에 대해서 출토사례와 연구동향에 대해 간단하게 소개했다. 코멘트에서 언급했던 점에 대한 상세한 검토는 훗날을 기약하고, 일단 여기에서는 간단하지만 글을 마치고자 한다.

투고일: 2016. 11. 6.　　심사개시일: 2016. 11. 18.　　심사완료일: 2016. 11. 25.

I 日本の九九木簡一覧（稿）

奈良・平城宮跡

1
・五九卌五□□□□□
　□□□
22 次南（東院地区西辺）　SD3154　『平城宮木簡』2-2730　(225)×(16)×2　081

2
九々八十一八九□
〔七カ〕
41 次（第一次大極殿院地区東南隅）　SD3715　『平城宮木簡』7-12209　85×8×3　011

3
五七卌五　二七十四
44 次（東院地区）　SD5788　『平城木簡概報』6-7 下（87）　091

4
□九八七十二
104 次（東院地区西辺）　SD3236C　『平城木簡概報』12-17 上（139）　091

5
〔十カ〕
□四八卌二
133 次（若犬養門地区）　SD1250　『平城木簡概報』15-31 上（210）　法量不明　081

6
・九卌七　二九十八　一九如九
・五八卌　四八卌二　三八卅
429 次（東方官衙）　SK19189　『平城木簡概報』40-9 下（37）　(163)×15×2　081

奈良・平城京左京二条二坊五坪・二条大路

7
・八九七十二　六九五十四□□□
・□□
198 次 B 区（二条大路）　SD5300　『平城木簡概報』24-36 下（423）　(158)×(6)×4　081

8
・九々八十一七十二八九八十六六十一及歳位
　□麻呂　歳位歳位天恩天恩□　文赤赤赤
※箸の側面三面に文字を記したもの。
198 次 B 区（二条大路）　SD5300　『平城木簡概報』29-40 下（520）　長さ 189×径 5　061

9
九々八十一
204 次（二条大路）　SD5300　『平城京木簡』3-5095　198×○×○　011

10
九々八十一八
204 次（二条大路）　SD5300　『平城京木簡』3-5094　347×17×26　011

奈良・平城京左京三条一坊一・二坪

11
・□六　六八卌八一　五『主紀郡郡』
　〔九カ〕
×□廿七　×□六九五×
　〔三カ〕
　□廿七　二九十八　一九如九
478 次　SE9650 下段 A　『木簡研究』34-8 頁（4）　(222)×(29)×3　081

（ 1 ）

(2)

12 奈良・平城京左京三条二坊八坪
□
×九卅五四九卅六 □□
□
193次E区(長屋王邸) SD4750
(121)×(9)×3 081
『平城木簡概報』21-36 上(416)

13 奈良・平城京左京三条二坊八坪・二条大路
九々八十一 八
200次(二条大路) SD5100
『平城木簡概報』33-24 下(465)
091

14 奈良・平城京左京三条二坊八坪・東二坊坊間路西側溝
八九七十二 五□〔冊〕五
193次A区 SD4699
(159)×(7)×4 081
『平城木簡概報』23-20 上(210)

15
九々八十一八九七十四
九九八十一八九七十四
※文字は木目と直行する方向に書かれる。
193次A区 SD4699
(98)×(24)×5 081
『平城木簡概報』23-20 上(211)

16 奈良・平城京左京七条一坊十六坪・東一坊大路西側溝
「□在蓋盤四口別筒一口内 「大盤一口
□□九九八十一 八九七十二 七九六×
253次 SD6400
(235)×37×7 019
『木簡研究』17-20 頁(25)

奈良・稗田遺跡

17
× 二九十八 □×
人工河川
(143)×(16)×2 081
『木簡研究』3-24 頁(9)

奈良・藤原宮跡

18
・
□□
□〔八 ヵ〕
□〔九 ヵ〕
□×
七九六十三六□□×
24次(東方官衙北地区) SD170
(198)×12×1 081
『藤原宮木簡』2-666

19
・
九々
□〔八十一 ヵ〕
□〔八 ヵ〕
□〔九 ヵ〕
128次(朝堂院地区) SD9815
(102)×21×4 081
『藤原木簡概報』18-18 下(64)

20
八九七十一
九々八十
七九□
128次(朝堂院地区) SD9815
『藤原木簡概報』19-30 中

21
・
□〔賀 ヵ〕
□〔八 ヵ〕
□〔九 ヵ〕
九七十二六九五
□〔十 ヵ〕
128次(朝堂院地区) SD9815
(115)×(14)×3 081
『藤原木簡概報』18-18 下(66)

22
九々八
八九
128次(朝堂院地区) SD6400
『藤原木簡概報』19-26 下(537)
091

(3)

34 兵庫・祢布ヶ森遺跡
〔や〕
・□十廿二卅三三十廿六廿九三十二卅一□
・□当之不定春初　〔及カ〕
・□　〔請カ〕
41次　SX250
(316)×(29)×3　081
『木簡研究』31-46　頁2(16)

35
・□〔廣カ〕長
　九十九ヶ八十一八九七
41次　SX250
(130)×(14)×2　081
『木簡研究』31-47　頁2(26)

36 滋賀・宮町遺跡
・□〔如カ〕
　二三□二
第19次　SD20101
『紫香楽宮跡関連遺跡発掘調査概報』49頁　B68
091

37 長野・屋代遺跡群〈六区〉
・「九々」□一　□八九　□二
　□七十　七九四□　□六十三　六九五
　〔九九カ〕
・□九卅　四九卅　三九卅七　二八九八
・「□九如」〔六九カ〕〔八九カ〕
　八々十四　七□　□□
・五八卅　□□　三八廿四　二八十六
SD8028(4層)
(335)×55×5　019
『木簡研究』22-256　頁(7)

38
・□四六廿八　□□
・□五七五　四六廿四
　□□　五六
　□□
金刺舎人小尼南
南南南北
　南　南北
　□□
SD7031
(278)×40×8　081
『木簡研究』22-257　頁(11)

39
・□□大大入入　〔穴カ〕
・六四六三五五□　□四五廿□　□
SD7031
(199)×(40)×5　019
『木簡研究』22-257　頁(21)

40 新潟・大沢谷内遺跡
・「七九六十三」四三六　一九々々　六八卅八　一八
　八九七十二　七九四七　二九四八　七七九七六　二八
　九々八十一　六九七十四　三九廿四　八々六十四　三八□
河川跡
(209)×35×4　019
『木簡研究』31-150　頁(1)

41 新潟・七社遺跡
・〔九カ〕
　□九八十一　八九七十二　七九六十卅三
　六九五十四　五九□□　〔四カ〕
　一九又九八八六十四　□□□
・□
　□
F水路
167×49×3　061
『木簡研究』33-102　頁(1)

（4）

II 日本の暦関連木簡一覧（稿）

42 新潟・草野遺跡

「六八卅八　五八卅　四八卅三　三八
□
□八

東川
（253）× 26 × 4　019
『木簡研究』25-164頁（1）

43 島根・青木遺跡

□
□
・
二一卅四八三三八廿四三八六一八□□□九十

（291）×（31）× 7　041
『木簡研究』30-213頁（19）

44 島根・白坏遺跡

×□□□□
×□五六七八九
×□七七七
×卅八九々
×□

自然流路
（198）×（45）× 5　081
『木簡研究』10-74頁（17）

45 奈良・藤原宮跡

「恐々受賜申大夫前筆
「暦作一日二赤万呂□

18次（北面中門地区）
（121）×（24）× 3　019
『藤原宮木簡』1-11

※暦を作るために筆を請求した木簡。

46

五月大一日乙酉水平　七月大一日甲申

※慶雲元年（704）の月朔暦。
29次（東方官衙北地区）
（170）×（7）× 1　081
『藤原宮木簡』3-1120

47 奈良・石神遺跡

〔庚 カ〕
□申丸
〔岡 カ〕
□□虚厭□
×辛酉破　上玄
×壬戌皮　三月節　急盈九×
×癸亥色　絶紀帰忌
〔甲 カ〕
×□子成　馬牛出椋
〔重 カ〕
〔乙 カ〕
×□丑収　天間日
〔危〕
×□□□　血忌□
〔申 カ〕
□□平　天間日血忌□
×丁酉定　天李乃井□
〔執〕
×戊戌丸　望天倉小□
×己亥皮　往亡天倉重
〔破〕
□庚子危　人出宅大小□
〔成 カ〕
×□丑成□
〔帰 カ〕
×□□帰□
×□

122次　SD4095
108 × 100 × 14　065
『木簡研究』26-26頁（55）

※持統三年（689）三月・四月の具注暦。

静岡・城山遺跡

48
・□□□
　□〔五ヵ〕
　□□□　七月□　九月大　十一月□
　□□□
　〔各〕
・□□□　□在　歳在　甲　宮　天　□道ヵ　丁癸　人道□乙辛
　〔在ヵ〕
　□□□　己巳太陰在卯大将　〔軍卯歳ヵ〕　□□□
　〔大　在ヵ〕
　□□□

〔各〕
『□□□』早藤朝積豐比形続留火滋隆
『□□』早藤朝積豐比形続留火滋隆
□□卅五日　十　□□卅八日
□□　十
〔各ヵ〕
□□卅四日　□□□□錦形鷹隆身份留火滋隆
十　□□十五日

※神亀六年（729）の具注暦。表面は歳首部・裏面は正月十八日〜二十日。

3次　整地層〈A10B30区杭列NF1と杭列NF2の間IV層下位〉

『伊場遺跡発掘調査報告書』12-27頁

580 × 52 × 5　011

49　秋田・秋田城跡
・□□□　○丙寅　○丁卯　○戊辰
　○□　○子　○□
　○乙　○己丑　○□
　○丙戌○丁　○子　○己巳　○辛巳　○壬午　○癸未
　□午　乙未　丙戌○丁　○庚寅　○辛卯　○壬辰　○癸
　乙未　丙申　丁酉　戊戌　己亥　庚子　辛丑　壬寅　癸卯
　午　丁酉　戊戌　己亥　庚子　辛丑　壬寅　癸卯
　乙　丙　丁　戊　己　庚　辛　壬　癸
　□卯　□午　□未　戊申　己未　庚申　酉　壬戌
　戊辰　□　□　□　□　酉

※干支棒木簡

54次　SG1031　『木簡研究』29-159頁-3(42)

277 × 27 × 27　065

50　新潟・延命寺遺跡
　×　五日壬子　水平吉　×
　×　七日甲寅　帰　忌　×

SD1700
『木簡研究』30-134頁(6)

(118) × (22) × 3　081

51　新潟・発久遺跡
・　三月朔戊辰日
　×卯日　六月朔丙申日　」
　×未日　」

※天平八年（736）八月の具注暦の断片。

(159) × 44 × 8　019

（6）

※延暦十四年（795）の月朔暦。

遺物包含層　『木簡研究』11-94頁（1）

52　（参考）　東京・錦糸町駅北口遺跡

「○大二六八十十二十二
　小正三四五七一九
　○　　　　　　○」

430 × 76 × 6　011
『木簡研究』17-86頁（1）

※天保二年（1831）の大小暦。

（ 7 ）

참/고/문/헌

小林郷隆, 2006, 「屋代遺跡群出土「九九木簡」の再評価」, 『信濃』 58-12.

佐藤 信, 1997, 「習書と落書」, 『日本古代の宮都と木簡』, 吉川弘文館.

佐藤 信, 2002, 「出土した暦」, 『出土史料の古代史』, 東京大学出版会.

竹内 亮, 2004, 「木に記された暦」, 『木簡研究』 26.

東野治之, 1983, 「具注暦と木簡」, 『日本古代木簡の研究』, 塙書房.

原秀三郎, 1981, 「静岡県城山遺跡出土の具注暦木簡について」, 『木簡研究』 3.

三上喜孝, 2013, 「古代地方社会における暦」, 『日本古代の文字と地方社会』, 吉川弘文館.

三上喜孝, 2013, 「古代日本における九九算の受容と特質」, 『萬葉集研究』 34.

〈Abstract〉

Unearthed Documentary Materials on Multiplication table and Calendar in Japan,
and its Research Trends

Kuwata, Kuniya

In this report, I will introduce the wooden documents on Multiplication table and Calendar excavated in Japan so far. And, will organize its research trends. Also, based on them, I would like to add some comments.

In Japan, 79 wooden documents, on which Multiplication table is written, are excavated. Of which 35 are charms. Other 44 are considered as the wooden documents of Multiplication table.

Table1 is obtained by aggregating the appearance frequency of each calculation formula. Nine times table, then eight times table appear many, among them "nine nine eighty−one"($9 \times 9 = 81$) and "eight nine seventy−two"($8 \times 9 = 72$) are especially many. Seven times table following are few, but seen almost evenly.

Multiplication table written to wooden documents are considered to be basically a calligraphy practice or scribbling.

With the increase of excavated case, some of the important things have been pointed out. First, if the result of calculation is the number of single−digit, they wrote the "如" character, such as "一九如 九"($1 \times 1 = 9$). Second, they make a mistake occasionally. Third, there are wooden documents that were written the lines from left to right.

On Calendar, I presented 8 examples. The reason for writing a calendar in wood, is considered as follows: because calendar in a state of the scroll is inconvenient, they transcribed a necessary part to wooden documents.

There are several types of wooden calendar. First, Guchureki. It is what was written down as it is a paper calendar. Secondly, Gessakureki. It is a simple calendar that wrote the only Sexagenary Cycle of the first day of each month. Kanshibo, the rod−like wooden document to know the Sexagenary Cycle of the day, is also excavated.

▶ Key words: Multiplication table, Calendar, wooden documents of Multiplication table, wooden calendar

2014年秦漢魏晉簡牘研究概述

2014年秦漢魏晉簡牘研究概述[*]

魯家亮 著[**]

김보람·방윤미 譯[***]

〈국문초록〉

본 논고의 주요목적은 2014년 秦漢魏晉간독연구 현황을 간략히 소개하는 것이다. 글의 서술 형식, 분류 기준 및 수록 원칙은 대체로 이전의 개술 논문과 같으나, 일부 누락된 작년의 주요 성과를 보충하였다. 필자의 졸고가 秦漢魏晉간독연구에 흥미 있는 학자들에게 약간이나마 편의를 제공할 수 있기를 바라며, 누락된 부분이나 부족한 부분에 대해서도 독자 여러분에게 양해를 구한다.

▶ 핵심어: 진, 한, 위, 진, 간독

---

* 본고는 教育部 哲學社會科學研究 중점과제 주요항목 "秦簡牘의 綜合整理와 研究"(項目批准號: 08JZD0036), 國家社科基金靑年項目 "漢初律令體系研究"(項目編號: 12CZS014)의 지원을 받아 작성하였음.

** 武漢大學簡帛研究中心

*** 서울대학교 동양사학과

I. 머리말

본 논고의 주요목적은 2014년 秦漢魏晉간독연구 현황을 간략히 소개하는 것이다. 글의 서술 형식, 분류 기준 및 수록 원칙은 대체로 이전의 개술 논문과 같으나, 일부 누락된 작년의 주요 성과를 보충하였다. 필자의 졸고가 秦漢魏晉간독연구에 흥미 있는 학자들에게 약간이나마 편의를 제공할 수 있기를 바라며, 누락된 부분이나 부족한 부분에 대해서도 독자 여러분에게 양해를 구한다.

II. 秦簡牘의 研究

1. 雲夢睡虎地4號秦墓木牘과 11號秦墓竹簡

中國政法大學 中國法制史基礎史料硏讀會는 《秦律十八種》의 《倉律》을 集釋하였다.[1] 彭浩는 《金布律》 66호간 중 "福(幅)廣二尺五寸"이 "幅廣二尺二寸"의 誤記일 가능성이 있다고 보았다.[2] 江春治樹는 《秦律十八種》과 《效律》을 중심으로 출토진율의 율문형식과 적용범위 등의 방면에서 睡虎地秦簡에 보이는 진율의 성질을 논의하면서, 이들은 縣과 都官의 담당 업무와 유관한 율문들을 彙編한 문서라고 보았다.[3] 趙久湘와 張顯成은 睡虎地秦簡 《秦律十八種》, 《秦律雜少》, 《法律答問》 등의 일부 간문의 표점, 끊어 읽기, 주석, 번역 등을 포함 총 5곳을 보정하였다.[4] 蔣菲菲는 《法律答問》65호간 중 "蝕"의 本字는 응당 "失"로, 곧 물건을 도둑맞아 잃어버린 것을 뜻한다고 추정하였다. 同簡의 "人"字 아래에 중문부호가 있는 것은 衍文으로 응당 삭제해야 한다고 추정하였다.[5]

伊强은 《爲吏之道》9호간 "以任吏"의 "吏"를 "事"로, 18호간의 "賤士"를 "賤士"로 改釋하였다. 또 45호간의 "富"를 "畜"로 개석하고 "災"라고 읽었다.[6]

陳偉는 嶽麓秦簡 《占夢書》와 《日書》를 대조하여 《日書》甲種 48호간의 "僞_"는 마땅히 "化爲"로 釋讀하고, 《日書》甲種 "詰"篇 53~56호간 背3의 "井血"는 응당 "井洫"로 읽어야 한다고 지적하였다.[7] 趙平安은 孔家坡漢簡 《日書》에 의거하여 睡虎地秦簡 《日書》甲種83호간 背面의 "渡術"는 "閭巷"으로 읽을 수 있으

---

1) 中國政法大學中國法制史基礎史料硏讀會, 「睡虎地秦簡法律文書集釋(三): 〈秦律十八種〉·〈倉律〉)」, 『中國古代法律文獻研究』 第八輯, 社會科學文獻出版社, 2014.

2) 彭浩, 「秦律"幅廣二尺五寸"質疑」, 『出土文獻與法律史研究』 第三輯, 上海人民出版社, 2014.

3) 江春治樹 著, 單印飛 譯, 「雲夢睡虎地出土秦律的性質」, 『簡帛研究二〇一四』, 廣西師範大學出版社, 2014.

4) 趙久湘·張顯成, 「秦漢簡牘法律文獻釋文補正−以睡虎地秦簡和張家山漢簡爲對象」, 『魯東大學學報(哲學社會科學版)』 2014年 第6期.

5) 蔣菲菲, 「訓釋簡牘語義不明文字的間接證據−以校釋雲夢睡虎地秦簡〈法律答問〉65簡釋文及語譯爲例」, 『簡帛研究二〇一四』.

6) 伊强, 「睡虎地秦簡〈爲吏之道〉補說」, 『江漢考古』 2014年 第2期.

7) 陳偉, 「讀嶽麓秦簡〈占夢書〉札記」, 『簡帛』 第九輯, 上海古籍出版社, 2014.

며, 곧 "里巷"을 가리킨다고 보았다.[8] 陳偉는《日書》甲種의《馬祺祝》을 校讀하고 篇首의 "馬祺祝" 세 글자는 篇題일 가능성을 제시하였다. 또 "筍"는 祝禱類 문헌의 핵심어로서 "苟"로 읽을 수 있고 가령이라는 의미이며, "主君筍(苟)屛調馬"는 한 문장으로 읽어야 한다고 보았다. 원래 "脚"이라고 석독한 글자는 응당 "胠"로 개석해야 하며 곧 옆구리를 지칭한다고 보았다.[9] 方勇 역시《日書》에 대하여 札記7則을 내놓았다.[10] 辛德勇은 睡虎地秦墓出土의 죽간과 서신목독을 전래문헌과 결합하여 기존의 성과를 검토하고 이를 기초로 李信과 王翦이 남쪽으로 荊楚를 멸망시키러 가는 지리적 과정에 대해 상세히 고증하고 복원하였다.[11]

2. 四川靑川郝家坪秦木牘

四川省文物考古研究院과 靑川縣文物管理所는 靑川郝家坪M50墓葬과 출토목독 정보를 소개하였다.[12] 何有祖는 木牘 가운데 "利津梁"의 "梁"을 "陵"로 개석하고 "隧"로 읽었다. 간문 중 "利津隧"는 통행하는 나루터의 도로를 수리하는 것을 지칭하는 것이 아닐까 추정하였다.[13]

3. 甘肅天水放馬灘秦簡牘

1) 編聯과 綴合

魯家亮은 乙種《日書》 중 "占雨"와 유관한 문헌에 대해 2개의 編聯 의견을 제시하였다. 즉, 144~153호의 순서는 153, 152, 151, 150, 148, 149, 147, 146, 145, 144이며, 154, 158은 붙여 읽어야 한다.[14]

2) 텍스트 考釋과 研究

海老根量介는《日書》"盜者"篇 가운데 "禺在"의 "禺"은 "잃어버린 물건을 습득하다(拾取失物)"는 의미의 "寓"로 이해해야 한다고 주장하였다.[15] 程少軒은 乙種《日書》 중《三十六禽占》을 연구하여 "三十六禽"의 기원 및 式占과의 관계를 다루었다. 三十六禽은 본질적으로 일련의 符號로서, 式占 중 복잡하고 추상적인 개념을 형상화하기 위해 만들어진 것이다. 가장 이른 것은 戰國시대 중국본토에서 기원한 것일 가

---

8) 趙平安, 「睡虎地秦簡〈日書〉"渡術"新解」, 『出土文獻』 第五輯, 中西書局, 2014.

9) 陳偉, 「睡虎地秦簡日書〈馬祺祝〉校讀」, 『湖南大學學報(社會科學版)』 2014年 第4期.

10) 方勇, 「讀睡虎地秦簡札記七則」, 『湖南省博物館館刊』 第十輯, 嶽麓書社, 2014.

11) 辛德勇, 「雲夢睡虎地秦人簡牘與李信, 王翦南滅荊楚的地理進程」, 『出土文獻』 第五輯.

12) 四川省文物考古研究院·靑川縣文物管理所, 「四川靑川縣郝家坪戰國墓群M50發掘簡報」, 『四川文物』 2014年 第3期.

13) 何有祖, 「釋秦漢簡牘所見"利津陵"」, 『出土文獻硏究』 第十二輯, 中西書局, 2013.

14) 魯家亮, 「放馬灘秦簡乙種〈日書〉"占雨"類文獻編聯初探」, 『考古與文物』 2014年 第5期.

15) 海老根量介, 「放馬灘秦簡〈日書〉中的"禺"字小考」, 復旦大學出土文獻與古文字研究中心網站(www.gwz.fudan.edu.cn, 이하 간칭 復旦網) 2014年1月3日.

능성이 있으며, 창제자는 전국시대 오행가일 가능성이 있다.[16] 程少軒은 또 認爲《日書》乙種207호간의 "胎濡"를 三十六禽의 하나라고 보고 "胎燕"이라고 읽어 胎生의 제비(燕子), 즉 박쥐(蝙蝠)를 지칭한다고 보았다.[17] 그는 《日書·星度篇》의 二十八宿古距度에 대해서도 정리·연구하였는데, 이 距度와 汝陰侯 출토 圓盤 및 《開元占經》에 기록된 것은 모두 동일한 古度계통에 속함을 밝히고, 아울러 이 距度表를 이용하여 이들 계통의 距星을 추정하였다.[18] 劉玉環은 《日書》乙種에 대해 釋文과 校讀 의견 10則을 내놓았다.[19]

黄傑은 放馬灘秦簡《丹》과《泰原有死者》를 대조하여《丹》篇1호간의 "獻"字를 補釋하였다. 아울러 부활 과정과 "四肢不用" 등의 간문을 이해하는데 새로운 견해를 제시하고 간문 중 "今七年"과 "八年"은 각각 秦惠文君七年(기원전331년)과 秦惠文王後元八年(기원전317)을 가리킨다고 주장하였다. 《丹》篇類의 문헌 은 喪葬 및 祭祀 업무종사자(術士)가 제작한 것으로 그 성질은 喪葬文書이다. 이 무덤의 下葬 시기는 기 원전 317년 8월 初9일 이후에서 머지않을 것이다.[20] 姜守誠은《志怪故事》20여 년의 연구를 석문의 考訂 부터 簡序의 編綴, 篇名의 擬定, 文本의 성질 등의 방면까지 체계적으로 정리하고, 放馬灘秦簡연구문헌 목록(1989-2013)을 덧붙였다.[21] 方勇과 侯娜는 기존의 연구 성과를 종합하여《志怪故事》의 석문을 새롭 게 정리하고 簡要한 注解를 달았다.[22]

4. 湖北雲夢龍崗秦簡牘

李天虹과 曹方向은 적외선사진을 참고하여 龍崗秦簡의 석독과 編聯에 관해 6가지 의견을 제시하였다. 33호간 중 원래 "當"이라고 석독된 글자를 "鹿"을 부수로 하는 글자로 개석하고, 아울러 이 간문을 두 단 락으로 나누었다. 82호간도 두 단락으로 나누고 그중 첫 번째 단락을 83호간과 遙綴하였다. 106호간을 110호간과 요철하고, 108호간을 110호간의 뒤에 연결한 뒤, 103~109간으로 이루어진 간문 중 107호간은 빼야한다고 보았다. 126호간의 "二"字라고 되어 있는 것은 표지부호이며 "一"字의 誤釋이라고 보았다. 205호간의 "史□"를 "夬(決)之"로 석독하였다.[23]

---

16) 程少軒, 「放馬灘簡〈三十六禽占〉研究」, 『文史』 2014年 第1輯.

17) 程少軒, 「胎濡小考」, 『中國文字研究』第十九輯, 上海書店出版社, 2014.

18) 程少軒, 「放馬灘簡〈星度〉新研」, 『自然科學史研究』 2014年 第1期.

19) 劉玉環, 「放馬灘秦簡乙種〈日書〉補遺」, 『簡帛研究二〇一四』.

20) 黃傑, 「放馬灘秦簡〈丹〉篇與北大秦牘〈泰原有死者〉研究」, 簡帛網(www.bsm.org.cn) 2014年10月14日(본고는 원래 『人文論 叢』 2013年卷, 中國社會科學出版社, 2013에 게재되었던 것을 수정한 것임).

21) 姜守誠, 「放馬灘秦簡〈志怪故事〉考釋」, 『簡帛研究二〇一四』.

22) 方勇·侯娜, 「讀天水放馬灘秦簡〈志怪故事〉札記」, 『考古與文物』 2014年 第3期.

23) 李天虹·曹方向, 「龍崗秦簡再整理校記」, 吉林大學古籍研究所編, 『吉林大學古籍研究所建所30周年紀念論文集』, 上海古籍出版 社, 2014.

5. 湖北江陵周家臺秦簡

李明曉는 周家臺《日書》중 "日出時"은 是表示對"日出"의 시간대를 세분한 것을 나타낸다고 보았다.[24] 張雷는《病方及其他》372호간의 "已鼠方"의 "鼠"는 질병의 이름, 즉 "鼠瘻"라고 지적하였다.[25] 高一致는《病方及其他》354호간의 "種"을 "橦"(同"種")으로 석독해야 한다고 주장하고, "胲黍" 등의 단어에 대한 논의를 보충한 뒤, 마지막으로 이 간에 나타나는 數術활동과 조작방식은 혹《氾勝之書》의 기원이 아닐까 추정하였다.[26] 劉國勝은 孔家坡日書 등의 자료에 근거하여《病方及其他》363호간의 내용은《五勝》이라고 부를 수 있고, 간문의 "越"은 능가하다는 뜻이라고 보았다.[27]

6. 湖南龍山里耶古城秦簡牘

1) 자료공개

湖南省文物考古研究所는 里耶秦簡 중 "徒簿"과 관련있는 簡牘의 釋文을 공개하였다. 총 178條이며 簡要한 분석을 덧붙였다.[28]《湖南出土簡牘選編》과《湖南出土簡牘選編(一)》은 일부 里耶秦簡의 컬러사진과 석문을 선별하여 실었는데,[29] 그중에는 이전에 비공식적으로 발표된 적 있는 자료도 포함되었다. 양자를 서로 비교하면,《湖南出土簡牘選編》의 도판이 더 크고《湖南出土簡牘選編(一)》의 도판은 약간 작지만, 대신 자료의 수량은 후자가 약간 더 많다. 里耶秦簡牘校釋小組는 새로 나온 자료들을 선별하여 校釋하였는데, 여기에는 第7·9·10·11층에서 출토된 新刊 간독도 포함되었다.[30]

2) 編聯과 綴合

何有祖는 綴合7則을 제시하였다: 8-1786+8-1339+8-225+8-302, 8-877+8-966, 8-1245+8-1374, 8-1276+8-1697,[31] 8-725+8-1528, 8-1054+8-1756, 8-1603+8-1818.[32] 雷海龍은 5가지 綴合을 제시하였다. 예컨대 8-843+8-1240, 8-1761+8-1769, 8-1162+8-1289이다. 또 8-249+8-2065의 綴合을 8-1714+8-2065로, 8-834+8-1609의 綴合을 8-1104+8-1609로 고쳤다.[33] 劉平과 雷海龍은 8-345와

---

24) 李明曉, 「周家臺秦簡《日書》中的"日出時"考察」, 『古文字研究』第三十輯, 中華書局 2014.

25) 張雷, 「周家臺秦簡"鼠"字考辨」, 復旦網 2014年11月6日.

26) 高一致, 「讀秦簡雜記」, 『簡帛』第九輯.

27) 劉國勝, 「孔家坡漢簡日書"五勝"篇芻議」, 『簡帛』第九輯.

28) 湖南省文物考古研究所, 「龍山里耶秦簡之"徒簿"」, 『出土文獻研究』第十二輯.

29) 劉曙斌·張春龍·宋少華·黃樸華, 「湖南出土簡牘選編」, 嶽麓書社, 2013; 宋少華·張春龍·劉曙斌·黃樸華, 「湖南出土簡牘選編(一)」, 嶽麓書社, 2013.

30) 里耶秦簡牘校釋小組, 「新見里耶秦簡牘資料選校(一)」, 簡帛網 2014年9月1日; 「新見里耶秦簡牘資料選校(二)」, 簡帛網 2014年9月3日.

31) 何有祖, 「里耶秦簡牘綴合札記(四則)」, 『簡帛研究二〇一四』.

32) 何有祖, 「里耶秦簡牘綴合(八)」, 簡帛網 2014年2月12日.

33) 雷海龍, 「里耶秦簡試綴五則」, 『簡帛』第九輯.

8-806을 合綴하였다.[34]

3) 텍스트 考釋과 硏究

楊先云은 里耶秦簡 6-1, 8-1438 등의 간에 나오는 "史" 또는 "吏"의 混淆를 변별하여 분석하고 8-1437은 원래 정리자를 따라 "樊"으로 석독해야 한다고 지적하고, 8-1689의 "内"를 고쳐 "日"로 석독하였다.[35] 伊强은 8-48의 셋째 줄에 나오는 "滑人"은 두 글자로 된 인명일 가능성이 있으며 혹 "人"은 "入"으로 석독해야 할 가능성을 제시하였다. 또 8-94의 "以"를 고쳐 "已"로 석독하고, 8-300 셋째 줄의 인명 "華"를 보충하여 석독하였다. 8-630간의 말미에 부호와 殘字를 보충하여 "·今"이라고 밝혔다. 8-867 말미의 殘字는 "夫"일 가능성을 제시하였다. 8-1351의 "末"은 응당 원래 석문대로 "末"로 석독하는 것이 맞다고 보았다. 8-1516의 "荊"을 고쳐 석독하고 "事"를 보충하여 석독하였다. 8-1777+8-1868의 "丑"을 補釋하였다.[36] 高一致는 8-50의 "俱"은 응당 "俱"로 석독해야 하고, 8-200의 "建"은 "逮"로 고쳐야 한다고 주장하였다. 8-461 중 一行簡文은 "王宮日宮"이어야 하고, 8-1459의 "沅"은 "泥"로 석독해야 한다고 보았다. 8-1494의 "君"字와 8-1586의 "作"字를 補釋하였다.[37] 方勇은 8-1143의 "裝瓦"의 "裝"은 "裝"字의 異體字로, "裝瓦"는 瓦胚를 싸서 筥에 넣는 것을 의미할 가능성을 제시하였다.[38] 魯家亮은 8-138+8-174+8-522+8-523호 목독에 보이는 "令史行廟"文書의 텍스트를 정리하고 이를 바탕으로 令史行廟의 간격 및 배정순서의 원칙을 분석하였다.[39] 陳侃理는 字形과 문장구조의 특징 및 "동일한 문자를 쓰는 것(書同文字)"의 시대적 배경에 의거하여 8-461木方의 第一欄과 第3~13, 15, 18, 19行 중 석독이 빠진 글자를 補釋하였다. 아울러 이 木方에 드러나는 "書同文字"정책문제에 대해서도 초보적으로 분석하였다.[40] 鄔文玲은 5-1 등 "續食"簡의 끊어 읽기를 검토하고 "雨留不能投宿齋"와 "當騰期卅日"이라는 두 구절을 포함하여 이러한 문서의 구조를 분석하였다.[41] 朱紅林은 6-5, 8-71, 8-477, 8-550, 8-559, 8-771, 8-1165簡 등을 校讀하고, 이들과 관련된 出入計, 户芻錢, 補, 式, 文書抄寫, 人口登記 등의 문제를 논의하였다.[42] 姜慧는 《里耶秦簡(壹)》 중 6매의 紀年簡을 고증하였다.[43] 單印飛는 《里耶秦簡牘校釋(第一卷)》을 底本으로 삼고 새로운 연구 성과와 결합하여, 그중에 나오는 人名의 통계를 내었다.[44] 陳偉는 里耶秦簡에

---

34) 劉平·雷海龍,「里耶秦簡綴合一則」,簡帛網 2014年4月26日.

35) 楊先云,「里耶秦簡識字三則」,簡帛網 2014年2月27日.

36) 伊强,「〈里耶秦簡(壹)〉文字釋讀(七則)」,『簡帛』第九輯.

37) 高一致,「讀秦簡雜記」,『簡帛』第九輯.

38) 方勇,「讀里耶秦簡札記一則」,簡帛網 2014年3月14日.

39) 魯家亮,「里耶秦簡"令史行廟"文書再探」,『簡帛研究二〇一四』.

40) 陳侃理,「里耶秦方與"書同文字"」,『文物』2014年 第9期.

41) 鄔文玲,「里耶秦簡所見"續食"簡牘及其文書構成」,『簡牘學研究』第五輯, 甘肅人民出版社, 2014.

42) 朱紅林,「讀里耶秦簡札記(二)」,『中原文化研究』2014年 第5期.

43) 姜慧,「〈里耶秦簡(壹)〉紀年簡小考」,『淄博師專學報』2014年 第2期.

44) 單印飛,「〈里耶秦簡牘校釋(第一卷)〉人名統計表」,『簡帛研究二〇一四』.

근거하여 秦代 행정에서의 算術 운용을 분류하여 논하고, 戶口, 土地, 租賦, 稟食, 員程, 賞罰 등의 문제를 다루었다. 아울러 券, 簿, 計, 課 등 4종류의 計數文書와 관련된 새로운 자료를 분석하였다.[45] 楊振紅과 單印飛는 16-5, 16-6의 釋文을 校釋하고 이를 바탕으로 이 두 문서와 秦代 郡級下行文書의 제작 및 傳遞과정을 분석하였다. 16-5, 16-6는 洞庭郡守가 縣嗇夫와 郡卒史·屬 두 집단에 나누어 하달하는 한 통의 文書이며, 따라서 동일한 양식인데 2개로 나타나지만, 최종적으로는 모두 縣을 경유하여 縣尉에게 도달하였다고 지적하였다.[46]

王偉와 孫兆華는 里耶秦簡에 보이는 "見戶"의 수치는 조사·확인 후 확정된 실제 戶數로서 특정 시점(특정 회계연도 중 특정 하루)의 戶數가 반영된 것이고, "積戶"의 수치는 1년 중 매일 실제 총계로, 일정 기간(특정 회계연도)의 戶數가 반영된 것이라고 밝혔다. 秦始皇28년~33년과 35년의 遷陵縣에는 152~191호가 실제로 있었고 編戶人口는 1~2천명에 달하였다.[47] 唐俊峰은 "積戶"는 秦政府가 모종의 계산방법으로 도출한 누적 戶數이고 "見戶"는 문자의 표면상의 뜻에 의거하여 "현재 있는 戶"이며, 縣에서 租賦를 부담해야 하는 編戶일 가능성을 지적하였다. 前者에 근거하여 秦代 遷陵縣의 戶數를 계산하면 실제보다 많아지게 되고, 後者에 근거하면 당시 전체 戶數보다 적은 통계가 도출된다. 論文에서는 당시 유입된 外族編戶를 가정하여 秦遷陵縣의 戶數는 약 3~400 정도였을 것으로 추정하였다.[48]

高震寰은 《里耶秦簡(壹)》에 보이는 완전한 형태의 "作徒簿" 양식에서 출발하여, 秦代 刑徒制度를 논의하였다. "作徒簿"는 당일 근무 중인 실황을 기록한 것으로, 제작 목적은 縣廷에 다방면에 걸쳐 고과(考核) 비교를 제공하기 위함인데, 공문의 성격이 없는 것은 아니다. 刑徒는 司空과 倉에 의해 관리되었고, 그 노동 상황은 정기적으로 조사·대조하여 문서로 만들어 검사 대비용으로 보관하였다.[49] 賈麗英은 徒隸는 일종의 범칭으로 시대와 언어 환경에 따라 지칭하는 대상도 달랐다고 지적하였다. 里耶秦簡에 보이는 내용에 근거하면 司空曹는 城旦舂과 鬼薪白粲, 居貲贖債을 관리, 감독하는 책임이 있었고, 倉曹는 주로 隸臣妾을 관리, 감독하였다.[50] 胡平生은 "作徒簿"에 나타나는 "取"의 함의를 다시 정리하고 응당 총집, 총계의 의미로 이해해야 하며, "作徒簿及取"은 作徒人數와 분업통계의 總計라고 주장하였다.[51]

王子今은 16-2 등의 간에서 소위 "里佐" 관련 자료를 분석한 결과, 지금까지의 里耶秦簡에는 "里佐"로 확증할 만한 사례는 없고 "閭左"가 "里佐"인지는 더 증명이 필요하다고 주장하였다.[52] 鄒水傑은 里耶秦簡의 소위 "鄉司空"은 사실 簡文을 誤讀한 것이라고 지적하고, 司空은 縣에 설치되어 縣의 徭役과 刑徒 및

45) 陳偉, 「里耶秦簡所見秦代行政與算術」, 簡帛網 2014年2月4日.

46) 楊振紅·單印飛, 「里耶秦簡J1(16)5, 1(16)6的釋讀與文書的製作, 傳遞」, 『浙江學刊』2014年 第3期.

47) 王偉·孫兆華, 「"積戶"與"見戶": 里耶秦簡所見遷陵編戶數量」, 『四川文物』2014年 第2期.

48) 唐俊峰, 「里耶秦簡所示秦代的"見戶"與"積戶"－兼論秦代遷陵縣的戶數」, 簡帛網 2014年2月8日.

49) 高震寰, 「從〈里耶秦簡(壹)〉"作徒簿"管窺秦代刑徒制度」, 『出土文獻研究』第十二輯.

50) 賈麗英, 「里耶秦簡牘所見"徒隸"身份及監管官署」, 『簡帛研究二〇一三』, 廣西師範大學出版社, 2014.

51) 胡平生, 「也說"作徒簿及取"」, 簡帛網 2014年5月31日.

52) 王子今, 「里耶秦簡與"閭左"爲"里佐"說」, 『湖南大學學報(社會科學版)』2014年 第4期.

居貲贖債 등과 관련된 事務를 주관하였고, 그 官長으로는 有秩, 嗇夫 혹은 守를 둘 수 있었다고 설명하였다. 司空曹는 縣廷 안에서 司空機構의 文書와 事務를 처리하는 令史의 업무장소였다.[53] 沈剛은 秦簡의 "冗吏"는 정부조직편제 바깥에서 각종 서무에 종사하는 吏員을 지칭하며, 里耶秦簡 등의 자료에 따르면 그들은 주로 史와 佐 두 종류의 직위가 하는 일을 담당하였으며, 정식 吏員과는 차이가 있었으나 서로 유동적이었으며 동시에 冗吏가 되기 위해서는 일정한 정치적 신분과 나이 조건, 심지어 명적 상의 요건까지 충족되어야 했음을 지적하였다.[54] 楊延霞와 王君은 里耶秦簡 중 船과 관련된 자료를 정리한 뒤, 秦船의 규격, 명칭, 성질 및 秦의 船官인 "船司空" 등의 문제를 분석하였다.[55]

戴衛紅은 8-269에 보이는 秦"伐閱"文書를 체계적으로 정리하고 이것은 초록한 副件문서가 아니라 실제로 사용한 館員의 이력, 임직의 伐閱文書라고 지적하였다. 주요 내용은 3부분으로 나눌 수 있는데, 관원의 이력과 매 단계 임직한 때의 구체적으로 도착한 "日"을 기록한 것, 官員의 나이와 그동안의 재산, 금전 상황 및 호적 방면의 감사와 고과(즉 錢計, 戶計)를 기록한 것, 마지막으로 상급기구가 그 이력을 조사한 이후 이동할 기구와 관직을 명기한 것이다.[56] 沈剛은 《里耶秦簡(壹)》에 보이는 秦의 식량(廩) 지급 관련 문제에 관하여 정리한 뒤, 식량 지급의 액수와 형식, 지급기구, 인원 및 절차, 지급 대상 등의 문제를 논의하였다.[57]

7. 湖南嶽麓書院藏秦簡

1) 자료공개

陶安은 《嶽麓書院藏秦簡(叁)》을 다시 訂補하고 여러 簡의 殘片을 공개, 그 綴合과 分篇, 글자 考釋, 주석 등의 문제를 다루었다.[58]

2) 編聯과 綴合

史達은 簡背16+面의 획선과 反印字에 근거하여 《爲吏治官及黔首》의 수정된 편련안을 제시하였다.[59] 그는 또한 《暨過誤失坐官案》에 누락된 簡 1매(J15)를 공개하고, 이 案의 簡 순서를 다시 정리하였는데, 즉 J15+缺簡+096+097+095+098+099+100이다.[60] 魯家亮은 嶽麓書院藏秦簡《徭律》1394호간 앞부분의

53) 鄒水傑, 「也論里耶秦簡之"司空"」, 『南都學壇(人文社會科學學報)』 2014年 第5期.
54) 沈剛, 「〈里耶秦簡[壹]〉中的冗吏」, 『湖南省博物館館刊』 第十輯.
55) 楊延霞·王君, 「秦代船及船官的考察-以里耶秦簡爲視窓」, 『魯東大學學報(哲學社會科學版)』 2014年 第1期.
56) 戴衛紅, 「湖南里耶秦簡所見"伐閱"文書」, 『簡帛研究二〇一三』.
57) 沈剛, 「〈里耶秦簡〉(壹)所見廩給問題」, 『吉林大學古籍研究所建所30周年紀念論文集』.
58) 陶安, 「〈嶽麓書院藏秦簡(叁)〉校勘記(續)」, 復旦網 2014年7月24日.
59) 史達 著, 黃海 譯, 「〈嶽麓書院藏秦簡·爲吏治官及黔首〉的編聯修訂-以簡背劃綫與反印字迹爲依據」, 『出土文獻與法律史研究』 第三輯.
60) 史達, 「嶽麓秦簡〈爲獄等狀四種〉新見的一枚漏簡與案例六的編聯」, 『湖南大學學報(社會科學版)』 2014年 第4期.

殘片을 조합하여 정리하였다.[61]

3) 텍스트 考釋과 研究

高一致는《廿七年質日》50號簡의 "起室"을 "起之室"로 이해하고 "起"는 人名이라고 주장하였다.[62] 方勇은《三十五年私質日》의 "日土郵"는 응당 "白土郵"로 改釋해야 한다고 주장하였다.[63] 郭濤는《廿七年質日》과《三十五年私質日》에 보이는 교통노정 및 지명을 상세히 분석, 고증하였다.[64]

高一致는《爲吏治官及黔首》2號簡의 "里中"과 15號簡의 "要害", 20號簡의 "進退", 23號簡의 "園氾毋椵" 등의 구절에 대해 새로운 견해를 제시하고 아울러 79號簡의 "祖"는 "禍"로 고쳐야 할 가능성을 지적하였다.[65] 方勇은 49號簡 "審當賞罰"의 "審"을 "害"로 고쳐야 한다고 지적하였다.[66] 王輝는 이 篇에 대해서도 20곳을 補釋하였다.[67]

陳偉는《占夢書》6號簡의 "僞_"는 응당 "化爲"로 석독해야 한다고 주장하였다. 또 19號簡의 "芮"는 "蜹"로 읽고 36號簡의 "必長"과 "衆有司"는 連讀해야 한다고 보았다.[68] 方勇은 14號簡의 "將發" 앞의 1글자는 "樂"의 殘字가 아닐까 의심하였다.[69] 또 38號簡의 "坉"字에 대해서는 3가지 가능성을 제시하였다.[70]

大川俊隆과 田村誠은《數》115, 116號簡(즉 2173+0317, 0650)은 동일한 계산문제에 속하고, 아울러 그 계산방식을 연역적으로 추론하였다. 나아가 그들이 張家山漢簡《算數書》의 "春粟" 계산문제를 이해하고 계산한 것이 정확함을 증명할 수 있다고 하였다.[71]

張伯元은 嶽麓秦簡3권에 보이는 案例의 내용과 법률사적 가치를 전면적으로 소개하였다.[72] 陶安은《爲獄等狀四種》이라는 標題簡의 "奏"字에 대해 수정된 注解를 제시하고, "奏"字를 해석할 때 文書의 術語와 일상용어의 언어적 층차 및 秦漢~漢初와 東漢 이후의 시대적 층차를 구별하여야 함을 지적하고,《爲獄等狀四種》標題의 소위 "爲奏"은 秦代 文書術語로서 進言과 陳事 업무 처리를 지칭하거나 이를 위해 작성한 문서에 붙이는 文字라고 설명하였다. 또 張家山漢簡《奏讞書》의 제목 "奏讞"은 일상용어이고, 東漢 이후가 되어야 "奏"字는 오로지 進言·陳事文書 자체를 가리키는 文書術語가 되었다고 지적하였다.[73] 周

---

61) 魯家亮,「嶽麓秦簡校讀(七則)」,『出土文獻研究』第十二輯.

62) 高一致,「讀秦簡雜記」.

63) 方勇,「讀嶽麓秦簡(壹)札記五則」, 簡帛網 2014年7月14日.

64) 郭濤,「嶽麓書院藏秦"質日"簡交通地理考」,『歷史地理』第三十輯, 上海人民出版社, 2014.

65) 高一致,「讀嶽麓秦簡〈爲吏治官及黔首〉筆記」, 簡帛網 2014年4月21日.

66) 方勇,「讀嶽麓秦簡(壹)札記五則」.

67) 王輝,「嶽麓秦簡〈爲吏治官及黔首〉字詞補釋」,『考古與文物』2014年 第3期.

68) 陳偉,「讀嶽麓秦簡〈占夢書〉札記」,『簡帛』第九輯.

69) 方勇,「讀嶽麓秦簡(壹)札記五則」.

70) 方勇,「對嶽麓秦簡〈占夢書〉中"坉"字釋讀的三種臆測」, 簡帛網 2014年11月10日.

71) 大川俊隆·田村誠,「〈算數書〉"春粟"題與嶽麓書院藏秦簡〈數〉中的三枚簡」,『簡帛研究二○一三』.

72) 張伯元,「〈嶽麓簡(三)〉的內容及法律史價值」,『華東政法大學學報』2014年 第2期;「〈嶽麓書院藏秦簡〉(叁)的內容及法律史價值」,『出土文獻與法律史研究』第三輯.

海鋒은《爲獄等狀四種》의 "吏議"의 "吏"는 都吏이고, "邦亡"은 秦의 故地를 탈출한 것을 말하는 것이지 秦地를 탈출한 것이 아니다. 또 이 단어는 일정한 기간에 사용된 것으로 秦의 六國통일 이후 사용하지 않게 되었다고 주장하였다.[74] 歐揚은 秦~漢初 定罪 과정에서 "當"이라는 표현의 변천을 논의한 뒤 이를 바탕으로 《爲獄等狀四種》과 《奏讞書》를 비교하였다.[75] 陳松長은 《癸, 瑣等相移謀購案》의 "捕人相移"와 "購賞" 등의 문제를 정리하고 秦代에 이미 購賞에 관한 상당히 세밀한 규정이 갖추어져 있었음을 지적하였다.[76] 歐勛 역시 이 案에 보이는 郡과 縣 二級의 司法官吏의 법률 장악과 적용능력에서의 차이를 논의하고 이러한 量刑은 기본적으로 秦漢律令에서 근거를 찾을 수 있음을 지적하며, 이는 秦漢律의 연속성이 강하다는 점을 말해준다고 주장하였다. 그에 따르면 다만 관리의 治獄의 과실에 대해서는 秦漢律의 처벌이 달랐다.[77] 支强 역시 "盜未有取, 吏貲澶戍律令"은 응당 2개의 율령조문으로 이해해야 하며 곧 "盜未有取吏貲法"과 "戍律令"이라고 주장하였다. 前者에 의거하여 판결한 것이 "癸, 瑣等各贖黥"이고 後者에 의거하여 판결한 것이 "癸, 行戍衡山郡各三歲"였다. 이에 근거하면 秦代 法律形式은 法, 律, 令 세 가지를 포괄하는 것으로 法은 일종의 非成文的 법률형식이다.[78] 張伯元은 이 案의 "先備贖", "請告", "利得"이라는 세 구절에 대해 注解를 달았다.[79] 水間大輔는 《尸等捕盜疑購案》에 의거하여 秦에서는 군도를 생포한 것에 대해 상을 줄 때 체포된 자가 秦人인지 아닌지를 구별하였음을 밝혔다. 또 논문에서는 이러한 獎賞制度의 연원을 분석하고 아울러 《二年律令》의 漢初 상황과 비교하였다.[80] 方勇은 《猩, 敝知盜分贓案》의 "錫"도 "錫"으로 석독하고 곧 錫器라고 하였다.[81] 陳松長과 吳美嬌는 《芮盜賣公列地案》에 대해 校讀의견 5則을 제안하면서 "別價地", "相移", "市府", "市曹", "盜賣" 등을 다루었다.[82] 勞武利는 《芮盜賣公列地案》과 《識劫冤案》의 사법해석을 분석하였다.[83] 張岩岩과 鍾意는 《識劫冤案》136號簡의 "後妻"의 "後"字를 補釋하였다.[84] 于洪濤는 《多小未能與謀案》과 《尸等捕盜疑購案》에 보이는 秦代 도망범죄의 문제를 토론하였다.[85] 張伯元은 《暨過誤失坐官案》과 秦《效律》에 근거하여 비록 당시에는 "數罪並罰"의 制度는 만들어지

73) 陶安, 「〈爲獄等狀四種〉標題簡"奏"字字解訂正-兼論張家山漢簡〈奏讞書〉題名問題」, 『中國古代法律文獻研究』 第八輯.

74) 周海鋒, 「〈爲獄等狀四種〉中的"吏議"與"邦亡"」, 『湖南大學學報(社會科學版)』 2014年 第4期; 『出土文獻與法律史研究』 第三輯.

75) 歐揚, 「秦到漢初定罪程序稱謂的演變-取"當"爲視角比較〈嶽麓書院藏秦簡〉(叁)與〈奏讞書〉」, 『出土文獻與法律史研究』 第三輯.

76) 陳松長, 「〈嶽麓簡(三)〉"癸, 瑣相移謀購案"的相關問題瑣議」, 『華東政法大學學報』 2014年 第2期; 「〈嶽麓書院藏秦簡〉(叁)"癸, 瑣相移謀購案"的相關問題瑣議」, 『出土文獻與法律史研究』 第三輯.

77) 歐勛, 「〈嶽麓簡(三)〉"癸, 瑣相移謀購案"中的法律適用」, 『華東政法大學學報』 2014年 第2期; 「〈嶽麓書院藏秦簡〉(叁)"癸, 瑣相移謀購案"中的法律適用」, 『出土文獻與法律史研究』 第三輯.

78) 支强, 「"盜未有取吏貲澶戍律令"問題再識」, 『出土文獻與法律史研究』 第三輯.

79) 張伯元, 「讀"癸, 瑣相移謀購案"札記(三則)」, 『出土文獻與法律史研究』 第三輯.

80) 水間大輔, 「嶽麓書院藏秦簡"尸等捕盜疑購"案所見逮捕群盜的獎賞規定」, 『中國社會經濟史研究』 2014年 第3期.

81) 方勇, 「讀嶽麓秦簡(叁)札記一則」, 簡帛網 2014年 2月 21日.

82) 陳松長·吳美嬌, 「嶽麓秦簡〈芮盜賣公列地案〉注釋獻疑」, 『簡帛研究二〇一四』.

83) 勞武利 著, 裴乾坤 譯, 「秦代的司法裁判若干問題研究-以〈爲獄等狀〉所載兩個案例爲對象」, 『出土文獻與法律史研究』 第三輯.

84) 張岩岩·鍾意, 「試釋〈嶽麓書院藏秦簡(叁)〉簡136"後妻", 簡158"大官"」, 簡帛網 2014年 6月 26日.

85) 于洪濤, 「嶽麓秦簡〈爲獄等狀四種〉所見逃亡犯罪研究」, 『出土文獻與法律史研究』 第三輯.

지 않지만 《唐律》의 일부 법률 적용의 기원으로 볼 수 있다고 지적하였다.[86] 王偉는 《魏盜殺安, 宜等案》의 "大宮"은 응당 "大官"으로 改釋해야 하고 이는 機構名이라고 지적하였는데,[87] 張岩岩과 鍾意 또한 유사한 관점을 제시하였다.[88] 朱瀟는 《綰等畏耎還走案》을 상세히 정리하고 그중 언급된 秦代 軍事犯罪 문제를 논의하였다.[89] 田炳炳은 《嶽麓書院藏秦簡(叁)》의 地名 "京州"은 昌平君이 秦에 반란을 일으켰을 때 楚人들이 楚地의 封君의 땅을 부르던 호칭이었을 가능성을 제기하였다.[90]

陳偉는 嶽麓書院藏秦簡《徭律》1241, 1242와 1238 3簡을 校讀·정리하였다. 예컨대 1241簡의 "徒人"은 표점을 찍어 끊고 "徒"는 앞과 연결하여 읽고, "典"은 뒷부분과 연결하여 읽고, 1242號簡의 "都發"과 "縣請"의 함의를 해석하였다. 또 1238은 앞의 2개의 簡과 이어 읽어서는 안 되고 심지어 《徭律》에 속하지 않을 가능성도 제시하였다. 아울러 이 간의 "聶"에 대해서도 새롭게 해석하였다.[91] 朱紅林 역시 이 3개의 簡을 정리하고 관련 문헌과 결합하여 秦의 요역제도를 논의하였다. 또 1238과 1242는 編聯해서는 안 된다고 보았지만 1238簡의 내용은 요역관리제도와 관련이 있다고 설명하였다.[92] 魯家亮은 《徭律》1394號簡에 적힌 내용과 張家山漢簡《二年律令·徭律》414~415號簡의 율문 및 睡虎地77號漢墓竹簡에 보이는 "重車, 空車" 계산문제를 對讀하였다.[93]

8. 北京大學藏秦簡牘

1) 자료공개 資料公佈

《北京大學藏秦代簡牘書迹選粹》는 40여 매의 北京大學藏秦簡牘의 컬러도판과 적외선도판 및 釋文을 기재하였다.[94]

2) 텍스트 考釋과 硏究

黃傑은 《泰原有死者》와 放馬灘秦簡《丹》을 對讀하고 2곳의 句讀을 수정하였다. 아울러 泰原, 鬼, 冥婚, 祠, 祭 등의 문제를 설명하고, 이러한 문헌의 성격은 喪葬文書에 해당한다고 지적하였다.[95] 姜守誠은 《泰原有死者》의 釋文을 한 글자씩 설명하고 번역하였다. 그는 이를 기초로 죽었다 살아난 자의 신분 인정,

86) 張伯元, 「"累論"與數罪並罰」, 『中國古代法律文獻硏究』第八輯
87) 王偉, 「讀〈嶽麓書院藏秦簡(叁)〉札記一則」, 簡帛網 2014年3月12日.
88) 張岩岩·鍾意, 「試釋〈嶽麓書院藏秦簡(叁)〉簡136"後妻", 簡158"大官"」.
89) 朱瀟, 「〈爲獄等狀四種〉"綰等畏耎還走案"與秦代軍事犯罪問題」, 『出土文獻與法律史硏究』第三輯.
90) 田炳炳, 「讀〈嶽麓書院藏秦簡(三)〉札記一則」, 簡帛網 2014年5月19日.
91) 陳偉, 「嶽麓書院秦〈徭律〉的幾個問題」, 『文物』2014年 第9期.
92) 朱紅林, 「嶽麓書院藏秦簡〈徭律〉補説」, 『出土文獻與法律史硏究』第三輯; 『吉林大學古籍硏究所建所30周年紀念論文集』.
93) 魯家亮, 「嶽麓秦簡校讀(七則)」.
94) 北京大學出土文獻硏究所, 『北京大學藏秦代簡牘書迹選粹』, 人民美術出版社, 2014.
95) 黃傑, 「放馬灘秦簡〈丹〉篇與北大秦牘〈泰原有死者〉硏究」.

여자의 혼인 귀결, 죽은 사람의 財富觀 및 黃圈의 상징의미, 고대인의 鬼魂觀 및 地府에 魄을 구속하는 것, 鬼神의 음식 및 天廚와 地廚, 생전의 衣을 입혀 殉葬하는 것 및 薄葬 풍속 등과 秦代 혼인습속, 喪葬, 祭祀, 鬼神觀 등의 관련 문제를 논의하였다.[96]

譚競男은 《算書》甲種의 "徑田術"의 "徑"이 의미하는 "徑直"은 비교적 간결한 田畝 面積계산 방법이라고 주장하였다.[97]

商之蕪는 漢代 銅鏡 자료에 근거하여《酒令》 "不日可增日可思"는 秦漢 시대의 관용어이며, "千秋"는 연회에서 尊長을 향해 祝壽하고 술을 마시는 것으로 이해해야 한다고 보았다.[98]

9. 湖南益陽兎子山遺址簡牘

吳方基와 吳昊는 兎子山遺址에서 출토된 秦二世胡亥 "奉詔登基" 관부공문서에 대하여 다방면에 걸쳐 상세히 해석하고, 秦始皇의 죽음과 天下의 形勢, 그리고 "奉詔登基"의 진면목, 功德과 律令, "流罪"의 해독, "德惠"정책 등의 문제들을 다루었다. 이 논문에서는 또한 胡亥에 대한 인물 평가와 秦亡의 문제에 대해서도 재고찰하였다.[99]

III. 漢簡牘의 硏究

1. 스타인이 수집한 漢代 簡牘

余欣은 秦漢 전래문헌과 출토문헌 중 말 고르기(相馬)와 관련된 자료를 종합하여 스타인이 수집한 簡牘 1매(敦2094)의 석문을 수정하고, 이 簡의 "腸小, 腹平, 脾小, 耳小, 目高" 등의 내용은 하루 600里를 달리고 또한 溫順하고 사람의 말을 알아듣는 良馬를 묘사한 것이라고 설명하였다. 또 敦843과 EPT59:893B도 相馬와 관련이 있다고 지적하였다.[100]

2. 居延漢簡

1) 자료공개

2014년 12월, 《居延漢簡(壹)》이 출판되었다. 이 책은 史語所 簡牘整理小組가 신기술을 이용하여 居延漢簡을 새롭게 정리한 최신 성과로, 100號簡까지의 簡牘과 文物을 포함하여 총 2,799건을 수록하였다.[101]

---

96) 姜守誠,「北大秦牘〈泰原有死者〉考釋」,『中華文史論叢』 2014年 第3期.

97) 譚競男,「秦漢出土數書散札二則」,『江漢考古』 2014年 第5期.

98) 商之蕪,「北大藏秦簡〈酒令〉零識」, 簡帛網 2014年12月16日.

99) 吳方基·吳昊,「釋秦二世胡亥"奉詔登基"的官府文告」, 簡帛網 2014年5月27日.

100) 余欣,「出土文獻所見漢唐相馬術考」,『學術月刊』 2014年 第2期.

2) 텍스트 考釋과 硏究

肖慶峰은 "史語所藏漢代簡牘資料庫"에 수록된 좌우반전 사진과 컬러사진, 그리고 문장의 규범, 문서의 꼿말 서사 체례, 272·29號簡의 釋文을 校訂하고, 아울러 釋文과 釋讀이 어긋나는 원인을 분석하였다.[102] 聶丹은 505·34의 "緣中衣"에 대해, 이는 사물의 명칭(名物詞)이 아니라 앞의 문장과 이어서 "大紅布衣緣中衣"라고 읽어야 하며, 大紅布로 옷의 가장자리를 만든 中衣를 말한다고 설명하였다.[103] 肖慶峰과 張麗娜는 《居延漢簡釋文合校》에 덧붙여진 《居延漢簡簡號, 出土地點, 圖版頁碼對照一覽表》와 《居延漢簡〉臺北本與甲乙編本簡號校異》의 簡號 등의 문제 및 《居延漢簡補編》에 수록된 居延漢簡 簡號를 서로 대조하여 수정하였다.[104]

3. 甘肅武威磨咀子18號漢墓木簡

白於藍은 《王杖十簡》의 "本二年"는 응당 漢文帝2년을 가리키며, "山東復"는 漢高祖劉邦이 12년에 山東 豐과 沛 지역의 賦役을 면제해준 것을 말한다고 보았다.[105]

4. 山東臨沂銀雀山1號漢墓簡牘

牛新房은 《銀雀山漢墓竹簡(貳)》의 釋文과 注釋을 校訂하여 총 8곳을 고쳤다. 《四伐》篇 1282號簡의 "五"를 "王"으로 改釋하고, 아울러 이 篇과 "五行"은 무관함을 밝혔다. 《文王問太公》篇 1353~1255號簡의 "天地弗能與也"의 "與"를 "興"으로 改釋하였다. 《三十時》篇의 1820號簡의 "婦女"의 "婦"를 "嫁"로 改釋하였다.[106] 林志鵬은 《銀雀山漢墓竹簡(貳)》의 "論政論兵類"에 대하여 札記11則을 제시하였는데, 예컨대 《將失》995~996號簡 "睘用", "睘斯"의 "睘"은 "旋"이며 《五名五共》1167號簡 "兵有五共"의 "共"은 "恐"이라고 보았으며, 또 이 簡의 "軍無所粱"의 "粱"은 "梁"으로 改釋하였다.[107] 郭麗는 《田法》과 《管子》의 관련 내용을 5개 방면에서 비교하였다.[108] 楊安은 《不時之應》는 "零散的讖"에 속하며, 이 텍스트가 만들어진 것은 先秦 시기라고 주장하였다. "不時"는 인위와 자연 두 가지 방면의 요소를 포함하고 있으며 전래문헌인 《禮記》, 《淮南子》, 《易緯》 등에서 묘사된 "不時"도 모두 《不時之應》과 같은 "零散的讖" 류의 문헌의 영향을 받아 세분화된 것이라고 지적하였다.[109]

---

101) 簡牘整理小組編, 『居延漢簡(壹)』, 中研院史語所, 2014.

102) 肖慶峰, 「居延漢簡272.29號簡校讀」, 『簡帛研究二〇一三』.

103) 聶丹, 「居延漢簡中"緣中衣"考」, 『江漢考古』2014年 第5期.

104) 肖慶峰·張麗娜, 「居延漢簡簡號校訂三種」, 『簡帛』 第九輯.

105) 白於藍, 〈王杖十簡〉"本二年", "山東復"考」, 『中國文字研究』第十九輯; 『吉林大學古籍研究所建所30周年紀念論文集』.

106) 牛新房, 「〈銀雀山漢墓竹簡(貳)〉校訂」, 『中國國家博物館館刊』2014年 第9期.

107) 林志鵬, 「讀〈銀雀山漢墓竹簡貳〉"論政論兵類"札記」, 『簡帛研究二〇一三』.

108) 郭麗, 「銀雀山漢墓竹簡〈田法〉考略-以與〈管子〉比較爲中心」, 『簡帛研究二〇一三』.

109) 楊安, 「銀雀山漢簡〈不時之應〉小議」, 『出土文獻研究』第十三輯, 中西書局, 2014年.

5. 河北定縣八角廊40號漢墓竹簡

張固也는 기존의 釋文과 今本 "重應"諸章 등에 근거하여, 定州八角廊漢簡《文子》를 복원하고 3卷 9篇 36章 6천 여字를 포괄하였다. 아울러 이 簡本은《漢志》9篇의 完本으로, 今本의 "重應"諸章을 제외하고는 확실히 東漢이후의 사람이 위조한 것이라고 밝혔다.[110]

6. 湖南長沙馬王堆漢墓簡帛

1) 자료공개

2014년 6월,《長沙馬王堆漢墓簡帛集成》이 출판되었다. 이 책은 長沙馬王堆1, 2, 3號漢墓에서 나온 모든 간백자료를 수록하였으며 총 7冊이다. 그중 1, 2冊은 도판을 정리한 것이고, 3, 4, 5, 6冊은 석문과 주석을 기재하였으며, 第7冊은 오리지널 도판을 실었다. 지금까지의 馬王堆簡帛文獻을 전면적으로 정리한 책이다.[111]

2) 텍스트考釋과 硏究

王輝는 馬王堆帛書《九主》,《明君》,《刑德》甲 등의 篇에서 "企"와 同形字인 것을 모두 "立"으로 석독하였다.[112] 王挺斌은《經法·道法》의 "匿正"이라는 단어는 先秦兩漢 시기 古書에서 말하는 "匿端"에 해당하며, 진실을 은폐하는 정황을 말한다고 설명하였다.[113] 郭永秉은 최신 연구 성과를 종합하여《春秋事語》1~4章의 새로운 釋文과 注釋을 제시하였다.[114]

周波는 帛書《養生方》의 초사와 접철 정황 및 3개의《養生方》,《雜療方》併綴 성과를 소개하였다.[115] 그는 또한《養生方》164~168에서 틀리게 맞춘 것이 있음을 지적하고, 아울러 관련 석문을 수정하였다.《養生方》218~219行에서 補釋한 "食之" 두 글자의 字形을 보충설명하였다.[116] 蔡偉는《養生方》"凡彼莫不"의 "莫不"를 "草木"으로 改釋하였고, "釦而見光"의 "光"字를 補釋하였다.[117] 陳劍은 "月之□冶"를 "月之誨朔"으로 改釋하였다. 또 "釦而見光"의 "釦"를 "鉤"로 읽었다.[118]

王樹金은 帛書《木人占》의 도판과 석문을 공개하고, 아울러《木人占》정리의 주요 수확, 그리고 이 篇의 도판과 관련된 문제, 책으로 만들어진 시기, 성질 등을 소개하였다. 논문에서는 또한 해당 篇이 초사

---

110) 張固也,「定州八角廊簡〈文子〉復原」,『吉林大學古籍硏究所建所30周年紀念論文集』.
111) 湖南省博物館·復旦大學出土文獻與古文字硏究中心 編纂,『長沙馬王堆漢墓簡帛集成』, 中華書局, 2014.
112) 王輝,「說馬王堆帛書中與"企"同形之字可能釋爲"立"」,『古文字硏究』第三十輯.
113) 王挺斌,「馬王堆帛書補釋三則」, 簡帛網 2014年8月31日.
114) 郭永秉,「〈春秋事語〉(一至四章)新釋文與注釋」,『湖南省博物館館刊』第十輯.
115) 周波,「〈馬王堆漢墓帛書(肆)〉整理札記(一)」,『古文字硏究』第三十輯.
116) 周波,「馬王堆巫醫類簡帛校讀札記」,『中國文字硏究』第二十輯, 上海書店出版社, 2014.
117) 蔡偉,「馬王堆帛書新釋一則」, 復旦網 2014年11月8日.
118) 앞의 논문.

된 시기는 秦에서 西漢의 시작 단계일 가능성이 크며, 혹 초사인은 秦代에 출생한 遺民으로 西漢 초기에 軑侯의 집안에서 書吏로 일하며 베껴 쓴 것일 수 있다고 설명하였다. 또 이 篇의 성질은《漢書·藝文志》의 "雜占"書에 속한다고 하였다.[119] 程少軒은 帛書에 찍힌 墨點의 본래의 색을 분석하여《刑德》의 "太陰刑德大游圖"의 복원방법을 보충하였다.[120] 程氏는 또한《刑德》諸篇에 보이는 "戊戌奇風"이 史籍에 기재된 楚漢 彭城전투의 大風과 밀접한 관련이 있다고 보았다. 帛書에서 "戊戌奇風"과 관련된 占辭는 편찬자가 彭城전투의 史實과 엮어서 지은 것으로, 만약 이 추측이 틀리지 않았다면 이에 근거하여《刑德》丙篇의 저술연대의 상한선은 漢王2년이 된다.[121] 蕭旭은《天下至道談》을 集釋하고 수정·보충하였다.[122] 周波는《天下至道談》,《合陰陽》,《十問》에도 각각 札記一則을 내놓았다.[123] 陳偉는《雜禁方》을 校讀하고, "戶樞"를 改釋하고 "垛"는 "除"로 읽고 "夫妻相去"는 "夫妻相谷(隙)"로 석독하였다.[124]

蔣文은 새로운 도판에 의거하여 馬王堆3號墓 출토 遣策簡50+408號簡의 "讎"字를 補釋하였다. 아울러 원래 "十"으로 석독한 글자는 모두 "十"으로 고쳐야 하며, 이는 일종의 구획부호라고 설명하였다.[125]

7. 湖北江陵鳳凰山漢墓竹簡

施謝捷은 鳳凰山8號墓竹簡에 보이는 雙字名과 漢印을 대조하고, 蒲蘇, 不敬, 留人, 女索, 笱來 등에 대해 다루었다.[126] 凌文超는 9號墓에서 출토된 3건의 문서의 釋文과 내용을 訂補하고 관련 문제들을 분석하였다. 또 논문에서는 이들 문서의 성질에 대해서 논의하길, 漢文帝16년 後9월 15일에 安陸守丞 縮將 해당 縣의 全年과 南郡 各縣 및 雲夢禁苑의 사이에 장·단기 방목자의 상황에 대해 上行文書를 제작하여 관련 부서에 보고한 것이라고 설명하였다.[127] 陳淑珍과 田河는 10號墓 출토 6號木牘의 釋文을 校釋하였다.[128]

8. 居延新簡

1) 編聯과 綴合

伊强은 肩水金關漢簡 앞의 3卷에 대하여 다수의 綴合 의견을 제시하였다. 구체적으로는 73EJT23:563

---

119) 王樹金, 「馬王堆漢墓帛書〈木人占〉探述」, 『出土文獻研究』 第十二輯.

120) 程少軒, 「馬王堆帛書"太陰刑德大游圖"補議」, 『古文字研究』 第三十輯.

121) 程少軒, 「馬王堆帛書"戊戌奇風"與楚漢彭城之戰」, 『簡帛研究二〇一四』.

122) 蕭旭, 「馬王堆漢簡〈天下至道談〉校補」, 『湖南省博物館館刊』 第十輯.

123) 周波, 「馬王堆巫醫類簡帛校讀札記」.

124) 陳偉, 「〈雜禁方〉校讀」, 簡帛網 2014年10月22日.

125) 蔣文, 「説馬王堆三號墓遣策簡408的勾劃符和"讎到此"」, 『文史』 2014年 第1輯.

126) 施謝捷, 「江陵鳳凰山西漢簡牘與秦漢印所見人名(雙名)互證(之一)」, 『古文字研究』 第三十輯.

127) 凌文超, 「江陵鳳凰山9號墓三文書考證」, 『簡牘學研究』 第五輯.

128) 陳淑珍·田河, 「江陵鳳凰山十號漢墓六號牘校釋」, 『絲綢之路』 2014年 第12期.

+73EJT23:643,[129] 73EJT7:54+73EJT7:87, 73EJT23:19+73EJT23:40, 73EJT24:750+73EJT24:919, 73EJT30:216+73EJT30:220, 73EJT30:144+73EJT30:170,[130] 73EJT24:264+73EJT24:269, 73EJT24:450+73EJT24:464 등이다.[131] 劉釗은《肩水金關漢簡(壹)》73EJT4:143의 두 단락은 직접적으로 綴合할 수는 없으나 동일 그룹의 簡牘에서 나왔거나 내지는 동일한 枚의 목판에서 나온 것일 가능성이 있다고 지적하였다.[132] 何茂活은 73EJT10:517 도판의 圖版조판인쇄 문제를 수정하고, 그 正·背面이 綴合 가능한지 의심하였다.[133] 楊小亮은《肩水金關漢簡(貳)》에 수록된 간독 중 13곳의 綴合 및 編聯에 관해 의견을 제시하였는데, 73EJT21:310+73EJT21:314, 73EJT21:451+73EJT21:459, 73EJT2:379+73EJT23:387, 73EJT23:531+73EJT23:509, 73EJT23:500+73EJT23:511, 73EJT23:743+73EJT23:744, 73EJT21:199+73EJT21:198,[134] 73EJT21:38+73EJT21:42, 73EJT23:96+73EJT23:132, 73EJT23:171+73EJT23:177, 73EJT23:614+73EJT23:687, 73EJT23:491+73EJT23:492+73EJT23:525+73EJT23:947+73EJT23:1038 등이다. 이 외에 73EJT21:18과《勞邊使者過界中費》를 하나의 簡冊으로 복원하고 아울러 그 연대를 元平元年으로 수정하였다.[135] 胡永鵬은 3건의 綴合 의견을 제시하였는데, 73EJT23:532+73EJT23:768, 73EJT23:691+73EJT23:802, 73EJT23:835+73EJT23:860이다.[136] 許名瑲 또한 綴合3則을 제시하였는데, 73EJT30:151+73EJT24:136,[137] 73EJT24:646+73EJT24:648+73EJT24:650, 73EJT24:828+73EJT24:810이다.[138] 許氏는 또한 7매와 "居攝元年曆日"과 관련된 殘簡들을 綴合하여 세 그룹으로 만들었다.[139] 程少軒은 23號探方의 관련 簡文에 대해 진일보한 綴合·編聯 의견을 제시하고, "元始六年(居攝元年)曆日"이라는 簡冊으로 복원하였다. 그 내용에는 날짜간 외에 한 그룹의 神煞周期表가 포함되어 있다.[140] 羅見今과 關守義 또한 이 簡冊에 대하여 복원을 시도한 바 있다.[141] 侯旭東은 이를 복원하여 두 그룹의 문서로 만들었는데, 즉 73EJT8:8과 73EJT8:13, 73EJT21:38과 73EJT21:42이다.[142]

129) 伊强, 「〈肩水金關漢簡(貳)〉綴合一則」, 簡帛網 2014年6月16日.

130) 伊强, 「肩水金關漢簡綴合五則」, 簡帛網 2014年7月10日.

131) 伊强, 「〈肩水金關漢簡(貳)〉綴合二則」, 簡帛網 2014年12月31日.

132) 劉釗, 「近出西北屯戌漢簡硏讀四則」, 『出土文獻硏究』 第十三輯.

133) 何茂活, 「〈肩水金關漢簡(壹)〉釋文訂補」, 復旦網 2014年11月29日.

134) 楊小亮, 「肩水金關漢簡綴合八則」, 『出土文獻硏究』 第十二輯.

135) 楊小亮, 「金關簡牘編聯綴合擧隅-以簡牘書體特徵考察爲中心」, 『出土文獻硏究』 第十三輯.

136) 胡永鵬, 「讀〈肩水金關漢簡(貳)〉札記」, 『中國文字』 新四十期, 藝文印書館, 2014.

137) 許名瑲, 「〈肩水金關漢簡(貳)〉簡73EJT30:151+T24:136考釋」, 簡帛網 2014年8月21日.

138) 許名瑲, 「〈肩水金關漢簡(叁)〉綴合二則」, 簡帛網 2014年9月5日.

139) 許名瑲, 「〈肩水金關漢簡(貳)〉"居攝元年曆日"簡綴合」, 簡帛網 2014年6月20日.

140) 程少軒, 「肩水金關漢簡"元始六年(居攝元年)曆日"復原」, 『出土文獻』 第五輯.

141) 羅見今·關守義, 「〈肩水金關漢簡(貳)〉曆簡年代考釋」, 『敦煌硏究』 2014年 第2期.

142) 侯旭東, 「西漢張掖郡肩水候系年初編-兼論候行塞時的人事安排與用印」, 『簡牘學硏究』 第五輯.

2) 텍스트 考釋과 硏究

馬怡, 張榮强을 필두로 하는 "居延新簡整理小組"는 20세기 70년대에 출토된 "居延新簡"의 釋文을 집중적으로 校釋하였다.[143] 伊强은 居延新簡에 보이는 "縣絮"는 古書에서의 "縣絮"라고 밝혔다.[144] 何茂活은 《相劍刀》冊의 釋文, 句讀, 注釋을 정리하고, 일련의 의심되거나 어려운 글자와 그 注解提에 대해 새로운 의견을 제시하였다. 아울러 이 簡冊에는 빠진 簡은 없지만 脫文이 있음을 지적하였는데, "右幣(弊)劍文四事"의 앞에 "右善劍文四事"이 빠졌다고 하였다.[145] 劉樂賢은 肩水金關漢簡73EJT23:878에 근거하여, EPT59:107의 일부 석문을 고쳐 "反孥瞿逆義黨與陳伯陽等賊所犯"으로 보충하고, 73EJT23:878과 EPT59:107의 "陳伯陽"은 瞿義의 外甥 陳豐일 가능성을 제시하였다. 이 외, 그는 또한 73EJT23:878에 나타나는 "監御史", "四輔"를 논의하면서 이 둘은 王莽 시기에 실행한 특수한 제도와 관련이 있다고 보았다.[146] 唐俊峰은 성질과 구조 및 필적 분석을 통하여, EPT68에서 나온 劾狀簡冊을 복원, 연구하였다. 논문에서는 이들 劾狀簡은 크게 초고와 부본 두 그룹으로 나뉘며, 모두 5종의 문서(劾, 狀, 呈文, 文書, 中轉文書)를 포괄한다고 설명하였다. 그 편련과 배열 순서는 劾, 狀, 文書, 呈文, 中轉文書으로 추정된다. 劾과 狀은 조금 다른데 前者는 증거조사의 過程과 案의 結果를 강조한 것이고, 後者는 案의 정황을 자세하고 정확하면서도 핵심을 잡아 서술한 것을 강조한 것이다.[147] 李迎春은 EPT51:533의 "富平侯元城邑"과 EPT51:374의 "隴西略陽", EPT52:590의 "武彊", EPT56:148의 "李園里" 및 다수의 간에 나타나는 "故行", "不及程"에 대해 새로운 해석을 내놓았다.[148] 孫占宇는 居延新簡의 數術類 殘簡의 釋文과 注釋을 수정하였는데, 총 6곳을 고쳤다. 아울러 이들 殘簡이 속하는 數術類에 대해서 더욱 명확하게 밝혔다.[149]

侯旭東은 이미 공개된 3권의 肩水金關漢簡 및 기타 漢簡에 근거하여, 5명의 肩水候, 6명의 肩水候 대행자 및 2명의 守候라는 기본 상황을 복원하였는데, 시간적으로는 약 80년이라고 밝혔다. 또 候가 塞에 갈 때 혹은 자리를 비울 때의 人事 안배와 印 사용 문제를 논의하였다.[150] 田炳炳은 73EJT1:84의 "潁川郡陜"의 "陜"은 "郟"을 반대로 쓴 것이 아닌가 의심하였다.[151] 이외, 田氏는 또한 7개의 札記를 제시하여, "居令延印", "翟邑", "滎陽"과 "熒陽", "南陽郡博士度里", "栗侯國", "淮陽令長" 등의 문제를 다루었다.[152] 伊强은 73EJT5:62의 "黑扰"는 "黑焞"로 읽고, 73EJT8:63의 "柳華"는 "桃華"로 改釋하고, 아울러 관련 簡文에서 석독되지 않았거나 誤釋한 "華"字에 대해서 수정을 가하였다.[153] 王子今은 睡虎地秦에 근거하여,

---

143) 馬怡·張榮强 主編, 『居延新簡釋校』, 天津古籍出版社, 2013.

144) 伊强, 「試論居延新簡中的"縣絮"」, 『簡帛研究二〇一三』.

145) 何茂活, 「居延漢簡〈相劍刀〉冊釋讀析疑」, 『簡牘學研究』第五輯.

146) 劉樂賢, 「金關漢簡中的瞿義同黨陳伯陽及相關問題」, 『中國史研究』 2014年 第1期.

147) 唐俊峰, 「甲渠候官第68號探方出土劾狀簡冊的復原與研究」, 『簡牘學研究』第五輯.

148) 李迎春, 「讀居延漢簡札記六則」, 『簡牘學研究』第五輯.

149) 孫占宇, 「居延新簡數術殘簡再探」, 『簡牘學研究』第五輯.

150) 侯旭東, 「西漢張掖郡肩水候系年初編－兼論候行塞時的人事安排與用印」, 『簡牘學研究』第五輯.

151) 田炳炳, 「說〈肩水金關漢簡(壹)〉的"陜"」, 簡帛網 2014年6月9日.

152) 田炳炳, 「讀〈肩水金關漢簡〉雜識(三則)」, 簡帛網 2014年6月28日; 「讀〈肩水金關漢簡〉札記四則」, 簡帛網 2014年7月2日.

73EJT11:5, 73EJT11:23는 1건의 문서에 속할 가능성을 지적하였다. 그 내용은 모두 "馬禖祝"과 관련이 있다.[154] 張俊民은《肩水金關漢簡(壹)》의 분류에 대해 수정·보충하였다.[155] 何茂活 역시 이 권의 釋文 및 殘斷字를 補釋하였는데 총 111곳이다.[156] 그는 또한《肩水金關漢簡(貳)》의 의문이 나거나 어려운 글자의 형태와 의미를 판별하였는데 총 17글자이다.[157] 周波는 73EJT21:468의 "費"를 "贊"로 改釋하고, 이 贊縣은 곧《漢書·地理志》沛郡의 "酇"이라고 보았다.[158] 肖從禮와 趙蘭香은 73EJT22:6에 보이는 典籍의 殘文이 혹《齊論·知道》의 佚文이 아닐까 생각하고, 이 簡은 戍邊吏卒의 習字簡일 가능성을 제시하였다.[159] 高一致는《肩水金關漢簡(叁)》의 校讀에 관한 의견 18則을 제시하였는데, 예컨대 73EJT27:112, 73EJT27:139 등의 "繁陽"을 補釋하고 73EJT24:775의 "氐池"를 補釋하였다. 또 73EJT25:127의 "巍"와 73EJT26:217의 "集里", 73EJT28:6의 "宜利里"를 改釋하였다. 아울러 73EJT30:126, 73EJT31:140 등의 간과 관련된 數術, 數學 방면의 문제를 고증하였다.[160]

何茂活은 73EJT24:247과 73EJT24:268을 綴合한 뒤《所寄張千人舍器物記》의 釋文과 관련 名物詞에 대해 상세히 考釋하였다.[161] 馬怡는《趙憲借襦書》(73EJT24:15)와《趙君勞存物書》(73EJT23:782)의 釋文을 수정하고 아울러 두 문서의 성질에 대해 논의하였다. 前者는 私文書로, 오늘날의 차용증에 해당하고 後者는 券書로 오늘날의 보관증에 해당한다.[162] 劉釗은 73EJT26:234의 正背面의 3개의 篆書를 응당 "辰", "己", "丁"으로 改釋해야 한다고 주장하였다.[163] 張俊民은 73EJT31:163에 보이는 漢代 "功令"을 改釋하고, 아울러 관련된 출토문헌과 전래문헌을 종합하여 그 令文을 한 글자씩 분석하고 토론하였다.[164] 侯宗輝는 肩水金關漢簡에 보이는 "從者"의 신분을 분석하였다. 그에 따르면 "從者"는 吏士 등의 개인이 고용한 수종으로, 주로 청소년이며 戶籍을 갖추고 爵位을 보유한 국가의 編戶民이었다. "從者"는 고용주의 公·私 업무를 돕는 것이 주요 직책이었는데, 심지어 戍吏의 가족 구성원으로 간주되어 정부에서 식량을 배급받기도 하였다.[165] 張英梅는 肩水金關漢簡에 보이는 "傳"의 신청조건과 절차를 상세히 나누고, 아

153) 伊强,「〈肩水金關漢簡〉名物詞考釋二則」, 簡帛網 2014年11月19日.

154) 王子今,「河西漢簡所見"馬禖祝"禮與"馬醫", "馬下卒"任職」,『秦漢研究』第八輯, 陝西人民出版社, 2014.

155) 張俊民,「〈肩水金關漢簡(壹)〉釋文補例」, 簡帛網 2014年12月16日.

156) 何茂活,「〈肩水金關漢簡(壹)〉殘斷字釋補」, 復旦網 2014年11月20日;「〈肩水金關漢簡(壹)〉釋文訂補」, 復旦網 2014年11月29日.

157) 何茂活,「〈肩水金關漢簡(貳)〉疑難字形義考辨」,『簡帛研究二○一四』.

158) 周波,「說肩水金關漢簡, 張家山漢簡中的地名"贊"及其相關問題」,『出土文獻研究』第十二輯.

159) 肖從禮·趙蘭香,「金關漢簡"孔子知道之易"〈齊論·知道〉佚文蠡測」,『簡帛研究二○一三』.

160) 高一致,「讀〈肩水金關漢簡(叁)〉筆記(一)」, 簡帛網 2014年8月12日;「讀〈肩水金關漢簡(叁)〉筆記(二)」, 簡帛網 2014年8月23日;「讀〈肩水金關漢簡(叁)〉筆記(三)」, 簡帛網 2014年9月5日.

161) 何茂活,「肩水金關漢簡〈所寄張千人舍器物記〉名物詞語考釋—兼補胡永鵬〈讀《肩水金關漢簡(貳)》札記〉文意」,『魯東大學學報(哲學社會科學版)』2014年第6期.

162) 馬怡,「〈趙憲借襦書〉與〈趙君勞存物書〉—金關漢簡私文書釋考二則」,『簡牘學研究』第五輯.

163) 劉釗,「近出西北屯戍漢簡研讀四則」.

164) 張俊民,「金關漢簡73EJT31:163解讀」, 簡帛網 2014年12月3日.

165) 侯宗輝,「肩水金關漢簡所見"從者"探析」,『敦煌研究』2014年第2期.

울러 "傳"의 사용과 부족에 대해 설명하였다.[166] 黃艷萍은《肩水金關漢簡(壹)》,《肩水金關漢簡(貳)》의 紀年簡을 校釋·考證하였다.[167] 胡永鵬 역시《肩水金關漢簡(貳)》의 曆表와 맞지 않는 簡을 考證하였는데, 총 20곳이다. 아울러 考釋 방법과 원칙을 설명하였다.[168] 이 외, 胡氏는 또한《肩水金關漢簡(貳)》에 대해 20곳의 校讀 의견을 내놓았다.[169] 羅見今과 關守義는《肩水金關漢簡(貳)》의 일부 曆簡의 연대에 대해서 考證·修訂하였다.[170] 許名瑲은 다수의 曆日簡의 구체적인 연대와 내용을 고증하고, 73EJT5:56, 73EJT5:57, 73EJT5:58, 73EJT9:115, 73EJT6:70, 73EJT30:151+73EJT24:136까지 다루었다.[171]

9. 安徽阜陽雙古堆1號漢墓簡牘

1) 자료공개

정리자는 阜陽雙古堆漢簡《莊子》와 관련 자료를 공개하고, 44枚의 殘簡의 사진과 釋文을 기재하고, 간단한 注를 달았다. 이 밖에 附錄을 만들고,《說類雜事》의 "宋元君與神龜故事"의 잔편 釋文을 공개하였다. 총 7枚.[172]

2) 텍스트 考釋과 硏究

于茀은 阜陽漢簡《詩經》S049·S050에서 원래 "苞"로 석독한 글자를 "荀"으로 改釋하고, "汛"으로 읽어야 한다고 보았다.[173] 白於藍은《春秋事語》第16章의 "簡子攻衛之附郭"의 내용이《呂氏春秋·貴直》와《韓非子·難二》등의 篇에 보이며, 그 章題와 내용의 첫머리가 기본적으로 부합함을 지적하였다.《春秋事語》의 마지막 章의 6枚 殘簡의 순서를 91+96+93+92+94+95으로 정리하고, 아울러 釋文과 句讀을 정리하였다.[174]

---

166) 張英梅,「試探肩水金關漢簡中"傳"的制度」,『敦煌研究』2014年 第2期.

167) 黃艷萍,「〈肩水金關漢簡(壹)〉紀年簡校考」,『敦煌研究』2014年 第2期;「〈肩水金關漢簡(壹)〉紀年簡校釋」,『簡牘學研究』第五輯;「〈肩水金關漢簡(貳)〉紀年簡校考」,『簡帛研究二〇一三』.

168) 胡永鵬,「〈肩水金關漢簡(貳)〉中與曆表不合諸簡考證」,『簡帛』第九輯.

169) 胡永鵬,「讀〈肩水金關漢簡(貳)〉札記」, (按: 이 논문의 "釋文校讀"의 대부분은 이미 簡帛網에 발표되어 소개한 적이 있다. 정식으로 출간되면서 胡氏가 원래의 16개의 札記에 대해 대폭 삭제, 증보하였으므로 재차 소개한다.)

170) 羅見今·關守義,「〈肩水金關漢簡(貳)〉曆簡年代考釋」,『敦煌研究』2014年 第2期.

171) 許名瑲,「〈肩水金關漢簡(壹)〉73EJT5:56等曆日簡年代考釋」, 簡帛網 2014年7月16日;「〈肩水金關漢簡(壹)〉73EJT9:115曆日簡年代考釋」, 簡帛網 2014年7月25日; 許名瑲,「〈肩水金關漢簡(壹)〉73EJT6:70曆日簡年代考釋」, 簡帛網 2014年8月1日; 許名瑲,「〈肩水金關漢簡〉簡73EJT30:151+T24:136考釋」, 簡帛網 2014年8月21日.

172) 中國文物研究所·阜陽地區博物館·阜陽漢簡整理組(胡平生 執筆),「阜陽雙古堆漢簡〈莊子〉」,『出土文獻研究』第十二輯.

173) 于茀,「阜陽漢簡〈詩經·二子乘舟〉被忽視的異文」,『古籍整理研究學刊』2014年 第5期.

174) 白於藍,「阜陽漢簡〈春秋事語〉校讀二記」,『華夏考古』2014年 第2期.

10. 甘肅敦煌馬圈灣漢代烽燧遺址簡牘

張德芳은 馬圈灣漢簡을 集釋하고, 전체 컬러도판, 적외선 도판, 集釋 세 부분을 포괄하였다. 集釋은 다시 釋文, 校釋, 集解, 今按 등 4가지를 포함하였으며, 학계의 馬圈灣漢簡 연구 성과를 비교적 충분히 반영하였다.[175] 秦鳳鶴은 적외선 도판에 의거하여 진일보한 釋文을 내놓았는데 총 57곳을 고쳤다.[176] 高一致 역시 7개의 보충의견을 제시하였다.[177] 侯宗輝는 馬圈灣第五探方에서 烏孫歸義侯 "卑爰疐" 3매의 簡에 반영된 관련 史實을 분석하고, 그중 일부 내용은 天鳳3년 이전 西域의 정세를 반영하는 자료라고 지적하였다. 그에 따르면 소위 "車師之戰"은 新莽의 건국 이후, 匈奴 및 西域의 叛漢·親匈國 세력들이 여러 차례에 걸쳐 車師를 공격하고 또 漢軍과 전투를 벌인 기록이 남아있는 것이지 특정한 전투를 기재한 것이 아니다.[178] 謝璞과 張俊民은 敦143號簡의 "節", "泉都"를 해석하고 "節"은 機構의 명칭이었다가 地名으로 바뀐 것일 가능성을 제시하였다. 또 機構일 때의 職責은 漕運과 관련 있을 것으로 추정하였고 그 지역은 宜禾都尉에 속하였을 것으로 추정하였다. "泉都"는 王莽 시기 西漢의 "煎都"를 바꾼 것이다.[179] 肖從禮는 敦567의 "雲氣將出"은 數術略의 天文類인 "雲氣占"에 속하고, 敦1179의 "東北來, 則逆根"는 數術略 天文類인 "候風占"에 속한다고 지적하였다.[180] 그는 또한 敦1179에 보이는 八風과 八卦를 결합하는 문제를 분석하였다.[181] 伊强은 敦1166의 "黑樗"는 "黑犖"라고 보았다.[182]

11. 湖北江陵張家山247號漢墓竹簡

周波는 肩水金關漢簡과 《沛相楊統碑》 등의 문헌에 기재된 내용을 근거로 하여, 《二年律令·秩律》의 "酇"은 《漢書·地理志》 南陽郡의 "酇"이고, "贊"은 《漢書·地理志》 沛郡의 "酇"이라고 보았다.[183] 游逸飛는 《秩律》에 보이는 郡吏를 고찰하면서 守·尉·丞과 發弩·司空·輕車 및 丞과 卒長, 그리고 候·騎千人 및 丞, 司馬·騎司馬 및 丞·督盜賊, 塞尉·城尉 등을 다루었다.[184] 周敏華와 周美華는 《二年律令》과 《奏讞書》에 근거하여, 《史記》에서 聶翁壹이 匈奴를 들이는 대목을 서술한 두 군데에서 그 신분이 다른 것을 분석하고, 聶翁壹은 결코 순수한 商人이나 馬邑의 지방 토호가 아니라, 馬邑의 邊關에서 장기간에 걸쳐 "奸蘭出物"의 행위가 관찰된 이후에 漢의 조정과 합작하여 만들어진 政商이라고 주장하였다.[185] 趙久湘과 張顯

---

175) 張德芳, 「敦煌馬圈灣漢簡集釋」, 甘肅文化出版社, 2013.

176) 秦鳳鶴, 「敦煌馬圈灣漢簡釋文校訂」, 『中國文字研究』 第二十輯; 「敦煌馬圈灣漢簡釋文校讀舉例」, 『簡帛研究二〇一四』.

177) 高一致, 「敦煌馬圈灣漢簡零拾」, 簡帛網 2014年9月28日.

178) 侯宗輝, 「敦煌漢簡所見烏孫歸義侯質子新莽朝及"車師之戰"考辨」, 『簡帛研究二〇一三』.

179) 謝璞·張俊民, 「對敦煌漢簡一條簡文兩個問題的理解」, 『考古與文物』 2014年 第2期.

180) 肖從禮, 「河西數術類漢簡札記二則」, 『魯東大學學報(哲學社會科學版)』 2014年 第3期.

181) 肖從禮, 「由敦煌漢簡中的候風簡談八卦與八風相配諸問題」, 『簡牘學研究』 第五輯.

182) 伊强, 「〈敦煌漢簡〉札記一則」, 簡帛網 2014年10月2日.

183) 周波, 「說肩水金關漢簡, 張家山漢簡中的地名"贊"及其相關問題」, 『出土文獻研究』 第十二輯.

184) 游逸飛, 「張家山漢簡〈二年律令·秩律〉所見郡吏補考」, 『出土文獻研究』 第十二輯.

185) 周敏華·周美華, 「漢簡對〈史記〉研究的參考價值－以辨析聶翁壹入匈奴時的身份爲例」, 『出土文獻研究』 第十二輯.

은 張家山漢簡《二年律令·賊律》38號簡과 《奏讞書》205~207號簡 두 군데에서 끊어 읽기를 다르게 해야 한다는 의견을 제시하였다.[186] 楊振紅은 《奏讞書》의 "南郡卒史復攸庫等獄簿"의 석문을 정리, 번역한 후 이를 기초로 "復"는 "覆"과 통하는 것으로 다시 혹은 재차라는 의미는 없다고 지적하였다. 따라서 이 案은 현대의 심판제도에서 말하는 再審案이 아니라, 최고감찰기구-御史의 劾과 지시를 접수한 뒤 입안하여 심판한 초심안으로, 南郡卒史가 攸縣 利鄕의 反獄을 覆한 일련의 獄案 중 하나라고 설명하였다.[187]

譚競男은 《算數書》189號簡에서 원래 "以"라고 석독한 부분은 응당 2글자로 보아야 하며 "自傾"이라고 지적하였다.[188] 이 외 《算數書》에 관하여 몇 개의 札記를 제시하며, 挈脂, 程禾, 大廣 등의 篇을 다루었다.[189]

呂志峰은 《脈書》17號簡의 "胗"는 "卻"의 異體字라고 지적하고 《引書》98號簡의 "涿"은 "椓"의 俗字로서 두드리다는 의미라고 설명하였다.[190]

12. 湖北江陵張家山336號漢墓竹簡

馬孟龍은 이미 공포된 1枚의 殘簡에 대한 분석을 진행하였다. 그는 이 簡은 아마도 《秩律》 六百石秩級 律文일 것이고, 그 내용을 가지고 張家山247號墓 《秩律》의 부족한 부분을 보충해 줄 수 있을 것이라고 지적하였다. 양자를 비교해보면, 336號墓 《秩律》 중 縣名의 배열순서가 247號墓 《秩律》보다 더욱 정돈되어 있어, 朝廷에서 正式으로 반포하여 정한 《秩律》의 원래 형태에 더 근접하다는 것을 발견할 수 있다.[191]

13. 甘肅敦煌懸泉置遺址簡牘

初世賓은 《敦煌懸泉漢簡釋粹》에서 공포된 第104~105號 冊書의 釋文·注釋에 대해 보충설명을 진행하였고, 또한 이러한 간독과 관련된 郵書制度·檢署·亭隧·文書詐僞·紀時·外來客 및 西域都護와 상관한 史實 등의 문제에 대하여 고증을 진행하였다.[192] 呂志峰은 懸泉漢簡《傳馬名籍》중의 "乘"은 마땅히 "騬"으로 읽어야 하며, 이는 거세된 馬를 가리킨다고 지적하였다.[193] 張德芳은 懸泉漢簡 등의 기록에 의거하여 漢宣帝에서 왕망의 新에 이르는 시기까지 20명의 敦煌太守의 재직상황에 대하여 분석을 진행하였다. 그는 本始 2年에서 建平 3年에 이르기까지인 69년 사이의 51년 중 17명의 太守의 구체적인 재직 연도를 대체적으로 배열하였다.[194] 韓華는 懸泉置漢簡 중의 紀年자료를 이용하여 이 遺址에서 출토된 종이의 연대

---

186) 趙久湘·張顯成, 「秦漢簡牘法律文獻釋文補正-以睡虎地秦簡和張家山漢簡爲對象」, 『魯東大學學報(哲學社會科學版)』 2014年 第6期.

187) 楊振紅, 「"南郡卒史復攸庫等獄簿"再解讀」, 『中國古代法律文獻研究』 第八輯.

188) 譚競男, 「秦漢出土數書散札二則」, 『江漢考古』 2014年 第5期.

189) 譚競男, 「算數文獻散札(壹)」, 簡帛網 2014年6月22日.

190) 呂志峰, 「讀漢簡札記三則」, 『中國文字研究』 第十九輯.

191) 馬孟龍, 「張家山三三六號漢墓《秩律》殘簡相關問題闡釋」, 『江漢考古』 2014年 第6期.

192) 初世賓, 「懸泉漢簡拾遺(五)」, 『出土文獻研究』 第十二輯; 「懸泉漢簡拾遺(六)」, 『出土文獻研究』 第十三輯.

193) 呂志峰, 「讀漢簡札記三則」, 『中國文字研究』 第十九輯.

는 蔡倫이 종이를 개량한 漢和帝 元興 元年보다 90년 정도가 더 이르다고 추측하였다.[195]

14. 內蒙古額濟納漢簡

劉釗는 簡99ES17SH1:19의 가장 끝부분의 한 글자를 "師"로 改釋하였고, 또한 이 簡의 연대를 前漢 元始 2年으로 추정하였다. 簡2000ES7S:2 중의 封土는 封緘用의 점토 원료이고, 이 簡의 B面은 封泥土로 만든 용기 내부의 내용물을 표시하는 簽牌라고 추정하였다. 이에 근거하여 논문에서는 또한 封泥의 旁封·破封 등의 문제에 대하여 분석을 진행하였다.[196]

15. 湖北隨州孔家坡8號漢墓簡牘

王強은 孔家坡漢簡의 建除·伐木日·金錢良日·星官·八星 篇등의 釋文에 대하여 교정과 보충작업을 진행하였는데 모두 8부분으로 簡9 의 "入貨"를 "以作"으로 改釋하거나 簡72의 "以"를 "始"로 改釋한 것 등과 같다.[197] 梁超는 129號簡 중의 "斗擊"의 "擊"는 원래 글자그대로와 같이 읽어야하고 가리키는 방향이라는 의미를 나타내며, "斗擊"은 구체적으로 북두칠성 표의 방향을 가리키는 것이라고 지적하였다.[198] 劉國勝은 105호 簡의 "段"자를 補釋하여 "鍛"으로 읽었다. 또한 잔편인 24와 107을 綴合한 후에 관련한 글자를 "欲有所之, 行操此物不以時"라고 해석하고, 마지막으로 여타 출토자료와 결합시켜 五勝篇의 성질에 대한 논술을 진행하였다.[199] 張顯成·楊艶輝 역시 《日書》에 대한 釋文의 25곳의 교정을 진행하였다.[200]

16. 香港中文大學文物館藏簡牘

白軍鵬은 放馬灘秦簡《六十甲子》·尹灣漢簡《六甲占雨圖》에 의거하여 84~87호 簡의 배열 순서를 조정하고, 아울러 이 중 결루된 부분에 대한 복원을 진행하였다.[201]

17. 山東日照海曲129號漢墓簡牘

劉紹剛·鄭同修는 山東日照海曲 M129·M130漢墓에서 출토된 遣策木牘 자료를 공포하였는데, 여기에는 M129號墓의 木牘 3枚의 정면과 배면 사진 및 그중 2枚의 木牘에 대한 釋文과 주석이 포함되어 있고, M130號墓의 木牘 2枚의 정면과 배면 사진 및 釋文·주석이 포함되어 있다.[202]

---

194) 張德芳,「兩漢時期的敦煌太守及其任職時間」,『簡牘學研究』第五輯.
195) 韓華,「由紀年漢簡看敦煌懸泉置遺址出土紙張的年代問題」,『魯東大學學報(哲學社會科學版)』2014年 第2期.
196) 劉釗,「近出西北屯戌漢簡研讀四則」.
197) 王强,「孔家坡漢簡校釋叢札」,『出土文獻研究』第十二輯.
198) 梁超,「孔家坡漢簡〈日書〉補釋一則」,『魯東大學學報(哲學社會科學版)』2014年 第4期.
199) 劉國勝,「孔家坡漢簡日書"五勝"篇芻議」.
200) 張顯成·楊艶輝,「〈孔家坡漢簡·日書〉釋讀訂補」,『古籍整理研究學刊』2014年 第2期.
201) 白軍鵬,「秦漢簡牘所見日書相關問題考察」,『簡帛研究二〇一三』.
202) 劉紹剛·鄭同修,「日照海曲漢墓出土遣策概述」,『出土文獻研究』第十二輯.

18. 湖南長沙走馬樓8號井西漢簡牘

馬代忠은 長沙走馬樓西漢簡《都鄉七年墾田租簿》의 사진 및 釋文을 공포하고, 그중 부분적인 簡文에 대하여 주석 작업과 분석을 진행하였다. 또한 이 간독에 보이는 西漢 武帝 시기의 南方지역 水稻의 畝 평균 생산량 문제를 토론하였다.[203]

19. 湖南長沙東牌樓東漢簡牘

徐俊剛은 東牌樓漢簡 중 18호와 22호 두 매의 斷簡은 綴合이 가능하다고 지적하면서, 李洪財가 제시한 79·80호 簡의 철합이 가능하다는 의견에 대해 동의하지 않았다.[204] 劉樂賢은 東牌樓24호 간독 "府卿侍閣 周奴衣笥印封完" 중의 "府"는 郡府를 가리키는 것이고, "府卿"은 아마도 長沙郡의 太守를 가리키는 것일 것이라고 여겼으나 여전히 長沙郡府의 丞을 가리킬 수도 있다는 가능성을 배제하지 않았다. 또한 周奴의 신분은 府卿侍閣이라고 하였다.[205] 劉玉環은 9개 조문에 대한 校讀 의견을 제시하였는데, 예를 들어 35호 簡 배면의 "面"字, 110호 簡의 "莒"·"丈" 등의 釋讀이 있다.[206]

20. 北京大學藏西漢竹簡

黃懷信은 北大漢簡《老子》上·下經의 처음 章과 전세본 및 기타 출토자료본을 대조하여, 문헌을 校讀할 때에 簡本이 모든 부분에서 반드시 다 옳은 것은 아니고, 전세본이 반드시 더 늦은 것도 아니며, 관건은 원문에 대한 정확한 해독에 있음을 제기하였다.[207]

21. 湖北荊州高臺46號漢墓木牘

1) 자료공개

荊州博物館은 荊州高臺46호 漢墓에서 출토된 9枚의 木牘에 대한 컬러사진 및 그 釋文을 공포하였다.[208]

2) 텍스트考釋과 研究

寸木은 그중 第2·7호 木牘 2枚의 釋文에 대하여 補釋을 진행하였다.[209] 何有祖는 1·2·4·5·7·8·9號

203) 馬代忠, 「長沙走馬樓西漢簡〈都鄉七年墾田租簿〉初步考察」, 『出土文獻研究』 第十二輯.
204) 徐俊剛, 「長沙東牌樓東漢簡牘綴合研究二則」, 『出土文獻研究』 第十二輯.
205) 劉樂賢, 「東牌樓漢簡"府卿"試釋」, 『簡帛研究二○一三』.
206) 劉玉環, 「〈長沙東牌樓東漢簡牘〉釋文商榷」, 『簡帛』 第九輯.
207) 黃懷信, 「〈老子〉校讀舉例」, 『魯東大學學報(哲學社會科學版)』 2014年 第3期.
208) 荊州博物館, 「湖北荊州高臺墓地M46發掘簡報」, 『江漢考古』 2014年 第5期.
209) 寸木, 「荊州高臺46號西漢墓木牘補釋二則」, 簡帛網 2014年11月10日.

牘의 釋文에 대해 골고루 보충 혹은 改釋하였고, 또한 6號牘과 8·9號牘의 綴合에 대해서는 의문이 남는다며 회의를 표했다.[210] 范常喜는 2號牘 중 "堵記"의 "堵"와 4號牘 중 "者凡"의 "者"를 모두 "都"라고 읽어야 한다고 보았다.[211] 이 외에, "簡帛論壇" 중에는 또한 이 자료와 관련한 논문이 많이 있으니 참고할 만하다.

22. 甘肅敦煌一棵樹漢晉烽燧新獲簡牘

李明曉는 甘肅敦煌一棵樹烽燧에서 얻은 1枚의 漢代 輯令木牘에 대해 集釋과 校注를 진행하였고, 譯文도 기재하였다.[212] 陳偉는 그중 人名인 "寬中"은 《漢書·儒林傳》에 나오는 "鄭寬中"이 결코 아니라, 姓이 寬이고 이름이 中인 사람이라고 지적하였다. 또한 "投"를 "攻"으로 改釋하고, "獄宇"를 "獄牢"로 改釋할 가능성도 제시하였다.[213]

23. 湖南長沙五一廣場東漢簡牘

王子今은 J1③:169호 木牘의 釋文에 대한 정리를 진행하였는데, "追還慶陸"·"各操兵"·"自捄"·"仇怨奉公"·"省嚴部吏"·"謀議刑執"·"今爲言, 今開"의 글 순서 등에 관련한 것이다. 또한 이 木牘에 반영된 "白事"文書의 定名과 그 함의에 대한 설명을 진행하였다.[214] 徐鵬은 "禹度平後落去" 구절에 대해 끊어 읽기를 진행하고, 또한 "度"를 "벌채하다"의 의미로 이해하였다.[215] 李均明 역시 이 木牘의 釋文 및 사건의 경과에 대한 정리를 진행하였다.[216] 劉樂賢은 J1③:285호 木牘에 기재된 문서의 釋文 및 句讀에 대한 보정을 진행하였고, 문서의 주요 내용과 성격 등 관련된 문제에 대해 토론을 진행하였다.[217] 侯旭東은 J1③:264~294 木牘의 釋文에 대하여 다섯 부분을 수정하였는데, 예를 들어 "伍設"을 "伍談"으로 改釋하거나"等"을 補釋하거나 "盡"·"値" 등을 改釋하였다. 이러한 작업을 토대로 이 문서의 주요 내용 및 이 문서에서 보이는 "度田" 등의 정보에 대해 토론을 진행하였다.[218]

24. 四川成都天回鎭老官山漢墓簡牘

成都文物考古研究所·荊州文物保護中心은 成都老官山 1 號漢墓木牘과 3號漢墓竹簡의 기본 상황을 소개하고, 그중 1호묘 木牘 3枚의 釋文과 사진을 공포하였다. 또한 3 호묘 죽간에 대해 단락을 나누어 차례

---

210) 何有祖, 「荊州高臺46號西漢墓木牘校讀記」, 簡帛網 2014年11月10日.

211) 范常喜, 「荊州高臺46號西漢墓木牘短札一則」, 簡帛網 2014年11月10日.

212) 李明曉, 「敦煌一棵樹烽燧漢代輯令簡集注」, 簡帛網 2014年12月30日.

213) 陳偉, 「敦煌一棵樹烽燧漢簡09dh-2校讀」, 簡帛網 2014年12月31日.

214) 王子今, 「長沙五一廣場出土待事掾王純白事木牘考議」, 『簡帛』第九輯.

215) 徐鵬, 「長沙五一廣場J1③:169號木牘"禹度平後落去"考釋」, 『秦漢研究』第八輯.

216) 李均明, 「東漢木牘所見一樁未遂報復案」, 『簡牘學研究』第五輯.

217) 劉樂賢, 「長沙五一廣場所出東漢孫詩供辭不實案再考」, 『出土文獻研究』第十二輯.

218) 旭東, 「湖南長沙五一廣場東漢簡J1③:364~294考釋」, 『田餘慶先生九十華誕頌壽論文集』, 中華書局, 2014.

대로 소개를 진행하였고, 문장과 함께 소량의 竹簡의 釋文과 사진을 간행하였다.[219] 武家璧은 竹簡 중에 나온 "敝昔"은 鷩雉의 간략한 서사이며 뜻은 "머리에 면류관을 쓴 새", 즉 扁鵲이라고 지적하였다.[220]

IV. 魏晉簡牘의 硏究

1. 江西南昌陽明路東吳高榮墓簡牘

竇磊는 高榮墓의 衣物疏 정면 세 번째 칸 2행의 "神屬"은 응당 "神襧"으로 읽어야 한다고 하고, 그 형태는 襜褕와 같으며 허리까지 이어지는 긴 옷이라고 지적하였다.[221]

2. 長沙走馬樓三國吳簡

鄧瑋光은 三州倉의 "月旦簿"에 대하여 복원을 진행하고 "月旦簿"의 대체적인 격식을 총결하였다. 또한 이러한 복원을 통해 "縱向比較復原法"을 제시하였는데, 縱向으로 부터라는 것은 시간이 경과하는 성질의 각도에서 어떠한 시간의 상태변화 과정을 복원하는 것이다. 구체적으로 吳簡으로 말하자면, 揭剝圖를 이용하거나 簿籍 내부의 "加成"관계로부터 복원을 진행하는 방법이다.[222] 凌文超는 "舉私學簿"와 私學木牘에 대한 정리·해석을 기초로 하여, 孫吳舉私學 및 상관 문서의 제작 과정에 대해 정리하고, 또한 이러한 조치와 孫吳의 占募 문제에 대해 토론하였다. 논문에서는 孫吳 "舉私學"은 황권과 將權이 占募를 둘러싼 게임이 진행되는 것을 반영하여, 孫權이 將吏·官屬 세력을 약화시키려했던 시도나, 그 효과는 평범했음을 지적하였다. 私學은 正戶民·遺脫成爲 正式吏가 되는 과정 중의 과도적인 신분이다.[223] 熊曲은 吳簡 중 "吏民私下買賣牲口簿籍"에 대한 정리와 복원을 통해, 吳簡 중의 戶下奴婢는 그 호적상의 등기에서 吏民이 구매한 生口임을 지적하였다. 그는 또한 孫吳는 生口의 매매를 허락하였으나 估稅를 거두었고 그 세율은 비교적 높았으므로 아마도 징벌의 성격을 갖고 있는 것이라고 주장하였다.[224] 凌文超는 "私生口估稅呈送牘"에 대한 고석 및 "私生口估稅簿"의 복원을 토대로, 官生口매매 기록을 결합하여 吳簡에 보이는 官·私生口의 기록은 아마도 武陵蠻을 토벌하여 획득한 대량의 '夷生口'와 관련이 있을 것이라고 지적하였다. 또 논문에서는 그중에 보이는 노비로 役을 대신하는 현상과 奴客이 함께 호적에 기입되는 현상에 대한 분석을 진행하였다.[225] 凌文超는 또한 여러 학자들의 연구 득실을 평가하고 정리한 것과 "眞吏"

219) 成都文物考古研究所·荊州文物保護中心, 「成都市天回鎭老官山漢墓」, 『考古』 2014年 第7期.

220) 武家璧, 「成都老官山漢墓醫簡"敝昔"爲扁鵲考」, 簡帛網 2014年7月6日.

221) 竇磊, 「釋"神屬"」, 『簡牘學研究』 第五輯.

222) 鄧瑋光, 「對三州倉"月旦簿"的復原嘗試-兼論"縱向比較復原法"的可行性」, 『文史』 2014年 第2輯.

223) 凌文超, 「走馬樓吳簡舉私學簿整理與研究-兼論孫吳的占募」, 『文史』 2014年 第2輯.

224) 熊曲, 「論長沙走馬樓吳簡中"生口"及相關問題」, 『出土文獻研究』 第十二輯.

225) 凌文超, 「走馬樓吳簡中所見的生口買賣-兼談魏晉封建論之奴客相混」, 『史學集刊』 2014年 第4期.

簿書를 복원한 것을 토대로 "眞吏"의 "眞"은 "此"의 뜻으로 보아야 한다고 주장하였다. 즉 "眞吏"는 "此吏"이고 "應役民"에 대한 주석이며, 조사·확인을 통해 編戶民이 吏를 하거나 복역상황임을 확정한다는 뜻을 내포하고 비교적 추상적이다.[226) 張榮强은 走馬樓吳簡 中 "右某家口食"類와 "凡口×事× 算×事×"類 두 종류의 結計簡에 대한 분석을 진행하였다. 논문은 "右某家口食"類는 "不任調"戶와 "應役民" 두 종류의 통계를 포함하는데, 전자는 賦役을 면제받은 民戶를 가리키고, 후자는 賦役을 담당하는 자이며, 이러한 종류의 簡의 주요 목적은 인구를 통계내리는 것이라고 지적하였다. 또 등록된 것은 모든 里에 있던 人戶이고 結計簡의 총계는 모든 里의 총 戶數와 총 인구수라고 하였다. "口×事× 算×事×"類 중에서, 앞의 "事"는 "口"를 설명하고 응당 口錢을 납입한 인수를 가리키는 것이다. 뒤의 "事"는 "算"을 설명하고 응당 算賦를 납입한 인수를 가리키는 것이다. 그 목적은 口錢과 算賦 및 更賦의 인두세를 징납하기 위해서이고, 그래서 등록하는 것은 단지 해당 里에서 口算賦를 부담했던 人戶, 즉 "應役民"과 吏卒戶이다. 結計簡 통계는 역시 이 두 종류 人戶의 총수이고 상응하는 식량의 수 혹은 이 두 종류의 人戶를 위한 총 사람 수이다. 그러나 더 가능성 있는 것은 그중 인두세를 납입해야 하는 총 사람 수이다. "右某家口食"類의 簡은 기초대장의 역할을 더 갖고 있는데, 戶籍은 두말할 것 없다. "凡口×事× 算×事×"類의 簡 역시 "黃簿"라고 칭해지는데 광의적인 의미의 호적에 속한다.[227) 凌文超는 第14盆簡壹9005~9506으로부터 嘉禾4年"南鄉吏民戶數口食人名年紀簿"를 정리하였다. 그는 논문에서 이 簿의 성질을 戶籍로 여겼다. 이를 근거로 孫吳戶籍의 기본 요소를 알 수 있고, 賦役 종류의 注記의 유무에 따라서 戶籍과 戶籍簿의 주요 차이를 이해할 수 있다. 논문은 또한 縣鄉 초본 戶籍의 題名에 대한 토론을 진행하였다.[228)

雷長巍는 吳簡에 나타난 "立節校尉"는《晉平西將軍周處碑》中에 언급된 周處의 아버지인 立節校尉 周鮪이 거의 확실할 것이라고 생각했다.[229) 蘇俊林은 吳簡 중의 "步侯"·"呂侯"의 구분은 臨湘侯 步騭과 番禺侯 呂岱의 봉작호칭일 것이라고 지적하였다. 또한 이러한 성씨가 봉작호칭에 사용되는 현상 및 변화에 대한 정리를 진행하였다.[230) 이 밖에 蘇俊林은 새로 공포된 자료에 의거하여 "還民"은 응당 일종의 신분으로 이해해야 한다는 관점을 재차 주장하였다.[231)

鄧瑋光은 吳簡 중의 "冑畢" 등 단어의 가장 완정한 서사방법은 "僦米畢"이고 이는 "僦米"의 납입을 마쳤음을 의미한다고 여겼다. "僦米"는 창고계통 내부에서 米를 전송할 때, 倉이 미리 수취한 비용으로, 그 수취의 비율은 정식 납입량의 10분의 1이었다. 米가 倉 외의 사람에게 받아질 때, 倉은 이후의 운송과정에 참여하지 않기 때문에 다시 "僦米"를 받을 필요가 없다. "僦米"는 수취된 후, 먼저 독립된 명목으로 倉에 존재한다. 倉 간에 운송이 발생할 때에는 倉吏는 "僦米"를 받아 운송자에게 주고, 그 운송비 중에는 운

---

226) 凌文超, 「"眞吏"別解」, 『出土文獻研究』 第十二輯.
227) 張榮强, 「再論孫吳簡中的戶籍文書-以結計簡爲中心的討論」, 『北京師範大學學報(社會科學版)』, 2014年 第5期.
228) 凌文超, 「孫吳戶籍之確認-以嘉禾四年南鄉戶籍爲中心」, 『簡帛研究二○一四』.
229) 雷長巍, 「走馬樓三國吳簡中的"立節校尉"考述」, 『出土文獻研究』 第十二輯.
230) 蘇俊林, 「魏晉南北朝時期的姓氏與封爵稱謂-從吳簡中的"步侯"·"呂侯"說起」, 『湖南大學學報(哲學社會科學版)』 2014年 第2期.
231) 蘇俊林, 「"還民"問題補論」, 簡帛網 2014年 4月 9日.

송자의 식비도 포함되어 있을 것이다.[232] 陳榮傑은 吳簡 중의 "儂錢"·"地儂錢"은 臨湘侯國과 臨湘縣 치소의 주민이 토지를 빌려 상업경영활동을 진행했던 임대비용이라고 주장했다.[233] 路方鴿은 《嘉禾吏民田家莂》 중 "定收"는 본래에는 실제로 수확한 것을 가리키는데, "定收若干畝" 구조에서 고정적으로 사용되면서 이미 熟田의 代稱으로 굳어졌으며, 定收田은 일종의 매우 양질이고 생산력이 높은 田地라고 지적하였다.[234] 譚翠는 吳簡에 보이는 "三品布"·"四品布"는 모두 戶品과 관련이 있고, 양자의 본질은 결코 다르지 않다고 지적하였다. "三品布"는 戶를 三品으로 나눈 제도에서 통용되던 호칭이었고, "四品布"는 실제로는 戶를 四品으로 나눈 것을 반영한 것이라고 주장하였다.[235] 郭聰敏은 吳簡 중의 "訾"는 戶稅로 해석할 수 없고 마땅히 벌금·과태료의 의미로 해석해야 한다고 주장하였다. 그중 일부분은 아마도 경미한 刑事벌금이나 刑事에 부가형으로 붙는 벌금일 것이고, 일부는 행정적 과태료일 것이라고 하였다.[236] 戴衛紅은 走馬樓에 보이는 孫吳 시기의 倉分建業지역·武昌지역·長沙지역 세 곳에 대한 정리를 하였고, 倉 간 양식의 운송과 배치에 대해 분석하였다.[237]

王彬은 吳簡 중 "許迪割米案"과 상관한 일부의 목간문서에 대해 상세한 분석을 진행하였다. 그는 논문에서 이 안건은 審理 중에서 漢代의 "雜治"현상과 유사한 점이 있음을 지적하였다. 이밖에도 그는 논문에서 審理 과정 중에 이 안건이 만들어진 문서운용 및 상하 傳遞의 관계를 복원하고, "傳前解"에 대한 토론을 통해 許迪문서의 서사와 傳遞 과정을 고찰하였다.[238]

于振波는 走馬樓吳簡 연구에서 통계학방법의 응용에 대한 총결과 전망을 진행하였다. 그는 논문에서 현재 吳簡 연구 중에서 진행하는 분류·통계는 비록 작업량이 매우 많을지라도 결과는 비교적 정확하다고 생각했다. 그러나 각종 상황에 따라 부족함 역시 명백히 보인다고 여겼다. 이러한 부족함에 대해, 논문은 호적류의 기록을 예로 들어, 代數방법으로 유도하는 통계방법은, 어느 정도의 시기를 하나의 시간단위로 하여, 이 시간단위의 인구상황의 평균치를 계산하는 할 수 있고, 이는 역시 합리성을 갖는다고 주장하였다.[239]

3. 江蘇南京皇册家園吳晉簡牘

이 자료는 2004년에 발굴되고, 2014년 8월에 새로 개관한 南京六朝博物館에 일부가 전시되었다. 陸平은 그중 日書와 상관한 木牘 1枚의 사진 및 전시 할 때의 釋文을 공포하고, 이에 대한 改釋과 간단한 고증

232) 鄧瑋光, 「試論吳簡中"青畢"及相關問題」, 『簡帛研究二○一三』.

233) 陳榮傑, 「試論走馬樓吳簡中的"儂錢"·"地儂錢"」, 『中國社會經濟史研究』 2014年 第1期.

234) 路方鴿, 「〈嘉禾吏民田家莂〉"定收田"考」, 『中國農史』 2014年 第2期.

235) 譚翠, 「走馬樓吳簡中的"四品布"」, 『湖南省博物館館刊』 第十輯.

236) 郭聰敏, 「吳簡所見"訾"字別解」, 簡帛網 2014年3月19日.

237) 戴衛紅, 「長沙走馬樓吳簡所見孫吳時期的倉」, 『史學月刊』 2014年 第11期.

238) 王彬, 「吳簡許迪割米案相關文書所見孫吳臨湘侯國的司法運作」, 『文史』 2014年 第2輯.

239) 于振波, 「統計學方法與走馬樓吳簡研究」, 『簡牘學研究』 第五輯.

을 하였다.[240]

4. 甘肅張掖臨澤黃家灣灘西晉木簡

楊國譽·湯惠生은 이 晉簡에 반영된 西晉의 "占田課田制"실시여부·방식 등 문제에 대하여 토론을 진행하였다.[241] 趙莉·周銀霞는 목간에 보이는 문서를 "西晉建興元年臨澤縣廷決斷孫氏田塢案冊"이라고 명명하였고, 또한 그것에 반영된 西晉 河西 鄕里制를 분석하였다.[242] 周銀霞·李永平은 簡文의 釋讀에 대한 수정을 진행하고, 그것에 반영된 占田制·토지매매·水利와 임목 등 경제문제에 대한 토론을 더하였다.[243] 魯家亮은 臨澤西晉《田産爭訟爰書》의 배열에 대해 새로운 방안을 제시하였고, 관련 簡文에 대한 정리를 진행하였다.[244]

V. 秦漢魏晉簡牘 綜合研究

1. 法律

宋潔는 張家山漢簡《二年律令》·《奏讞書》및 "古人堤漢律目錄" 등의 자료에 의거하여, 《晉書·刑法志》에 기재된 "集類爲篇·結事爲章"을 "하나의 章 중에는 몇몇의 사항을 포함하고, 몇몇의 사항이 하나의 章을 구성하는데, 이것을 '結事爲章'이라고 한다. 하나의 章은 하나의 사건 종류라고 볼 수 있고, 몇몇의 章(事類)은 하나의 篇을 구성하는데, 이것을 '集類爲篇'이라고 한다"라고 이해할 수 있다고 주장하였다.[245] 任仲爀은 賊律을 중심으로, 출토자료와 전세문헌의 기록을 통하여 漢·魏晉律의 篇章 변화 규칙에 대한 분석을 진행하였다. 논문에서는《二年律令》은 단지 漢初의 완정된 律의 일부분을 베껴 적은 것인데, 武帝 시기의 律篇의 규모는 50~60篇 정도라고 하였다. 古人堤《賊律》은 後漢의 비교적 완정한 賊律 목록으로 그중에는《二年律令》에 없는 조문이 있는데 이는 응당 그 후에 추가 된 것이라고 보았다. 魏가 새로 律을 개정할 때에《賊律》은 획기적인 변화가 발생했는데, 이른바 "간소화"의 과정 중에서 漢律의 正律부분은 사실 큰 손상이 없었고 주로 그중에서 중복된 부분이 간소화되었다.[246] 朱紅林은 秦漢《效律》에 보이는 경제법규에 대하여 정리를 진행하여 재정 인수인계 심의제도·도량형 관리제도·府庫 관리제도 등의 방면

---

240) 陸平, 「南京六朝博物館藏日書零簡釋證」, 簡帛網 2014年8月19日.

241) 楊國譽·湯惠生, 「從〈臨澤晉簡〉再看西晉"占田課田制"硏究中的幾個問題」, 『史學月刊』 2013年 第11期.

242) 趙莉·周銀霞, 「西晉建興元年臨澤縣級廷決斷孫氏田塢案冊」所反映的河西鄕里制」, 『敦煌硏究』 2013年 第4期.

243) 周銀霞·李永平, 「西晉建興元年臨澤縣級廷決斷孫氏田塢案」簡冊文書經濟問題考略」, 『湖南省博物館館刊』 第十輯.

244) 魯家亮, 「甘肅臨澤西晉〈田産爭訟爰書〉芻議」, 『簡帛』 第九輯. (按: 원문의 標題에는 "田"字가 하나 더 있었는데, 여기에서는 삭제하였음)

245) 宋潔, 「漢律構成中"篇""章""條""事"之關係」, 『簡帛硏究二〇一四』.

246) 任仲爀 著, 戴衛紅 譯, 「漢·魏晉律的篇章變化-以賊律爲中心」, 『簡帛硏究二〇一三』.

을 언급하였다.[247]

宋潔은 전세문헌과 출토자료에 의거하여 문헌에 나오는 "具五刑"에 대한 고증을 진행하였다. 논문은 《漢書·刑法志》 중의 "具五刑"은 "黥·劓·斬左止·斬右止·笞"의 다섯 종류의 형벌을 가리키고 그중 "笞"는 대체해서 받는 형벌이라고 지적하였다. 秦漢시대에는 "五刑"이란 광의와 협의 두 개의 계통이 있는데 광의의 "五刑"은 "墨·劓·剕·宮·大辟"을 가리키고, 여기에는 사형이 포함되어 있다고 하였다. 협의의 "五刑"은 《二年律令·具律》에 나오는 "黥·劓之·斬左止·斬右止·腐之"라고 하였다. 文帝의 형법개혁 이후에 협의의 "五刑"계통은 사라졌다고 하였다.[248] 張新超는 秦代 문헌 중의 "城旦春"의 함의에 대한 정리를 진행하였다. 형벌이름인 "城旦春"은 구체적으로 "刑城旦春"과 "完城旦春" 두 종류로 세분화 할 수 있다고 지적하였고, 또한 그 刑名과 刑等의 문제에 대한 분석을 진행하였다. 그 외에 "城旦春"은 또한 刑徒의 명칭으로 사용할 수 있으며, 秦代의 "城旦春"에 동반된 妻·子의 몰수와 다른 비교적 가벼운 처벌의 죄인에게 감시·감독 등을 받는 상황은 "城旦春"이 여타 죄인과 구별되는 중요한 상징이라고 하였다.[249] 椎名一雄은 張家山漢簡《二年律令》에 보이는 爵制에 천착하여 秦漢 시기의 "庶人"의 이해에 대한 다른 견해를 제시하였다. 그는 秦漢시기에 庶人이 民이라는 개념이 성립할 수 없고 양자는 완전히 다른 신분 계층이라고 생각했다. 民은 民爵사여를 통하여 생긴 有爵者이고, 庶人이 가리키는 것은 "전투에 참가할 수 없는 사람"="傅籍할 수 없는 사람"="徭役·兵役·仕官에서 배제된 사람"이란 의미의 새로 생긴 법률·신분용어라고 생각하였다.[250]

徐世虹은 秦漢律 중의 "公罪"와 관련된 자료에 대한 정리를 진행하였고 그 내용의 개념·구성요건·책임과 징벌 등의 문제에 대한 분석을 진행하였다. 논문은 秦漢律 중에는 비록 公罪라는 명칭이 없지만 公罪의 실질은 이미 그 형태를 갖추고 있다고 지적하였다.[251] 水間大輔는 《嶽麓書院藏秦簡(叁)》 중 공범처벌에 관한 여러 案例에 대한 분석을 통하여 秦漢 시대에 공범을 처벌하는 원칙은 공범자 전체를 통일한 형벌에 처한다는 것을 재차 설명하였다.[252] 陶安은 출토자료와 전세문헌을 결합하여 중국 전통법의 "共犯" 개념에 대한 검토를 진행하였다. 논문에서는 중국고대에는 制定法을 중시하였고, 이것과 大陸法은 상당히 가깝다고 보았다. 그러나 중국 古籍의 制定法 주의에는 상당히 농후한 판례법 요소가 포함되어 있음에 주의해야 하고, 중국 전통법이 영미법계와 비슷한 실천 지향을 갖추고 있다는 것으로 이 때문에 대륙법계의 개념을 "共犯"에 적용할 필요는 없다고 하였다.[253]

---

247) 朱紅林,「睡虎地秦簡和張家山漢簡與〈效律〉研究-簡牘所見戰國秦漢時期的經濟法規研究之二」,『社會科學戰綫』2014年 第3期.

248) 宋潔,「"具五刑"考-兼證漢文帝易刑之前存在兩個"五刑"系統」,『中國史研究』2014年 第2期.

249) 張新超,「秦代"城旦春"考辨-兼論秦律的一些特點」,『史學月刊』2014年 第10期.

250) 椎名一雄 著, 孫聞博 譯,「張家山漢簡〈二年律令〉所見爵制-以對"庶人"的理解爲中心」,『簡帛研究二○一三』.

251) 徐世虹,「秦漢律中的職務犯罪-以"公罪"爲考察對象」,『政法論叢』2014年 第6期.

252) 水間大輔,「〈嶽麓簡(三)〉所見的共犯處罰」,『華東政法大學學報』2014年 第2期;「〈嶽麓書院藏秦簡〉(叁)所見的共犯處罰」,『出土文獻與法律史研究』第三輯.

253) 陶安,「中國傳統法"共犯"概念的幾則思考」,『華東政法大學學報』2014年 第2期;『出土文獻與法律史研究』第三輯.

吳雪飛는 先秦秦漢의 법률용어인 "辟"의 함의에 대하여 정리를 진행하였다. 사법 중에서의 함의는 세 가지가 있다고 지적하였는데 첫째는 法 혹은 刑을 가리키는 것, 두 번째는 罪를 가리키는 것, 세 번째는 법의 집행·단죄를 가리키는 것이라고 하였다.[254]

2. 經濟

沈剛은 《里耶秦簡(壹)》 중의 자료에 의거하여 秦代 縣級 公田 관련 문제에 대한 토론을 진행하였다. 논문은 秦代에는 국가에 귀속되어 국가가 직접 관리하는 公田이 존재하는데 "田官"이 책임 관리를 하고 그 長官은 "田某"라고 칭하며 정지적인 고과를 받았다고 지적하였다. 公田의 주요 노동력은 刑徒 및 卒이고, 수확물은 노동자 자신이 필요한 것을 충족한 이외에는 나머지 부분 모두 국가에 상납하였다고 하였다.[255] 孫銘은 秦簡牘에 보이는 田租 징수 문제에 대하여 보충설명을 진행하였다. 논문은 秦代 田租의 징수는 田租와 芻稾稅를 주의하여 구분해야 하고 양자의 징수 단위는 같지 않다고 지적하였다. 구체적인 징수기준에서 田의 畝數·稅田·程 등 세 가지 항목의 요소를 종합하여 고려한다고 하였다.[256] 朱德貴는 嶽麓秦簡에 보이는 秦 시기의 "租禾"·"芻稾稅"·"臬稅"의 새로운 정보에 대한 분석을 진행하였다.[257] 朱聖明은 秦漢 시기의 "戶賦"에 대하여 전면적인 고찰을 진행하였는데 그 존재의 여부 및 성격·징수대상·내용·공정 및 관리 등에 관련한 것이다.[258] 韓樹峰은 秦漢에서 曹魏西晉에 이르기까지의 호적은 재산과 賦役을 기재하지 않았고, 北魏가 균전제를 실시해서야 비로소 재산과 賦役이 호적 기재의 요소가 되었다고 하였다고 주장하였다. 논문은 또한 호적의 변천과정·역사배경 특히 簡牘이 서사재료였던 것으로부터 호적의 기재내용에 대하여 형성과 제약 등의 각도에서 그 원인을 분석하였다.[259]

陳松長은 秦漢 문헌 중에서 繇의 의미와 관련하여 분석을 진행하였다. 그는 당시에 繇는 일반적 의미의 요역 혹은 고역 이외에도 繇使·繇役 등의 함의 역시 가지고 있고, 그중에 繇使類는 출장 가는 것과 유사한데 일반적으로 官吏는 수시로 모두 繇使의 가능성이 있다고 여겼다.[260]

朱德貴는 신간인 嶽麓秦簡 제3권 중 秦의 상품경제와 관련한 새로운 정보에 대한 분석을 진행하였는데 秦의 상품교환·시장관리·상업분규처리·동업경영·亭佐의 직능 등의 방면을 언급하였다.[261] 慕容浩는 秦漢시기의 "平賈"에 대한 계통 정리를 진행하였다. 논문에서 그는 漢代 문헌에 보이는 "平賈"는 漢代의 市署기구에서 시가 제정의 근거가 되는, 일종의 정부가 결정하는 가격이었다고 지적하였다. 구체적으로 각

254) 吳雪飛, 「先秦秦漢司法術語中的"辟"」, 『南都學壇(人文社會科學學報)』 2014年 第1期.
255) 沈剛, 「〈里耶秦簡(壹)〉所見秦代公田及其管理」, 『簡帛研究二〇一四』.
256) 孫銘, 「簡牘秦律中的田租徵收事務」, 『農業考古』 2014年 第6期.
257) 朱德貴, 「嶽麓秦簡所見"租禾"·"芻稾"稅和"臬稅"芻議」, 『史學集刊』 2014年 第5期.
258) 朱聖明, 「秦至漢初"戶賦"詳考-以秦漢簡牘爲中心」, 『中國經濟史研究』 2014年 第1期.
259) 韓樹峰, 「論漢魏時期戶籍文書的著錄內容」, 『簡帛研究二〇一四』.
260) 陳松長, 「秦漢時期的繇與繇使」, 『湖南大學學報(社會科學版)』 2014年 第4期.
261) 朱德貴, 「嶽麓秦簡奏讞文書商業問題新證」, 『社會科學』 2014年 第11期.

郡의 市署기구로부터 제정되었고 해당 郡에서 효력을 발휘하였다. 이 제도의 주기는 점점 단축되어 漢初는 매년 10월에 平賈하였고 왕망의 新 때에는 한 계절마다 한 번씩 수정되었으며 後漢은 "月平"이 출현하였다. "平賈"는 가격을 주도하는 기능이 있었을 뿐 아니라 政府가 민간상품가격에 대해 참견하는 수단이었는데, 심지어 정부의 통계·화폐환산 및 사법 안건에서의 양형과 배상에서도 광범하게 사용되었다.[262]

高榮은 簡牘자료에 근거하여 漢代 하서지역에 보이는 양식종류 및 명칭에 대한 정리와 고증을 진행하였다.[263] 馬怡는 전세문헌과 출토문헌을 결합하여 漢代 麻布의 원료·규격에 대한 고찰을 진행하였다. 이것을 토대로 또한 漢代 평민의 복장·옷감의 사용량·布價 등의 문제에 분석을 더하였다.[264]

3. 文化·禮儀與社會

1) 祭祀·禮儀

沈剛은 里耶秦簡에 보이는 "祠先農"의 기록에서 출발하여 그 제도 및 그것의 확립 원인에 대한 분석을 진행하였다. 또한 漢晉시기의 변천에서 이 제도를 고찰하였다.[265] 呂亞虎는 《日書》의 기재에 의거하여 戰國·秦·漢시기의 "祠行"신앙의 시간 선택·희생물 사용 상황·장소와 의식·"行神"원형 등의 문제에 대한 토론을 진행하였다.[266] 薛夢瀟는 전세문헌과 출토문헌을 결합하여 後漢郡守의 "行春"에 대한 고찰을 진행하였다. 논문은 "行春"은 비록 "行縣"을 모방하여 만든 것이지만 양자를 완전히 동일시 할 수 없다고 지적하였다. "行春"은 春月로 고정되어 있고 後漢郡守가 전적으로 담당했다. 게다가 의례의 전시를 방향으로 삼고 帝國의 시간 개념과 통치자의 신성권위를 강조한다. "行春"의 출현과 月令이 정치에서 영향력이 상승한 것과 밀접한 관련이 있는데 月令은 그 이론적 근거가 되었다. 그러나 이로 인하여 "行春"의 핵심이 비는 것을 초래하였고, 관철되기가 어려웠다.[267]

焦天然은 兩漢 都試와 漢簡에서의 秋射의 관계에 대한 토론을 진행하였다. 그는 漢簡에서의 秋射는 邊郡 都試이고 양자의 성격은 같으나, 단지 제도상에서 內郡과 일정한 차이가 있다고 보았다.[268]

汪受寬은 肩水金關漢簡에 보이는 "黑色"사람들에 대하여 일부분은 흑인종이 있다고 여겼다. 또한 이러한 특수한 무리의 생활연대·籍貫·이름·성별·신분·爵位·연령·신장 등의 문제에 대한 토론을 진행하였다.[269]

---

262) 慕容浩,「秦漢時期"平賈"新探」,『史學月刊』2014年 第5期.
263) 高榮,「漢代河西糧食作物考」,『中國農史』2014年 第1期.
264) 馬怡,「漢代的麻布及相關問題探討(修訂稿)」, 簡帛網 2014年12月25日.
265) 沈剛,「秦代祠先農制度及其流變」,『出土文獻研究』第十二輯.
266) 呂亞虎,「戰國秦漢時期的祠行信仰-以出土簡牘〈日書〉爲中心的考察」,『陝西師範大學學報(哲學社會科學版)』2014年 第3期.
267) 薛夢瀟,「東漢郡守"行春"考」,『中國史研究』2014年 第1期.
268) 焦天然,「兩漢都試考-兼論漢簡中的秋射」,『魯東大學學報(哲學社會科學版)』2014年 第1期.
269) 汪受寬,「肩水金關漢簡"黑色"人群體研究」,『中華文史論叢』2014年 第3期.

2) 術語

賈麗英은 西北漢簡 중의 "葆"의 함의에 대한 정리를 진행하였다. 出入關名籍 중의 "葆"는 대부분 신분의 성격으로 여겼고 "葆養傳馬" 중의 "葆"는 담보·보양 의미가 있는 것으로 여겼다. "葆天田" 등의 중에는 지키다·보수하다의 의미가 있다고 여기고 "塹"과 비교했을 때에는 또 邊塞 방어시설이라고 여겼다. 신분 성격의 "葆"는 고용된 노동자로 대부분 보통 서민이고 종종 성별의 차이가 없다. 또 이러한 고용관계는 장기적인 성질을 가지고 있는데 대부분 잡무노동에 종사하고 필연적으로 개인 종자의 성질을 가지고 있다.[270] 王笑通은 秦漢簡牘 중의 "兄"字 용법에 대한 정리를 통하여 "兄募"는 모집된 군사를 가리킬 수 있는 것 이외에 일종의 관직이라고 지적하였다.[271] 張新俊은 漢簡에서의 "養"이 내포하는 것 및 관련된 문제에 대해 정리를 진행하였다. 張家山漢簡《奏讞書》를 근거로 養의 일은 밥을 짓는 것 이외에 식사를 올리고 술을 빚는 일 등을 포함한다고 주장하였다. 또한 西北漢簡에서의 "養卒"은 아마도 전업 조리사를 가리키는 것일 것이라 하였다.[272] 何海龍·孟建升은 居延漢簡에서의 "養"에 대한 고찰을 진행하였다. 논문에서 그는 漢簡에서의 "養"은 吏卒에게 급식을 제공하는 취사병을 가리키는 것이고, 신분·노동 종류와 위치에 근거하여 吏養·卒養·公養과 私養의 네 종류로 나눌 수 있다고 주장하였다.[273] 王鳳·張世超는 秦漢의 출토자료와 전세문헌을 종합하여 "白衣"라는 단어의 변천에 대한 정리를 진행하였다. 논문에서 그는 이 단어가 세 방향에 따라 변화하였다고 주장하였다. 첫째는 백색의복에서 白衣會로, 다시 喪事로 파생되었다고 하였다. 두 번째는 백색의복을 입는 것에서 평민 백성이 파생되고 이는 前漢簡帛에서 자주 볼 수 있다고 하였다. 세 번째는 백색의복에서 "집에서 수행하는 자"로, 또한 사람들의 마음의 관세음보살의 백의 차림에 까지 파생되었다고 하였다.[274] 王貴元은 漢簡 중의 "行縢"(行勝)은 행전이 아니라 漢代의 두건 중 하나였다고 주장하였다. 즉 멀리 떠날 때 몸에 지닌 두건이라고 하였다. 또한 "常韋"가 행전을 가리키는 것이고 그것은 고대에 하의에 속하는데 常韋는 치마의 가죽으로 삼기도 하고, 하의의 부드러운 가죽으로 삼기도 하였다고 여겼다.[275]

4. 字形과 書風

1) 字形·字書와 用字

方勇은 秦簡 중의 "畁"字의 字形에 대한 분석을 진행하여 이 글자는 廾과 甾로 구성되었고 동시에 "甾"·"甾" 두 형태 및 그 용법에 대해 구분할 것을 제시하였다.[276] 黃文傑은 秦漢 시대 출토문헌 중의 古

---

270) 賈麗英, 「西北漢簡"葆"及其身份釋論」, 『魯東大學學報(哲學社會科學版)』 2014年 第5期.

271) 王笑, 「秦漢簡牘中的"兄"和"兄募"」, 『出土文獻與法律史研究』 第三輯.

272) 張新俊, 「張家山漢簡〈奏讞書〉中的"養"及相關問題」, 『簡牘學研究』 第五輯.

273) 何海龍·孟建升, 「居延漢簡所見"養"淺析」, 『中國社會經濟史研究』 2014年 第1期.

274) 王鳳·張世超, 「"白衣"溯源」, 『古籍整理研究學刊』 2014年 第3期.

275) 王貴元, 「釋漢簡中的"行勝"與"常韋"」, 『語言研究』 2014年 第4期.

體字와《說文解字》중의 古文과 籒文의 비교를 진행하여 秦漢의 古體字인 세 종류의 총 80개 글자를 수록하였다.[277]

梁靜은 출토자료와 전세 문헌을 총괄하여《蒼頡篇》의 첫 장의 내용에 내한 정리와 고증을 진행하였다.[278] 또한 "閭里書師本"《蒼頡篇》의 제5·6장에 대한 종합과 연구를 진행하였다.[279]

陳偉는 秦簡 중에서 秦의 避諱 글자인 "正"字 관련 자료를 정리한 후에 생각했던 것보다 더 복잡하고 일률적이지 않은 문제를 발견했다. 현재 초보적으로 확정할 수 있는 것은 같은 해에 "正月"이라 칭하기도 하고 혹은 "端月"이라 칭하기도 했다는 것이다. 양자는 사용 시기가 동일하지 않았는데, 秦王政시기에는 "正月"이라고만 칭하고 "端月"이라고 칭하지는 않았다. 秦始皇의 통일 초기인 26·27년에는 "端月"이라고만 칭했지 "正月"이라고 칭하지 않았다. 29년에서 36년까지는 "正月"이라만 칭하고 "端月"이라 칭하지는 않았다. 秦二世 元年에는 "端月"이라고만 칭하고 "正月"이라 칭하지 않았다.[280]

2) 書風研究

《出土文獻研究》제13집에는 秦漢簡帛 서체와 서풍을 연구한 글들이 수록되었는데, 그중에는 한 꾸러미나 단편의 간독자료에 대한 분석도 있고, 한 종류의 서체에 대해서만 전문적으로 한 연구도 있다. 단편 간독의 서체와 서풍에 대한 연구는《嶽麓書院藏秦簡(叁)》·[281] 北大藏西漢竹簡《老子》를 포함한다.[282] 한 꾸러미 간독의 연구는 里耶秦簡·[283] 馬王堆簡帛中的古文·[284] 阜陽漢簡隸書·[285] 居延漢簡 등이 있다.[286] 어떠한 한 종류의 서체에 대한 연구는 篆書·[287] 漢簡草書·[288] 草隸 등을 다룬다.[289] 李逸峰은 敦煌漢簡草書의 서사형태·부호의 통일성·사용한 붓의 상태·結字와 짜임·예술성 및 그 문화 등의 내용에 논점을 더하였다.[290]

---

276) 方勇, 「釋秦簡中"畀"及相關諸字」, 『簡牘學研究』第五輯.

277) 黃文傑, 「秦漢出土文獻中的古體字」, 『中山大學學報(社會科學版)』 2014年 第6期.

278) 梁靜, 「〈蒼頡篇〉首章的發現與研究」, 『簡帛研究二〇一三』.

279) 梁靜, 「"閭里書師本"〈蒼頡篇〉第五·六章的研究」, 『簡帛』第九輯.

280) 陳偉, 「秦避諱"正"字問題再考察」, 簡帛網 2014年8月27日; 「秦避諱"正"字問題再考察補證」, 簡帛網 2014年9月1日.

281) 陳松長·張以靜, 「〈嶽麓書院藏秦簡(叁)〉的書手辨析與書體特徵」, 『出土文獻研究』第十三輯.

282) 矢野千載, 「北京大學藏西漢竹書〈老子〉的筆法與隸變初探」, 『出土文獻研究』第十三輯.

283) 王焕林·向玉娥, 「里耶秦簡書法探略」, 『出土文獻研究』第十三輯.

284) 范常喜, 「馬王堆簡帛古文遺迹迩議」, 『出土文獻研究』第十三輯.

285) 胡平生, 「阜陽雙古堆漢簡隸書書法論」, 『出土文獻研究』第十三輯.

286) 冉令江·楊勇, 「日常書寫下簡牘書迹的藝術風格及其演變-以居延漢簡爲例」, 『出土文獻研究』第十三輯.

287) 荒金治, 「篆書中不同的幾種筆形趨向於"一"的時間」, 『出土文獻研究』第十三輯.

288) 李洪財, 「漢簡草書的草化方法再探」, 『出土文獻研究』第十三輯.

289) 橫田恭三, 「談草隸的産生及其真相」, 『出土文獻研究』第十三輯.

290) 李逸峰, 「敦煌漢簡草書略論」, 『簡牘學研究』第五輯.

5. 歷史地理

于薇重은 嶽麓秦簡에 보이는 "江胡郡"은 후대의 "淮陽郡"이라는 관점을 피력하였고 江胡郡의 定名·경계·연혁에 대한 고찰을 진행하였는데, 衡山郡의 기록에 의거하여 이러한 입장을 검증하였다.[291] 尤佳·吳照魁·崔建華는 漢初에는 응당 九原郡의 편제가 없었고, 陰山 남쪽 기슭 뒤의 五原郡에 속한 일곱 개의 縣은, 당시에는 동쪽으로 인접한 雲中郡의 관할이었을 가능성이 높다고 주장하였다. 그리고 武帝 元朔 2年에 이르러 漢 조정이 朔方郡을 설치하던 시기가 되어서야 雲中郡 서부를 나누어 五原郡을 설치했을 것이라고 하였다.[292] 晏昌貴는 현재 里耶秦簡에 보이는 고찰할 수 있는 郡縣에 대한 輯錄을 진행하였고, 모두 郡 조목14개·縣道邑95개가 된다.[293] 田炳炳은 肩水金關漢簡에 의거하여 馬孟龍의 "太常"은 郡이 아니라는 가설을 다시 주장하고 또한 "太常"簡은 응당 중앙관서로부터 온 것이라는 점과 그것이 관할하는 것에는 陵縣이 있다는 사실의 두 방면에서 이해해야 한다고 지적했다.[294]

趙志强은 秦漢時代에는 적어도 세 개의 西陵縣이 존재하였는데 하나는 江夏西陵, 다른 하나는 汝南西陵, 나머지 하나는 南陽西陵이고 張家山漢簡에 보이는 西陵은 응당 南陽西陵이라고 생각했다.[295] 王琢璽는 秦漢時代 銷縣의 위치에 대한 고증을 진행하였다. 그는 논문에서 銷는 응당 육로교통선상에 있고 지금의 荊門市 지역의 이북·子陵崗鎭 이남 일대나 혹은 지금의 荊門 子陵鋪 유지에 위치했을 것이라고 하였다.[296] 馬孟龍은 肩水金關漢簡 중의 "魏郡抑裴"·"上黨郡涅"·"淮陽郡贊" 등의 기록에 의거하여 《漢書·地理志》중의 文字 오류 및 착란에 대한 교정을 진행할 수 있는데, 漢代의 "贊"字는 沛郡 酇縣에서만 쓰이고, "鄼"은 南陽郡 酇縣에서만 쓰이며 漢初에 贊縣은 淮陽郡(國)에 속한다고 지적하였다. "栗縣"은 漢初에 梁國에 속하였고, 武帝 元朔 연간에 淮陽郡으로 깎여 들어갔고, 元康 3년 이후 沛郡으로 소속이 바뀌었다고 하였다.[297] 黃浩波는 金關漢簡 73EJT21:441의 기록에 의거하고 관련된 史實을 종합하며 定陽縣이 河東郡으로 소속이 바뀐 연대가 元始 4년 "分界郡國所屬, 罷·置·改易"의 시점이라고 추측하였다.[298]

孫兆華는 《肩水金關漢簡(貳)》중의 里名에 대한 정리를 진행하였고, 里名의 명명 특징과 규칙이 대해 토론하였다. 또한 각종 문헌에 보이는 長安의 里名에 대한 복원을 진행하였다.[299] 田炳炳은 《肩水金關漢簡(叄)》중의 郡國과 縣邑 자료에 대한 정리를 진행하였다.[300] 黃浩波 역시 이에 대한 정리를 하였는데 田炳炳과 결론이 같은 데에 그치지 않고 濟陰郡都 關縣·魏郡 貝丘·東陽侯國의 연대에 대한 논증을 진행하

---

291) 于薇, 「淺談嶽麓秦簡中的"江胡郡"與"衡山郡"」, 『古文字研究』 第三十輯.

292) 尤佳·吳照魁·崔建華, 「漢初九原地區置郡問題再探討」, 『歷史地理』 第二十九輯, 上海人民出版社, 2014.

293) 晏昌貴, 「里耶秦簡牘所見郡縣名録」, 『歷史地理』 第三十輯.

294) 田炳炳, 「簡牘文書中的"太常"」, 簡帛網 2014年 9月 23日.

295) 趙志强, 「西陵縣與"東故橃"」, 『出土文獻』 第五輯.

296) 王琢璽, 「秦漢銷縣小考」, 『中國歷史地理論叢』 2014年 第3輯.

297) 馬孟龍, 「談肩水金關漢簡中的幾個地名(二)」, 『中國歷史地理論叢』 2014年 第2輯.

298) 黃浩波, 「〈肩水金關漢簡(貳)〉所見'河東定陽'簡試釋」, 『歷史地理』 第二十九輯.

299) 孫兆華, 「〈肩水金關漢簡(貳)〉所見里名及相關問題」, 『魯東大學學報(哲學社會科學版)』 2014年 第2期.

300) 田炳炳, 「〈肩水金關漢簡(叄)〉所見縣名與里名」, 簡帛網 2014年 7月 22日.

였다.[301] 趙海龍은 肩水金關漢簡에 보이는 지명에 대하여 이어서 논의를 보충하였다.[302] 그는 또한 73EJT24:249에 보이는 "洀城販里"과 73EJT24:570·73EJT24:733 등의 簡에 보이는 "溫城販里"는 하나의 지역이라고 주장하였다.[303] 馬孟龍은《新舊漢簡所見縣名與里名》의 편집배열·문자 석독·簡號 방면에서 의 착오에 대한 교정을 진행하였고, 새로운 학술성과와 새로운 자료에 의거하여 내용을 증보하였다.[304] 趙海龍 역시 보충 작업을 하였다.[305]

唐俊峰은 A35大灣城遺址는 의심할 나위 없이 漢代 肩水都尉府의 治所였으나, 이는 漢成帝 元延·綏和 연간에 남쪽으로 이동하였고, 漢 조정은 원래의 A35城에 肩水北部都尉를 증설하였다고 생각했다. 肩水 都尉府가 남쪽으로 이동한 원인은 아마도 흉노와 한 조정의 관계와 밀접한 관련이 있는데, 이것은 成帝 가 군사조정을 행하여서 흉노의 보복을 예방하려는 조치였다.[306] 李并成은 懸泉漢簡Ⅱ0214①:130 및 기 타 문헌에서의 기록에 의거하여 漢代 酒泉郡 내에 설치된 11개의 "置"의 상황에 대한 고찰을 진행하였 다.[307] 王子今은 漢簡 중 "諸陵縣"과 관련한 사료에 대한 정리를 진행하였고, 치안·행정·里制 등의 방면 을 다루었다.[308]

6. 職官

郭洪伯은 秦漢 시대 縣道 등의 기층기구 부서 설치 상황에 대하여 체계적인 고찰을 진행하였다. 그는 논문에서 秦과 前漢 시기에 기층기구의 부서는 크게 稗官과 曹의 두 종류로 나눌 수 있다고 지적하였다. 稗官의 "官"은 행정조직을 표시하고, 통상 기층기구가 각 항의 대외사무를 집행하도록 하는 직능을 가진 부서이다. 그 지도층은 일반적으로 嗇夫와 佐로 구성되고 嗇夫를 수장으로 佐를 보조로 하였는데 양자의 직무는 비슷해서 하나를 생략할 수도 있었다. 그 지도층은 아래에 보조적 성격의 일과 기능적 성격의 일, 두 종류의 일을 처리하는 인원을 관할하는데 경우에 따라서는 보조적 일을 하는 인원은 생략할 수 있다. 曹는 令史·尉史 등으로 구성된 기층기구의 보조부서로, 그 직무는 稗官 활동의 감독·長吏를 위한 書寫 와 文書 수발·長吏와 稗官의 소통을 포함한다. 令史를 대표로 하는 보조부서의 구성원은 縣廷에서 曹와 나누어 업무를 처리하는데 다른 유형의 사무를 처리한다. 曹內에서 당직하는 인원은 掾史曹職의 원형을 구성한다. 초기에 稗官과 曹는 병립하였는데 後漢이 되면 稗官은 종적을 감추고, 이 부서는 보편적으로

301) 黄浩波, 「〈肩水金關漢簡(叁)〉所見郡國縣邑鄕里」, 簡帛網 2014年7月22日.

302) 趙海龍, 「〈肩水金關漢簡(壹)〉地名訂補」, 簡帛網 2014年8月23日; 「〈肩水金關漢簡(貳)〉地名補釋」, 簡帛網 2014年8月24日; 「〈肩 水金關漢簡(叁)〉所見地名補考」, 簡帛網 2014年8月31日.

303) 趙海龍, 「〈肩水金關漢簡(貳)〉"洀城販里"釋讀」, 簡帛網 2014年8月28日.

304) 馬孟龍, 「〈新舊漢簡所見縣名與里名〉訂補」, 『歷史地理』第三十輯.

305) 趙海龍, 「居延敦煌漢簡地名補釋」, 簡帛網 2014年9月19日.

306) 唐俊峰, 「A35大灣城遺址肩水都尉府說辨疑-兼論"肩水北部都尉"的官署問題」, 『簡帛』第九輯.

307) 李并成, 「漢酒泉郡十一置考」, 『敦煌研究』2014年 第1期.

308) 王子今, 「漢簡"諸陵縣"史料鉤沉」, 『簡牘學研究』第五輯.

曹의 형태로 나타난다.[309] 孫聞博은《五行大義》에 인용된《洪範五行傳》의 산실된 문장에 의거하여, 秦漢 시기의 출토 문헌 자료를 결합하여, 秦代에 이미 郡縣에 이미 曹가 설치된 상황을 지적하면서 曹・官은 구별이 있어 뒤섞어서는 안 된다고 하였다. 이외에 曹・官의 직무를 맡은 자에 대한 분석을 진행하였다.[310]

趙岩은 里耶秦簡・嶽麓秦簡 등의 자료에 의거하여 秦의 令佐의 직능과 지위에 대한 고찰을 진행하였다. 그는 令佐에 관련한 직능은 다양하고, 그 신분은 일반적인 佐史에 비해 높지만 有秩吏 보다는 낮고 대체적으로 令史의 지위에 상당한다고 생각했다.[311] 鄒水傑은 秦漢 시대, 縣의 田吏의 설치 상황에 대한 정리를 진행하였다. 그는 논문에서 대체적인 상황으로, 縣廷은 田嗇夫・田佐를 설치하였고, 都田嗇夫와 都田佐라고도 불렀으며 각각 鄉에서 떨어져 田部佐와 田部史를 설치하였을 것이라고 주장하였다. 또 里 중에는 田典을 설치하였다고 하였다.[312] 宋傑은 秦漢軍隊 중 "司空"의 변천에 대한 고찰을 진행하였다. 그는 논문에서 戰國 후기에서 漢初까지 軍隊 중의 司空의 직책은 주로 중앙 혹은 지방정부의 "司空"과 겸임하였는데, 평시에는 공무를 보고 전시에는 軍을 따라 출정한다고 지적하였다. 그 직책은 주로 行軍의 숙영과 攻城・守城작전 중의 토목작업 및 범법한 吏卒의 구금과 심판을 책임졌다. 前漢 중엽 이후에는 작전부대 중의 "司空"은 軍政이 분리되지 않은 상태에서 점차 이탈하여 專職軍官이 되었다. 後漢이후에는 또한 점차 사라졌다.[313] 賈一平・曾維華는 居延漢簡에 보이는 "左部司馬"의 "左"는 응당 보좌・협조의 뜻으로 이해해야 하고, "左部司馬"는 肩水都尉 소속으로 部司馬를 도와 변경방어의 임무를 지고 있는 軍事 종류의 職官이라고 지적하였다.[314] 莊小霞는 前漢 초기 家丞의 秩級이 三百石이고 前漢 만기에는 이미 比三百石으로 내려갔으며 後漢 시대에는 이것이 지속되었다고 주장하였다. 그는 일부의 전세문헌 중의 기록은 前漢 만기 이전의 제도가 반영된 것으로, 後漢의 家丞의 秩級은 응당 比三百石으로 정해졌다고 지적하였다.[315]

7. 文書制度

馬怡는 전세문헌과 출토자료를 종합하여 漢代 詔書의 분류에 대한 토론을 진행하였다. 논문은 "詔書"에는 광의와 협의 두 종류의 용법이 있다고 지적하였다. 광의의 조서는 조서 이외에도 策書・制書와 誡敕(戒書) 등 다양한 종류의 어용문서를 포함한다. 협의의 조서는 아랫사람에게 알려주는 성격의 어용문서를 가리킨다. 蔡邕은《獨斷》중 그것을 "三品"으로 나누었는데 즉, 황제가 관원에게 지시하는 것・奏書에

---

309) 郭洪伯,「稗官與諸曹-秦漢基層機構的部門設置」,『簡帛研究二〇一三』.
310) 孫聞博,「秦縣的列曹與諸官-從〈洪範五行傳〉一則佚文說起」, 簡帛網 2014年9月17日.
311) 趙岩,「秦令佐考」,『魯東大學學報(哲學社會科學版)』2014年 第1期.
312) 鄒水傑,「再論秦簡中的田嗇夫及其屬吏」,『中南大學學報(社會科學版)』2014年 第5期.
313) 宋傑,「秦漢軍隊中的"司空"」,『史學月刊』2014年 第7期.
314) 賈一平・曾維華,「居延漢簡"左部司馬"考」,『河南大學學報(社會科學版)』2014年 第6期.
315) 莊小霞,「漢代家丞補考」,『中國史研究』2014年 第4期.

대하여 "制可"한 것 및 중앙에서 발포한 각종 행성 명령과 공문서 등이다. 漢代 조서의 "三品"의 구분은 조서의 형성과정에서 결정된 것이다. 한 건의 조서는 황제 본인의 관계와 점점 직접적이고 밀접해 질수록 그 "品" 또한 높아진다. 논문은 또한 조서 三品의 특징과 기능에 대해 구별하여 분석을 진행하였다.[316]

侯旭東은 전세문헌과 출토자료에 의거하여 兩漢 시기의 上計 제도에 대한 고찰을 진행하였다. 논문은 郡國의 上計 제도는 前漢과 後漢에 있어서 약간의 변화가 발생하였음을 지적하였다. 前漢 시기에는 조정의 재정을 주관하여 관리한 곳은 丞相과 御史府로, 計吏와 皇帝의 사이에는 일반적으로 직접적인 연계가 발생하지 않았다. 後漢 光武帝 시기부터 計吏는 다음해 정월 초하루의 朝賀의 大典에 참여하여, 황제의 접견을 받고 황제의 질문에 대답하였다. 明帝 시기에는 여기에 明堂 제사와 上陵禮에의 참여가 더해졌다. 後漢시기에는 計吏와 황제의 대면에는 질문을 받는 것뿐만 아니라 관직의 수여를 받는 것도 있었고, 일부의 計吏는 刺史가 올린 상소를 대신 제출하는 업무를 담당하기도 했다. 이러한 변화는 光武帝가 황권을 강화하고 三公의 직권을 약화시키는 조치의 일부분으로, 明帝는 이를 답습하고 더하였다. 그러나 황제와 三公 사이의 힘겨루기에서 황제가 늘 승자였다고는 말할 수 없다.[317] 韓樹峰은 漢魏 호적문서의 典藏 기구의 변화에 대한 분석을 진행하다. 논문은 兩漢의 호적문서는 주로 簡牘에 쓰였는데, 이는 이러한 문서가 縣·鄕에서만 보관되는 상황을 조성했고, 郡·州 급의 중앙에서 보이는 호적문서는 計吏가 보고받았던 호구 통계이지, 진정한 의미의 호적은 아니었다고 지적하였다. 이러한 상황은 三國·西晉시기까지 계속되었고 東晉·16국 이후에서야 변화가 발생하였는데, 종이가 주요한 서사재료로 보급된 이후 縣 이상의 각급 관청이 호적을 보관하는 것이 점차 제도화되었다.[318]

鄒水傑은 里耶秦簡 중의 "敢告某主" 문서 격식에 대한 정리를 다시 하였다. 그는 평행과 상행문서의 격식은 비교적 고정되어 前漢 武帝 시기까지 계속되었다고 여겼다. 또한 그는 평행문서는 일반적으로 문서접수 기구 혹은 책임자를 써야했고, 상행문서는 일반적으로 문서접수 기구를 쓰지 않았다고 생각했다. 하행문서의 격식은 비교적 복잡하여 여러 종류의 격식이 병존한다고 하였다. 그중 "主"는 책임자를 표시한다는 의미가 아니라 일종의 부호화된 문서 양식의 용어라고 하였다.[319] 鄔文玲은 里耶秦簡을 자료로 하여 관문서용어 격식·공문의 발송과 문서접수 기관의 自稱과 對稱 등의 각도에서, 그중에 보이는 "守"·"主"의 명칭에 대하여 새로운 견해를 제시하였다. 논문에서 그는 "某主"가 문서 중에서 일종의 고정용어이고, 문서를 보내는 문서를 받는 담당자에게 보낼 때 사용되는 명칭으로 "존경을 보인다"는 의미를 지니고 있다고 하였다. 또한 "某守"는 문서를 보내는 담당자가 스스로를 칭할 때 많이 사용하는데, "자신을 낮추는" 의미를 지니고 있다고 하였다. "某守"·"某主"는 아마도 단지 秦代 관문서 용어의 규범과 습관과 관계가 있고, 구체적인 직관제도와 吏員의 설치와는 무관하다. 그러나 논문에서는 현재의 결론 역시 충분

---

316) 馬怡, 「漢代詔書之三品」, 『田餘慶先生九十華誕頌壽論文集』, 中華書局, 2014.

317) 侯旭東, 「丞相·皇帝與郡國計吏: 兩漢上計制度變遷探微」, 『中國史研究』 2014年 第4期.

318) 韓樹峰, 「論漢魏時期户籍文書的典藏機構的變化」, 『人文雜志』 2014年 第4期.

319) 鄒水傑, 「里耶秦簡"敢告某主"文書格式再考」, 『魯東大學學報(哲學社會科學版)』 2014年 第5期.

히 엄밀하지 못한 부분이 있다고 지적하면서 문서 발송자도 "守"라고 자칭하지 않는 경우도 있고, "守丞"과 "丞主"의 대응관계는 아마도 완전하게 성립하지 않았으며 "守丞"을 縣丞이 관부에 없을 때 임시로 그 직무를 대리하는 居守하는 丞의 가능성 등을 부정할 수 없다고 하였다.[320]

侯旭東은 居延漢簡의 "東漢永元兵物簿"·懸泉漢簡의 "傳車亶轝簿" 등의 사례를 통하여, 정기 簿書이건 부정기 簿書이건, 만들어진 정기문서 혹은 부정기문서는 구체적인 내용의 배열에서 모두 구체적인 내용은 앞에, 모文은 가장 마지막에 있다는 것을 지적하였다. 이에 근거하면 일반적인 簿籍類 冊書의 배열 역시 이것과 같다. 이러한 배열 구성은 응당 秦代에서부터 답습하여 唐代에 이르기까지 영향을 미쳤고, 일본에 파급되었으며 심지어 지하세계를 대상으로 하는 "衣物疏" 중에서도 이러한 영향을 받은 흔적을 찾을 수 있다.[321]

田家溧는 肩水金關漢簡을 중심으로 "致籍"·"出入名籍" 두 종류 문서에 대해 구분하고 판별하여 분석하였다. 논문에서는 "致籍"은 대부분 傳을 발행한 기구에서 미리 關의 입구 까지 轉途함으로써, 關의 吏가 傳·符를 지닌 자가 본인인지 아닌지를 조사하는 데에 제공되고, 이것에는 원문이 통지하는 성격의 문서 및 출행인원 명단의 부속 문건을 포함한다는 것을 지적했다. 또 "出入名籍"과 "致籍"의 격식은 유사하나 같은 종류의 문서에 속하지는 않고, 주된 구별은 "出入名籍" 상 명확한 출입관 기록 글자가 있다는 것이다.[322]

樂游는 西北邊塞에서 출토된 한 종류의 형태의 특징이 분명하고 내용이 "望"이라고 하는 모종의 봉화시설이 기본양식인 簽牌에 대한 종합 분석을 진행하였다. 그는 논문에서 지적하기를, 이러한 종류의 簽牌는 일종의 "望火頭"라고 불리는 候望 설치가 조준하고 있는 방향을 표시하는 데 사용되었고, 잠정적으로 "候望簽牌"라고 명명할 수 있다고 하였다. 이러한 종류의 簽牌는 대부분 단면에만 서사되어 있을 뿐만 아니라, 사용방법에서도 일반적으로 알려진 끈으로 이은 방식과는 다르며, 한 면이 바깥쪽을 향하게 해서 벽에 고정시켰을 것이다.[323]

李均明은 간독자료에 보이는 것을 근거로 하여 定稿簽名·合議(合審)簽押·付受簽押의 실태에 대해 각각 고찰하였다. 논문에서 그는 簽名은 自然人(natural person)이 직접 서사한 개성이 있는 簽名(姓名 혹은 名·姓)은, 사회관계에서 개인 신용 및 심미적 취향을 대표하는 시각 표지라고 지적하였다. 畫押은 簽名의 발전으로부터 말하자면 특정한 함의의 부호를 가리킨다. 이 두 가지는 종종 어울려서 사용되는데, 공통성도 가지고 있고 구별되는 점도 있다. 이 논문은 또한 簽名과 畫押의 서체 특징에 대해 귀납적 접근을 하였는데, 그 개성이 뚜렷하고 일반적으로 일상적으로 쓰는 글자체와는 다르며, 동일한 簽押은 안정적인 형체를 가지고 있으므로, 치밀한 설계를 거쳐 만들어진 것이라고 여겼다.[324]

---

320) 鄔文玲, 「"守"·"主"稱謂與秦代官文書用語」, 『出土文獻研究』 第十二輯.
321) 侯旭東, 「西北所出漢代簿籍冊書簡的排列與復原-從東漢永元兵物簿說起」, 『史學集刊』 2014年 第1期.
322) 田家溧, 「漢簡所見"致籍"與"出入名籍"考辨-以肩水金關簡爲中心」, 『史學集刊』 2014年 第6期.
323) 樂游, 「河西漢簡所見候望簽牌探研-兼論簽牌的一種使用方式」, 『簡帛研究二○一四』.
324) 李均明, 「簡牘所見簽名與畫押」, 『出土文獻研究』 第十三輯.

8. 曆法·數術과 方技

1) 曆法

工藤元男은 "元光元年曆譜"에 보이는 節氣·節日과 曆注 및 문헌 중의 "視日" 자료에 대한 정리를 통해 具注曆의 연원 및 "日書"·"視日"·"質日"의 관계를 토론하였다. 논문에서는 曆譜와 대조하지 않고 단지 《日書》만을 사용하여 진행한 점복은 대개 적합하지 않은 것이라고 여겼다. 서사재료가 종이로 바뀐 후에, 曆譜 상에 曆注를 서사하는 것은 바뀌기 쉬워졌고 이에 具注曆이 출현하였다. "視日"·"質日"은 모두 국가의 기층기구가 제작한 것으로 같은 기능을 가진 것이 아니었다. 그중 節氣·節日과 曆譜에서 구성된 《視日》은 "視日"이라 불린다. "質日"은 주로 官吏의 공무를 위해 만들어진 손으로 기록하여 사용한 曆譜지만 그 전승·원류는 여전히 불분명하다. "日書"는 秦漢시기 관료제·군현제의 발전과 밀접한 관계가 있는데, 이러한 제도의 발전은 官吏의 出行 기회를 크게 증가시켜, 이와 관련한 "日書"·"視日"·"質日"가 대량으로 출현 할 수 있었다.[325] 許名瑲은 漢王 元年(B.C.206)에서 漢武帝 元封7년(B.C.104) 4월의 曆日과 氣朔에 대한 복원을 진행하였다.[326]

2) 數術

晏昌貴는 日書《艮山》의 그림으로써 離日을 추산하는 방법에 대한 새로운 견해를 제시하였다. 그 요점은 다음과 같다. 簡文의 총체적인 독법 상, 簡文을 오른쪽에서 왼쪽으로 읽고 한 행을 다 읽은 뒤에 다음 행의 오른쪽부터 읽어서 마지막에 이른다. 다 읽고 다시 1행의 오른쪽부터 읽기 시작해서 순환하여 왕복한다. 논문은 또한 放馬灘秦簡의 "離日"을 이용하여 이 결론을 검증하고, 이것과 "易"의 관련성에 대해 토론하였다.[327] 白軍鵬은 스타인 제2차 중앙아시아 고고발굴이 획득한 1枚의 漢代 數術類簡에서 출발하여, 秦漢 간독을 결합하여 日書 중의 大時·小時·反支·解衙 등의 術語에 대한 또 다른 견해를 제시하였다.[328] 周敏華·周美華는 문헌사료와 고고자료를 종합하여, 秦漢 日書의 《盜篇》 중 띠와 관련된 기록 다섯 부분에 대한 보충과 정리를 진행하였다.[329]

3) 方技

周祖亮·方懿林은 秦漢 간백 중의 醫書에 대해 집중적인 校釋을 진행하고, 관련한 연구 목록을 엮었으며 모두 12종의 자료를 다루었다. 이 책은 또한 부분적인 질병·약물어휘에 대한 풀이를 진행하였다.[330]

---

325) 工藤元男 著, 薛夢瀟 譯, 「具注曆的淵源-"日書"·"視日"·"質日"」, 『簡帛』 第九輯.

326) 許名瑲, 「漢簡曆日考徵-氣朔篇(顓頊曆之一)」, 簡帛網 2014年6月17日; 「漢簡曆日考徵(二)-氣朔篇(顓頊曆之二: 文帝後元元年~武帝元封七年四月)」, 簡帛網 2014年6月29日.

327) 晏昌貴, 「日書"艮山·離日"之試解」, 『周易研究』 2014年 第1期.

328) 白軍鵬, 「秦漢簡牘所見日書相關問題考察」, 『簡帛研究二○一三』.

329) 周敏華·周美華, 「對秦漢簡牘〈盜篇〉中五則生肖記述的再補充」, 『出土文獻研究』 第十三輯.

9. 語法

劉嬌는 전세본 및 다양한 출토본《老子》에 의거하여, "大制無割"은 응당 제 29장의 맨 첫 장이고, 그 앞의 "故" 혹은 "夫"는 발어사라고 주장하였다.[331]

10. 기타

1) 종합서술과 연구목록

魯家亮은 2013년 秦漢魏晉簡牘研究의 주요성과에 대한 간략한 서술을 진행하였다.[332] 張燕蕊는 2013년 秦漢史 연구에 대한 종합 서술을 진행하였고, 또한 2013년 간독연구의 상황을 특별히 한 절을 만들어 소개하였다.[333] 鄭子良은 銀雀山漢簡의 연구에 대한 종합서술을 진행하였다.[334] 簡帛醫藥 방면의 문서에 대해서는 3편의 글이 그 소개와 종합서술을 진행하였다.[335] 張英梅·李迎春은 西北師大簡牘學科 발전의 상황을 소개하고, 최근 몇 년의 簡牘學科 석·박사 논문에 대한 종합서술을 진행하였다.[336]

工藤元男 등은 최근 몇 년간 일본 秦簡 연구의 상황에 대한 소개를 이어갔다.[337] 尹在碩은 2009~2012년간의 한국의 秦簡연구에 대한 소개를 진행하였다.[338] 蘇俊林은 일본 走馬樓吳簡의 연구에 대한 종합서술을 진행하였다.[339] 戴衛紅은 韓國木簡 발견의 기본적인 상황을 소개하고, 한국의 학자가 한국목간·중국간독을 연구하는 상황을 구별하여 종합서술을 진행하였다. 말미에는 한국의 목간연구단체 및 2012~2013년의 주요 학술활동을 소개하였다.[340]

2) 書評과 專書校訂

秦鳳鶴은《敦煌馬圈灣漢簡集釋》에 대한 평가를 진행하였는데, 도판·釋文·注釋·체례 등의 방면을 다루었다.[341] 王輝·王偉는 1999년 후 새로 나온 秦의 출토문헌 일부를 보충하였고,《秦出土文獻編年訂補》

---

330) 周祖亮·方懿林, 『簡帛醫藥文獻校釋』, 學苑出版社, 2014.

331) 劉嬌, 「〈老子〉中與章節分合有關的提起連詞"故"」, 『古文字研究』 第三十輯.

332) 魯家亮, 「2013年秦漢魏晉簡牘研究概述」, 『簡帛』 第九輯.

333) 張燕蕊, 「2013年秦漢史研究綜述」, 『中國史研究動態』 2014年 第4期.

334) 鄭子良, 「銀雀山漢墓竹簡研究綜述」, 『出土文獻研究』 第十三輯.

335) 楊艷輝·張顯成, 「簡帛醫書文獻用字考據與古籍文獻整理研究」, 『東南學術』 2014年 第2期; 方成慧·周祖亮, 「簡帛醫書語言文字研究現狀與展望」, 『江蘇社會科學』 2014年 第5期; 周祖亮·方懿林, 「簡帛醫書方藥研究現狀與展望」, 『時珍國醫國藥』 2014年 第12期.

336) 張英梅·李迎春, 「西北師大簡牘學科發展現狀及近年碩·博士學位論文綜述」, 『簡牘學研究』 第五輯.

337) 工藤元男 等, 「日本秦簡研究現狀(續)」, 『簡帛』 第九輯.

338) 尹在碩, 「韓國的秦簡動態(2009-2012)」, 『簡帛』 第九輯.

339) 蘇俊林, 「日本走馬樓吳簡研究綜述」, 『簡帛研究二〇一三』.

340) 戴衛紅, 「近年來韓國木簡研究現狀」, 『簡帛』 第九輯.

341) 秦鳳鶴, 「〈敦煌馬圈灣漢簡集釋〉評介」, 『中國史研究動態』 2014年 第6期.

한 권을 완성하였다.[342] 《漢晉簡牘論叢》은 謝桂華 선생의 漢晉간독과 관련한 논저 34편을 수록하였는데 이는 그의 漢晉간독 연구의 정수이다.[343]

3) 簡册制度

馬怡는 畫像石·靑瓷俑 등 여덟 사례의 자료에 의거하여, 간독 시대의 서사자 신분·서사 자세·서사재료·문구 등 방면의 정보에 대한 분석과 개괄을 진행하였다.[344] 邢義田은 문헌과 실물 두 방면의 자료에 의거하여, 일어서거나 앉아서 손에 종이와 붓을 잡고 글씨를 쓰는 자세 이외에 탁자에 엎드려 글씨를 쓰는 것이 더 보편적인 자세였음을 지적하였다. 또한 다른 자세도 존재할 수 있으나 단지 문헌이나 도상자료의 기록에 보이지 않는 것이라고 지적하였다.[345]

4) 少數民族 및 海外簡牘研究

尹善泰는 한국 나주 복암리 출토의 백제목간에 대한 釋讀을 기초로 하여, 백제 호적 격식에 대한 복원을 진행하였다. 또한 그것과 중국 西魏 大統13년과 일본 西海道 戶口籍의 관계에 대해 토론하였다. 이밖에 논문에서 그는 복암리 지역은 "豆肹城"이고 응당 7세기 초 軍那·半那 등지를 통합한 郡治라고 지적하였다.[346]

투고일: 2015. 10. 16.   심사개시일: 2016. 10. 19.   심사완료일: 2016. 11. 11.

---

342) 王輝·王偉, 『秦出土文獻編年訂補』, 三秦出版社, 2014.

343) 謝桂華, 『漢晉簡牘論叢』, 廣西師範大學出版社, 2014.

344) 馬怡, 「簡牘時代的書寫-以視覺資料爲中心的考察」, 簡帛網 2014年3月7日.

345) 邢義田, 「伏几案而書(訂補稿)-對中國古代書寫姿勢的再思」, 簡帛網 2014年6月7日.

346) 尹善泰 著, 戴衛紅 譯, 「韓國羅州伏巖里出土百濟木簡的釋讀及其用途分析-兼論7世紀初百濟的地方統治」, 『簡帛研究二○一四』.

陳松長, 「秦漢時期的縣與縣使」, 『湖南大學學報(社會科學版)』 2014年 第4期.

簡牘整理小組編, 『居延漢簡(壹)』, 中研院史語所, 2014.

陶安, 「〈爲獄等狀四種〉標題簡 "奏"字字解訂正─兼論張家山漢簡〈奏讞書〉題名問題」, 『中國古代法律文獻硏究』 第八輯.

魯家亮, 「甘肅臨澤西晉〈田産爭訟爰書〉芻議」, 『簡帛』 第九輯.

魯家亮, 「放馬灘秦簡乙種〈日書〉 "占雨"類文獻編聯初探」, 『考古與文物』 2014年 第5期.

陸平, 「南京六朝博物館藏日書零簡釋證」, 簡帛網 2014年8月19日.

凌文超, 「走馬樓吳簡擧私學簿整理與硏究─兼論孫吳的占募」, 『文史』 2014年 第2輯.

李均明, 「簡牘所見簽名與畫押」, 『出土文獻硏究』 第十三輯.

馬怡, 「漢代的麻布及相關問題探討(修訂稿)」, 簡帛網 2014年12月25日.

方勇, 「釋秦簡中 "畀"及相關諸字」, 『簡牘學硏究』 第五輯.

四川省文物考古硏究院·靑川縣文物管理所, 「四川靑川縣郝家坪戰國墓群M50發掘簡報」, 『四川文物』 2014年 第3期.

宋少華·張春龍·鄭曙斌·黃樸華, 『湖南出土簡牘選編(一)』, 嶽麓書社, 2013.

水間大輔, 「〈嶽麓簡(三)〉所見的共犯處罰」, 『華東政法大學學報』 2014年 第2期

王子今, 「里耶秦簡與 "閭左"爲 "里佐"説」, 『湖南大學學報(社會科學版)』 2014年 第4期.

王子今, 「長沙五一廣場出土待事掾王純白事木牘考議」, 『簡帛』 第九輯.

于振波, 「統計學方法與走馬樓吳簡硏究」, 『簡牘學硏究』 第五輯.

尹善泰 著, 戴衛紅 譯, 「韓國羅州伏巖里出土百濟木簡的釋讀及其用途分析─兼論7世紀初百濟的地方統治」, 『簡帛硏究二○一四』.

尹在碩, 「韓國的秦簡動態(2009-2012)」, 『簡帛』 第九輯.

田炳炳, 「〈肩水金關漢簡(叁)〉所見縣名與里名」, 簡帛網 2014年7月22日.

鄭曙斌·張春龍·宋少華·黃樸華, 『湖南出土簡牘選編』, 嶽麓書社, 2013.

中國文物硏究所·阜陽地區博物館·阜陽漢簡整理組(胡平生 執筆), 「阜陽雙古堆漢簡〈莊子〉」, 『出土文獻硏究』 第十二輯.

陳松長·張以靜, 「〈嶽麓書院藏秦簡(叁)〉的書手辨析與書體特徵」, 『出土文獻硏究』 第十三輯.

陳偉, 「敦煌一棵樹烽燧遂漢簡09dh-2校讀」, 簡帛網 2014年12月31日.

陳偉, 「秦避諱 "正"字問題再考察」, 簡帛網 2014年8月27日

邢義田, 「伏几案而書(訂補稿)─對中國古代書寫姿勢的再思」, 簡帛網 2014年6月7日.

湖南省文物考古硏究所, 「龍山里耶秦簡之 "徒簿"」, 『出土文獻硏究』 第十二輯.

胡平生, 「也説 "作徒簿及最"」, 簡帛網 2014年5月31日.

横田恭三,「談草隷的産生及其真相」,『出土文獻研究』第十三輯.

侯旭東,「丞相·皇帝與郡國計吏: 兩漢上計制度變遷探微」,『中國史研究』2014年 第4期.

〈Abstract〉

Summary of the study bamboo slips of Qin-Han-Wei-Jin by 2014

Lu, Jia-liang

This paper is mainly about the brief introduction of the research on bamboo slips in the Qin and Han Dynasties in the year of 2014. The style, classification and collecting principle are basically the same as those summarized in previous years, and a few important achievements of the past years have also been added. Wei and Jin bamboo slips research scholars interested in providing a little convenience, its omissions and shortcomings also please readers forgive me.

▶ Key words: Qin Dynasty, Han Dynasty, Wei Dynasty, Jin Dynasty, Bamboo Slips

한/국/고/대/문/자/자/료 연/구

한국목간학회와 성균관대학교 동아시아학술원이 공동으로 주관한《한국 고대 문자자료 연구모임》에서는 그간 널리 알려졌던 금석문과 신출토 문자자료에 대해 연구할 수 있는 모임을 발족했다. 여기에서는 신진연구자들이 중심이 되어 기존의 판독문의 재보완 및 새롭게 해석할 수 있는 부분들을 소개하고, 아울러 한국 고대 문자자료에 대한 폭 넓은 이해와 연구자의 역량을 키울 수 있는 장을 마련하고자 한다. 연구의 결과물은 백제·고구려·신라 편으로 나누어 책으로 출간할 예정이다.[편집자]

高乙德 墓誌銘

정동준[*]

Ⅰ. 개관
Ⅱ. 판독 및 교감
Ⅲ. 역주(번역+주석)
Ⅳ. 연구쟁점

〈국문초록〉

高乙德 墓誌銘은 최근 陝西省 西安市 雁塔區 三兆村 남쪽 부근에서 출토되었다. 묘지명에 따르면 高乙德은 618년에 출생하여 699년에 82세로 사망하여 묘지명에 출토된 杜陵 부근에 매장되었다. 이 묘지명은 탁본의 상태가 좋아서 판독에 이견이 있는 글자가 적고, 특히 기존 사료에서 보이지 않던 고구려의 관직이 다수 보여서 주목되었다.

묘지명의 내용은 크게 네 부분으로 나누어 볼 수 있다. 첫 번째 부분은 묘지명의 제목, 묘주의 출신에 대한 간략한 소개, 高氏의 유래와 활동, 조부와 부친의 관력과 인물 등을 서술하고 있다. 두 번째 부분은 묘주가 고구려에서 태어나 관직생활을 하던 시기까지의 행적, 묘주가 고구려에서 唐으로 귀순하여 이주하는 과정, 唐에서 묘주의 관력 등을 서술하고 있다. 세 번째 부분은 묘주의 장례, 묘지의 작성 등을 서술하고 있다. 네번째 부분은 명문인데, 시조부터 아버지까지의 역대 선조, 고구려에서의 활약과 唐에의 귀순, 唐에서의 활약과 묘주의 사망, 묘주의 장례 등에 대하여 압축하여 표현하고 있다.

▶ 핵심어: 고구려, 유민, 高乙德, 묘지명, 執垧事, 中裏

* 충남대학교

I. 개관

「高乙德 墓誌銘」은 최근 중국 西安의 杜陵(현재의 中國 陝西省 西安市 雁塔區 三兆村 남쪽) 부근에서 출토되었다. 묘지는 蓋石와 誌石의 한 세트인데, 蓋石에는 楷書로 12행, 행당 12자 총 139자를 음각하였고, 誌石은 높이 37㎝, 너비 약 37.5㎝이며, 묘지 서문은 모두 21행, 행당 21자인데, 제1행은 25자이고, 마지막 행은 16자로 총 433자(여호규, p.252) 또는 434자로 파악된다(葛繼勇, 2015, p.305; 李成制, p.178). 이 묘지에는 唐代 고구려인 고을덕 가문의 가계, 관력, 업적 등과 더불어 唐 초기의 중대한 정치적 사건 등이 기재되어 있어, 매우 중요한 새로운 사료이다. 고을덕의 사적은 문헌사료에 보이지 않으므로 더욱 가치가 있는 사료라고 할 수 있다.

필자는 작년(2015년) 8월 4일에 이 묘지명을 최초로 한국에 보고한 鄭州大學 葛繼勇 교수에게 새로운 묘지명이 출토되었다는 정보를 입수하고, 여호규 교수와 함께 그가 소장한 탁본도 실견할 수 있었다. 葛 교수는 최초로 출토 정보를 알려준 것은 洛陽師範學院 毛陽光 교수이고, 한국에 입국하기 전에 毛 교수를 통해 탁본을 입수하였다고 한다.

葛 교수는 한국 체재기간(8월 2일~9월 5일)에 이 묘지명을 보고하는 초고를 작성하여 귀국 후『한국고대사연구』에 게재하였다. 최근 葛 교수는 毛 교수에게 들은 정보를 필자에게 알려주었는데, 지금까지 알려지지 않았던 이 묘지명의 실물은 洛陽의 개인수집가가 소장하고 있다가 洛陽 주변의 宜陽縣으로 귀향하여 지하에 수장 중이어서 보기가 힘든 상태라는 것이었다. 葛 교수는 대신 洛陽에 가서 九朝刻石文字博物館에서「李隱之 墓誌銘」의 실물을 견학하였고, 그 결과를 8월에 한국에서 발표하였다.[1]

본래 이 묘지명을 학계에 최초로 보고한 것은 작년 7월에 소개 글을 게재한 吉林大學의 王連龍 교수이다. 王 교수는 인터넷 포털 사이트에서「高乙德 墓誌銘」의 탁본을 보았다고 하면서 "문자의 서법과 史實을 통해 봤을 때 진품이 분명하다"고 지적하였다(葛繼勇, 2015, p.305). 그러나 논문을 발표하면서 정작 탁본을 첨부하지 않아 진위논쟁을 촉발시키는 데에 일조하게 되었다. 그 탓인지 이 묘지명은 발견되어 한국학계에 보고된 이후 인터넷상에서 진위논쟁이 있었다.[2] 그렇기에 이 묘지명에 대해서는 진품임을 먼저 증명한 후 구체적인 분석을 할 필요가 있다.

먼저 문제가 제기된 것은 서체에 대한 것이다. 그러나 당시의 일반적인 서체를 따르지 않는다고 하여 위작이라고 보는 것은 위험한 추론이다. 만약 묘지명이 3품 이상의 고위 관인을 대상으로 하여 제작과정에 조정이 개입하였다면 일반적인 서체를 따를 가능성이 높겠지만, 이 묘지명이나「陳法子 묘지명」처럼 고위 관인이 아니어서 조정에 개입한 흔적이 보이지 않는 경우라면 서체는 당대의 유행과 무관할 수 있다고 생각된다. 더군다나 이 묘지명은 개석에 해서로 명문을 작성하고 있어 전서로 표제만을 작성하는

---

1) 葛繼勇,「入唐高句麗人的出自考察-兼釋李隱之·李懷父子墓誌-」,『古代 동아시아 石刻研究의 새로운 방향』, 2016년 8월 24일 ~25일, 동북아역사재단.
2) 소위 近出한 고을덕(高乙德) 묘지명에 관하여 http://blog.naver.com/about835/220526040507

당시의 관례에서 벗어난 예외적 사례에 속하는 점에(葛繼勇, 2015, p.311) 비추어 보더라도, 일반적인 서체를 따라가는 것이 오히려 이상할 것이다.

다음으로 高宗의 이름을 피휘하지 않았다는 지적이 있었다. 그러나 唐代 묘지명을 알려진 것만이라도 조사해 보면 피휘되지 않은 예외적 사례를 발견하는 것이 어렵지 않다. 특히 이 묘지명처럼 고구려 출신임을 감추려 하지 않는 입장이라면 더욱 피휘의 필요성은 낮아질 것이다. 서체의 사례처럼 예외적이라고는 할 수 있어도 위작이라고 할 수 있는 근거는 될 수 없다.

'東土', '西朝' 등의 용어 사용이나 '權殯'에 대한 지적 또한 고위 관인의 묘지명이라면 합당한 내용이 될 수 있다. 그러나 唐에 거주하는 고구려인이나 고구려에 친숙한 사람이 작성하였을 것이라는 추정(葛繼勇, 2015, pp.311~312)을 고려하면, 용어 사용이 고구려 기준이라고 해서 문제될 것이 없고 '權殯' 또한 唐이 아닌 고구려의 예법을 따른 것으로 설명이 가능하다.

실제 이러한 지적들을 한 글에서는 마지막에 "천남생, 고자나 천남산의 묘지명의 풍격과 전혀 다른 이 졸렬한 묘지명은 대체 어느 때 누가 지은 것인가?"라고 마무리짓고 있는데, 高乙德의 관품이나 관인으로서의 지위가 그들에 못 미쳐서, 조정이 묘지명 작성에 개입하지 않았기(葛繼勇, 2015, pp.311~312) 때문에 생긴 현상이 대부분이다. 이것만으로 위작이라고 한다면 陳法子 묘지명 등도 위작이라고 판정해야 합당할 것이다.

위와 같은 잘못된 지적은 唐代 묘지명 중 내지인, 그것도 주로 고위 관인의 것만 분석한 결과를 이 묘지명에 적용하는 오류를 범하였다고 할 것이다. 묘지명의 주인공인 고을덕이 생전에 역임했던 최고 관직은 左淸道率府에 예속된 頻陽府의 折衝都尉로 3품에 미달하므로, 이 묘지명의 규격은 묘지 주인공이 생전에 역임했던 관직의 품계에 부합하며,[3] 이상하거나 예에 어긋난 점이 없다는 지적은(葛繼勇, 2015, p.311) 오히려 타당할 것이다.

실제로 묘지명이 출토된 후 지금까지 3편의 논고가 발표되었지만, 3편 모두 위작의 가능성을 부정하고 있다. 위작의 가능성이 의심되는 경우는 실물의 존재가 불확실하고, 심지어는 탁본조차도 소재를 알 수 없는 상황일 것이다. 이 묘지명은 확인되지는 않았으나 실물의 소재가 알려져 있고, 탁본도 이미 공개되어 있는 데다가, 형식이나 내용면에서도 당시의 일반적인 관례에 비추어 예외적일 뿐 위작이라고 볼 만한 근거는 아직 발견되지 않았다. 따라서 이 글에서는 이 묘지명이 진품임을 전제로 하여 논의를 전개하고자 한다.

II. 판독 및 교감

판독문과 판독안을 소개하면 다음과 같다. 판독문은 葛繼勇, 2015, pp.306~309의 석문을 필자가 탁본

---

3) 石見淸裕, 2007 「唐代墓誌史料の槪觀」, 『唐代史硏究』 10.

과 대조하여 검토한 결과대로 게재하였다. 측천문자는 판독문에는 원문에 가까운 형태로 제시하고 판독
안에는 이해의 편의를 위해 전부 통용자로 고쳤다.

1. 판독문

〈그림 1〉 고을덕 묘지명 지석 탁본(여호규, p.282)

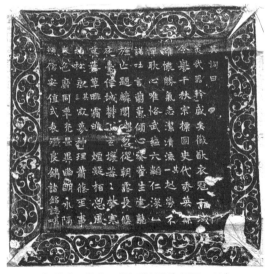

〈그림 2〉 고을덕 묘지명 개석 탁본(여호규, p.281)

2. 판독안

〈표 1〉「고을덕묘지명」 판독문(誌石)

21	20	19	18	17	16	15	14	13	12	11	10	9	8	7	6	5	4	3	2	1	
思	也	弟	二	將	清	奉	上	抗	軍	貴	夫	道	執	任	武	往	自	霸	公	大	①
既	煙	至	畵	軍	道	圍	至	之	問	端	承	史	坰	經	太	代	而	讛	德	周	②
不	雲	大	八	余	奉	盡	總	罪	襲	道	遷	陟	歷	王	而	聯	下	海		冠	③
逮	黯	足	囗	竝	府	忠	章	許	遼	史	執	任	數	中	榮	因	波	卜	軍	④
悼	靉	元	遂	依	頻	令	元	以	左	坰	事	評	政	裏	宗	命	白	囗	大	⑤
亦	原	乑	於	舊	陽	檢	高	歸	乎	事	公	臺	遷	小	繼	爲	囗	將	⑥
何	野	九	所	何	府	校	麗	降	率	公	乑	之	職	兄	冠	姓	生	軍	⑦
追	蒼	囗	任	期	折	本	之	兵	大	乑	遼	受	纓	執	公	精	行	⑧
爰	茫	廿	枕	逝	衝	土	失	禮	敵	龍	府	都	父	坰	緱	家	也	左	⑨
勒	寒	八	疾	水	至	東	政	二	朔	立	都	受	緱	事	歷	昔	清	⑩
哀	泉	囗	而	不	大	州	東	遂	元	志	督	督	寶	緣	家	今	道	率	⑪
銘	噎	發	然	定	周	長	土	蒙	乑	仕	督	即	即	辰	族	政	府	⑫
式	而	墳	春	生	西	史	歸	稽	彼	藏	又	奉	囗	即	龍	頻	⑬
光	含	於	秋	涯	稽	至	命	生	遷	王	教	其	大	興	陽	⑭
殲	悲	杜	八	有	二	西	衛	邦	王	中	彩	治	燕	炎	⑮
誅	風	陵	十	限	乑	亨	咸	西	受	追	裏	祖	土	靈	折	⑯
樹	之	至	朝	藍	皇	太	受	降	岑	也	傳	房	衝	⑰
吟	北	二	囗	稽	田	上	中	相	盧	囗	門	囗	據	都	⑱
而	合	權	歷	冠	乑	府	折	勅	裏	任	對	東	軒	統	尉	⑲
結	葬	殯	二	軍	稽	以	其	發	小	司	官	外	阝	蓋	三	韓	高	⑳
歎	禮	私	乑	大	左	公	長	拒	兄	南	依	官	受	建	遼	陽	競	㉑
																				德	㉒
																				墓	㉓
																				誌	㉔
																				并序	㉕

〈표 2〉「고을덕묘지명」 판독문(蓋石)

12	11	10	9	8	7	6	5	4	3	2	1	
顏	春	結	葉	夜	旌	諾	憚	雄	令	美	其	①
俗	色	松	蘀	臺	亡	吐	耿	懷	譽	哉	詞	②
安	靡	哀	草	佳	題	言	心	勝	千	器	曰	③
值	同	三	其	城	麟	蘭	唯	氣	秋	幹	④
式	乑	寂	晡	霜	閣	蕙	恪	志	宗	盛	⑤
表	㷌	慕	愷	々	二其	傾	武	潔	標	矣	⑥
殲	是	神	玄	忽	心	蘊	清	圖	徽	⑦
良	異	理	煙	壤	從	葵	六	流	史	猷	⑧
鑴	幽	蕭	凝	莓	朝	薈	韜	一其	代	衣	⑨
諸	明	條	栢	々	露	生	仁	起	秀	冠	⑩
銘	永	生	恩	林	長	建	深	勞	英	二	域	⑪
誌	隔	事	風	寒	偃	龍	一	不	謀	域	⑫
四其												⑬

[大]⁴⁾周冠軍大將軍·行左淸[道]率府頻陽折衝都尉高乙德墓誌[并序]⁵⁾

[公]⁶⁾諱德, 卞國東部人也. 昔火政龍興, 炎靈虜據. 三韓競霸, 四海騰波. 白日降精, 朱蒙誕▨⁷⁾. 大冶燕土, 正⁸⁾統遼陽. 自天而下, 因命爲姓. 公家氏族, 即其後也. 門傳軒蓋, 經往代而聯榮. 宗繼冠纓, 歷今辰而疊彩. 祖岑⁹⁾[東]¹⁰⁾阝¹¹⁾受建武太王中裏小兄·執垧事. 緣教責, 追垧事, 降黜[外]官, 轉任經歷數政, 遷受遼府都督. 即奉教, 追受對盧官, 依舊執垧事, 任評臺之職. 父孚受寶蔵王中裏小兄, 任南蘇道史. 遷陟大兄, 任海谷府都督. 又遷受太相, 任司府大夫, 承襲執垧事. 公年纔立志仕彼邦, 官受中裏小兄, 任貴端道史. 暨乎¹²⁾大唐龍朔元年, 天皇大帝勅發義軍, 問罪遼左. 公率兵敵戰, 遂被生擒. 聖上捨其拒抗之愆, 許以歸降之禮. 二年 蒙授右衛藍田府折衝·長上. 至總章元年, 高麗失政東土, 歸命西朝. 勅以公奉國盡忠, 令檢校本土東州長史. 至咸亨五年, 蒙授左淸道率府頻陽府折衝. 至大周天授二年, 加受冠軍大[將]軍, 余竝依舊. 何期[逝]水不定, 生涯有限. 至聖曆二年二月八日, 遂於所任枕疾而終. 春秋八十有二. [權]殯私弟. 至大足元年九月廿八日, 發墳於杜陵之北, 合葬. 禮也. 煙雲黯靉, 原野蒼茫. 寒泉噎而含悲, 風樹吟而結歎. 思¹³⁾既不逮, 悼亦何追. 爰勒哀銘, 式光殲誄.

其詞曰: 美哉器幹, 盛矣徽猷. 衣冠[二]域, 令譽千秋. 宗標圖史, 代秀英謀. 雄懷勝氣, 志潔淸流. 其一. 赳¹⁴⁾勞不憚, 耿心唯恪. 武蘊六韜, 仁深一諾. 吐言蘭蕙, 傾心葵藿¹⁵⁾. 生建龍旌, 亡¹⁶⁾題麟¹⁷⁾閣. 其[二]. 忽從朝露, 長偃夜臺. 佳城鬱鬱, 玄壤莓莓. 林寒葉[蕚], 草啡¹⁸⁾霜皚¹⁹⁾. 煙²⁰⁾凝柏思²¹⁾, 風結松哀. 其三. 寂蔓²²⁾神理, 蕭條人事. 春色靡同, 年光是異. 幽明永隔, 顏俗安值. 式表殲良, 鐫諸銘誌. 其四.

---

4) [大]: [大](李成制), 미판독(王連龍, 葛繼勇, 여호규)

5) [幷序]: [幷序](葛繼勇, 李成制, 여호규), 미판독(王連龍)

6) [公]: [公](李成制), ▨(王連龍, 葛繼勇, 여호규)

7) ▨: ▨(王連龍, 李成制), [孽](葛繼勇, 여호규)

8) 正: 正(王連龍, 葛繼勇, 여호규), 王(李成制)

9) 岑: 岑(王連龍, 葛繼勇, 여호규), 夸(李成制)

10) [東]: [東](王連龍, 여호규), 宀(葛繼勇, 李成制)

11) 阝: 阝(葛繼勇, 李成制), [部](王連龍, 여호규)

12) 乎: 乎(王連龍, 李成制, 여호규), 兮(葛繼勇)

13) 思: 思(葛繼勇, 여호규), 恩(王連龍, 李成制)

14) 赳: 赳(李成制), 赴(王連龍, 葛繼勇)

15) 藿: 藿(王連龍, 李成制), 崔(葛繼勇)

16) 亡: 亡(葛繼勇, 李成制), 止(王連龍)

17) 麟: 麟(葛繼勇, 李成制), 龍(王連龍)

18) 啡: 晜(王連龍, 李成制), 腓(葛繼勇)

19) 皚: 皚(葛繼勇), 皚(王連龍, 李成制)

20) 煙: 煙(葛繼勇), 烟(王連龍, 李成制)

21) 思: 思(葛繼勇, 李成制), 恩(王連龍)

22) 蔓: 蔓(葛繼勇), 夢(王連龍, 李成制)

1-1-⑪: [道]

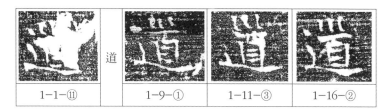

| 1-1-⑪ | 道 | 1-9-① | 1-11-③ | 1-16-② |

1-3-⑬: ▨

1-3-⑬	孽
	唐 歐陽通 泉男生墓誌

1-3-⑱: 甴(正)

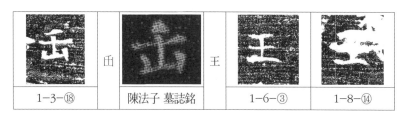

| 1-3-⑱ | 甴 | 陳法子 墓誌銘 | 王 | 1-6-③ | 1-8-⑭ |

1-5-⑰: 岑

| 1-5-⑰ | 岑 | 隋 龍華寺碑 | 夸 | 唐 史記殘卷 |

1-5-⑱: [東]

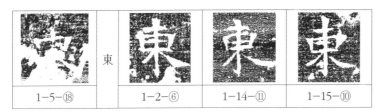

| 1-5-⑱ | 東 | 1-2-⑥ | 1-14-⑪ | 1-15-⑩ |

1-5-⑲: 阝

1-6-⑲: [外]

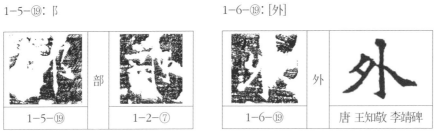

1-11-⑥: 乎

1-17-①: [將]

1-17-⑨: [逝]

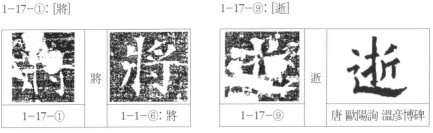

1-18-⑲: [權]

	權	
1-18-⑲		唐 歐陽詢 皇甫誕碑

1-21-①, 2-9-⑪: 恩(思)

		思		恩		恩	
1-21-①	2-9-⑪		隷辨		唐 孔穎達碑		

2-2-⑪: [二], 2-7-⑥: 其[二]

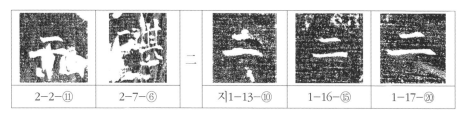

		二			
2-2-⑪	2-7-⑥		지1-13-⑩	1-16-⑮	1-17-⑳

2-4-⑩: 赴

	赴		赴	
2-4-⑩		唐 五經文字		唐 顏眞卿 放生泡帖

2-6-⑨: 萑

	萑	萑	雈	
2-6-⑨				唐 五經文字

2-7-②: 亡

	亡		止	
2-7-②		唐 閱紫錄儀		唐 佛地經

2-9-②: 蘀

	蘀	
2-9-②		唐 顔師古 等慈寺碑

2-9-④: 晆

	晆	晆	⿱日非	⿱日非	腓	
2-9-④						腓: 唐 文選

2-9-⑥: 暟

2-10-⑥: 夢

Ⅲ. 역주(번역+주석)

1. 大周冠軍大將軍行左淸道率府頻陽折衝都尉高乙德墓誌並序

　　해석: 大周[23] 冠軍大將軍[24]·行[25]左淸道率府頻陽折衝都尉[26] 高乙德 墓誌 및 序

2. 公諱德, 卞國東部人也. 昔火政龍興, 炎靈虜據. 三韓競霸, 四海騰波. 白日降精, 朱蒙誕▨. 大冶燕土,

---

23) 大周: 則天武后가 세운 왕조인 武周를 가리킨다. 1대로 끝났으며 690~705년에 존속하였다. 이 묘지명의 제작연대가 大足
　　元年(701)이므로 周의 존속기간에 해당된다.

24) 冠軍大將軍: 唐의 武散階로『舊唐書』職官志에는 정3품,『新唐書』百官志에는 정3품상으로 되어 있다.

25) 行: 唐代 이후로는 文散階나 武散階의 관품이 職事官의 관품보다 높으면 직사관 앞에 '行'을 붙였다. 묘주인 高乙德은 무산
　　계가 관군대장군으로 정3품이고 직사관이 折衝都尉로 정4품 이하여서 '행'을 붙인 것이다.

26) 左淸道率府頻陽折衝都尉: 左淸道率府 휘하의 절충부인 頻陽府 折衝都尉이다. 左淸道率府는 太子左右淸道率府의 하나로,
　　東宮 내외를 밤낮으로 순찰하는 일을 맡았다. 장관인 率은 정4품상이었다. 頻陽은 折衝府의 소재지 이름이다. 원래는 縣名
　　으로, 秦 厲公 21년(B.C.456)에 頻山 이남에 설치되어 頻陽이라고 하였다. 頻陽縣은 漢代 이후로 雍州 馮翊郡에 속하였다
　　가, 北魏 宣武帝 景明元年(500)에 폐지되었다. 頻陽府는 唐代에 京兆府 美原縣에 속하였고, 지금의 陝西省 富平縣 美原鎭
　　古城村 일대에 해당된다. 사료에는 頻陽府의 등급(上府·中府·下府)에 대한 기록이 없다(張沛, p.37; 葛繼勇, 2015, p.329).
　　折衝都尉는 절충부의 장관으로 上府일 경우 정4품상, 中府일 경우 종4품하, 下府일 경우 정5품하이다.『新唐書』儀衛志에
　　"淸道率府折衝都尉一人, 佩弓箭橫刀, 領騎三十; 亦佩橫刀十八人, 執稍九人, 挾弓箭三人, 持弩各二人騎從."이라는 기사가
　　있다.

正統遼陽. 自天而下, 因命爲姓. 公家氏族, 即其後也. 門傳軒蓋, 經往代而聯榮. 宗繼冠縷, 歷今辰而疊彩.

　　해석: 公의 諱는 德이고, 卞國[27) 東部人이다.[28) 옛날에 漢 왕조가[29) 龍처럼 일어나서[30) 漢 왕조가[31) 이적의 땅을 차지하니, 三韓이 패업을 다투고 四海가 파도를 헤치며 내달렸다.[32) 흰 태양이 정기를 내려서 朱蒙이[33) 誕▨하니, 燕 지역을[34) 크게 다스리고 遼陽을[35) 통일하였다. 하늘에서 내려와 운명으로 인하여 성으로 삼았으며, 公家의 씨족으로 곧 그 후예이다. 가문은 지위가 높고 귀한 사람을[36) 대대로 전하니

---

27) 卞國: 중국 고대의 卞國은 泗水縣(지금의 山東省 濟寧市 輅縣)이다. 그러나 이 묘지명의 '변국'은 삼한의 하나인 弁韓으로 고구려를 가리키는 것으로 보인다. 「泉男生 墓誌銘」에서 묘주가 卞國公에 봉해졌고, 「李他仁 墓誌銘」의 "祖福鄒, 本朝大兄, 父孟眞, 本朝大相, 並以鯤鷙, 景靈卞韓"라는 명문의 '卞韓'도 고구려를 가리키는 사례가 있어 이것을 뒷받침한다(葛繼勇, 2015, p.330; 2016, p.144; 李成制, pp.185~186). 이 묘지명에는 '高句麗'·'高麗' 등의 고구려를 가리키는 직접적 표현이 보이지 않음에도 불구하고 고구려의 건국신화, 왕명, 관직명 등이 보이고 있으므로, 고구려인인 高乙德의 출신지로서 고구려를 가리키는 단어라고 볼 수 있을 것이다.

28) 東部: 고구려 5부의 하나. 「後漢書」 高句麗傳에 있는 5부 관련기사에 唐 章懷太子 李賢이 주석한 내용에는 동부를 "一名左部, 即順奴部也."라고 하였다. 「翰苑」 高麗傳에는 "高麗稱無姓者, 皆內部也. 又內部雖爲王宗, 列在東部之下, 其國從事以東爲首, 故東部居上."이라는 기사가 있어 동부의 세력이 매우 강성하였음을 보여주고 있다. 실제 고구려 말기의 집권자인 淵蓋蘇文도 동부 출신이었다.

29) 漢 왕조가[火政]: 火政은 '불에 관한 정사'라는 뜻이어서 문맥상 맞지 않는다. '政'은 '正'과 통하기 때문에 '火正'의 다른 표기라고 볼 수 있다. 火正은 고대에 화성에 대한 제사와 불을 관장하는 관직이기도 하지만, 漢 왕조를 뜻하는 별칭으로 '火劉'라고도 하였다. 劉宋 謝靈運의 「撰征賦」에 "系列山之洪緒, 承火正之明光."이라는 기사가 있다. 火劉는 漢 왕조를 세운 劉氏를 가리키는 말로 火德으로 왕업을 이루었다고 하여 유래된 명칭이다. 「漢書」 王莽傳下에는 "諸欲依廢漢火劉, 皆沃灌雪除, 殄滅無餘雜矣"라는 기사가 있다. 王連龍은 "이 묘지의 火政은 堯舜 시기의 火政關伯을 가리킨다"고 하였으나(王連龍, p.33) 위의 용례로 보아 타당하다고 보기 어렵고, 漢 왕조를 뜻하는 火正으로 파악해야 할 것이다.

30) 龍처럼 일어나고[龍興]: 龍興은 제왕이 흥기함을 비유하는 말이다. 여기서는 漢 왕조가 흥기한 것을 비유한 것으로 보인다.

31) 漢 왕조가[炎靈]: 炎靈은 火德으로 개국한 漢 왕조를 가리킨다. 「文選」에 있는 南齊 謝朓의 「和伏武昌登孫權故城」의 "炎靈遺劍璽, 當塗駭龍戰."을 李善이 주석하여 "炎靈, 謂美也."라 하였다. 「李他仁 墓誌銘」에 "炎靈四郡, 即入堤封. 裒成九夷, 復歸正朔."라는 부분의 '炎靈'도 漢 왕조를 가리키는 사례이다(葛繼勇, 2015, p.331; 2016, p.145). 火政의 대구로 중복된 표현이다.

32) 파도를 헤치며 내달렸다[騰波]: 騰波는 파도를 헤치며 내달린다는 뜻이다. 晉 郭璞의 「江賦」에 "馬孛馬騰波以噓蹀, 水兕雷咆乎陽侯."라는 용례가 있다.

33) 朱蒙: 고구려의 개국시조 高朱蒙을 가리킨다. 이 묘지명에서 朱蒙을 좋은 말에 비유한 것은 말을 잘 타고 좋은 말을 알아보았다는 그의 건국신화와 관련이 되는 것으로 보인다. 또 묘지명에 朱蒙이 보이는 것을 통해 묘주인 高乙德이 朱蒙의 후손임을 표명한 것으로 볼 수 있다. 「泉男産 墓誌銘」에 "昔者東明感氣, 逾滤川而啓國; 朱蒙孕日, 臨溟水而開都."라는 명문이 나온다.

34) 燕 지역[燕土]: 고구려의 영역과 관련되는 燕은 크게 국가명과 지역명의 2가지를 상정할 수 있다. 국가명의 경우 하나는 戰國時代의 燕으로 고조선을 물리치고 遼東까지 영역을 확장하였다. 이와 관련하여 葛繼勇은 장수왕대에 고구려가 戰國時代 燕의 옛 땅인 遼東을 점령한 사실을 표현한 것으로 해석하였다(葛繼勇, 2015, pp.331~332). 그러나 실제 고구려의 영역 확대와 관련된 燕은 慕容垂가 세운 後燕(384~409)이고, 장수왕이 아니라 4세기 말에 광개토왕이 後燕의 遼東을 빼앗은 것으로 알려져 있다. 따라서 국가명일 경우 이 燕은 後燕으로 보는 것이 타당할 것이다. 반면 지역명일 경우 北京을 중심으로 하는 전국시대 옛 燕의 영역에 해당되어 대체로 中原에서 보아 동북쪽 지역을 가리키는 말로 볼 수 있는데, 대구로 遼陽이 나온다는 점에서 동일한 실체의 다른 표현으로 볼 수 있다. 이 글에서는 대구라는 점을 중시하여 지역명으로 파악하고자 하지만, 後燕을 염두에 두었을 가능성에도 주의하고자 한다.

35) 遼陽: 지금의 遼陽市를 가리키는 단어이지만, 이 묘지명에서는 문맥상 보다 넓은 범위인 遼東을 지칭하는 것으로 보인다. 앞서 나온 '燕土'의 대구이자 중복된 표현으로 파악된다.

36) 지위가 높고 귀한 사람[軒蓋]: 軒蓋는 덮개 있는 수레로서 신분이 높은 자가 타기 때문에, 전하여 지위가 높고 귀한 사람을

지난 시대를 거치며 잇달아 영화로웠고, 宗族은 官爵을[37] 계속하니 오늘날을 지나며 거듭 빛났다.

3. 祖岑東阝, 受建武太王中裏小兄, 執坰事. 緣教責, 追坰事, 降黜外官, 轉任經歷數政, 遷受遼府都督. 即奉教, 追受對盧官, 依舊執坰事, 任評臺之職. 父孚受寶藏王中裏小兄, 任南蘇道史. 遷陟大兄, 任海谷府都督. 又遷受太相, 任司府大夫, 承襲執坰事.

　　해석: 조부 岑은 東部인데,[38] 建武太王에게[39] 中裏小兄을[40] 받고 坰事를[41] 담당하였다. 教로 책임을 지운 것으로[42] 말미암아 坰事를 추궁하니, 外官으로 강등되어 옮겨다니며 임명되어 여러 관직을 거치고 나서, 승진하여 遼府都督을[43] 받았다. 곧 교를 받들어 對盧官을[44] 고쳐 받고 예전 그대로 坰事를 담당하

　　이른다. 晉 陸機의「晉平西將軍孝侯周處碑」에 "軒蓋列於漢庭, 蟬冕播於陽羨."라는 명문이 나온다.

37) 官爵[冠纓]: 冠纓은 본래 갓끈을 가리키지만, 전하여 官爵을 뜻하게 되었다. 唐 李白의「古風」19에 "俯視洛陽川, 茫茫走胡兵, 流血塗野草, 豺狼盡冠纓."이라는 표현이 나온다.

38) 東部인데: 글자상으로는 오른쪽 '阝'만 보이지만, 조부 岑은 묘주 高乙德와 같은 東部 소속이라는 내용이 나와야 문맥에 맞다.

39) 建武太王: 고구려 27대 왕인 榮留王으로 이름이 高建武이기 때문에 고구려왕의 칭호인 '太王'을 붙여 建武太王이라고 한 것이다.『三國史記』卷20, 高句麗本紀8에도 본문에는 '榮留王'이라고 되어 있지만, 목록에는 '建武王'이라고 되어 있으며 다른 곳에도 '建武王'이라고 기록한 사례가 3군데나 더 있다. 平原王의 아들이자, 嬰陽王의 異母弟이다. 612년 隋 煬帝의 고구려 원정 때 수군을 지휘하여 평양성을 지켜내기도 하였다. 嬰陽王 29년(618)에 왕이 죽자 아우인 高建武가 즉위하여 榮留王이라 불렸다. 榮留王은 25년(642)에 淵蓋蘇文에게 피살되었다.

40) 中裏小兄: 中裏에 소속된 小兄 관등 소지자를 뜻하는 것으로 보인다.『翰苑』高麗傳에는 小兄이 10번째 관등이며 정7품에 상당한다고 되어 있다.『新唐書』泉男生傳에 "九歲以父任爲先人, 遷中裏小兄. 猶唐謁者也"라고 되어 있어, 중리소형이 唐의 謁者와 유사한 직무를 맡았음을 알 수 있다. 中裏를 近侍機構로 파악하는 통설에 비추어 볼 때 중리소형도 近侍職의 역할을 하였을 것으로 추정된다. 이 묘지명에 따르면, 高岑은 물론 아들 高孚, 손자 高乙德도 중리소형을 지냈다.

41) 坰事: 坰은 '坰'과 같은데, 먼 교외나 야외를 가리킨다.『說文』에서는 "邑外謂之郊, 郊外謂之牧, 牧外謂之野, 野外謂之林, 林外謂之坰"라고 하여, 邑을 기준으로 郊·牧·野·林보다 먼 교외를 지칭하였다. 執坰事는 高岑은 물론 아들 高孚도 관련되어 있어 이 묘지명에서 매우 중요한 용어인데, 王連龍은 '土地稅賦를 관리하는 일'로(王連龍, p.33), 葛繼勇은 '牧馬坰野를 책임진 행정 사무'로(葛繼勇, 2015, p.333; 2016, p.145), 李成制는 葛繼勇의 의견에 동의하면서 이것이 山林藪澤에 해당되는 왕의 사적 경제기반으로(李成制, pp.192~193), 여호규도 葛繼勇의 의견에 동의하여 '牧馬 사무를 담당한 직임'으로 파악하였다(여호규, p.262). 묘지명의 문맥상 高岑은 물론 아들 高孚도 中裏小兄 또는 司府大夫로서 坰事 즉 먼 교외의 일을 담당하였던 것으로 보이므로, 중리소형이나 사부대부가 수행할 수 있는 직무 중 하나로 파악된다. 이에 대해서는 연구쟁점 부분에서 자세히 서술하겠다.

42) 教로 책임을 지운 것[教責]: 教는 高句麗王의 명령을 가리키는 용어이고,「集安高句麗碑」에도 나온다.

43) 遼府都督: 遼府는 遼東城을 가리킨다. 都督은 고구려의 지방장관인 褥薩의 별칭이다.『翰苑』高麗傳에는 "又其諸大城置傉薩, 比都督"이라고 되어 있다. 葛繼勇은「高慈 墓誌銘」의 "祖量, 本蕃任三品柵城都督, 位頭大兄兼大相"이라는 기사를 근거로 도독이 고구려의 3품관이라고 하였으나(葛繼勇, 2015, pp.333~334; 2016, p.145), 앞서 인용한『翰苑』高麗傳에서 大夫使者(大相)를 정3품, 位頭大兄을 종3품에 상당하는 것으로 파악하고 있어, 위의 3품은 '位頭大兄兼大相'에 대한 표현이라고 보아야 할 것이다.

44) 對盧: 고구려의 관등으로『三國志』高句麗傳에는 相加 다음의 2번째로,『隋書』高麗傳에는 太大兄·大兄·小兄 다음의 4번째로 되어 있다. 高乙德이 618년생이어서 高岑은 558~578년생이고 대로는 40세 전후인 598~618년에 임명된 것으로 추정되므로, 이 대로는『隋書』高麗傳의 4번째 관등일 가능성이 있지만 확실하지 않다. 대로에 대해서는 이 묘지명의 출토 이전에 귀족회의체 구성원으로 파악하는 견해가 있었는데(윤성용, pp.327~334, pp.350~354; 조영광, pp.55~57), 여호규는 '評臺'를 합좌기구로 파악한다면 그 구성원은 묘지명에 등장하는 '對盧官'이 된다고 하였다(여호규, pp.274~276).

며 評臺의[45] 직무를 맡았다. 부친 孚는 寶藏王에게[46] 中裏小兄을 받고, 南蘇道史를[47] 맡았다. 大兄으로[48] 승진하여 海谷府都督을 맡았다. 또 승진하여 太相을[49] 받고, 司府大夫를[50] 맡으며 坰事를 담당하는 것을 계승하였다.

4. 公年纔立志仕彼邦, 官受中裏小兄, 任貴端道史. 暨乎大唐龍朔元年, 天皇大帝敕發義軍, 問罪遼左. 公率兵敵戰, 遂被生擒. 聖上捨其拒抗之愆, 許以歸降之禮. 二年 蒙授右衛藍田府折衝·長上. 至總章元年, 高麗失政東土, 歸命西朝. 敕以公奉國盡忠, 令檢校本土東州長史. 至咸亨五年, 蒙授左淸道率府頻陽府折衝. 至大周天授二年, 加授冠軍大將軍, 余竝依舊.

해석: 公은 나이가 겨우 큰 뜻을 세우는 때에 그 나라에서 출사하니, 관등은 中裏小兄을 받고, 貴端道史를[51] 맡았다. 大唐 龍朔元年(661)에 이르러 天皇大帝(高宗)가 칙서를 내려 義軍을 징발하고, 遼東에

---

45) 評臺: 王連龍은 評臺를 '內評'과 관련시켰고(王連龍, p.33), 葛繼勇은 '정무를 評議하는 곳'이라고 하면서 이 안에 중앙 담당의 '內評'과 지방 담당의 '外評'이 있는 것으로 파악하였으며(葛繼勇, 2015, pp.316~317; 2016, p.145), 李成制는 둘 다 부정하면서 견해를 유보하였고(李成制, p.196), 여호규는 '司府'·'坰事'의 용례로 보아 唐 관제와 관련시켜 서술한 명칭이고 그중에서도 재상의 합좌기구인 '정사당'을 염두에 둔 것이라고 하였다(여호규, pp.270~271). 특히 葛繼勇은 評臺를 고구려의 중앙통치기구로 評者를 그 소속 관직으로 파악하였으나(葛繼勇, 2015, p.334; 2016, p.145), '內評'·'外評'은 모두 각 지역의 통치와 관련된다는 점에서 '評臺'와는 별도로 파악해야 할 것이다. '司府'·'坰事'가 과연 唐 관제를 염두에 둔 표현이라는 추론과정에 대해서 이의가 있지만, 현재로서는 역시 '評'이라는 글자와 관련시켜 '評議'를 담당하는 기관으로 해석하는 것이 타당할 것이라는 점에서 여호규의 견해가 주목된다.

46) 寶藏王: 고구려 28대 왕. 嬰陽王과 榮留王의 조카로 642년에 淵蓋蘇文이 정변을 일으켜 榮留王을 죽이고 寶藏王을 왕으로 추대하였다. 668년에 나당연합군이 평양을 점령하자 사로잡혔다. 나중에 唐 高宗이 工部尙書에 임명하였다가 676년에는 '遼東州都督·朝鮮王'에 임명하였다. 그 뒤 寶藏王은 681년에 四川으로 유배되었다가 다음해에 세상을 떠났다.

47) 南蘇道史: 南蘇는 사료에 등장하는 '南蘇城'인데, 『資治通鑑』卷97 穆帝 永和 9년 10월 "燕王皝使慕容恪攻高句麗, 拔南蘇, 置戍而還"의 胡三省 주석에 "南蘇城在郁陝之東, 唐平高麗, 置南蘇州"라고 하였다. 『翰苑』高麗傳에는 "(南蘇)城在新城北七十里山上."이라고 한다. 余昊奎는 '南蘇城在郁陝之東'에 의거하여 蘇子河와 渾河의 合流處 동쪽의 鐵背山城이라고 추정하였다(余昊奎, 1995). 道史는 '道使'인데, 고구려의 지방통치기구인 諸城의 장관으로 處閭近支라고도 한다.

48) 大兄: 고구려의 관등이다. 『翰苑』高麗傳에는 大兄이 7번째 관등이며 정5품에 상당한다고 되어 있다. 葛繼勇은 '中裏大兄'의 약칭으로 파악하였으나(葛繼勇, 2015, p.335), 중리대형은 주18의 중리소형처럼 중리에 소속된 대형만을 가리키고 중리에 소속되지 않은 대형은 제외되는 것으로 보아야 할 것이다.

49) 太相: '大相과 같은 것으로 고구려의 관등이다. 『翰苑』高麗傳에는 大夫使者가 4번째 관등이며 정3품에 상당한다고 되어 있는데, 大相은 대부사자의 별명이다. 「高慈 墓誌銘」에 "祖量, 本藩任三品柵城都督·位頭大兄兼大相"이라는 명문이 나온다.

50) 司府大夫: 司府에 대하여 王連龍, 葛繼勇, 李成制 모두 唐 則天武后 집권기(684~705)에 기존의 太府寺를 개칭한 司府寺로 파악하였으나(王連龍, p.34; 葛繼勇, 2015, p.335; 2016, pp.145~146; 李成制, p.200; 여호규, p.268), 高孚가 司府大夫에 임명된 고구려 멸망(668) 이전보다 늦은 시기의 명칭이기 때문에, 그것을 근거로 고구려에도 유사한 기구가 있었다고 보기는 어렵다. 오히려 則天武后 집권기의 관부명 개정이 『周禮』를 바탕으로 한 것이고, 뒤에 붙은 大夫 또한 『周禮』에서 관인의 등급을 표시하는 명칭이라는 점을 고려하면, 고구려가 『周禮』의 영향 하에서 이러한 관직을 설치하였을 가능성이 있다. 그러나 고구려의 관직 중에서 『周禮』의 영향을 엿볼 수 있는 것은 이 묘지명에서 司府大夫가 등장하기 이전에 없었으므로, 이러한 해석은 신중할 필요가 있을 것이다.

51) 貴端道史: 貴端水는 遼水의 지류로 이 부근에서 唐과 고구려가 여러 번 격전을 벌였다. 貴端이라는 지명이 지방관 명칭과 함께 등장한 것은 이 묘지명이 처음이다. 道史는 주25를 참조하기 바란다.

죄를 물었다. 공은 병사를 이끌고 적과 싸우다가, 마침내 사로잡히게 되었다. 聖上은 그 맞서고 저항한 잘못을 버리고, 귀순하며 항복하는 예를 허락하였다. 2년(662)에 右衛藍田府折衝都尉[52]·長上을[53] 제수받았다. 總章元年(668)에 이르러 고구려가 동쪽 땅에서 정치의 법도를 잃고, 서쪽 조정으로 귀순하였다. 칙서를 내려 공이 나라를 받들어 충성을 다하였다고 여겨 檢校本土東州長史로[54] 명령하였다. 咸亨 5년(674)에 이르러 左淸道率府頻陽府折衝都尉를 제수받았다. 大周 天授 2년(691)에 이르러 冠軍大將軍을 더하여 제수받고, 나머지는 모두 예전 그대로였다.

5. 何期逝水不定, 生涯有限. 至聖曆二年二月八日, 遂於所任枕疾而終. 春秋八十有二. 權殯私弟. 至大足元年九月卄八日, 發墳於杜陵之北, 合葬, 禮也.

해석: 세월이 멈추지 않음을 어찌 기약하겠는가? 생애는 유한하도다. 聖曆 2년(699) 2월 8일에 이르러 마침내 任地에서 병을 앓아 누웠다가 죽으니, 나이가 82세였다. 私第(私邸)에 임시로 殯葬하였다. 大足元年(701) 9월 28일에 이르러, 杜陵의[55] 북쪽에 무덤을 파서 합장하니, 예에 합당하도다!

6. 煙雲黯靉, 原野蒼茫. 寒泉噎而含悲, 風樹吟而結歎. 思既不逮, 悼亦何追. 爰勒哀銘, 式光殲誅.

해석: 연기와 구름은 어둡고 흐릿하고, 들판은 끝없이 광활하다. 저승에서[56] 목메어 슬픈 감정을 품으니,[57] 風樹를[58] 읊으며 탄식을 가슴 속에 응어리로 맺었다. 생각이 이미 미치지 못하니, 애도하는 마음

---

52) 右衛藍田府折衝都尉: 右衛 휘하의 절충부인 藍田府 折衝都尉이다. 右衛는 16위의 하나로, 궁궐을 경호하는 일을 맡았다. 장관인 大將軍은 정3품이었다. 藍田은 折衝府의 소재지 이름이다. 원래는 縣名으로, 唐 張守節의 『史記正義』 卷40에는 "藍田, 在雍州東南八十里, 從藍田關入藍田縣"이라는 기사가 나오는데, 예부터 秦楚大道로서 關中과 동남쪽 여러 省 간에 왕래하는 중요한 길목의 하나이다. 사료에는 藍田府의 등급(上府·中府·下府)에 대한 기록이 없다. 折衝都尉는 주4를 참조하기 바란다.

53) 長上: 唐 중앙의 南衙諸衛와 北衙諸軍의 禁軍 및 東宮 諸府에 모두 長上이라는 官職을 두어, 驍勇材藝하여 統領을 맡을 만한 자를 선발하여 諸色長上으로 삼았다. 『資治通鑑』 卷110, 晉 安帝 隆安 2년 2월 壬午 "(慕容)寶至乙連, 長上段速骨·宋赤眉等因衆心之憚征役, 遂作亂"의 胡三省 주석에 "凡衛兵皆число番叠上; 長上者, 不番代也. 唐官制, 懷化執戟長上·歸德執戟長上, 皆武散階, 九品. 長上之官尙矣"라고 하였다(葛繼勇, 2015, p.337).

54) 檢校本土東州長史: 檢校의 경우 唐代의 檢校官에는 실직과 허직이 있었다. 실직으로서의 검교관은 특정 관직에 정식으로 임명되지 않고 그 업무를 담당하는 경우에 제수되었다. 여기에서는 실제로 부임하고 있어서, 실직이라고 보인다. 本土는 이 묘지명에서 고구려를 '東土', 唐을 '西朝'로 표현하는 것을 고려하면 고구려 지역으로 판단된다. 東州는 고구려 멸망 후에 唐이 옛 고구려 지역에 설치한 羈縻州로 遼東州를 개칭하였을 가능성이 있으나 확실하지 않다. 葛繼勇은 '東州道行軍總管'을 근거로 이것을 기미주로 파악하였으나(葛繼勇, 2015, p.337; 2016, pp.147~148), 진군로와 기미주는 역시 별개로 보아야 할 것이다. 게다가 행군 편성이 '~道'의 長史와 주의 장사를 동일하게 본 것은 더욱 큰 문제이다. 長史는 州의 차관급으로 上州는 종5품상, 中州는 정6품상이며, 下州에는 설치되지 않았다. 한편, 李成制는 '東州長史'를 기미주가 아닌 '東州道行軍總管府'의 長史로 파악하였다(李成制, p.206).

55) 杜陵: 前漢 宣帝(재위 B.C.74~49)의 능묘인데, 陝西省 西安市 三兆村 남쪽에 위치한다. 묘역은 남북 길이 약 4㎞, 동서 너비 약 3㎞이다.

56) 저승[寒泉]: 寒泉은 黃泉·九泉의 뜻으로 저승을 의미한다. 唐 王勃 「爲原州趙長史爲亡父度人表」 "霜露之感, 瞻彼岸而神銷; 烏鳥之誠, 俯寒泉而思咽"의 淸 蔣淸翊의 주석에 "寒泉, 今指黃泉"라고 하였다.

또한 어찌 따라가겠는가? 이에 슬픈 銘文을 새김으로써 섬세한 조문을 빛내노라.

7. 其詞曰: 美哉器幹, 盛矣徽猷. 衣冠二域, 令譽千秋. 宗標圖史, 代秀英謀. 雄懷勝氣, 志潔淸流. 其一. 赴勞不憚, 耿心唯恪. 武蘊六韜, 仁深一諾. 吐言蘭蕙, 傾心葵藿. 生建龍旐, 亡題麟閣. 其二. 忽從朝露, 長偃夜臺. 佳城鬱鬱, 玄壤莓莓. 林寒葉擁, 草腓霜曖. 煙凝柏思, 風結松哀. 其三. 寂寞神理, 蕭條人事. 春色靡同, 年光是異. 幽明永隔, 顔俗安値. 式表殲良, 鐫諸銘誌. 其四.

해석: 그 詞는 다음과 같다. 아름답도다, 재능이여![59] 가득하도다, 훌륭하고 좋은 방도여![60] 두 지역에서[61] 출사하니, 오래도록 영예롭도다. 도서와 史書에 으뜸으로 기록되니, 대대로 영특한 계략이 빼어났도다. 웅장함은 승리의 기운을 품었으니, 뜻은 淸流 사대부처럼 깨끗하였노라. 그 첫째이다. 부임하는 수고를 꺼리지 않고, 불안한 마음은 오직 공손하였도다. 武는 六韜를 품고, 仁은 깊어 한번에 허락하였도다. 현자를[62] 토로하고, 군주를 사모함에[63] 마음을 기울였도다. 살아서는 天子의 깃발을 세우고, 죽어서는 麟閣에[64] 이름을 올렸노라. 그 둘째이다. 갑자기 아침 이슬을 따라 오래도록 무덤에 쓰러지니, 무덤은[65] 어두컴컴하고 저승은[66] 풀이 무성하도다. 숲은 잎과 낙엽이 차고, 풀은 서리의 빛에 시들었도다.[67] 연기는 잣나무에 엉겨 사모하고, 바람은 소나무에 맺혀 슬프도다. 그 셋째이다. 귀신의 이치에 적막하고 사람의 일에 쓸쓸하니, 봄빛은 같지 않고 세월은 다르도다. 생과 사는 오래도록 멀어지니, 얼굴의 불안함은 어디에 두겠는가? 이에 훌륭한 사람을 죽였음을[68] 나타내어, 그것을 銘誌에 새기노라. 그 넷째이다.

---

57) 슬픈 감정을 품으니[含悲]: 含悲는 슬픈 감정를 품는다는 뜻이다. 梁 沈約의 「齊故安陸昭王碑文」에서 "對繁弱以流涕, 望曲阜而含悲."라고 하였다.

58) 風樹: 부모가 사망하여 봉양할 수 없음을 가리키는 말이다. 『韓詩外傳』 卷9에 "皐魚曰: 「吾失之三矣. … 樹欲靜而風不止, 子欲養而親不待也.」"라는 기사에서 유래하였다.

59) 재능[器幹]: 器幹은 재능, 재간을 뜻한다. 『三國志』 徐邈傳에 "邈同郡韓觀曼遊, 有鑒識器幹, 與邈齊名"라는 기사가 나온다.

60) 훌륭하고 좋은 방도[徽猷]: 徽猷는 훌륭하고 좋은 방도를 가리킨다. 『詩經』 小雅·角弓의 "君子有徽猷, 小人與屬"에 대해 毛傳에서는 "徽, 美也", 鄭玄箋에서는 "猷, 道也. 君子有美道以得聲譽, 則小人亦樂與之而自連屬焉"라고 하였다.

61) 두 지역: 여기서는 고구려와 唐을 가리킨다.

62) 현자[蘭蕙]: 蘭蕙는 향기나는 풀인 난초와 혜초로 賢者를 비유한다. 『漢書』 揚雄傳上에 "排玉戶而颺金鋪兮, 發蘭蕙與穹窮."이라는 기사가 나온다.

63) 군주를 사모함[葵藿]: 葵藿은 해바라기인데, 군주 또는 윗사람을 사모하는 마음을 비유한다. 唐 杜甫의 「自京赴奉先縣詠懷五百字」에 "葵藿傾太陽, 物性固莫奪."이라는 표현이 나온다.

64) 麟閣[麟閣]: 麟閣은 麒麟閣의 약칭으로 공신을 봉안한 곳이다. 梁 虞羲의 「詠霍將軍北伐」에 "當令麟閣上, 千載有雄名."라는 표현이 나온다.

65) 무덤[佳城]: 佳城은 무덤의 별칭이다. 『西京雜記』 卷4에 "佳城鬱鬱, 三千年見白日. 籲嗟滕公居此室."이라는 기사가 나온다. 沈約의 「冬節後至丞相第詣世子車中作」라는 시의 "誰當九原上, 鬱鬱望佳城"을 李周翰이 주석하여 "佳城, 墓之塋域也"라고 하였다.

66) 저승[玄壤]: 玄壤은 저승을 이르는 말이다. 『梁書』 文學傳下 謝幾卿傳에 "若令亡者可知, 寧不禁悲玄壤, 恨隔芳塵."이라는 표현이 나온다.

67) 시들었다[腓]: '腓'는 햇빛이라는 뜻이어서 문맥상 맞지 않는데, '腓'의 잘못된 글자라고도 한다. '腓'는 병들고 시든다는 뜻이다. 『詩經』 小雅·四月 "秋日淒淒, 百卉具腓"의 『毛傳』에 "腓, 病也."라고 되어 있다.

Ⅳ. 연구쟁점

이 묘지명에서 가장 해석이 어려우면서 의견이 엇갈리고 있는 부분은 역시 '執坰事'에 대한 것이다. 이에 대해서는 주19에서 언급하였듯이 王連龍은 '土地稅賦를 관리하는 일'로(王連龍, p.33), 葛繼勇은 '牧馬坰野를 책임진 행정 사무'로(葛繼勇, 2015, p.333; 2016, p.145), 李成制는 葛繼勇의 의견에 동의하면서 이것이 山林藪澤에 해당되는 왕의 사적 경제기반으로(李成制, pp.192~193), 여호규도 葛繼勇의 의견에 동의하여 '牧馬 사무를 담당한 직임'으로 파악하였다(여호규, p.262). '坰事'가 먼 교외의 일이라는 점에서 보면 기존의 견해처럼 조세나 목축업과 관련될 가능성도 있겠지만, 李成制의 견해에 주목할 경우 목축업 이외에 농업과 관련될 가능성도 배제하기 어렵다. 거기에 근시직인 중리소형이나 왕의 사적 재정을 담당하는 것으로 추정되는 사부대부가 맡을 수 있는 임무였다면, 역시 신라에서 이미 존재가 알려진 '왕실 직할지' 내지 '왕실 수조지'와 관련지어야 할 가능성이 높다고 할 수 있다. 반면 여호규는 「權崇 墓誌銘」의 "旣貴田園, 又移坰牧"이라는 구절을 인용하여 '坰牧'이 農耕[田園]에 대비되는 '牧馬'라는 사실을 唐代 묘지명을 통해서도 파악할 수 있다고 지적하였다(여호규, pp.262~263). 이러한 현재의 상황으로 볼 때 '坰'이라는 한 글자만 가지고 그것이 목장인지 농경지인지 파악하기는 어렵다고 할 것이다.

그 다음으로는 '評臺'에 대한 것인데, 王連龍은 '內評'과 관련시켰고(王連龍, p.33), 葛繼勇은 '정무를 評議하는 곳'이라고 하면서 이 안에 중앙 담당의 '內評'과 지방 담당의 '外評'이 있는 것으로 파악하였으며(葛繼勇, 2015, pp.316~317; 2016, p.145), 李成制는 둘 다 부정하면서 견해를 유보하였고(李成制, p.196), 여호규는 '司府'·'坰事'의 용례로 보아 唐 관제와 관련시켜 서술한 명칭이고 그중에서도 재상의 합좌기구인 '정사당'을 염두에 둔 것이라고 하였다(여호규, pp.270~271). 王連龍과 葛繼勇이 모두 '內評'·外評'을 제대로 이해하지 못하고 있다는 점에서 둘 다 부정한 李成制의 견해는 일견 타당하지만, 대안을 제시하지 못하였다는 점에서 아쉬움이 남는다. '司府'·'坰事'가 과연 唐 관제를 염두에 둔 표현이라는 추론과정에 대해서 이의가 있지만, 현재로서는 역시 '評'이라는 글자와 관련시켜 '評議'를 담당하는 기관으로 해석하는 것이 타당할 것이라는 점에서 여호규의 견해가 주목된다. '內評'·'外評'은 모두 각 지역의 통치와 관련된다는 점에서 '評臺'와는 별도로 파악해야 할 것이다.

마지막으로는 '司府大夫'에 대한 것인데, 王連龍, 葛繼勇, 李成制, 여호규 모두 唐 則天武后 집권기(684~705)에 기존의 太府寺를 개칭한 司府寺로 파악하였으나(王連龍, p.34; 葛繼勇, 2015, p.335; 2016, pp.145~146; 李成制, p.200; 여호규, p.268), 高乙가 司府大夫에 임명된 고구려 멸망(668) 이전보다 늦은 시기의 명칭이기 때문에, 그것을 근거로 고구려에도 유사한 기구가 있었다고 보기는 어렵다. 오히려 則天武后 집권기의 관부명 개정이 『周禮』를 바탕으로 한 것이고, 뒤에 붙은 大夫 또한 『周禮』에서 관인의 등급을 표시하는 명칭이라는 점을 고려하면, 고구려가 『周禮』의 영향 하에서 이러한 관직을 설치하였을 가

---

68) 훌륭한 사람을 죽였음[殲良]: 殲良은 훌륭한 사람을 죽인다는 뜻이다. 『詩經』 秦風·黃鳥에 "彼蒼者天, 殲我良人."이라는 표현이 나온다.

능성이 있다. 그러나 고구려의 관직 중에서 『周禮』의 영향을 엿볼 수 있는 것은 이 묘지명에서 司府大夫가 등장하기 이전에 없었으므로, 이러한 해석은 신중할 필요가 있을 것이다. 참고로 백제에서는 5~6세기에 관제상으로 『周禮』의 영향을 받은 여러 사례들이 존재하고 있다. 다만 기존의 견해대로 '司府大夫'는 唐의 太府寺와 유사한 '국가 재정'이라는 직무를 담당하였을 것으로 파악된다.

이 밖에 최근 여호규는 고구려 관제를 중심으로 이 묘지명을 분석하여, 고구려에서의 관력에 대해서는 '受'와 '任'의 용례가 구별되어 묘지명 찬자가 관등과 관직을 구분하면서 관력을 기술했다고 하였다. 또 '陟'·'遷' 등으로 관등의 승격을 먼저 표시한 후 새로운 관직 임명을 기술하고 있어, 관등 중심으로 운영되었다는 고구려 관제에 대한 통설적인 이해를 뒷받침한다고도 하였다. 거기에 '執'의 용례에 주목하여 고구려 말기에 관등·관직과 구별되는 또 다른 계통의 직임이 존재했을 가능성에도 주목하였다(여호규, pp.256~257). 특히 '執'으로 표현된 직임에 대하여 백제의 內官이나 신라의 內省과 같은 王室 소관 업무를 가리킨다고 지적하면서, 이것이 '中裏小兄'과 같은 '中裏系 관등'의 수여와 밀접한 연관성이 있고(여호규, pp.262~264), 앞서 서술하였듯이 '評臺'를 합좌기구로 파악한다면, 그 구성원은 묘지명에 등장하는 '對盧官'이 된다고 하였다(여호규, pp.274~276).

투고일: 2016. 9. 10.   심사개시일: 2016. 9. 13.   심사완료일: 2016. 10. 13.

葛繼勇, 2015, 「신출토 入唐 고구려인 〈高乙德墓誌〉와 고구려 말기의 내정 및 외교」, 『韓國古代史硏究』 79.

권순홍, 2015, 「조선 전기의 고구려 초기 都城 위치 비정과 그 실상」, 『史林』 53.

余昊奎, 1995, 「3세기 후반 4세기 전반 高句麗의 교통로와 지방통치조직」, 『韓國史硏究』 91.

여호규, 2016, 「新發見 〈高乙德墓誌銘〉을 통해 본 高句麗 末期의 中裏制와 中央官制」, 『百濟文化』 54.

윤성용, 1997, 「高句麗 貴族會議의 成立過程과 그 性格」, 『한국고대사연구』 11.

李成制, 2015, 「어느 고구려 무장의 가계와 일대기- 새로 발견된 〈高乙德墓誌〉에 대한 譯註와 분석」, 『中國古中世史硏究』 38.

조영광, 2015, 「고구려 초기 관등의 기원과 성격에 대하여」, 『史學硏究』 119.

葛繼勇, 2016, 「新出高乙德墓誌與高句麗末期的內政外交」, 『鄭州大學學報』 49-1.

王連龍, 2015, 「唐代高麗移民高乙德墓誌及相關問題硏究」, 『吉林師範大學學報(人文社會科學版)』 2015年 4期.

張沛, 2003, 『唐折衝府滙考』, 三秦出版社.

石見淸裕, 2007, 「唐代墓誌史料の槪觀」, 『唐代史硏究』 10.

〈Abstract〉

The memorial inscription of Go Euldeok(高乙德)

Jeong, Dong-jun

The memorial inscription of Go Euldeok(高乙德 : 618~699) was recently excavated in Xian(西安), Shaanxi Province, China. According to the inscription, he was born in 618, passed away in 699 at the age of 82 and was buried near the imperial mausoleum of Xuandi(宣帝) where the inscription was found.

There was little difference of opinion on reading characters in the inscription because rubbed copies of this inscription were clear. This inscription received special attention for the appearance of Goguryeo(高句麗)'s office position which could not be seen in existing historical materials.

This inscription can be roughly divided up into four parts. The first part described the title of the inscription, a short introduction to the descent of Go Euldeok, the origin and activity of Go clan and personal history of his grandfather and father. The second part narrated his official activities in Goguryeo, the story of his defecting and migration from Goguryeo to Tang(唐) and his official career in Tang. The third part described Go Euldeok's funeral and preparation for epitaph. The last part is a form of a Chinese poem which compressively represents his ancestors from the first progenitor to his father, activities in Goguryeo and exile to Tang, activities in Tang, and death and his funeral.

▶ Key words: Goguryeo(高句麗), Displaced People, Go Euldeok(高乙德), Memorial Inscription, Joongri(中裏: Inner Court)

휘/보

학회소식, 하계워크샵, 학술대회, 한국고대문자자료 연구모임, 자료교환

학회소식, 하계워크샵, 학술대회,
한국고대문자자료 연구모임, 자료교환

1. 학회소식

1) 제26차 운영회의

* 일시 및 장소 : 2016년 11월 17일(목) 경북대학교
* 제25회 정기발표회 논의
* 2017-2018년 신임회장 논의

2) 학술교류협약 체결

* 일시 : 2016년 11월 18일(금)
* 장소 : 경북대학교 교수회의실
* 내용 : 국립해양문화재연구소와 학술교류협약 체결

2. 하계워크샵

* 일시 : 2016년 7월 22일(금)~23(토)
* 장소 : 국립미륵사지유물전시관
* 주최 : 한국목간학회 · 국립미륵사지유물전시관

《첫째날(7월 22일)》
- 연구발표 / 사회 : 최연식(동국대학교)
  윤선태(동국대학교), "한국목간학회 10주년 총서관련 논의"
  박은선(국립부여문화재연구소), "익산 미륵사지 기와의 구성과 특징"
  조현준(국립부여박물관), "익산 미륵사지 인장와의 양상과 제작기법 비교"

최강선(한국교육기술대학교), "3차원 측정을 이용한 무술오작비 판독"

이경복(국립미륵사지유물전시관), "익산 미륵사지 출토 목간과 석간에 대하여"

《둘째날(7월 23일)》
- ■ 익산시 유적지 답사

3. 학술대회

1) 제9회 국제학술대회

* 일시 : 2016년 11월 17일(목) ~ 18일(금)

* 장소 : 경북대학교 교수회 회의실(복지관3층)

* 주최 : 한국목간학회·경북대학교 사학과 BK21 플러스 글로컬 역사문화 전문인력 양성사업단

* 후원 : 한국연구재단, 경북대학교

《첫째날(11월 17일)》
- ■ 특별발표 / 사회 : 황보영조(경북대학교)

    Roger Woodard(뉴욕주립대), 그림과 문자

《둘째날(11월 18일)》
- ■ 연구발표 1부 / 사회 : 한기문(경북대학교)

    발표자 : 유윤종(평택대학교), 원 시나이의 역사에 관한 사회언어학적 접근

    토론자 : 강성열(호남신학대학교)

    발표자 : 森公章(日本 東洋大學), 日本 古代史의 研究와 木簡

    토론자 : 李成市(日本 早稻田大學)

    발표자 : 鄔文玲(中國 社會科學院歷史研究所), 진한 간독 중 '眞'과 '算'에 대한 분석

    토론자 : 김병준(서울대학교)

    발표자 : 최연식(동국대학교), 新羅의 變格漢文

    토론자 : 권인한(성균관대학교)

    발표자 : 凌文超(中國 社會科學院歷史研究所), 주마루(走馬樓)에서 발굴된 오간(吳簡)에 나타나는 서명, 기호 그리고 상징들

    토론자 : 김경호(성균관대학교 동아시아학술원)

■ 연구발표 2부 / 사회 : 이영호(경북대학교)

발표자 : Karen Rhea Nemet-Nejat(예일대), 바빌로니아 수학(數學)의 기원과 그 이용

토론자 : 윤성덕(연세대학교)

발표자 : 윤선태(동국대학교), 百濟의 '九九段' 木簡과 術數學

토론자 : 이병호(국립미륵사지유물전시관)

발표자 : 蕭燦(中國 湖南大學), 고대 중국 수학과 관련된 죽간의 작문 형식과 의미에 관한 연구 및 최근 발굴 상황

토론자 : 최진묵(서울대학교 인문학연구원)

발표자 : 桑田訓也(日本 奈良文化財研究所), 日本에서 九九·曆 관련 출토 문자자료와 그 연구 동향

토론자 : 강은영(전남대학교)

4. 한국고대문자자료 연구모임

1) 월례발표회

* 주제 : 한국고대문자자료 역주

* 일시 : 매월 4째주 토요일

* 장소 : 성균관대 600주년 기념관 동아시아학술원 408호

* 주최 : 한국목간학회·동아시아학술원 인문한국(HK)연구소

■ 제30회 월례발표(2016년 7월 18일)

발표자 : 기경량(서울대학교)

주   제 : 광개토왕비문 검토

■ 제31회 월례발표(2016년 9월 23일)

발표자 : 이준성(국사편찬위원회)

주   제 : 모두루묘지 검토

발표자 : 이승호(동국대학교)

주   제 : 延嘉七年銘 金銅佛像光背 銘文 및 日京(景)四年銘 金銅三尊佛立像 光背 銘文 검토

발표자 : 이규호(동국대학교)

주   제 : 고제석 묘지명의 검토와 의의

발표자 : 구언아(성균관대학교)

주　제 : 북한 출토 고구려 와·전명의 이해

■ 제32회 월례발표(2016년 10월 21일)
　발표자 : 이재철(대한민국역사박물관)
　주　제 : 서봉총 출토 문자자료의 이해−은제합 명문을 중심으로−
　발표자 : 장병진(연세대학교)
　주　제 : 「泉埊墓誌銘」의 재검토

■ 제33회 월례발표(2016년 11월 25일)
　발표자 : 안정준(경희대학교)
　주　제 : 안악3호분 전실 서벽의 묘지명 검토
　발표자 : 이승호(동국대학교)
　주　제 : 延嘉七年銘 金銅佛像光背 銘文 검토
　발표자 : 임혜경(국립청주박물관)
　주　제 : 북조대 고구려 유민의 불상조성기 검토

■ 제34회 월례발표(2016년 12월 23일)
　발표자 : 이재철(대한민국역사박물관)
　주　제 : 고덕 묘지명 검토
　발표자 : 안정준(경희대학교)
　주　제 : 덕흥리벽화고분의 묘지명 검토
　발표자 : 이준성(국사편찬위원회)
　주　제 : 사선의일묘지명 검토
　발표자 : 권순홍(성균관대학교)
　주　제 : 이회묘지명 검토
　발표자 : 이승호(동국대학교)
　주　제 : 太和十三年銘 石佛像 銘文 검토
　발표자 : 정동준(충남대학교)
　주　제 : 고모묘지명 역주

5. 자료교환

日本木簡學會와의 資料交換

* 韓國木簡學會 『木簡과 文字』 16호 일본 발송 (2016년 8월)

부/록

학회 회칙, 간행예규, 연구윤리규정

학회 회칙

제 1 장 총칙

제 1 조 (명칭)   본회는 한국목간학회(韓國木簡學會, The Korean Society for the Study of Wooden Documents)라 한다.

제 2 조 (목적)   본회는 목간을 비롯한 금석문, 고문서 등 문자자료와 기타 문자유물을 중심으로 한 연구 및 학술조사를 통하여 한국의 목간학 발전에 이바지함을 목적으로 한다.

제 3 조 (사업)   본회는 목적에 부합하는 다음의 사업을 한다.
  1. 연구발표회
  2. 학보 및 기타 간행물 발간
  3. 유적·유물의 답사 및 조사 연구
  4. 국내외 여러 학회들과의 공동 학술연구 및 교류
  5. 기타 위의 각 사항의 사업을 수행하기 위해 필요한 사업

제 4 조 (회원의 구분과 자격)
  ① 본회의 회원은 본회의 목적에 동의하여 회비를 납부하는 개인 또는 기관으로서 연구회원, 일반회원 및 학생회원으로 구분하며, 따로 명예회원, 특별회원을 둘 수 있다.
  ② 연구회원은 평의원 2인 이상의 추천을 받아 평의원회에서 심의, 인준한다.
  ③ 일반회원은 연구회원과 학생회원이 아닌 사람과 기관 및 단체로 한다.
  ④ 학생회원은 대학생과 대학원생으로 한다.
  ⑤ 명예회원은 본회의 발전에 크게 기여한 회원 또는 개인 중에서 운영위원회에서 추천하여 평의원회에서 인준을 받은 사람으로 한다.
  ⑥ 특별회원은 본회의 활동과 운영에 크게 기여한 개인 또는 기관 중에서 운영위원회에서 추천하여 평의원회에서 인준을 받은 사람으로 한다.

제 5 조 (회원징계)   회원으로서 본회의 명예를 손상시키거나 회칙을 준수하지 않았을 경우 평의원회의 심의와 총회의 의결에 따라 자격정지, 제명 등의 징계를 할 수 있다.

제 2 장 조직 및 기능

제 6 조 (조직)   본회는 총회·평의원회·운영위원회·편집위원회를 두며, 필요한 경우 별도의 위원회를 구성할 수 있다.

제 7 조 (총회)
① 총회는 정기총회와 임시총회로 나누며, 정기총회는 2년에 1회 정기적으로 개최하고 임시총회는 필요한 때에 소집할 수 있다.
② 총회는 회장이나 평의원회의 의결로 소집한다.
③ 총회는 평의원회에서 심의한 학회의 회칙, 운영예규의 개정 및 사업과 재정 등에 관한 보고를 받고 이를 의결한다.
④ 총회는 평의원회에서 추천한 회장, 평의원, 감사를 인준한다. 단 회장의 인준이 거부되었을 때는 평의원회에서 재추천하도록 결정하거나 총회에서 직접 선출한다.

제 8 조 (평의원회)
① 평의원은 연구회원 중 평의원회의 추천을 받아 총회에서 인준한 자로 한다.
② 평의원회는 회장을 포함한 평의원으로 구성한다.
③ 평의원회는 회장 또는 평의원 4분의 1 이상의 요구로써 소집한다.
④ 평의원회는 아래의 사항을 추천, 심의, 의결한다.
    1. 회장, 평의원, 감사, 편집위원의 추천
    2. 회칙개정안, 운영예규의 심의
    3. 학회의 재정과 사업수행의 심의
    4. 연구회원, 명예회원, 특별회원의 인준
    5. 회원의 자격정지, 제명 등의 징계를 심의

제 9 조 (운영위원회)
① 운영위원회는 회장과 회장이 지명하는 부회장, 총무·연구·편집·섭외이사 등 20명 내외로 구성하고, 실무를 담당할 간사를 둔다.
② 운영위원회는 평의원회에서 심의·의결한 사항을 집행하며, 학회의 제반 운영업무를 담당한다.
③ 부회장은 회장을 도와 학회의 업무를 총괄 지원하며, 회장 유고시에는 회장의 권한을 대행한다.

④ 총무이사는 학회의 통상 업무를 담당, 집행한다.

⑤ 연구이사는 연구발표회 및 각종 학술대회의 기획을 전담한다.

⑥ 편집이사는 편집위원을 겸하며, 학보 및 기타 간행물의 출간을 전담한다.

⑦ 섭외이사는 학술조사를 위해 자료소장기관과의 섭외업무를 전담한다.

제 10 조 (편집위원회)　편집위원회는 학보 발간 및 기타 간행물의 출간에 관한 제반사항을 담당하며, 그 구성은 따로 본회의 운영예규에 정한다.

제 11 조 (기타 위원회)　기타 위원회의 구성과 활동은 회장이 결정하며, 그 내용을 평의원회에 보고한다.

제 12 조 (임원)

① 회장은 본회를 대표하고 총회와 각급회의를 주재하며, 임기는 2년으로 한다.

② 평의원은 제 8 조의 사항을 담임하며, 임기는 종신으로 한다.

③ 감사는 평의원회에 출석하고, 본회의 업무 및 재정을 감사하여 총회에 보고하며, 그 임기는 2년으로 한다.

④ 임원의 임기는 1월 1일부터 시작한다.

⑤ 임원이 유고로 업무를 수행할 수 없게 된 때에는 평의원회에서 보궐 임원을 선출하고 다음 총회에서 인준을 받으며, 그 임기는 전임자의 잔여임기가 1년 미만인 경우는 잔여임기에 규정임기 2년을 더한 기간으로 하고, 잔여임기가 1년 이상인 경우는 잔여기간으로 한다.

제 13 조 (의결)

① 총회에서의 인준과 의결은 출석 회원의 과반수로 한다.

② 평의원회는 평의원 4분의 1 이상의 출석으로 성립하며, 의결은 출석한 평의원 과반수의 찬성으로 한다.

제 3 장　출판물의 발간

제 14 조 (출판물)

① 본회는 매년 6월 30일과 12월 31일에 학보를 발간하고, 그 명칭은 "목간과 문자"(한문 "木簡과 文字", 영문 "Wooden documents and Inscriptions Studies")로 한다.

② 본회는 학보 이외에 본회의 목적에 부합하는 출판물을 발간할 수 있다.

③ 본회가 발간하는 학보를 포함한 모든 출판물의 저작권은 본 학회에 속한다.

제 15 조 (학보 게재 논문 등의 선정과 심사)

　① 학보에는 회원의 논문 및 본회의 목적에 부합하는 주제의 글을 게재함을 원칙으로 한다.

　② 논문 등 학보 게재물은 편집위원회에서 선정한다.

　③ 논문 등 학보 게재물의 선정 기준과 절차는 따로 본회의 운영예규에 정한다.

제 4 장 재정

제 16 조 (재원)　　본회의 재원은 회비 및 기타 수입으로 한다.

제 17 조 (회계연도)　　본회의 회계연도 기준일은 1월 1일로 한다.

제 5 장 기타

제 18 조 (운영예규)　　본 회칙에 명시하지 않은 운영에 필요한 사항은 따로 운영예규에 정한다.

제 19 조 (기타사항)　　본 회칙에 규정되지 않은 사항은 일반관례에 따른다

부칙

1. 본 회칙은 2007년 1월 9일부터 시행한다.

2. 본 회칙은 2009년 1월 9일부터 시행한다.

3. 본 회칙은 2012년 1월 18일부터 시행한다.

4. 본 회칙은 2015년 10월 31일부터 시행한다.

편집위원회에 관한 규정

제1장 총칙

제1조 (명칭)   본 규정은 '편집위원회에 관한 규정'이라 한다.

제2조 (목적)   본 규정은 한국목간학회 편집위원회의 조직 및 편집 활동 전반에 관한 세부 사항을 규정하는 것을 목적으로 한다.

제2장 조직 및 권한

제3조 (구성)   편집위원회는 회칙에 따라 구성한다.

제4조 (편집위원의 임명)   편집위원은 세부 전공 분야 및 연구 업적을 감안하여 평의원회에서 추천하며, 회장이 임명한다.

제5조 (편집위원장의 선출)   편집위원장은 편집위원 전원의 무기명 비밀투표 방식으로 편집위원 중에서 선출한다.

제6조 (편집위원장의 권한)   편집위원장은 편집회의의 의장이 되며, 학회지의 편집 및 출판 활동 전반에 대하여 권한을 갖는다.

제7조 (편집위원의 자격)   편집위원은 다음과 같은 조건을 갖춘자로 한다.
1. 박사학위를 소지한 자.
2. 대학의 전임교수로서 5년 이상의 경력을 갖추었거나, 이와 동등한 연구 경력을 갖춘자.
3. 역사학·고고학·보존과학·국어학 또는 이와 관련된 분야에서 연구 업적이 뛰어나고 학계의 명망과 인격을 두루 갖춘자.

4. 다른 학회의 임원이나 편집위원으로 과다하게 중복되지 않은 자.

제 8 조 (편집위원의 임기)　편집위원의 임기는 2년으로 하되, 연임할 수 있다.

제 9 조 (편집자문위원)　학회지 및 기타 간행물의 편집 및 출판 활동과 관련하여 필요시 국내외의 편집자문위원을 둘 수 있다.

제 10 조 (편집간사)　학회지를 비롯한 제반 출판 활동 업무를 원활히 하기 위하여 편집간사 약간 명을 둘 수 있다.

제 3 장　임무와 활동

제 11 조 (편집위원회의 임무와 활동)　편집위원회의 임무와 활동 내용은 다음과 같다.
　1. 학회지의 간행과 관련된 제반 업무.
　2. 학술 단행본의 발행과 관련된 제반 업무.
　3. 기타 편집 및 발행과 관련된 제반 활동.

제 12 조 (편집간사의 임무)　편집간사는 편집위원회의 업무와 활동을 보조하며, 편집과 관련된 회계의 실무를 담당한다.

제 13 조 (학회지의 발간일)　학회지는 1년에 2회 발행하며, 그 발행일자는 6월 30일과 12월 31일로 한다.

제 4 장　편집회의

제 14 조 (편집회의의 소집)　편집회의는 편집위원장이 수시로 소집하되, 필요한 경우에는 3인 이상의 편집위원이 발의하여 회장의 동의를 얻어 편집회의를 소집할 수 있다. 또한 심사위원의 추천 및 선정 등에 필요한 경우에는 전자우편을 통한 의견 수렴으로 편집회의를 대신할 수 있다.

제 15 조 (편집회의의 성립)　편집회의는 편집위원장을 포함한 편집위원 과반수의 출석으로 성립된다.

제 16 조 (편집회의의 의결)　편집회의의 제반 안건은 출석 위원 과반수의 찬성으로 의결하되, 찬반 동수인 경우에는 편집위원장이 결정한다.

제 17 조 (편집회의의 의장)　편집위원장은 편집회의의 의장이 된다. 편집위원장이 참석하지 아니한 경우에는 편집위원 중의 연장자가 의장이 된다.

제 18 조 (편집회의의 활동)　편집회의는 학회지의 발행, 논문의 심사 및 편집, 기타 제반 출판과 관련된 사항에 대하여 논의하고 결정한다.

부칙

제1조 이 규정은 운영위원회의 의결을 거쳐 2007년 11월 24일부터 시행한다.

제2조 이 규정은 운영위원회의 의결을 거쳐 2009년 1월 9일부터 시행한다.

제3조 이 규정은 운영위원회의 의결을 거쳐 2012년 1월 18일부터 시행한다.

학회지 논문의 투고와 심사에 관한 규정

제 1 장 총칙

제 1 조 (명칭)　본 규정은 '학회지 논문의 투고와 심사에 관한 규정'이라 한다.

제 2 조 (목적)　본 규정은 한국목간학회의 학회지인 『목간과 문자』에 수록할 논문의 투고와 심사에 관한 절차를 정하고 관련 업무를 명시함에 목적을 둔다.

제 2 장 원고의 투고

제 3 조 (투고 자격)　논문의 투고 자격은 회칙에 따르되, 당해 연도 회비를 납부한 자에 한한다.

제 4 조 (투고의 조건)　본 학회에서 발표한 논문에 한하여 투고하는 것을 원칙으로 한다.

제 5 조 (원고의 분량)　원고의 분량은 학회지에 인쇄된 것을 기준으로 각종의 자료를 포함하여 30면 내외로 하되, 자료의 영인을 붙이는 경우에는 면수 계산에서 제외한다.

제 6 조 (원고의 작성 방식)　원고의 작성 방식과 요령 등에 관하여는 별도의 내규를 정하여 시행한다.

제 7 조 (원고의 언어)　원고는 한국어로 작성함을 원칙으로 하되, 외국어로 작성된 원고의 게재 여부는 편집회의에서 정한다.

제 8 조 (제목과 필자명)　논문 제목과 필자명은 영문으로 附記하여야 한다.

제 9 조 (국문초록과 핵심어)　논문을 투고할 때에는 국문과 외국어로 된 초록과 핵심어를 덧붙여야 한다. 요약문과 핵심어의 작성 요령은 다음과 같다.

1. 국문초록은 논문의 내용과 논지를 잘 간추려 작성하되, 외국어 요약문은 영어, 중국어, 일어 중의 하나로 작성한다.
2. 국문초록의 분량은 200자 원고지 5매 내외로 한다.
3. 핵심어는 논문의 주제 및 내용을 대표할 만한 단어를 뽑아서 요약문 뒤에 행을 바꾸어 제시한다.

제 10 조 (논문의 주제 및 내용 조건)   논문의 주제 및 내용은 다음에 부합하여야 한다.
1. 국내외의 출토 문자 자료에 대한 연구 논문
2. 국내외의 출토 문자 자료에 대한 소개 또는 보고 논문
3. 국내외의 출토 문자 자료에 대한 역주 또는 서평 논문

제 11 조 (논문의 제출처)   심사용 논문은 편집이사에게 제출한다.

제 3 장 원고의 심사

제 1 절 : 심사자

제 12 조 (심사자의 자격)   심사자는 논문의 주제 및 내용과 관련된 분야에서 박사학위를 소지한 자를 원칙으로 하되, 본 학회의 회원 가입 여부에 구애받지 아니한다.

제 13 조 (심사자의 수)   심사자는 논문 한 편당 2인 이상 5인 이내로 한다.

제 14 조 (심사 의뢰)   편집위원장은 편집회의에서 추천·의결한 바에 따라 심사자를 선정하여 심사를 의뢰하도록 한다. 편집회의에서의 심사자 추천은 2배수로 하고, 편집회의의 의결을 거쳐 선정한다.

제 15 조 (심사자에 대한 이의)   편집위원장은 심사자 위촉 사항에 대하여 대외비로 회장에게 보고하며, 회장은 편집위원장에게 이의를 제기할 수 있다. 심사자 위촉에 대한 이의에 대하여는 편집회의를 거쳐 편집위원장이 심사자를 변경할 수 있다. 다만, 편집회의 결과 원래의 위촉자가 재선정되었을 경우 편집위원장은 회장에게 그 사실을 구두로 통지하며, 통지된 사항에 대하여 회장은 이의를 제기할 수 없다.

제 2 절 : 익명성과 비밀 유지

제 16 조 (익명성과 비밀 유지 조건)   심사용 원고는 반드시 익명으로 하며, 심사에 관한 제반 사항은 편집위원장 책임하에 반드시 대외비로 하여야 한다.

제 17 조 (익명성과 비밀 유지 조건의 위배에 대한 조치)   위 제16조의 조건을 위배함으로 인해 심사자에게 중대한 피해를 입혔을 경우에는 편집위원 3인 이상의 발의로써 편집위원장의 동의 없이도 편집회의를 소집할 수 있으며, 다음 각 호에 따라 위배한 자에 따라 사안별로 조치한다. 또한 해당 심사자에게는 편집위원장 명의로 지체없이 사과문을 심사자에게 등기 우송하여야 한다. 편집위원장 명의를 사용하지 못할 경우에는 편집위원 전원이 연명하여 사과문을 등기 우송하여야 한다. 익명성과 비밀 유지 조건에 대한 위배 사실이 학회의 명예를 손상한 경우에는 편집위원 3인의 발의만으로써도 해당 편집위원장 및 편집위원에 대한 징계를 회장에게 요청할 수 있으며, 이 경우 그 처리 결과를 학회지에 공지하여야 한다.

  1. 편집위원장이 위배한 경우에는 편집위원장을 교체한다.
  2. 편집위원이 위배한 경우에는 편집위원직을 박탈한다.
  3. 임원을 겸한 편집위원의 경우에는 회장에게 교체하도록 요청한다.
  4. 편집간사 또는 편집보조가 위배한 경우에는 편집위원장이 당사자를 해임한다.

제 18 조 (편집위원의 논문에 대한 심사)   편집위원이 투고한 논문을 심사할 때에는 해당 편집위원을 궐석시킨 후에 심사자를 선정하여야 하며, 회장에게도 심사자의 신원을 밝히지 않는 것을 원칙으로 한다.

제 3 절 : 심사 절차

제 19 조 (논문심사서의 구성 요건)   논문심사서에는 '심사 소견', 그리고 '수정 및 지적사항'을 적는 난이 포함되어야 한다.

제 20 조 (심사 소견과 영역별 평가)   심사자는 심사 논문에 대하여 영역별 평가를 감안하여 종합판정을 한다. 심사 소견에는 영역별 평가와 종합판정에 대한 근거 및 의견을 총괄적으로 기술함을 원칙으로 한다.

제 21 조 (수정 및 지적사항)   '수정 및 지적사항'란에는 심사용 논문의 면수 및 수정 내용 등을 구체적으로 지시하여야 한다.

제 22 조 (심사 결과의 전달)   편집간사는 편집위원장의 지시를 받아 투고자에게 심사자의 논문심사서와 심사용 논문을 전자우편 또는 일반우편으로 전달하되, 심사자의 신원이 드러나지 않도록 각별히 유의하여야 한다. 논문 심사서 중 심사자의 인적 사항은 편집회의에서도 공개하지 않는다.

제 23 조 (수정된 원고의 접수)   투고자는 논문심사서를 수령한 후 소정 기일 내에 원고를 수정하여 편집위원장에게 송부하여야 한다. 기한을 넘겨 접수된 수정 원고는 학회지의 다음 호에 접수된 투고 논

문과 동일한 심사 절차를 밟되, 논문심사료는 부과하지 않는다.

제 4 절 : 심사의 기준과 게재 여부 결정

제 24 조 (심사 결과의 종류)　심사 결과는 '종합판정'과 '영역별 평가'로 나누어 시행한다.

제 25 조 (종합판정과 등급)　종합판정은 ①게재 가, ②수정후 재심사, ③게재 불가 중의 하나로 한다.

제 26 조 (영역별 평가)　영역별 평가 기준은 다음과 같다.
1. 학계에의 기여도
2. 연구 내용 및 방법론의 참신성
3. 논지 전개의 타당성
4. 논문 구성의 완결성
5. 문장 표현의 정확성

제 27 조 (게재 여부의 결정 기준)　심사용 논문의 학회지 게재 여부는 심사자의 종합판정에 의거하여 이들을 합산하여 시행한다. 게재 여부의 결정은 최종 수정된 원고를 대상으로 한다.

제 28 조 (게재 여부 결정의 조건)　게재 여부 결정의 조건은 다음과 같다.
1. 심사자의 2분의 1 이상이 위 제25조의 '①게재 가'로 판정한 경우에는 게재한다.
2. 심사자의 2분의 1 이상이 위 제25조의 '③게재 불가'로 판정한 경우에는 게재를 불허한다.

제 29 조 (게재 여부에 대한 논의)　위 제28조의 경우가 아닌 논문에 대하여는 편집회의의 토의를 거친 후에 게재 여부를 확정하되, 이 때에는 영역별 평가를 참조한다.

제 30 조 (논문 게재 여부의 통보)　편집위원장은 논문 게재 여부에 대한 최종 확정 결과를 투고자에게 통보하여야 한다.

제 5 절 : 이의 신청

제 31 조 (이의 신청)　투고자는 심사와 논문 게재 여부에 대하여 이의를 신청할 수 있다. 이 때에는 200자 원고지 5매 내외의 이의신청서를 작성하여 심사 결과 통보일 15일 이내에 편집위원장에게 송부하여야 하며, 편집위원장은 이의 신청 접수일로부터 15일 이내에 이에 대한 처리 절차를 완료하여야 한다.

제 32 조 (이의 신청의 처리) 이의 신청을 한 투고자의 논문에 대해서는 편집회의에서 토의를 거쳐 이의 신청의 수락 여부를 의결한다. 수락한 이의 신청에 대한 조치 방법은 편집회의에서 결정한다.

제 4 장 게재 논문의 사후 심사 및 조치

제 1 절 : 게재 논문의 사후 심사

제 33 조 (사후 심사) 학회지에 게재된 논문에 대하여는 사후 심사를 할 수 있다.

제 34 조 (사후 심사 요건) 사후 심사는 편집위원회의 자체 판단 또는 접수된 사후심사요청서의 검토 결과, 대상 논문이 그 논문이 수록된 본 학회지 발행일자 이전의 간행물 또는 타인의 저작권에 귀속시킬 만한 연구 내용을 현저한 정도로 표절 또는 중복 게재한 것으로 의심되는 경우에 한한다.

제 35 조 (사후심사요청서의 접수) 게재 논문의 표절 또는 중복 게재와 관련하여 사후 심사를 요청하는 사후심사요청서를 편집위원장 또는 편집위원회에 접수할 수 있다. 이 경우 사후심사요청서는 밀봉하고 겉봉에 '사후심사요청'임을 명기하되, 발신자의 신원을 겉봉에 노출시키지 않음을 원칙으로 한다.

제 36 조 (사후심사요청서의 개봉) 사후심사요청서는 편집위원장 또는 편집위원장이 위촉한 편집위원이 개봉한다.

제 37 조 (사후심사요청서의 요건) 사후심사요청서는 표절 또는 중복 게재로 의심되는 내용을 구체적으로 밝혀야 한다.

제 2 절 : 사후 심사의 절차와 방법

제 38 조 (사후 심사를 위한 편집위원회 소집) 게재 논문의 표절 또는 중복 게재에 관한 사실 여부를 심의하고 사후 심사자의 선정을 비롯한 제반 사항을 의결하기 위해 편집위원장은 편집위원회를 소집할 수 있다.

제 39 조 (질의서의 우송) 편집위원회의 심의 결과 표절이나 중복 게재의 개연성이 있다고 판단된 논문에 대해서는 그 진위 여부에 대해 편집위원장 명의로 해당 논문의 필자에게 질의서를 우송한다.

제 40 조 (답변서의 제출) 위 제39조의 질의서에 대해 해당 논문 필자는 질의서 수령 후 30일 이내

편집위원장 또는 편집위원회에 답변서를 제출하여야 한다. 이 기한 내에 답변서가 없을 경우엔 질의서의 내용을 인정한 것으로 판단한다.

제 3 절 : 사후 심사 결과의 조치

제 41 조 (사후 심사 확정을 위한 편집위원회 소집)   편집위원장은 답변서를 접수한 날 또는 마감 기한으로부터 15일 이내에 사후 심사 결과를 확정하기 위한 편집위원회를 소집한다.

제 42 조 (심사 결과의 통보)   편집위원장은 편집위원회에서 확정한 사후 심사 결과를 7일 이내에 사후 심사를 요청한 이 및 관련 당사자에게 통보하여야 한다.

제 43 조 (표절 및 중복 게재에 대한 조치)   편집위원회에서 표절 또는 중복 게재로 확정된 경우에는 회장에게 지체 없이 보고하고, 회장은 운영위원회를 소집하여 다음 각 호와 같은 조치를 집행할 수 있다.
    1. 차호 학회지에 그 사실 관계 및 조치 사항들을 기록한다.
    2. 학회지 전자판에서 해당 논문을 삭제하고, 학회논문임을 취소한다.
    3. 해당 논문 필자에 대하여 제명 조치하고, 향후 5년간 재입회할 수 없도록 한다.
    4. 관련 사실을 한국연구재단에 보고한다.

제 4 절 : 제보자의 보호

제 44 조 (제보자의 보호)   표절 및 중복 게재에 관한 이의 및 논의를 제기하거나 사후 심사를 요청한 사람에 대해서는 신원을 절대적으로 밝히지 않고 익명성을 보장하여야 한다.

제 45 조 (제보자 보호 규정의 위배에 대한 조치)   위 제44조의 규정을 위배한 이에 대한 조치는 위 제17조에 준하여 시행한다.

부칙
제1조(시행일자) 본 규정은 2007년 11월 24일부터 시행한다.
제2조(시행일자) 본 규정은 2009년 1월 9일부터 시행한다.
제3조(시행일자) 본 규정은 2015년 10월 31일부터 시행한다.

학회지 논문의 투고와 원고 작성 요령에 관한 내규

제 1 조 (목적)　이 내규는 본 한국목간학회의 회칙 및 관련 규정에 따라 학회지에 게재하는 논문의 투고와 원고 작성 요령에 대하여 명시하는 것을 목적으로 한다.

제 2 조 (논문의 종류)　학회지에 게재되는 논문은 심사 논문과 기획 논문으로 나뉜다. 심사 논문은 본 학회의 학회지 논문의 투고와 심사에 관한 규정에 따른 심사 절차를 거쳐 게재된 논문을 가리키며, 기획 논문은 편집위원회에서 기획하여 특정의 연구자에게 집필을 위촉한 논문을 가리킨다.

제 3 조 (기획 논문의 집필자)　기획 논문의 집필자는 본 학회의 회원 여부에 구애받지 아니한다.

제 4 조 (기획 논문의 심사)　기획 논문에 대하여도 심사 논문과 동일한 절차의 심사를 시행하는 것을 원칙으로 하되, 편집위원회의 의결을 거쳐 심사를 면제할 수 있다.

제 5 조 (투고 기한)　논문의 투고 기한은 매년 4월 말과 10월 말로 한다.

제 6 조 (수록호)　4월 말까지 투고된 논문은 심사 과정을 거쳐 같은 해의 6월 30일에 발행하는 학회지에 수록하며, 10월 말까지 투고된 논문은 같은 해의 12월 31일에 간행하는 학회지에 수록하는 것을 원칙으로 한다.

제 7 조 (수록 예정일자의 변경 통보)　위 제6조의 예정 기일을 넘겨 논문의 심사 및 게재가 이루어질 경우 편집위원장은 투고자에게 그 사실을 통보해 주어야 한다.

제 8 조 (게재료)　논문 게재의 확정시에는 일반 논문 5만원, 연구비 수혜 논문 30만원의 게재료를 납부하여야 한다.

제 9 조 (초과 게재료)　학회지에 게재하는 논문의 분량이 인쇄본을 기준으로 30면을 넘을 경우에는

1면 당 1만원의 초과 게재료를 부과할 수 있다.

　제 10 조 (원고료)　　학회지에 게재되는 논문에 대하여는 소정의 원고료를 필자에게 지불할 수 있다. 원고료에 관한 사항은 운영위원회에서 결정한다.

　제 11 조 (익명성 유지 조건)　　심사용 논문에서는 졸고 및 졸저 등 투고자의 신원을 드러내는 표현을 쓸 수 없다.

　제 12 조 (컴퓨터 작성)　　논문의 원고는 컴퓨터로 작성함을 원칙으로 하며, 문장편집기 프로그램은 「훈글」을 사용할 것을 권장한다.

　제 13 조 (제출물)　　원고 제출시에는 입력한 PC용 파일과 출력지 1부를 함께 송부하여야 한다.

　제 14 조 (투고자의 성명 삭제)　　편집간사는 심사자에게 심사용 논문을 송부할 때 반드시 투고자의 성명과 기타 투고자의 신원을 알 수 있는 표현 등을 삭제하여야 한다.

　제 15 조 (출토 문자 자료의 표기 범례 등 기타)　　출토 문자 자료의 표기 범례를 비롯하여 위에서 정하지 않은 학회지 논문의 투고와 원고 작성 요령 및 용어 사용 등에 관한 사항들은 일반적인 관행에 따르거나 편집위원회에서 결정한다.

　부칙
　제1조(시행일자) 이 내규는 2007년 11월 24일부터 시행한다.
　제2조(시행일자) 이 내규는 2009년 1월 9일부터 시행한다.
　제3조(시행일자) 이 내규는 2012년 1월 18일부터 시행한다.
　제4조(시행일자) 이 내규는 2015년 10월 31일부터 시행한다.

韓國木簡學會 研究倫理 規定

제 1 장 총칙

제 1 조 (명칭)   이 규정은 '한국목간학회 연구윤리 규정'이라 한다.

제 2 조 (목적)   이 규정은 한국목간학회 회칙 및 편집위원회 규정에 따른 연구윤리 등에 관한 세부사항을 규정하는 것을 목적으로 한다.

제 2 장 저자가 지켜야 할 연구윤리

제 3 조 (표절 금지)   저자는 자신이 행하지 않은 연구나 주장의 일부분을 자신의 연구 결과이거나 주장인 것처럼 논문이나 저술에 제시하지 않는다.

제 4 조 (업적 인정)

1. 저자는 자신이 실제로 행하거나 공헌한 연구에 대해서만 저자로서의 책임을 지며, 또한 업적으로 인정받는다.

2. 논문이나 기타 출판 업적의 저자나 역자가 여러 명일 때 그 순서는 상대적 지위에 관계없이 연구에 기여한 정도에 따라 정확하게 반영하여야 한다. 단순히 어떤 직책에 있다고 해서 저자가 되거나 제1저자로서의 업적을 인정받는 것은 정당화될 수 없다. 반면, 연구나 저술(번역)에 기여했음에도 공동저자(역자)나 공동연구자로 기록되지 않는 것 또한 정당화될 수 없다. 연구나 저술(번역)에 대한 작은 기여는 각주, 서문, 사의 등에서 적절하게 고마움을 표시한다.

제 5 조 (중복 게재 금지)   저자는 이전에 출판된 자신의 연구물(게재 예정이거나 심사 중인 연구물 포함)을 새로운 연구물인 것처럼 투고하지 말아야 한다.

제 6 조 (인용 및 참고 표시)

1. 공개된 학술 자료를 인용할 경우에는 정확하게 기술하도록 노력해야 하고, 상식에 속하는 자료

가 아닌 한 반드시 그 출처를 명확히 밝혀야 한다. 논문이나 연구계획서의 평가 시 또는 개인적인 접촉을 통해서 얻은 자료의 경우에는 그 정보를 제공한 연구자의 동의를 받은 후에만 인용할 수 있다.

2. 다른 사람의 글을 인용하거나 아이디어를 차용(참고)할 경우에는 반드시 註[각주(후주)]를 통해 인용 여부 및 참고 여부를 밝혀야 하며, 이러한 표기를 통해 어떤 부분이 선행연구의 결과이고 어떤 부분이 본인의 독창적인 생각·주장·해석인지를 독자가 알 수 있도록 해야 한다.

제 7 조 (논문의 수정)　저자는 논문의 평가 과정에서 제시된 편집위원과 심사위원의 의견을 가능한 한 수용하여 논문에 반영되도록 노력하여야 하고, 이들의 의견에 동의하지 않을 경우에는 그 근거와 이유를 상세하게 적어서 편집위원(회)에게 알려야 한다.

제 3 장　편집위원이 지켜야 할 연구윤리

제 8 조 (책임 범위)　편집위원은 투고된 논문의 게재 여부를 결정하는 모든 책임을 진다.

제 9 조 (논문에 대한 태도)　편집위원은 학술지 게재를 위해 투고된 논문을 저자의 성별, 나이, 소속 기관은 물론이고 어떤 선입견이나 사적인 친분과도 무관하게 오로지 논문의 질적 수준과 투고 규정에 근거하여 공평하게 취급하여야 한다.

제 10 조 (심사 의뢰)　편집위원은 투고된 논문의 평가를 해당 분야의 전문적 지식과 공정한 판단 능력을 지닌 심사위원에게 의뢰해야 한다. 심사 의뢰 시에는 저자와 지나치게 친분이 있거나 지나치게 적대적인 심사위원을 피함으로써 가능한 한 객관적인 평가가 이루어질 수 있도록 노력한다. 단, 같은 논문에 대한 평가가 심사위원 간에 현저하게 차이가 날 경우에는 해당 분야 제3의 전문가에게 자문을 받을 수 있다.

제 11 조 (비밀 유지)　편집위원은 투고된 논문의 게재가 결정될 때까지는 심사자 이외의 사람에게 저자에 대한 사항이나 논문의 내용을 공개하면 안 된다.

제 4 장　심사위원이 지켜야 할 연구윤리

제 12조 (성실 심사)　심사위원은 학술지의 편집위원(회)이 의뢰하는 논문을 심사규정이 정한 기간 내에 성실하게 평가하고 평가 결과를 편집위원(회)에게 통보해 주어야 한다. 만약 자신이 논문의 내용을 평가하기에 적임자가 아니라고 판단될 경우에는 편집위원(회)에게 지체 없이 그 사실을 통보한다.

제 13 조 (공정 심사)   심사위원은 논문을 개인적인 학술적 신념이나 저자와의 사적인 친분 관계를 떠나 객관적 기준에 의해 공정하게 평가하여야 한다. 충분한 근거를 명시하지 않은 채 논문을 탈락시키거나, 심사자 본인의 관점이나 해석과 상충된다는 이유로 논문을 탈락시켜서는 안 되며, 심사 대상 논문을 제대로 읽지 않은 채 평가해서도 안 된다.

제 14 조 (평가근거의 명시)   심사위원은 전문 지식인으로서의 저자의 인격과 독립성을 존중하여야 한다. 평가 의견서에는 논문에 대한 자신의 판단을 밝히되, 보완이 필요하다고 생각되는 부분에 대해서는 그 이유도 함께 상세하게 설명해야 한다.

제 15 조 (비밀 유지)   심사위원은 심사 대상 논문에 대한 비밀을 지켜야 한다. 논문 평가를 위해 특별히 조언을 구하는 경우가 아니라면 논문을 다른 사람에게 보여주거나 논문 내용을 놓고 다른 사람과 논의하는 것도 바람직하지 않다. 또한 논문이 게재된 학술지가 출판되기 전에 저자의 동의 없이 논문의 내용을 인용해서는 안 된다.

제 5 장 윤리규정 시행 지침

제 16 조 (윤리규정 서약)   한국목간학회의 신규 회원은 본 윤리규정을 준수하기로 서약해야 한다. 기존 회원은 윤리규정의 발효 시 윤리규정을 준수하기로 서약한 것으로 간주한다.

제 17 조 (윤리규정 위반 보고)   회원은 다른 회원이 윤리규정을 위반한 것을 인지할 경우 그 회원으로 하여금 윤리규정을 환기시킴으로써 문제를 바로잡도록 노력해야 한다. 그러나 문제가 바로잡히지 않거나 명백한 윤리규정 위반 사례가 드러날 경우에는 학회 윤리위원회에 보고할 수 있다. 윤리위원회는 윤리규정 위반 문제를 학회에 보고한 회원의 신원을 외부에 공개해서는 안 된다.

제 18 조 (윤리위원회 구성)   윤리위원회는 회원 5인 이상으로 구성되며, 위원은 평의원회의 추천을 받아 회장이 임명한다.

제 19 조 (윤리위원회의 권한)   윤리위원회는 윤리규정 위반으로 보고된 사안에 대하여 제보자, 피조사자, 증인, 참고인 및 증거자료 등을 통하여 폭넓게 조사를 실시한 후, 윤리규정 위반이 사실로 판정된 경우에는 회장에게 적절한 제재조치를 건의할 수 있다.
단, 사안이 학회지 게재 논문의 표절 또는 중복 게재와 관련된 경우에는 '학회지 논문의 투고와 심사에 관한 규정'에 따라 편집위원회에 조사를 의뢰하고 사후 조치를 취한다.

제 20 조 (윤리위원회의 조사 및 심의)   윤리규정 위반으로 보고된 회원은 윤리위원회에서 행하는 조사에 협조해야 한다. 이 조사에 협조하지 않는 것은 그 자체로 윤리규정 위반이 된다.

제 21 조 (소명 기회의 보장)   윤리규정 위반으로 보고된 회원에게는 충분한 소명 기회를 주어야 한다.

제 22 조 (조사 대상자에 대한 비밀 보호)   윤리규정 위반에 대해 학회의 최종적인 징계 결정이 내려질 때까지 윤리위원은 해당 회원의 신원을 외부에 공개해서는 안 된다.

제 23 조 (징계의 절차 및 내용)   윤리위원회의 징계 건의가 있을 경우, 회장은 이사회를 소집하여 징계 여부 및 징계 내용을 최종적으로 결정한다. 윤리규정을 위반했다고 판정된 회원에 대해서는 경고, 회원자격정지 내지 박탈 등의 징계를 할 수 있으며, 이 조처를 다른 기관이나 개인에게 알릴 수 있다.

제 6 장 보칙

제 24 조 (규정의 개정)
  1. 편집위원장 또는 편집위원 3인 이상이 규정의 개정을 發議할 수 있다.
  2. 재적 편집위원 3분의 2 이상의 찬성으로 개정하며, 총회의 인준을 얻어야 효력이 발생한다.

제 25 조 (보칙)   이 규정에 정해지지 않은 사항은 학회의 관례에 따른다.

부칙
제1조(시행일자) 이 규정은 2007년 11월 24일부터 시행한다.

Wooden Documents and Inscriptions Studies No. 17.　　December. 2016

[Contents]

The Korean Society for the Study of Wooden Documents

木簡과 文字 연구 16

엮은이 | 한국목간학회
펴낸이 | 최병식
펴낸날 | 2017년 2월 8일
펴낸곳 | 주류성출판사
　　　　서울시 서초구 강남대로 435
　　　　전화 | 02-3481-1024 / 전송 | 02-3482-0656
　　　　www.juluesung.co.kr
　　　　e-mail | juluesung@daum.net

책　값 | 20,000원
ISBN　978-89-6246-302-6　94910
세트　978-89-6246-006-3　94910

* 잘못된 책은 바꿔 드립니다.